LA VIE QUOTIDIENNE
À
POMPÉI

DU MÊME AUTEUR

Le Culte impérial dans la péninsule Ibérique, d'Auguste à Dioclétien, de Boccard, Paris, 1958, réimpression, 1974.

Le Quartier nord-est de Volubilis, de Boccard, Paris, 1960.

Bordeaux antique, avec la collaboration de P. Barrère, Fédération historique du Sud-Ouest, Bordeaux, 1962.

Le Siècle d'Auguste, Paris, 1970.

Histoire de l'Aquitaine (ouvrage collectif), Toulouse, 1972.

Documents d'histoire de l'Aquitaine (ouvrage collectif), Toulouse, 1973.

Les Ides de Mars — L'Assassinat de César ou de la dictature ?, Paris, 1973.

Fouilles de Conimbriga, I, II, III, IV, V, VI, VII, 1974-1979.

L'Épave Port-Vendres II et le commerce de la Bétique à l'époque de Claude (Archaeonautica 1) (ouvrage collectif), Paris, 1977.

Histoire de Bordeaux (ouvrage collectif), Toulouse, 1930.

Le Trésor de Garonne, Essai sur la circulation monétaire en Aquitaine à la fin du règne d'Antonin le Pieux (co-auteur, M. Rachet), Bordeaux, 1984.

Ausone ou les ambitions d'un notable aquitain, Bordeaux, 1986.

Pompéi, la cité ensevelie, Paris, 1987.

Les Villas romaines de São Cucufate (Portugal), en collaboration avec J. Alareão et Fimayet, Paris, 1989.

LA VIE QUOTIDIENNE À POMPÉI

ROBERT ÉTIENNE

Hachette

Édition revue et corrigée

À
MON FILS
ROLAND,

en souvenir
de notre vie quotidienne à Pompéi;
en août 1962

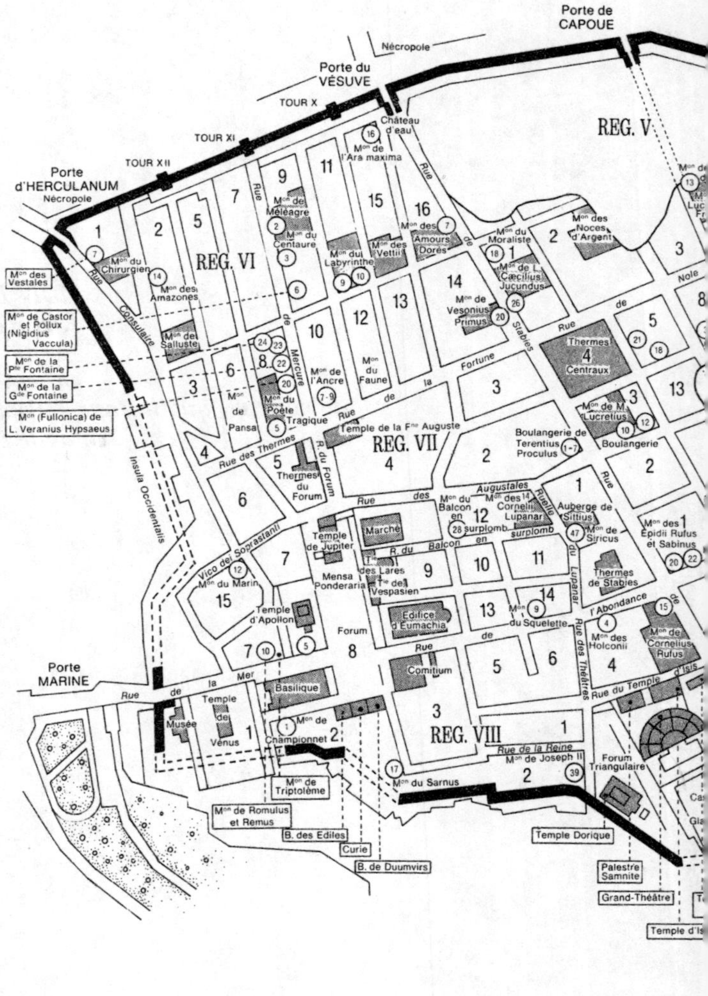

Porte de CAPOUE
Nécropole
Porte du VÉSUVE
TOUR X
TOUR XI
TOUR XII
Château d'eau
REG. V
Porte d'HERCULANUM
Nécropole
M^on de l'Ara maxima
M^on de Méleagre
M^on du Centaure
M^on du Labyrinthe
M^on des Vettii
M^on des Amours Dorés
M^on du Moraliste
M^on des Noces d'Argent
M^on de L. Cæcilius Jucundus
M^on de Vesonius Primus
M^on du Chirurgien
M^on des Amazones
REG. VI
M^on des Vestales
M^on de Castor et Pollux (Nigidius Vaccula)
M^on de la P^te Fontaine
M^on de la G^de Fontaine
M^on (Fullonica) de L. Veranius Hypsaeus
M^on de Salluste
M^on de Pansa
M^on du Poète Tragique
M^on de l'Ancre
M^on du Faune
Rue Consulaire
Rue de Mercure
Rue de Stabies
Rue de Nole
Rue de la Fortune
Thermes Centraux
M^on de M. Lucretius
Boulangerie de Terentius Proculus
Boulangerie
Temple de la F^ne Auguste
REG. VII
Rue des Thermes
R. du Forum
Thermes du Forum
Insula Occidentalis
Rue des Augustales
M^on du Balcon en surplomb
M^on des Cornelii
Lupanar
Ruelle du Lupanar
Auberge de Sittius
M^on de Siricus
M^on des Epidii Rufus et Sabinus
Marché
Temple de Jupiter
Vico dei Soprastanti
M^on du Marin
T^le des Lares
T^le de Vespasien
R. du Balcon
Mensa Ponderaria
Thermes de Stabies
Temple d'Apollon
Forum
Edifice d'Eumachia
M^on du Squelette
Rue de l'Abondance
M^on des Holconii
M^on de Cornelius Rufus
Rue des Théâtres
Porte MARINE
Rue de la Mer
Basilique
Comitium
Rue du Temple d'Isis
Temple de Vénus
Musée
M^on de Championnet
REG. VIII
Rue de la Reine
M^on de Joseph II
Forum Triangulaire
M^on du Sarnus
M^on de Triptolème
M^on de Romulus et Remus
B. des Ediles
Curie
B. de Duumvirs
Temple Dorique
Palestre Samnite
Grand-Théâtre
Temple d'Is

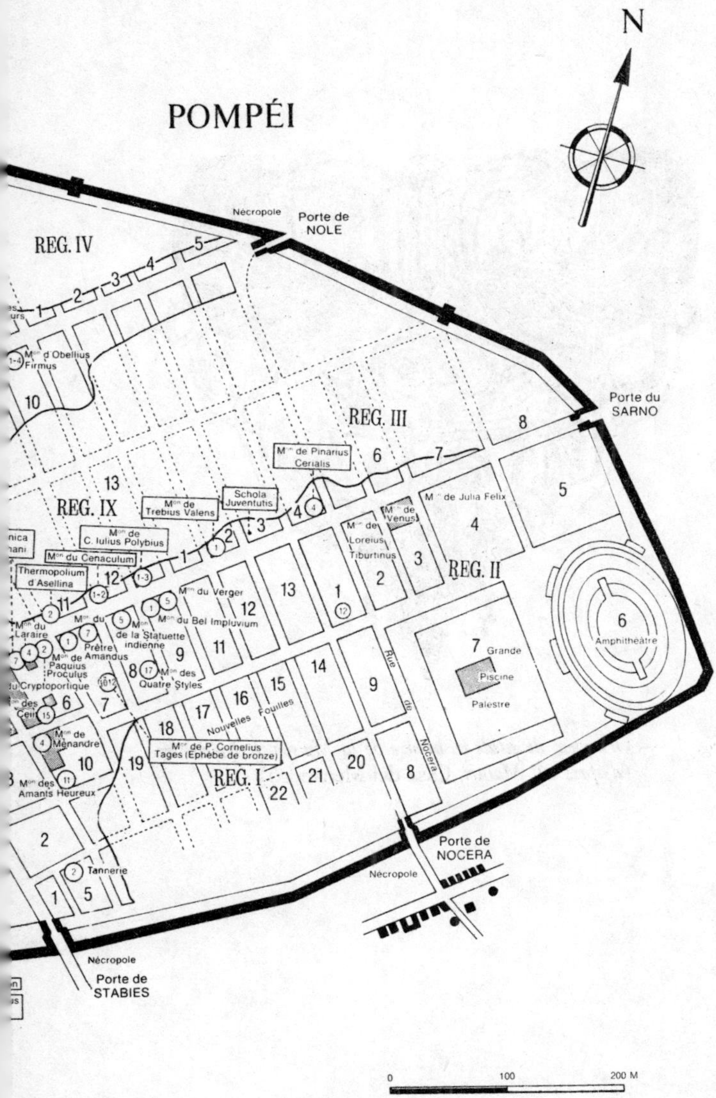
POMPÉI
N
Nécropole
Porte de NOLE
REG. IV
Mon d'Obellius Firmus
Porte du SARNO
REG. III
Mon de Pinarius Cerialis
REG. IX
Mon de Trebius Valens
Schola Juventutis
Mon de Julia Felix
Mon de Venus
Mon de Loreius Tiburtinus
Mon de C. Iulius Polybius
Mon du Cenaculum
Thermopolium d'Asellina
REG. II
Mon du Verger
Mon du Bel Impluvium
Mon du Laraire
Mon du Prêtre Amandus
Mon de la Statuette indienne
Mon de Paquius Proculus
Mon des Quatre Styles
du Cryptoportique
Amphithéâtre
Grande Palestre
Piscine
Rue de Nocera
Nouvelles Fouilles
Mon de Ménandre
Mon de P. Cornelius Tages (Éphèbe de bronze)
REG. I
Mon des Amants Heureux
Tannerie
Porte de NOCERA
Nécropole
Nécropole
Porte de STABIES
0 100 200 M

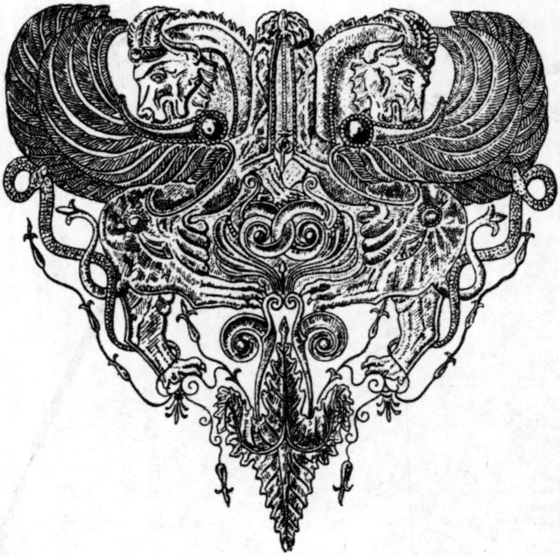

Fig. 1. — Ornement de situle en bronze de la Maison de Ménandre (d'après A. Maiuri, Casa del Menandro).

AVERTISSEMENT DE LA PREMIÈRE ÉDITION

E LIVRE *est né de l'amicale insistance de M. Jérôme Carcopino. Notre maître, à qui nous devons déjà beaucoup, a droit une fois encore à toute notre affectueuse gratitude.*

A Pompéi, tragiquement disparu le 24 août 79 après Jésus-Christ, la vie s'est figée, en cette fin de matinée où toute une population vaquait à ses occupations journalières. Il semble facile et légitime de remettre en mouvement cette ville, aujourd'hui aux deux tiers dégagée, et d'en faire connaître les travaux et les peines, les joies et les jeux.

Mais Pompéi ne doit pas être confondu avec Herculanum ni avec Stabies. Sans attribuer au port pompéien une classe presque internationale, il doit être entendu que les deux autres agglomérations campaniennes sont essentiellement des villes de loisirs et de résidence et que leur vie quotidienne diffère sensiblement de celle de Pompéi.

On voudra bien donc comprendre que nous soyons parti à la découverte du seul univers pompéien pour en mieux saisir l'âme.

Février 1965

AVERTISSEMENT
DE LA DEUXIÈME ÉDITION

EXPOSITION *Pompéi inaugurée à Paris en janvier 1973, puis accueillie la même année à Essen, La Haye, en 1974 à Zurich et Lisbonne, témoigne de l'inlassable curiosité du grand public pour le destin des villes ensevelies de la Campanie et de la plus célèbre d'entre elles. Le monde savant s'est retrouvé au Colloque Pompéi organisé à Essen en 1973 à la Villa Hügel par les soins du Deutsche Archäologische Institut de Berlin. Toutes ces manifestations autant que les émissions de télévision assurent la modernité d'un sujet qui permet de ressusciter un moment de l'aventure humaine.*

*Depuis la première édition de ce volume, les archéologues italiens ont continué de bien travailler: restaurations et protections diverses des monuments anciennement fouillés, fouilles nouvelles et présentation de la maison de Fabius Rufus dans l'*insula occidentalis, *à l'ouest des régions VI et VII, de la maison de C. Iulius Polybius (IX, 13, 1-3), exposition à l'*Antiquarium *des pièces archéologiques disposées jusqu'ici dans les magasins. De tout ce labeur, il faut féliciter vivement le Professeur A. de Franciscis qui en informe régulièrement les «Convegni di Studi sulla Magna Grecia» réunis chaque année à Tarente.*

La présente édition corrige certaines imperfections de la précédente et enregistre quelques progrès de la recherche; elle n'a qu'une ambition: rester le compagnon efficace et familier de qui découvre avec passion ou revoit avec plaisir la cité campanienne.

Novembre 1974

LIVRE PREMIER

DES CATASTROPHES ET DES RÉSURRECTIONS

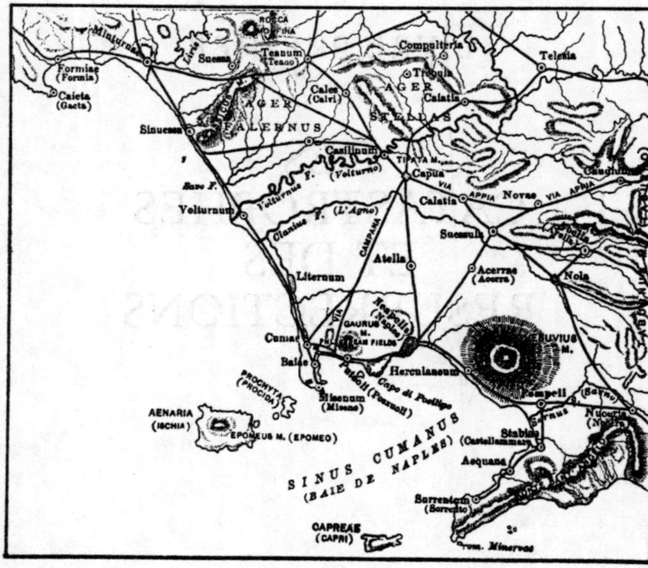

Fig. 2. — Carte de la Campanie (d'après Mau-Kelsey).

CHAPITRE PREMIER

LES CATASTROPHES

Le tremblement de terre du 5 février 62

DANS le ciel de Chine, une comète apparut le 9 août 60[1] au nord de la constellation de Persée; pendant cent trente-cinq jours, jusqu'au 22 décembre, les astronomes chinois la suivirent vers le sud de la constellation de la Vierge. Cette apparition, notée également dans l'Occident romain sous les consulats de C. Velleius Paterculus et M. Manilius Vopiscus, annonçait pour un an pluies, tempêtes, vents violents. Comme pour confirmer la sinistre prédiction, l'Achaïe et la Macédoine furent frappées dans la première moitié de l'année 61 par des tremblements de terre. Les esprits étaient à peine remis de ces catastrophes qu'un an après, le 5 février 62[2], sous les consulats de P. Marius et L. Asinius, Pompéi était à son tour secoué par des mouvements sismiques, et complètement bouleversé.

Il s'agissait d'une ville importante de la Campanie, située à la rencontre des rivages de Sorrente et de Stabies[3] d'une part et d'Herculanum d'autre part, rivages qui dessinent de leur double arc un golfe agréable et isolent Pompéi du large (fig. 2). La région, proche du Vésuve, avait de tout temps connu quelques alertes, mais, n'ayant subi aucun dommage, elle en avait été quitte pour la peur. Cette fois, le désastre fut considérable et n'épargna pas les villes voisines. Voici les nouvelles qui arrivèrent à Rome: une partie de la ville d'Herculanum s'est écroulée et ce qui a été épargné inspire des craintes. La colonie de Nuceria (Nocera), à treize kilomètres à l'est de Pompéi, sans avoir été gravement atteinte, a cependant lieu de se plaindre. L'affreux fléau a légèrement touché Naples, où des particuliers ont subi des pertes, mais non pas la cité. Des villas se sont effondrées; d'autres un peu partout ont ressenti la secousse sans en souffrir. A ces dommages, s'ajoutent d'autres effets: un troupeau de six cents moutons a péri; des statues se sont partagées par le milieu; des gens ont eu l'esprit dérangé et ont erré comme des fous. L'ampleur de ces maux désignait Pompéi comme épicentre du cataclysme.

Maîtrisant son émotion, Sénèque écrivit le livre VI des *Questions naturelles* consacré au tremblement de terre; il voulait réconforter les esprits troublés et les libérer de leur épouvante, car pendant longtemps Pompéi n'offrit que ruines et désolation. Ce n'étaient que temples jetés à terre, maisons effondrées, murailles abattues. Aucun édifice public, aucun monument religieux, aucune construction privée n'avait été épargné. Un sculpteur a perpétué avec quelque gaucherie sur deux reliefs de marbre ornant le sanctuaire privé du banquier L. Caecilius Jucundus le moment le plus dramatique, celui où tout s'écroule: sur la grande place publique du forum un arc de triomphe va s'écraser vers l'ouest, le temple de Jupiter Capitolin et ses colonnes, ses escaliers, la porte de la *cella,* sont emportés par ce mouvement fatal qui entraîne aussi deux statues équestres d'illustres Pompéiens. Au nord-est de la ville, c'est la porte du Vésuve, qui est arrachée à la muraille samnite. Seul le château d'eau en brique, de construction plus récente, résiste, épargnant à la cité déjà si durement atteinte les affres d'une inondation; la rupture des conduites d'eau dans la ville suffisait à compliquer la tâche des sauveteurs aux prises avec de multiples incendies, en ce mois d'hiver, où tant de braseros renversés propagèrent le feu.

Malgré leurs morts, leurs épouvantes présentes, malgré leurs craintes pour l'avenir, les Pompéiens ne s'installèrent pas dans une vie quotidienne faite de peur du lendemain, mais ils travaillèrent à la résurrection de leur cité[4].

La ville se reconstruit (62-79)

Le premier acte de la cité en deuil fut un acte religieux. Il fallait apaiser la colère des dieux manifestée par le tremblement de terre et offrir des sacrifices expiatoires. Mais à qui les adresser? Le capitole s'est écroulé — le temple de Jupiter Meilichios doit accueillir les modèles réduits en céramique de

Jupiter, Junon et Minerve — le temple d'Apollon est abattu; ce sont alors les Lares qui prennent sous leur tutelle la cité angoissée. Sur l'emplacement d'une rue et de quelques maisons privées, entre le marché et le temple de Vespasien, on décide d'élever en leur honneur un vaste *atrium* découvert, encadré par une abside centrale et par deux grandes niches latérales. Cette construction expiatoire qui date du début des Flaviens est contemporaine de l'érection du temple de Vespasien, inachevé sans doute en 79, mais qui nécessairement accompagne un édifice consacré aux Lares. Depuis l'empereur Auguste, en effet, les Lares publics ne se distinguent pas des Lares augustes, dans la mesure même où l'État se confond avec l'Auguste, c'est-à-dire l'empereur régnant. Les carrefours reçoivent aussi les autels compitales, décorés avec beaucoup de goût, les particuliers ont à cœur de soigner le laraire, sauvegarde de la continuité domestique aussi bien que de la vie publique: L. Caecilius Jucundus (V, 1, 26) [5] orne le sien des fameux bas-reliefs de marbre qui retracent certains moments de la catastrophe en même temps qu'ils exaltent les sacrifices réparateurs. M. Obellius Firmus (IX, 10, 1-4) manifeste sa *pietas* avec son laraire soigneusement stuqué, alors que la décoration pariétale n'en est qu'à la phase préparatoire. Dans la maison dite du Cryptoportique (I, 6, 2) en pleine transformation, le propriétaire dispose un grand laraire peint où le buste de Mercure est traité comme une terre cuite votive.

La piété publique ou privée engageait ainsi les finances de la colonie ou celles des particuliers. Comment la cité pouvait-elle faire face au coup qui la frappait? Elle ne put compter que sur elle-même. Ni l'État ni l'empereur ne vinrent à son secours; et Néron, si populaire pourtant à Pompéi, n'imita pas Tibère aidant par ses libéralités les douze cités d'Asie Mineure, ruinées par les tremblements de terre de 17 et de 23[6]. Il est vrai qu'après l'incendie de Rome de 64, Néron avait assez de soucis pour faire de la capitale une «nouvelle ville[7]» sans s'occuper de la Campanie. Les événements dramatiques de 68-69 — cette année où quatre empereurs se disputèrent le trône impérial — retardèrent jusqu'à Vespasien toute manifestation impériale en faveur d'une cité de Campanie. A Herculanum, par la magnificence de Vespasien, le temple de la *Mater Deum* fut restauré[8]; moins bien partagé, Pompéi dut aux libéralités d'un de ses enfants, N. Popidius Celsinus, la première restauration d'un sanctuaire dédié à une divinité étrangère, celle du temple d'Isis[9]. Les finances municipales furent-elles renflouées par des prêts importants des banquiers pompéiens? Nous l'ignorons; en tout cas, la comptabilité de L. Caecilius Jucundus, banquier qui, en temps ordinaire, jouait à l'égard de la colonie le rôle de fermier de certains impôts, s'arrête justement en janvier 62; le tremblement de terre a été fatal à son activité et il s'est contenté de relever sa propre maison en remerciant les dieux de lui avoir laissé la vie sauve.

Mesures administratives exceptionnelles

Pour remédier aux conséquences de cette calamité publique, Pompéi recourut à des moyens exceptionnels. Le jeu normal de ses institutions municipales ne pouvait résoudre tous les problèmes nés du cataclysme ni surtout régler les contestations juridiques. Aussi pour suppléer à l'absence du collège régulier des duumvirs et des édiles, voit-on un magistrat extraordinaire — un *praefectus lege Petronia* (un préfet élu selon la loi de Petronius) — recevoir du Sénat une délégation des pouvoirs municipaux[10].

Cette mesure se révéla insuffisante vu l'ampleur de la catastrophe: les archives publiques de la ville *(tabularium)* avaient été endommagées, sinon partiellement détruites[11]; la disparition parmi les victimes des propriétaires et des fidéijusseurs dut favoriser les appropriations indues du sol public par les particuliers. Passée l'angoisse des premiers moments, la colonie se trouva à court d'argent, de biens à administrer et à donner en location — et le recours aux archives pour aider à la solution des discussions juridiques n'était guère possible. Il fallait donc une procédure d'exception: un magistrat qui tiendrait ses pouvoirs de l'autorité même de l'empereur César Vespasien Auguste et qui jugerait sans appel les causes qui lui seraient soumises. Tel fut le tribun T. Suedius Clemens[12], que Vespasien dépêcha à Pompéi avec mission impérative de revendiquer les biens publics de la colonie usurpés ou possédés abusivement par les propriétaires privés, et dont les décisions permirent de reconstituer le cadastre des biens patrimoniaux de la colonie, jalonnés au-delà de chaque porte par des bornes rappelant sa mission.

A première vue, le bilan de la catastrophe fit apparaître que ni les minces ressources des finances publiques ni les disponibilités limitées des particuliers ne seraient capables de l'effacer rapidement. Il fallait mobiliser toutes les entreprises de construction, tous les charpentiers, les forgerons, les peintres, les stucateurs, les mosaïstes pour relever une cité en ruine. Aucun corps de métier ne suffirait, pas plus que ne seraient assez abondants les matériaux de construction que l'on choisissait plus résistants ou mieux adaptés à de nouvelles modes, comme celle de la brique.

Techniques nouvelles de construction

Certes, pour aller au plus vite et au meilleur marché, les propriétaires firent servir les matériaux récupérés dans les ruines, si bien que, dans les décharges publiques retrouvées sur 1,40 à 1,50 mètre de hauteur entre la porte d'Herculanum et la porte du Vésuve, on ne rencontre que des matériaux légers: débris de tuiles, de pavements, d'enduits et de vaisselle rustique. Mais des techniques nouvelles pour les parements s'affirment: à côté de l'ancien *opus caementicium* et de l'*opus incertum* — sorte de blocage au mortier de chaux — fleurissent l'*opus reticulatum,* présentant un réseau de losanges de tuf de couleurs diverses et taillés à la perfection, employé souvent entre des piédroits de brique, l'*opus latericium,* tout en briques allant du rouge corail et du jaune paille au havane sombre, liées par des lits très minces de mortier, enfin l'*opus mixtum* aux arases alternées de pierre (tuf ou calcaire) et de brique. Les murs fissurés et encore debout sont réparés par des harpes de brique, des chaînages horizontaux les ceinturent jusqu'aux nouveaux piédroits de brique. Les pilastres et arcs en brique se multiplient pour soutenir les voûtes comme dans les passages des théâtres et amphithéâtres et les arcs de décharge sont de règle dans les parois de brique. Autre technique remarquable: à la Grande palestre, les colonnes abattues sont fixées sur leur socle par un coulage de plomb.

Inachèvement de la reconstruction publique

Devant la pénurie de moyens techniques et financiers et malgré les créations hardies des architectes, il ne faut pas s'étonner si aucun des monuments civils et religieux du forum ne put être terminé avant 79, si le forum présentait à l'ouest comme à l'est un portique en travertin inachevé, si la place centrale attendait son pavement, si les bases honorifiques restaient dépouillées de leur revêtement et de leurs statues. Le capitole en ruine depuis le tremblement de terre, la basilique avec sa colonnade à terre, la curie sans occupant, le *comitium* nu et tous les édifices du côté oriental inachevés, tout offrait aux Pompéiens un spectacle identique à celui que nous contemplons aujourd'hui encore: une ruine imposante d'un ensemble architectural qu'entre 62 et 79 on n'eut pas le temps de relever.

Les autres monuments ne se présentaient pas différemment: des deux édifices thermaux primitifs, on ne put remettre en service que les seuls thermes du forum et seulement leur section masculine, tandis qu'on restaurait les thermes de Stabies dont le vestibule et l'*apodyterium* (déshabilloir) avaient reçu des stucs frais et que l'on construisait entièrement neufs les thermes centraux; des deux théâtres, le plus grand présentait ses gradins les plus élevés en ruine et donc inutilisables, et le nouveau *frons scenae,* avec son jeu de niches dans le goût néronien-flavien, manquait encore de colonnes pour le décorer. On avait cependant procédé aux restaurations les plus urgentes de l'amphithéâtre pour que les représentations puissent avoir régulièrement lieu; la passion des jeux de l'arène avait amené la transformation du noble promenoir, se développant sur quatre côtés au-delà du Grand théâtre, en caserne pour les troupes de gladiateurs. Par contre, la Grande palestre, lieu des exercices, concours et jeux de la *juventus,* n'était pas encore terminée; elle n'avait pas reçu son alimentation hydraulique et le sol encore recouvert de ruines n'était pas nivelé.

Enfin, l'approvisionnement en eau de la cité n'était pas encore bien assuré. Dans les premiers moments d'angoisse, la cité dut recourir à nouveau aux puits antiques qui, avec les citernes d'eau de pluie, avaient représenté le premier système d'approvisionnement en eau de la ville samnite. Il fallut restaurer l'aqueduc, les colonnes élévatrices de chaque quartier, les fontaines voisines; sans doute vasques et fontaines que nous rencontrons dans les jardins de certaines maisons — Vettii (VI, 15, 1), Ménandre (I, 10, 4), Ephèbe (I, 7, 10-12), Trebius Valens (III, 2, 1) et Loreius Tiburtinus (II, 2, 2) — prouvent qu'une partie au moins du système hydraulique avait été réparée. Mais, en 79, le château d'eau était en complète réfection. On changeait encore en bien des endroits les vieilles conduites de l'aqueduc, tandis qu'une branche secondaire alimentait les maisons occupées avec le secours de tuyaux courant encore sur les trottoirs des rues. Cependant les latrines du forum, les piscines des thermes, de la Grande palestre manquaient d'eau.

Enfin, la porte du Vésuve nous est parvenue tout comme l'avait laissée le tremblement de terre de 62: la voûte entièrement écroulée, le mur de fortification vers l'est démantelé sur un bon morceau.

Effort de reconstruction

Malgré ce constat d'inachèvement, qui eut de fâcheuses répercussions sur la reprise de la vie pompéienne, on ne peut s'empêcher d'apprécier la grandeur de l'effort accompli par l'administration municipale pour réparer l'ampleur du désastre. A l'exception du plus grand temple du forum, où l'on ne reconnaît aucune restauration, et de la basilique, où les réfections se limitèrent aux murs périmétraux, il n'existe pas d'édifice public qui n'ait été plus ou moins complètement réparé, parfois même entièrement rénové, dans ses structures et même dans sa décoration: nous avons l'exemple des salles de la curie, de l'édifice d'Eumachia, du temple de Vespasien, du marché, tandis qu'on restaurait la décoration du temple d'Apollon et des thermes du forum et qu'on travaillait à la réouverture au public de l'amphithéâtre et à la transformation du quadriportique du théâtre en une caserne pour les troupes de gladiateurs.

La reconstruction des édifices publics se fit dans le respect de l'urbanisme traditionnel de la ville; en général, les nouvelles façades s'alignèrent sur les anciennes, sauf de légères modifications aux dépens de constructions voisines (temple d'Isis) ou de superficies publiques (thermes de Stabies et thermes centraux). Le réseau habituel de rues fut maintenu sans diminuer le privilège des familles riches jouissant de chemins privés, ce qui était un obstacle important à une circulation facile. Aucune nouvelle place ne fut dessinée pour rendre plus aisé le trafic dans certains quartiers. Toutefois, profitant des ruines accumulées par la catastrophe, à l'un des points les plus centraux de la cité, près du carrefour où se croisent le *decumanus maximus* et le *cardo maximus,* l'urbaniste en chef éleva les thermes centraux, en accaparant, comme sol public, toute une *insula* où seules devaient, avant 62, s'élever des maisons privées. La construction d'un troisième bain public, à l'heure où l'on rénovait ces thermes du forum et où l'on réparait les thermes de Stabies, ne représente pas seulement un perfectionnement technique dans l'installation d'un bain (on y trouve un bain chaud, *laconicum,* une cour plus vaste pour y installer une plus grande piscine d'eau froide) et un progrès architectural avec sa façade à amples fenêtres annonçant l'architecture thermale de l'Empire, mais répond à un plan rationnel destiné à améliorer l'urbanisme de la cité, puisque ce quartier était dépourvu de bains. Cependant, cet édifice, lui aussi, resta inachevé.

Difficultés des particuliers

Les difficultés des particuliers dépassèrent celles des magistrats et ainsi s'explique qu'en dix-sept ans très peu de maisons privées furent complètement restaurées et que très nombreuses au contraire étaient celles où, au moment de l'éruption, les travaux étaient encore en cours. Parmi les premières, nous comptons les demeures plus riches du milieu patricien mercantile — maison des Vettii (VI, 15, 1), du Poète tragique (VI, 8, 5), des Holconii (VIII, 4, 4), d'Epidius Rufus (IX, 1, 22), de Ménandre (I, 10, 4) — et, parmi les secondes, aussi bien les maisons du vieux patriciat, plus ou moins ruiné par la catastrophe, que la plus grande partie des habitations de la classe moyenne.

Certaines maisons ne furent jamais reconstruites; on ne peut savoir s'il s'agit d'un abandon volontaire des propriétaires, par vente, par manque d'argent ou si disparurent leurs maîtres, victimes du séisme.

Ainsi, dix-sept ans et demi après son premier malheur, la cité était encore, aussi bien pour ses édifices publics que pour les maisons particulières, un immense chantier. Sans doute les murs étaient-ils partout restaurés — mais souvent ils étaient bruts, dépourvus de décoration, tout comme les sols manquaient de pavements mosaïqués. On avait pu instruire, organiser, perfectionner une armée de maçons, de menuisiers, de charpentiers. Il avait été plus difficile de rencontrer un nombre suffisant de peintres, de mosaïstes, de stucateurs, capables de suivre dans toute la cité les progrès des restaurations. D'où, dans bien des maisons riches, une décoration incomplète — maison du Centenaire (IX, 8, 3), Loreius Tiburtinus (II, 2, 2), Amours Dorés (VI, 16, 7), Noces d'Argent (V, 2); dans beaucoup d'autres, les parois dépourvues d'enduits ou revêtues d'une seule couche; du reste, les tas de chaux déposés çà et là sur les pavements — et pas seulement dans la maison dite de la Chaux (VIII, 5, 28), mais aussi dans la villa des Mystères — parfois même au milieu de la rue, les demi-amphores emplies de stuc fin, les matériaux mêmes destinés à le fabriquer attestent l'activité de la reconstruction en 79. Les outils des charpentiers, plâtriers, peintres appartenaient à ceux qui, par exemple, dans la maison de la Grande Fontaine (VI, 8, 22), équipaient le *tablinum,* les nombreux colorants montrent clairement qu'il ne s'agissait pas d'un entretien normal mais bien d'une réfection générale radicale. Elle exigeait un déménagement complet des meubles et le dépôt de l'argenterie dans des cachettes sûres (maison de Ménandre, I, 10, 4).

La rareté relative des entreprises de peinture pour faire face à la demande rend compte de certains aspects particuliers de la peinture pompéienne dans cette ultime période de sa vie. Même dans les maisons riches, la peinture ornementale l'emporte sur la peinture figurée; elle se caractérise par un schématisme excessif, l'abus de la répétition des thèmes au pochoir, la prépondérance de l'impressionnisme dans les paysages, enfin par la part toujours plus grande de la peinture populaire: scènes réalistes dans les boutiques, dans les auberges et les officines, peintures de laraires et d'autels de carrefours, et cette peinture publicitaire et religieuse constitue un des aspects les plus singuliers de la peinture pompéienne.

En comparaison des édifices publics et des maisons de maître, plus rapide fut la restauration des boutiques, des officines et des humbles habitations de tous ceux qui exerçaient un négoce, une industrie, un métier. Il fallait vivre et surtout revivre.

Certains quartiers, certaines rues, les points de trafic et d'échanges intenses nous font assister, avec leurs immeubles rénovés, leurs enseignes toutes fraîches, à la rapide reprise de la vie commerciale de la cité: par exemple, la rue de l'Abondance, telle que les nouvelles fouilles nous l'ont rendue avec ses boutiques, «bistrots», industries en pleine activité avant l'éruption. Ailleurs, la vie commerciale ne faisait que reprendre. Bien des boutiques n'ont que des murs bruts, sans trace visible de banc de vente, ou de toute autre installation destinée à l'exercice d'un métier ou d'une industrie. Le fait surtout que l'édifice d'Eumachia, siège de la corporation la plus riche et la plus influente sur le plan politique, celle des foulons, ne soit pas achevé — les murs extérieurs des deux longs côtés du cryptoportique n'atteignaient que le tiers de leur hauteur normale, et des bassins provisoires pour faire le mortier de chaux y avaient été installés — donne la mesure d'une reprise bien précaire de la vie économique. Le grand marché — le *macellum* du forum — n'était pas davantage terminé et on reconstruisait le dodécagone de la *tholos* centrale. Fait extraordinaire: les riches occupants de maisons seigneuriales n'avaient pas hésité à installer des boutiques, des auberges, des industries dans des pièces antérieurement consacrées à des usages plus nobles. Il leur fallait trouver très vite les ressources nécessaires à une complète restauration de leur demeure, dût l'esthétique momentanément en souffrir, quand les chaudières d'une nouvelle *fullonica* enfumaient les colonnes d'un élégant portique en tuf.

A l'âge d'or d'une colonie sans histoire succédait l'âge de fer d'une cité qui recréait son urbanisme et ses sources de richesses. Au moment où elle allait sortir victorieuse de cette lutte contre les forces de la nature, une implacable fatalité vint sceller à jamais son destin: c'est une cité pleine du désir de vivre, prenant à nouveau goût à l'existence et confiante en l'avenir garanti par les dieux, que le Vésuve fit entrer le 24 août 79 dans l'éternité, sous un linceul de cendres.

L'éruption du Vésuve du 24 août 79

Nous disposons d'un témoin oculaire: il s'agit de Pline le Jeune qui, dans deux lettres fameuses, a transmis à la postérité un document qui pourrait tenter un cinéaste; mais de quelle valeur précise est son témoignage pour Pompéi, seul sujet qui nous occupe, alors que le futur panégyriste de Trajan n'avait qu'un seul désir: glorifier son oncle, le savant Pline l'Ancien, mort au cours de la catastrophe?

Le reportage de Pline le Jeune

Écoutons d'abord le double reportage de Pline le Jeune:

Vous me demandez[13] de vous décrire la fin de mon oncle, pour pouvoir la transmettre avec plus de vérité à la postérité: je vous en remercie; de fait, je prévois que sa mort, glorifiée par vos œuvres, bénéficiera d'une gloire immortelle. En effet, bien qu'il ait péri en même temps que des peuples, des villes, dans un cataclysme qui a frappé les plus belles contrées et que cet événement mémorable lui assure en quelque sorte l'immortalité, bien que lui-même ait composé de très nombreuses œuvres destinées à rester, toutefois son souvenir durera d'autant plus que s'y ajoutera l'éternité réservée à vos écrits. Pour ma part, je juge heureux les hommes auxquels les dieux ont accordé la grâce ou de faire des actions dignes d'être écrites ou d'écrire des livres dignes d'être lus, mais heureux entre tous, ceux qui ont cette double grâce. Je compterai parmi eux mon oncle, grâce à ses livres et grâce aux vôtres. J'accepte d'autant plus volontiers et je réclame même ce que vous m'imposez.

Il se trouvait à Misène et commandait la flotte en personne. Le neuvième jour avant les Calendes de septembre (24 août), aux environs de la septième heure (13 h.), ma mère lui fait savoir qu'apparaît une nuée d'une grandeur et d'un aspect exceptionnels: il avait pris son bain de soleil, puis son bain froid, et ayant légèrement mangé, étendu, il travaillait; il demande ses chaussures et monte à l'endroit d'où l'on pouvait le mieux observer ce prodige. Montait une nuée (de loin on ne pouvait savoir de quelle montagne; ensuite on sut qu'il s'agissait du Vésuve); elle ressemblait très exactement à un pin. De fait, étirée en une espèce de tronc, très long, elle se déployait dans les airs en rameaux; je crois qu'elle avait été portée par un récent courant d'air, puis, quand celui-ci était retombé, la nuée, laissée seule ou vaincue par son propre poids, s'évanouissait en s'élargissant, blanche parfois, parfois grise et tachée, suivant qu'elle était chargée de terre ou de cendres.

Le phénomène parut à mon oncle important et digne d'être étudié de plus près: c'était l'attitude naturelle d'un savant. Il fait armer une galère liburnienne (croiseur léger à deux rangs de rames) et me donne latitude de l'accompagner si je voulais; je lui répondis que je préférais travailler et lui-même m'avait donné le sujet que je devais traiter. Il sortait de chez lui quand il reçoit un mot de Rectina, femme de Cascus, effrayée du danger qui la menaçait: de fait, sa villa était placée en contrebas (du volcan) et elle ne pouvait fuir que par la mer, elle le suppliait de l'arracher à un sort si funeste. Mon oncle change d'avis et ce qu'il avait commencé par amour de la science, il l'accomplit par sentiment très élevé du devoir. Il fait sortir les quadrirèmes, s'embarque lui-même, décidé à secourir non seulement Rectina, mais bien des gens (en effet, les agréments du rivage y amenaient beaucoup de monde). Il se hâte vers la région que d'autres fuient, et il garde une ligne droite, le gouvernail droit sur le danger, si exempt de crainte que toutes les phases de cette catastrophe, tous ses aspects, dès qu'il les avait perçus du regard, il les dictait ou les notait lui-même.

Déjà de la cendre tombait sur les navires; au fur et à mesure qu'ils approchaient, elle devenait plus chaude et plus dense; déjà aussi des pierres ponces, des cailloux noirs, brûlés, éclatés par le feu se voyaient, déjà un bas-fond venait de surgir et les roches écroulées interdisaient le rivage. Il hésita un moment: reviendrait-il en arrière? A son pilote qui le lui conseillait, il dit: « La fortune favorise le courage; mets le cap sur l'habitation de Pomponianus. » Ce dernier était à Stabies, séparé de lui par la moitié du golfe (de fait, le littoral s'arrondit en une courbe insensible que remplit la mer). En cet endroit, bien que le péril ne s'en fût pas encore approché, mais alors qu'il était en vue et que, en grandissant, il devenait très proche, Pomponianus avait fait charger ses bagages sur des navires, décidé à fuir dès que le vent contraire serait tombé; ce vent, très favorable, poussa mon oncle qui embrasse son ami tremblant, le console, l'encourage et pour que son assurance apaise ses craintes, il se fait descendre au bain; une fois baigné, il se met à table, mange avec gaieté, ou, ce qui était également grand, en affectant la gaieté.

Pendant ce temps, le Vésuve brillait en plusieurs endroits de flammes très larges et de grandes colonnes de feu dont le vif éclat, la clarté étaient avivés par les ténèbres de la nuit. Mon oncle, cependant, pour calmer la crainte, répétait que c'était des feux abandonnés par des paysans pressés ou des villas laissées seules qui brûlaient. Il s'abandonna alors au repos et dormit d'un sommeil authentique. Sa respiration, qui était assez grave et assez sonore à cause de sa corpulence, était entendue de ceux qui passaient devant sa porte. Mais la cour d'où l'on accédait à sa chambre, était déjà remplie de cendre mêlée de pierres ponces qui avaient élevé son niveau, au point que, si mon oncle restait plus longtemps dans sa chambre, il ne pourrait plus en sortir. Réveillé, il se lève, rejoint Pomponianus et les autres qui avaient veillé toute la nuit. Ils délibèrent en commun: faut-il rester dans la maison ou aller dehors? De fait, les maisons chancelaient à la suite de fréquents et importants tremblements de terre; ébranlées sur leurs fondations, elles semblaient osciller dans un sens puis dans l'autre. En plein air, d'autre part, on craignait la chute des pierres ponces, pourtant légères et poreuses: c'est cela que l'on préféra après comparaison des dangers. Chez mon oncle, le parti le plus raisonnable l'emporta, chez les autres, la plus grande des deux peurs. Posant des oreillers sur leur tête, ils les attachent avec des linges; cela leur servit de protection contre ce qui tombait.

Déjà le jour s'était levé partout, mais ici c'était la nuit, plus ténébreuse, plus épaisse que toutes les autres nuits; cependant, des rougeoiements nombreux et des lumières variées l'adoucissaient. On décida de se rendre sur le rivage et de voir de près s'il était possible de prendre la mer; maintenant encore, elle demeurait grosse et contraire. Là, reposant sur un linge étendu, à plusieurs reprises, mon oncle demanda de l'eau fraîche et en but. Ensuite, les flammes et l'odeur du soufre qui les annonçait, font fuir ses compagnons et le réveillent. S'appuyant sur deux jeunes esclaves, il se leva et retomba aussitôt. A ce que je suppose, la fumée trop épaisse lui obstrua la respiration et lui ferma le larynx que, de nature, il avait faible, étroit, et fréquemment oppressé. Quand le jour revint (c'était le troisième depuis celui qu'il avait vu pour la dernière fois), son corps fut trouvé intact, en parfait état, et couvert des vêtements qu'il avait mis à son départ. Son attitude était plus semblable à celle d'un homme qui se repose qu'à celle d'un mort.

Pendant ce temps, à Misène, ma mère et moi... Mais cela n'a rien à faire avec l'histoire et vous n'avez rien voulu savoir d'autre que la fin de mon oncle. Je terminerai donc. J'ajouterai seulement que je vous ai raconté tout ce à quoi j'ai assisté et ce qui m'a été rapporté immédiatement, au moment où les récits sont les plus exacts. Vous, vous ferez les extraits de votre choix. Écrire une lettre est une chose, une autre écrire une page d'histoire; écrire à un ami est autre chose qu'écrire pour le public. Adieu.

Vous me dites[14] que la lettre où, sur vos instances, je vous ai rapporté la mort de mon oncle, vous a amené à désirer connaître quelles craintes, et même quels dangers j'ai traversés, moi qu'il avait laissé à Misène (en effet, j'en étais arrivé là quand je me suis interrompu).

«Bien que mon cœur frémisse à s'en souvenir, je commencerai.»

Après le départ de mon oncle, je passai tout le reste du temps au travail (j'étais, en effet, resté dans ce dessein); ce furent bientôt le bain, le dîner, un sommeil troublé et court. Pendant bien des jours, comme signe avant-coureur, on avait eu des secousses telluriques moins effrayantes parce qu'on y est habitué en Campanie. Mais, cette nuit, elles prirent déjà une telle force que tout semblait non plus trembler, mais se retourner. Ma mère se précipite dans ma chambre; je me levais de mon côté, décidé à l'éveiller si elle dormait. Nous nous assîmes dans la cour de la maison, espace exigu qui séparait les bâtiments de la mer. J'hésite à parler de mon assurance ou de mon imprudence (en effet, j'étais dans ma dix-huitième année); je réclame un livre de Tite-Live, et comme si j'avais des loisirs, je lis, et même je fais des résumés, comme je l'avais déjà commencé. Arrive un ami de mon oncle qui venait de rentrer d'Espagne pour le voir. Quand il me voit assis, avec ma mère, quand il me voit en train de lire, il blâme ma passivité et mon insouciance; avec autant d'ardeur je reste attentif à ma lecture.

C'était déjà la première heure du jour et la lumière était encore incertaine et presque malade; déjà les bâtiments se lézardaient, et bien que nous fussions à l'air libre, l'étroitesse du lieu toutefois nous faisait craindre de grands et inévitables dangers en cas d'écroulement. C'est alors seulement que nous décidâmes de quitter la ville; une foule suit, consternée; et — dans la frayeur on retrouve une sorte de sagesse —

elle préfère la décision d'autrui à la sienne propre; une immense colonne presse et pousse ceux qui partent. Une fois dépassée la zone des bâtiments, nous nous arrêtons, et là, nous éprouvons bien des surprises, bien des effrois. En effet, les voitures que nous avions fait amener, bien que le terrain fût parfaitement plat, étaient entraînées dans des directions opposées, et, même calées par des pierres, ne restaient pas en place. De plus, nous voyions la mer se retirer comme si elle était repoussée par les secousses. En tout cas, le rivage avait gagné sur la mer et retenait, sur le sable mis à sec, bien des animaux marins. De l'autre côté, une nuée rouge et effrayante, déchirée par les zigzags rapides et scintillants d'un souffle de feu, s'entrouvrait, formant de longues flammes, semblables à des éclairs mais plus grandes.

Mais alors le même ami d'Espagne se fit plus énergique et plus pressant. «Si votre frère, dit-il, si votre oncle vit, il veut que vous soyez sauvés; s'il a péri, il a voulu que vous lui survécussiez. Pourquoi donc tardez-vous à vous enfuir?» Nous lui répondîmes que nous ne pouvions nous préoccuper de notre salut quand nous ne savions rien du sien. Ne s'attardant plus, il s'arrache à nous et, dans une course effrénée, il échappe au danger. Peu de temps après, la nuée descend sur la terre et couvre la mer: elle avait enveloppé Capri et l'avait dérobé à la vue et elle cachait le promontoire de Misène. Alors ma mère de me prier, de m'exhorter, de m'ordonner de fuir par tous les moyens: je le pouvais, moi qui étais jeune, pour elle, alourdie par l'âge et par l'embonpoint, elle mourrait contente si elle n'était pas la cause de ma mort; moi, par contre, je lui répondis que je ne me sauverais qu'avec elle. Alors, je lui pris la main et je la forçai à presser le pas. Elle obéit à contrecœur et s'accuse de me retarder. À ce moment, chute de cendres, cependant encore clairsemées. Je me retourne: un brouillard noir et épais nous menaçait par-derrière et nous suivait à la façon d'un torrent se répandant sur le sol. «Faisons un détour, dis-je, tant que nous y voyons de peur d'être renversés sur la route et d'être écrasés dans les ténèbres par la foule de ceux qui fuient avec nous.» A peine étions-nous assis que voici la nuit, non pas une nuit sans lune par temps nuageux, mais celle que l'on a en un endroit fermé, toute lumière éteinte. On entendait les gémissements des femmes, les vagissements des bébés, les cris des hommes; les uns cherchaient de la voix leurs père et mère, d'autres leurs enfants, d'autres leurs épouses, tâchaient de les reconnaître à la voix. Certains déploraient leur propre malheur, d'autres celui des leurs; il y en avait qui par crainte de la mort appelaient la mort, beaucoup tendaient leurs mains vers les dieux, plus d'un expliquait qu'il n'y avait plus nulle part de dieux, que cette nuit éternelle était la dernière du monde. Il ne manqua pas de gens pour accroître les dangers réels par des terreurs feintes et mensongères. Il arrivait des gens qui annonçaient qu'à Misène tel édifice s'était écroulé, que tel autre brûlait: c'était faux, mais il y en avait pour le croire. Une faible clarté reparut, elle nous paraissait non pas la lumière du jour, mais le signe de l'approche du feu. Le feu, du moins, ne s'avança pas bien loin; à nouveau, les ténèbres, à nouveau la cendre, abondante et lourde. Nous nous levions de temps en temps pour la secouer, sinon nous en aurions été couverts et même écrasés sous son poids. Je pourrais me vanter de n'avoir pas laissé échapper un gémissement, une parole peu courageuse au milieu de si grands périls, si la pensée que je périssais avec tout et que tout périssait avec moi, ne m'avait apporté une consolation, amère certes, mais appréciable.

Enfin le brouillard noir s'atténua et s'évanouit à la façon d'une fumée ou d'une nuée; bientôt la véritable lumière du jour, le soleil enfin brilla; cependant, il était livide, comme au moment d'une éclipse. Aux yeux encore tremblotants, tout s'offrait sous un nouvel aspect, couvert comme de neige d'une épaisse couche de cendre. Revenus à Misène, nous réparâmes nos forces, comme nous le pûmes et nous passâmes une nuit inquiète partagée entre l'espoir et la crainte. La crainte l'emportait: en effet, la terre continuait à trembler, et la plupart, l'esprit égaré par des prédictions terrifiantes, tournaient en dérision leurs malheurs et ceux d'autrui. Mais, pas même à ce moment, bien que nous sachions d'expérience le danger, et que nous en attendions le retour, nous n'eûmes le dessein de partir avant d'avoir des nouvelles de mon oncle.

Tels sont les événements, indignes de l'histoire, que vous lirez, sans avoir l'intention de les écrire dans vos ouvrages; et vous vous en prendrez à vous-même qui me les avez demandés, s'ils ne sont pas dignes même d'une lettre. Adieu!

Ses limites

Ces textes, considérés longtemps comme fondamentaux, ne suffisent pas à nous éclairer sur les événements pompéiens.

A aucun moment Pline le Jeune ou Pline l'Ancien ne sont allés à Pompéi ni n'ont pu recueillir des informations de première main sur l'agonie de la ville. Le trajet de Pline l'Ancien est aisé à suivre: de Misène, il est parti avec la flotte de gros vaisseaux vers Herculanum, mais vers 16 heures la lave de boue, le rivage bouleversé interdisaient tout débarquement; à 18 heures, il prend pied à Stabies, et au petit matin, le 25 août, il meurt asphyxié sur la plage même de Stabies.

Quant à Pline le Jeune, il reste tout le 24 août à Misène, et le 25 août au matin quitte la ville pour gagner la campagne avec une foule angoissée. Le soir même, il regagne Misène. Les heures ne sont pas plus favorables que les lieux pour permettre de suivre le film de l'éruption à Pompéi. Certes, avant le 24 août, des secousses telluriques, si habituelles en Campanie qu'elles ne sont pas spécialement remarquées, annoncent l'éruption prochaine. Mais, à 13 heures, la nuée en forme de pin observée par Pline l'Ancien, appartient à la troisième phase, c'est-à-dire au plein développement de l'éruption et non pas à ses débuts. La nuée en pin parasol, le jet périodiquement rythmé par l'émission de cendres et de scories, tout désigne dans la description de Pline le Jeune le moment où le niveau du magma très explosif se trouve encore à une grande profondeur dans le conduit volcanique après l'éruption du magma primitif qui le surmontait. De plus Pline l'Ancien reçoit vers 14 heures le billet de Rectina: il a bien fallu deux à trois heures au messager pour parcourir les trente-huit kilomètres qui séparent la région d'Herculanum de Misène. L'éruption avait dû commencer entre 10 et 11 heures. La première phase ainsi que la seconde n'avaient pas pu être observées par Pline le Jeune. Quand Pline l'Ancien approche de la côte vésuvienne vers 16 heures, Pompéi est enseveli depuis plusieurs heures, recouvert de cendres pisolithiques. A Herculanum, c'est un courant fangeux, comme il est dit dans le texte, où des strates de cendres séparent les coulées, qui noie la ville. Suivant les observations transmises à Pline le Jeune, l'éruption atteint son point culminant dans la matinée du 25 août quand les secousses telluriques font s'écrouler la villa de Pomponianus à Stabies et que les cendres et les lapilli tombent en grande quantité, suffoquant Pline. La chute des cendres continue le 25, le 26, et le 27 seulement on revoit la lumière du soleil.

A Misène, le vent ayant changé de direction et poussant la nuée de cendres vers le golfe, la ville est couverte de cendres blanches, caractéristiques des couches profondes du bassin magmatique, à la fin de la troisième phase, elles ne se retrouvent pas à Pompéi, mais dans les matériaux de la dernière coulée de boue à Herculanum.

Ainsi limitée dans l'espace et le temps, l'expérience vécue par l'oncle et le neveu, pour dramatique qu'elle apparaisse, pour riche de détails qu'elle nous soit parvenue, ne satisfait guère notre curiosité et nous sommes loin d'assister au mécanisme de l'éruption initiale. Abandonnons à regret ces pages relatant un fait divers d'une dimension exceptionnelle, et par l'analyse des matériaux rejetés par le volcan, matériaux que l'archéologue doit déblayer pour ressusciter la ville ensevelie, retraçons le déroulement réel de l'éruption[15].

Nature du Vésuve

Le Vésuve n'est pas un volcan simple, mais un volcan composé et plus précisément un volcan à stratification inverse, car ici la succession des phénomènes éruptifs est inverse de celle que l'on rencontre dans un volcan composé à stratification normale. Celui-ci en effet commence par émettre un magma moins visqueux et plus basique, puis un magma plus visqueux et moins basique jusqu'à être acide: le Vésuve présente ces phénomènes dans l'ordre contraire, quand on analyse les roches volcaniques du Somma primitif, du Somma antique, du Somma récent et du Vésuve. Voici une autre différence. Dans un volcan en période d'activité persistante et à conduit ouvert, tous les produits, laves, scories ou cendres, présentent une composition chimique constante; or, depuis des millénaires, le Vésuve était en sommeil. Pompéi n'avait-il pas été construit sur une coulée de laves préhistoriques? Mais, depuis cette éruption, jamais enregistrée dans la mémoire des hommes, le volcan avait connu un long intervalle d'absolue inactivité[15 bis] externe, durant laquelle le conduit volcanique était resté hermétiquement obstrué par un bouchon de lave consolidée. Dans ce cas le magma, dans le conduit et dans le bassin, est calme, c'est-à-dire qu'il n'est pas continuellement brassé par les gaz émis quand il est en activité persistante. Il peut donc se différencier: les gaz montent lentement vers le haut et s'accumulent sous le bouchon, tandis que les cristaux lourds descendent dans la masse en fusion et s'accumulent dans les parties profondes du conduit et du bassin. Si, après une telle différen-

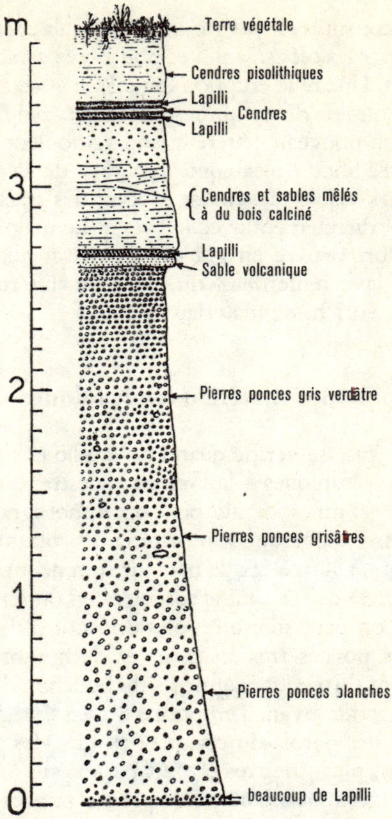

Fig. 3. — Stratigraphie des dépôts volcaniques de la Grande palestre (d'après Pompeiana*).*

ciation, le bouchon du conduit cède à la pression des gaz magmatiques, survient alors l'éruption initiale, durant laquelle sont éjectés avec une énorme force explosive, d'abord les morceaux du bouchon, et aussitôt après les fragments du magma très riches en gaz et ayant peu de minéraux pesants, qui se transforment en l'air en pierres ponces soufflées; viennent ensuite les fragments du magma plus pesant, et finalement les cendres, constituées par le magma pulvérisé encore plus pesant et par les blocs, lapilli et poussières arrachés aux parois du conduit. Une telle éruption ébranle le volcan sur ses fondements et entraîne de nombreuses fractures qui facilitent la formation d'un nouveau cratère quand s'écroulent les parois centrales de l'édifice volcanique. Un flux de lave, à la fin de l'éruption, s'écoule facilement le long des fractures qui communiquent directement avec le bassin. Le magma qui vient au jour est alors pauvre en gaz et assez visqueux. Il forme une coulée de lave renfermant du matériau différencié ou éventuellement enrichi de matériaux pesants.

Stratigraphie des matériaux volcaniques

Cette théorie se vérifie quand on étudie la stratigraphie des matériaux volcaniques à la Grande palestre, où, loin des édifices, nous sommes sûr de pouvoir «photographier» la succession chronologique des matériaux volcaniques (fig. 3). D'abord sur 2,60 mètres de hauteur se rencontre un dépôt de pierres ponces qui se sont accumulées en un temps très court, mais dont on peut suivre l'évolution: tout d'abord, sur 5 cm, des pierres ponces très soufflées et de nombreux lapilli qui représentent de menus fragments du bouchon de lave qui obstruait le conduit avant l'éruption, d'autres fragments de lave provenant des parois du conduit; ensuite des pierres ponces blanchâtres, plus grisâtres et plus pesantes.

A 2,50 mètres de hauteur les pierres ponces sont gris verdâtre. Une telle variation de la nature des pierres ponces prouve qu'avant l'éruption le magma était fortement différencié dans le conduit. Par la présence de pierres arrachées aux parois du conduit et du bassin magmatique, on peut savoir que, à 1,20 mètre de hauteur, les éléments déposés proviennent d'une profondeur de 1 kilomètre, à 2,50 mètres, de 5 à 6 kilomètres. A 2,60 mètres on rencontre une couche de sable volcanique (0,05 m) durci, puis 0,03 mètre de lapilli, 0,64 mètre de cendres mêlées à du bois calciné, deux strates de lapilli enfermant une couche de cendres, 0,30 mètre de cendres pisolithiques.

Histoire vraie de l'éruption

Il est aisé maintenant de reconstituer les phases de l'éruption et de décrire ce qui se passa à Pompéi le 24 août 79. Le Vésuve s'est réveillé brutalement sans qu'aucun signe dans les jours précédents ait permis aux Pompéiens de suivre les progrès d'une activité croissante, ce qui aurait pu peut-être éviter les pertes humaines. Les secousses telluriques leur faisaient redouter, au pire, un tremblement de terre. L'éruption a débuté dans un fracas épouvantable: un bouchon de lave «sauta», les morceaux les plus lourds tombant près du cratère. À peine ouvert, le conduit laissa fuser avec une violente explosion le magma très riche en gaz à haute pression; ainsi furent projetés en l'air, à plusieurs milliers de mètres de hauteur, des fragments de lave qui abandonnaient leurs gaz et devenaient des pierres ponces très poreuses. La vitesse diminuait avec la hauteur et en même temps les fragments se boursouflaient en émettant une grande quantité de gaz chauds. La colonne d'émission gazeuse s'élargissait rapidement en hauteur par la force expansive des gaz. Une fois diminuée la force de lancement, les pierres ponces tombaient en grand nombre tout autour du mont et spécialement sur les régions méridionales et orientales, ensevelissant Pompéi, d'autant plus que le vent poussait les cendres vers le sud-est. Après cette phase caractérisée par l'éjection des pierres ponces, qui avait vidé tout le conduit, les gaz n'entraînaient plus que de petites quantités de magma, en même temps que la poussière des roches arrachées aux parois du conduit, et provoquaient la pluie de cendres sablonneuses de temps en temps; au moment où se ralentissait l'émission gazeuse, les parois de la partie supérieure du conduit s'éboulaient, faisaient un obstacle temporaire à l'émission des gaz; mais ensuite la pression des gaz l'emportait et projetait dans les airs ces morceaux d'éboulis, suscitant par intervalles des pluies de lapilli, puis reprenait avec plus de force la pluie de cendres. Par ailleurs le vidage du conduit avait produit un abaissement de la pression hydrostatique sur le magma du bassin. Le magma profond se trouvait sursaturé de gaz, commençait à écumer, montant dans le conduit et libérant par de formidables explosions l'excès de ses gaz. Il en résultait d'autres éruptions de cendres pulvérulentes, constituées en grande partie par les produits vitreux du magma : c'est la phase culminante de l'éruption ; une grande partie de la Campanie était recouverte de nuées denses de poussière chargées de gaz où prédominaient la vapeur d'eau et l'acide chlorhydrique. En raison de la viscosité du magma, l'activité explosive n'est pas uniforme, révèle des ondes basses et hautes. Des secousses, des crevasses accompagnaient les explosions. En outre de grandes quantités de vapeur d'eau qui sont éjectées en même temps que les cendres se condensent, et au contact de ces gouttes, la cendre fait prise et forme en l'air les pisolites que nous trouvons dans la couche supérieure des cendres de Pompéi. Peu à peu, la force explosive diminue au fur et à mesure que le magma perd ses gaz et, avec la simple émission de vapeur d'eau non accompagnée de cendres, l'éruption entre dans sa phase finale. C'est alors que le toit rocheux, ayant perdu son soutien, cède à son propre poids, que des fractures laissent passer le magma et que les coulées de lave envahissent des régions éloignées du volcan comme Castello di Cisterna : mais il n'y avait plus de Pompéien pour le noter, le 26 août ou la nuit suivante.

Dion Cassius[16] a enregistré l'explosion du bouchon, parlant de pierres d'une masse extraordinaire qui furent soulevées jusqu'à la cime du mont et de la pluie de cendres[17] qui forme l'essentiel, à vrai dire, de l'observation de Pline le Jeune. Si bien que nous pouvons dresser le tableau ci-après.

* * *

Le drame humain de Pompéi peut être imaginé par ce que rapporte Pline le Jeune de la fin de son oncle, mais surtout les morts eux-mêmes de Pompéi, par leur nombre, par leur attitude, nous font assister aux derniers moments de leur agonie[18].

Moulage des corps

C'est Fiorelli en février 1863 qui eut, le premier, l'ingénieuse pensée de mouler les Pompéiens dont on retrouvait les corps. Les pierres ponces brûlantes ont pu parfois se tasser sur le corps de ceux qui tombèrent dans les premiers instants de l'éruption; les chairs alors se consumaient et on retrouve le squelette complètement décharné, tel celui de la maison du Squelette (VII, 14, 9). Plus souvent, les cendres humides se moulaient étroitement sur le cadavre, pénétrant dans tous les creux de son visage, dans les plis de ses vêtements. En se solidifiant autour du corps dont les chairs se conservaient, elles gardaient en creux l'empreinte du corps et emprisonnaient le squelette. Il suffisait de couler dans ce creux du plâtre liquide pour que réapparaissent fidèlement les traits, les gestes, l'ultime attitude des Pompéiens qui aujourd'hui nous émeuvent tant.

A la différence d'Herculanum, menacé puis enseveli par le torrent de boue et où les habitants effrayés n'avaient pensé trouver leur salut que dans la fuite, à Pompéi, les gens crurent, se souvenant de la catastrophe de 62, assurer leur sécurité en se réfugiant dans les caves, sous les voûtes, dans un cryptoportique ou dans des réduits, pour y attendre la fin du cauchemar. Ceux qui fuirent durent se frayer un chemin à travers des lapilli, mais beaucoup furent asphyxiés par les vapeurs sulfureuses qui accompagnaient la retombée des cendres.

L'agonie des animaux fut aussi douloureuse que celle des hommes. Chez Vesonius Primus (VI, 14, 20), on avait oublié le chien attaché par une chaîne dans l'*atrium*. Par l'ouverture du *compluvium* les scories ruisselaient dans cette pièce. La malheureuse bête escaladait les cendres autant que le lui permettait la longueur de sa chaîne. Finalement vaincu, le chien se retourna sur le dos, dans un effort de tous ses membres il essaya de se libérer et rendit le dernier soupir. Un horrible drame se passait en même temps dans la maison des Vestales (VI, 1, 7), où le chien dévora son maître.

Jours	*Situation de Pline l'Ancien*	*Situation de Pline le Jeune*	*Observations de Pline l'Ancien*
24 août 79 10 h.	Misène.	Misène.	
13 h.			Sortant du Vésuve, nuée en forme de pin dans laquelle se trouvent cendres et terre.
16 h.	Sur la côte vers Herculanum		Observation de pluie de cendres, pierres ponces. Bas-fond dans la mer. Littoral coupé par rochers éboulés. Lave de boue.
18 h.	Stabies.		Observe sorties de colonnes de feu du Vésuve. Vent souffle d'Herculanum vers Stabies.
nuit		Près du rivage; nuit agitée et courte.	
25 août 6-7 h.	Se porte sur le rivage où odeur de soufre l'asphyxie. Il meurt.	Sort de la ville.	
après-midi fin du jour		Retour à Misène.	
26 août nuit			
27 août	Découverte de son corps sur le rivage.		

Observations de Pline le Jeune	*Evolution réelle de l'éruption*
	Pendant plusieurs jours avant le 24 août, secousses telluriques, signes avant-coureurs de l'éruption.
	1re phase (10 h.): jet du bouchon de lave. **2e phase** (10 h. 15): fines poussières poussées par le vent vers l'est. Ensevelissement de Pompéi dans la matinée. **3e phase** (13 h.): pluie de cendres. Fin de l'ensevelissement de Pompéi. Fin de toute vie à Pompéi. Lave de boue à Herculanum. Herculanum interdit. 16 h. Toute vie y est terminée. 18 h.
Grosses secousses, lumières livides.	Secousses telluriques continuent.
Lézardes dans les routes, mer se résorbe; vent souffle dans sens opposé. Nuage sortant du Vésuve rabattu par vent lui cache Capri et cap de Misène. Cendres blanches ont recouvert Misène comme neige.	Stabies est enseveli.
Secousses telluriques continuent. Mais Misène est intacte.	
Jour normal revenu à Stabies.	**4e phase:** coulée de lave à Castel-Cisterna. Fin de l'éruption.

L'agonie des Pompéiens

Dans la maison du Faune (VI, 12, 2-5), les propriétaires ne pouvaient se résoudre à abandonner leurs richesses. En toute hâte, la maîtresse de maison rassembla ses bijoux les plus précieux: bracelets d'or serpentiformes, bagues, épingles à cheveux, boucles d'oreilles, miroir en argent, bourse remplie de monnaies d'or et s'apprêta à fuir. Affolée par les cendres qui tombaient, elle rentra dans le *tablinum*; peu après, le toit s'écroula, ensevelissant l'infortunée et ses trésors. Les autres habitants périrent asphyxiés dans leurs cachettes.

Dans la demeure de Pansa (VI, 6, 1), les habitants avaient pris la précaution d'envelopper les œuvres d'art, en particulier le petit groupe de bronze, *Bacchus et le Satyre,* qu'ils entendaient emporter. Mais à peine dans le jardin, ils le jetaient dans un vase de cuivre qui se trouvait là. Les propriétaires réussirent à s'échapper; en revanche, quatre femmes, locataires de la même maison, se barricadèrent et moururent asphyxiées.

Si A. Cossius Libanus (VI, 2, 4 = maison de Salluste) a réussi à fuir, sa femme perdit du temps à chercher ses bijoux; accompagnée de trois femmes de condition modeste, elle tomba dans la rue avec son argent, son miroir et ses joyaux.

Tous les gens de ce quartier occidental n'avaient qu'une idée: s'élancer vers Herculanum, ce qui était d'une folle inconséquence puisque le nuage de cendres poussé par le vent fondait sur eux et que le torrent fangeux noyait la ville sœur. La rue des Tombeaux ne mérita jamais mieux son nom: des Pompéiens furent surpris alors qu'ils participaient à un banquet funèbre, étendus sur les lits du *triclinium.* D'autres crurent que les mausolées pouvaient servir de refuge, comme cette femme et son enfant qui furent écrasés par les colonnes. Sous le portique à droite, vers la villa de Diomède, furent frappées une femme ornée de bijoux, portant un enfant sur son sein, deux jeunes filles et deux autres personnes, navrant cortège funèbre.

La villa de Diomède était agrémentée d'un cryptoportique illuminé sur le jardin par des lucernaires. On y conservait des amphores à vin dont la base pointue était enfoncée dans le sol. Le propriétaire crut que ces voûtes pouvaient assurer la sécurité de la maisonnée; il y conduisit les membres de sa famille et quatorze serviteurs. Sa femme, des bijoux au cou et aux poignets, un enfant sur les bras, était accompagnée de son fils et de sa fille, parée de bijoux d'or. Le chef de famille leur fit apporter du pain, des fruits, d'autres provisions pour tenir en attendant la fin du déluge de cendres. Il enfouit dans un sac de toile dix pièces d'or et quatre-vingt-huit monnaies d'argent. Puis, une clef à la main, il se dirigea vers la porte de sortie suivi d'un esclave. Ils n'allèrent pas loin et, sur le seuil, maître et esclave tombèrent sans vie sur la couche de cendres. Les réfugiés du cryptoportique connurent la même fin atroce, étouffés par les cendres qui pénétraient par les lucernaires, et surtout asphyxiés par les gaz délétères: la jeune fille essaya en vain de cacher sa tête dans sa tunique. Et dix-huit victimes furent ensevelies.

Un peu plus loin, dans la villa des Mystères, on a découvert onze corps: trois femmes au premier étage furent entraînées par la chute de la partie supérieure de la maison et écrasées sous les matériaux. Les six ouvriers occupés aux travaux de réfection de la villa se réfugièrent au sous-sol et y moururent. Une jeune fille succomba près de la porte de la villa. Le portier s'enferma dans un réduit exigu, hermétiquement clos: la mort l'y terrassa.

Dans tout le quartier méridional, où les restaurations avaient été particulièrement rapides et soignées, tout trahit le même affolement, le même soin à emporter les trésors de famille, à mettre à l'abri les objets d'art et à chercher le salut dans la fuite vers les portes de la ville et de là dans la campagne.

Dans la maison dite du Cryptoportique (I, 6, 2), une aile seule faisait en 79 usage de cellier; certains habitants, décidant de tenter leur chance plutôt que d'être asphyxiés dans cette galerie sans air, passèrent par un des lucernaires dans le jardin, où ils furent suffoqués par la chute des cendres. Une jeune fille, dans son désespoir, agonisante, trouva un refuge dans le giron de sa mère, où elle encastra sa tête.

Dans la maison dite de Ménandre (I, 10, 4), confiée à la garde de l'affranchi G. Poppaeus Eros, les habitants refluèrent dans le *tablinum:* deux vieillards et deux adultes s'affaissèrent près de l'entrée. Les esclaves de l'étage décidèrent de fuir, quand ils virent que les lapilli atteignaient dans l'*atrium* 2,50 mètres de hauteur. Porteur d'une lanterne de bronze, l'un d'eux ouvrait la marche et neuf hommes, qui descendaient les degrés de bois de l'escalier, tombèrent entre l'escalier et la porte. Deux femmes se réfugièrent au contraire au premier étage et furent ensevelies sous les toits qui cédèrent. Dans le logis postérieur, le surveillant des esclaves descendit dans sa loge et se couvrit de coussins et d'oreillers. Mais, là encore, les gaz délétères firent leur œuvre et ses mains crispées dans l'agonie laissèrent échapper une bourse de cuir avec toute sa fortune: deux monnaies d'or, quatre-vingt-dix pièces d'argent, treize pièces de bronze.

Plus heureux, P. Cornelius Tages (I, 7, 10-12) envoya chercher l'*Éphèbe* dans le jardin, le recouvrit de linges et s'enfuit. Au contraire, dans la maison du prêtre Amandus (I, 7, 7), neuf membres de la famille tombèrent dans le vestibule, avant d'avoir pu gagner la rue. Dans la demeure de Paquius Proculus (I, 7, 1), sept enfants s'abritaient dans l'exèdre: ils furent ensevelis par les gravats du premier étage.

Les édifices publics ou religieux n'offrirent pas un abri plus sûr que les maisons privées. Les prêtres d'Isis, rassemblés dans le *triclinium* autour d'une table garnie de pain, de vin, de volailles, d'œufs et de poissons, prenaient leur repas. Devant l'éruption, ils décidèrent de confier à l'un d'entre eux le trésor du temple: ils le chargèrent d'un sac où ils avaient enfoui des pièces d'or à l'effigie de Titus, fleurs de coin, les statuettes d'Isis, des coupes... mais le malheureux, malgré sa hâte, ne put dépasser l'angle de la rue de l'Abondance, et il tomba en laissant échapper le contenu de son fardeau. Deux de ses compagnons furent écrasés par la chute d'une partie de la colonnade du forum triangulaire. Les autres moururent asphyxiés près d'un escalier, derrière la cuisine. Un autre voulut trouver une issue: armé d'une hache, il perça deux cloisons, mais devant la troisième il s'effondra.

La caserne des gladiateurs fut une tragique souricière pour ses occupants habituels. Deux qui étaient aux fers périrent sans qu'on se souciât d'eux. Les autres se réfugièrent dans certaines pièces et la mort y frappa soixante-trois personnes, parmi lesquelles une noble dame de Pompéi, portant de magnifiques bijoux — collier d'émeraudes, boucles d'oreilles, bracelets — qui était venue témoigner son admiration à quelque héros de l'arène.

Dans la palestre, les gens qui échappèrent à la chute du portique, s'abattirent sur les cendres chaudes qui emplissaient la cour: un chirurgien qui avait emporté sa trousse, un jeune athlète qui tenait deux strigiles et son flacon d'huile. Ceux qui s'étaient réfugiés dans les pièces de service y moururent; un serviteur d'Isis, qui traversait la cour, périt dans la cendre en voulant sauver ses vases sacrés.

Dans leur course vers les portes méridionales — porte de Stabies ou porte de Nocera — les Pompéiens n'échappèrent pas à l'implacable sort. Sur le forum, certains furent écrasés par la chute des colonnes. Dans la venelle des Squelettes on dénombra sept corps: une femme enceinte perdit beaucoup de temps à rassembler ses bijoux, son argenterie, son argent et ferma à clef sa maison. Retard funeste qui lui valut de s'abattre dans la cendre. Derrière elle, se tenaient une femme et une jeune fille de quatorze ans qui, avant de mourir, avait posé sur son bras sa tête recouverte de sa robe; un esclave de taille géante, qui les accompagnait, est tombé auprès d'elles.

Spectacle pitoyable que cette ville d'où peu à peu disparaît toute vie. Mais je ne connais rien de plus poignant que les attitudes des treize morts le plus récemment découverts à Pompéi, en 1962, près de la porte de Nocera. Trois familles s'étaient réunies sous un toit pour s'abriter des lapilli, puis des cendres mêlées à une pluie torrentielle. Elles tentèrent alors une sortie. Un esclave marchait le premier, avec sur son épaule un sac, probablement chargé de provisions de route. Il est tombé, plié à la fois sous le fardeau et sous la force du vent contre laquelle il devait lutter. Derrière, deux petits garçons, les mains unies, tenaient une tuile ou un morceau de fer pour se protéger. Un couple les suivait avec une fillette. La femme est tombée à genoux, pressant contre sa bouche un morceau d'étoffe pour tenter de se protéger des vapeurs mortelles. L'homme âgé qui fermait la marche fit une chute et essaya désespérément de se relever, arc-bouté sur ses deux bras pour porter secours aux siens et pour leur donner un dernier regard.

La mort a brutalement fait son œuvre à Pompéi et dans la campagne environnante. La seule vraie voie de salut était celle de la mer: combien songèrent à l'utiliser, combien le purent? La mer devait être démontée et les bas-fonds mouvants, comme sur le rivage d'Herculanum. Rares ont dû être ceux qui sont partis dès la première explosion; en tout cas, il leur fallait dépasser et Stabies et Herculanum: le messager de Rectina en est un exemple. Devant une telle catastrophe, l'historien ne rencontre que des destins personnels marqués par les mêmes sentiments de peur et par le même instinct de conservation; il se laisserait volontiers aller à imaginer les ultimes paroles, les ultimes pensées, les ultimes gestes de chacun. Sans être moraliste, il ne croit guère aux paroles historiques, aux soucis métaphysiques ou aux attitudes théâtrales des dernières minutes. C'est encore un quotidien parfois sordide, même s'il est devenu poignant, qu'il découvre à Pompéi dans ces heures du 24 août 79, si courtes pour l'historien, et si longues pour ceux qui en subirent l'atroce passion.

CHAPITRE II

LES RÉSURRECTIONS

Pompéi condamné et oublié

Il n'est pas d'usage de crier pour les cités, comme pour les souverains: «La ville est morte, vive la ville!» et, le 27 août 79, même les plus optimistes des Pompéiens échappés à la tourmente ne pouvaient que se rendre à l'évidence: Herculanum avait disparu, Pompéi était enseveli à jamais. Rome, qui avait reçu des cendres et des poussières transportées par le vent, envoya une commission d'enquête[1] de deux *consulares restituendae Campaniae* qui ne put qu'adoucir le sort des réfugiés et sauver ce qui méritait de l'être. En effet, du forum émergeaient, à travers la couche de 4 mètres de lapilli et de cendres, quelques colonnes; on rechercha systématiquement les statues religieuses, les objets cultuels pour que les dieux honorés à Pompéi ne fussent pas abandonnés, et tout ce qui dépassait des scories fut ensuite nivelé. Les riches propriétaires essayèrent toutefois de retrouver leurs objets les plus précieux; des entrepreneurs de récupération clandestine mirent sur pied de véritables raids de pirates. Ils ont laissé les traces de leur indélicat passage sur les murs de Pompéi, en inscrivant telle phrase où Rome lointaine est regrettée[2]. Certains imprudents payèrent de leur vie leur folle audace, mais peu à peu l'herbe et les ceps de vigne prirent possession de ce qui avait été le territoire de la ville, un humus se forma sur la couche de cendres, et Titus empereur, lors d'un voyage en Campanie, se rangea à l'avis des sénateurs: le sort de Pompéi était bien scellé. Pour en perpétuer le souvenir il ne restait plus que des écrivains. «Les siècles futurs pourront-ils croire, quand les moissons repousseront et qu'enfin reverdiront ces déserts, que des villes et des populations sont englouties sous leurs pieds et que les campagnes de leurs ancêtres ont disparu dans la mer incendiée?» écrit Stace[3]; Martial[4] pleure les cités ensevelies:

Voici le mont Vesbius (le Vésuve), hier encore verdoyant et ombragé de pampres: ici un noble cru avait plus d'une fois fait déborder nos cuves de ses flots. Voici ces hauteurs que Bacchus aimait plus que les collines de Nysa, sur cette montagne le chœur des Satyres déroulait naguère ses danses. C'était le séjour de Vénus, plus agréable à ses yeux que celui de Lacédémone, ce lieu était fameux par le nom d'Hercule, tout a sombré dans les flammes: une lugubre cendre couvre le sol et les dieux eux-mêmes auraient voulu que cela ne leur fût pas permis.

Le quatrième livre des oracles sibyllins y voit le châtiment céleste qui punit Titus, vainqueur des Juifs révoltés. Pline le Jeune documente Tacite sur la disparition des cités campaniennes et sur la mort de son oncle, Pline l'Ancien; Dion Cassius raconte à son tour l'éruption de 79. Mais vite le nom de Pompéi disparut: les paysans appelèrent son emplacement *civitas, cività,* la cité. Désormais, jusqu'au milieu du XIXe siècle, jusqu'en 1860, la chasse aux trésors était ouverte.

1. LA CHASSE AUX TRÉSORS (80-1860)

Il n'est pas inutile de retracer ses péripéties[5]. On y verra que nul n'est prophète en son pays, et aussi que, malgré la détestable technique des fouilles seigneuriales et royales, l'Europe entière du XVIIIe siècle va être conquise par Pompéi, qui renaît de ses cendres et qui séduit tout un monde par les nouvelles formes de sa décoration.

Fictions...

C'est la Renaissance qui donne le premier signal du goût archéologique: en 1488, la *Cornucopia* de Nicolo Perotto mentionne les deux villes disparues; en 1502, dans l'*Arcadia,* Sannazaro imagine la découverte de Pompéi à l'endroit appelé *Cività.* Cette fiction poétique attirait l'attention sur les villes campaniennes ensevelies tout comme la publication des lettres de Pline le Jeune et l'inscription, sur la carte de 1513 d'Ambroglio Leone, d'*Herculanum oppidum* à l'emplacement de

Portici. En 1561, à Naples, Léandre Alberti publie une description de l'Italie où il donne la situation approximative des deux villes disparues.

...et occasions perdues

Quand, en 1592, le comte Muzzio Tuttavilla voulut amener dans sa villa de Torre Annunziata les eaux du Sarno par une canalisation souterraine, elle devait traverser le territoire de Pompéi, mais son architecte, le Romain Domenico Fontana, ignorait que sous le monticule de Cività gisait Pompéi. Le travail effleura l'amphithéâtre, le temple d'Isis proche du forum. C'était une belle occasion perdue; quelques trouvailles furent signalées en 1607 par l'historien napolitain Carpaccio, dont on ne sut pas tirer parti: les trouvailles épigraphiques — même *decurio Pompeis* — ne furent pas mieux interprétées et l'on crut seulement à une villa de Pompée.

L'éruption de décembre 1631, qui rappelait celle de 79 par son déroulement, par le spectacle lamentable de 40 000 réfugiés que poussait en avant un fleuve de boue, par les dégâts immenses qui se soldaient par plus de morts qu'en 79, par 5 mètres de lave sur Resina, réveilla l'intérêt pour les villes englouties. En 1637, Luc Holstenius, Hambourgeois vivant à Rome, assura dans ses *Adnotationes* que Pompéi devait s'identifier à Cività, mais on ne le crut pas, et en 1651 Camillo Pellegrino dans ses *Antiquités campaniennes,* comme Francesco Balzano en 1688, situent mal Pompéi et Herculanum. En 1689, à l'occasion du creusement d'un puits, eut lieu la première fouille: on découvrit les strates horizontales de lapilli et de cendres, des objets, des inscriptions parlant de *Pompeis.* On passa une fois de plus à côté de la vérité et l'on crut à la villa d'un Pompeius. Banchini, en 1699, protesta contre cette opinion dans sa *Storia universale.* Il est vrai qu'en 1693 Giuseppe Macrini, dans le *De Vesuvio,* avait assuré avoir vu une ville, à l'occasion de fouilles reprenant celles de 1689.

Les vicissitudes politiques firent qu'au début du XVIIIe siècle l'Autriche dominait l'Italie méridionale et Naples, par l'intermédiaire de vice-rois: et l'occupation autrichienne, contre laquelle le Ciel semblait se déchaîner en déclenchant en 1707 une nouvelle éruption du Vésuve, fut le signal de ces fouilles seigneuriales et royales qui allaient provoquer l'engouement de l'Empire pour Pompéi et Herculanum.

Directions désordonnées

C'est Herculanum qui profita tout d'abord de l'activité d'Emmanuel-Maurice de Lorraine, comte d'Elbeuf. Les premières fouilles se firent à Resina par des puits et galeries *(cuniculi)* dans des directions désordonnées. Il crut avoir mis au jour le temple d'Hercule, or il s'agissait du théâtre où il avait trouvé trois statues. Il les offrit au prince de Savoie pour orner son château du Belvédère à Vienne. Cette dispersion des premiers objets d'art livrés par le sous-sol campanien provoqua la protestation du pape. Les fouilles furent alors abandonnées. Charles III d'Espagne, roi des Deux-Siciles à partir de 1734, devait donner, de 1738 à 1745, aux fouilles d'Herculanum, puis de Pompéi, une extension toute nouvelle. Il fut aidé par Rocco Gioacchino de Alcubierre, ingénieur arpenteur venu d'Espagne. Au théâtre, bien identifié par une inscription, on découvrit des statues, les gradins, un quadrige, la statue de Marcus Nonius Balbus, une peinture de Thésée foulant aux pieds le Minotaure. Avec quel enthousiasme l'humaniste toscan, le marquis Don Marcello Venuti, parlait de ces premières trouvailles! Mais elles furent compromises par la sottise d'un Alcubierre qui, ne s'intéressant qu'aux statues, jetait aux décharges les lettres de bronze des inscriptions. Le roi avait institué un véritable monopole des fouilles au profit de la cour: c'était une sage décision pour ne pas disperser les efforts et surtout pour éviter de laisser fouiller n'importe qui. Personne ne pouvait creuser, dessiner, prendre des notes sans l'autorisation royale. Hélas! le roi ne s'entourait pas toujours de collaborateurs de qualité pour surveiller Alcubierre, et à Herculanum les travaux s'arrêtèrent en 1745. C'est le 23 mars 1748 que l'abbé Martorelli, Napolitain appuyé par Alcubierre, qui croyait dégager Stabies, commença les fouilles de Pompéi: ainsi s'explique qu'en 1948 on ait fêté le deuxième centenaire de leur début officiel. Le chantier fut ouvert à 200 mètres du temple de la Fortune, près du carrefour des rues de Stabies et de Nola. La moisson fut intéressante: objets, monnaies, statues, fresques, et le 19 avril apparut le premier cadavre. Mais Alcubierre se lassa très vite de ce chantier, qui officiellement n'était pas encore celui de Pompéi, et rouvrit celui d'Herculanum où l'on découvrit l'étonnante villa des Papyri, dont les statues, les péristyles émerveillèrent le roi et la reine; 1800 rouleaux de papyrus ornaient sa bibliothèque. En 1754, on reprit les fouilles de Pompéi et en 1763 on a pu enfin, grâce à l'inscription *respublica Pompeianorum*, identifier sans erreur possible Cività à Pompéi.

La France devant les nouvelles découvertes

La France[6] s'intéressa à Pompéi et à Herculanum dès les premières découvertes. Le comte Anne-Claude-Philippe de Caylus était sur le site en 1715. Le président des Brosses envoyait de Naples ses *Lettres familières écrites d'Italie en 1739 et 1740*, et il présenta à l'Académie des Inscriptions et Belles-lettres de Paris en 1749 la *Descrizione delle prime scoperte della antica città d'Ercolano*, publiée en 1748 par Marcello Venuti.

Les nouvelles archéologiques arrivaient bien à Paris, mais n'eurent pas d'influence immédiate sur la littérature française, et le réveil néo-classique a emprunté des voies indirectes. En 1748, *Les Nouvelles littéraires* de l'abbé Raynal annoncent avec scepticisme une dissertation: *Mémoire sur la ville souterraine découverte au pied du Mont Vésuve*. Dans l'*Encyclopédie*, en 1758[7], le chevalier de Jaucourt fait un article enthousiaste sur Herculanum, une brève notice sur Pompéi, qui confirment le réveil du goût pour l'Antiquité en France au XVIIIe siècle. Les voyageurs, Marigny, Le Blanc et Cochin en 1751 apportent leurs témoignages, mais pendant longtemps les tracasseries administratives ne furent guère épargnées aux curieux. Sur le chantier de fouilles autant qu'au musée de Portici, on ne pouvait prendre de notes que sous la surveillance d'un gardien[8]. En 1754, Cochin déclare que toute l'Europe a faim de détails.

Justement, un effort pour publier les premiers résultats des fouilles accompagnait en Italie le travail proprement archéologique. En 1755, Charles III fonda l'Académie d'Herculanum qui, malgré les intrigues très « napolitaines », favorisa le déroulement des fouilles à Herculanum comme à Pompéi, où la demeure de Julia Felix fut fouillée et malheureusement réensevelie. Les « Antiquités d'Herculanum », *Le Antichità d'Ercolano*, œuvre de Francesco Valetta, présentèrent en 1757, gravées sur cuivre, les peintures.

L'ambassadeur de France à Naples, le marquis d'Ossun, envoya en mars 1759 la première partie de l'ouvrage à Natoire, directeur de l'Académie de France à Rome, avec mission de l'expédier à Marigny, frère de Mme de Pompadour et directeur des Bâtiments du roi : peu à peu, les pensionnaires furent autorisés à faire le voyage de Naples et à s'imprégner d'art antique qu'ils devaient ensuite acclimater à Paris.

Caylus à Paris surveille les progrès des fouilles dont l'informent Barthélemy et Paciaudi, restés sur place. Il avait publié en 1752 des dessins d'objets dérobés à la terrible surveillance des Napolitains. Cependant les travaux des savants et des archéologues ne suscitent chez les gens de lettres qu'un intérêt ironique. La coupure était nette entre l'Académie française et l'Académie des Inscriptions et Belles-lettres. Voltaire, si curieux de tout, ne souffle mot de Pompéi dans sa fabuleuse correspondance ; Montesquieu se moque de son ami Guasco qui fait des fouilles au Piémont : « Vous êtes tous des charlatans, MM. les antiquaires[9]. »

L'attitude de Diderot illustre bien cet état d'esprit. En 1769, il rend compte dans la *Correspondance littéraire* de Grimm de l'ouvrage d'un certain Fougeroux, *Recherches sur les ruines d'Herculanum*[10] : « Vous avez fait un mauvais livre... un catalogue très imparfait et très sec. » Il ne cesse de plaisanter Caylus qui voulut se faire ensevelir dans une urne étrusque :

> Ci-gît un antiquaire acariâtre et brusque.
> Ah ! qu'il est bien logé dans cette cruche étrusque !

Certes, Diderot était sensible à la grande tradition classique d'Homère et de Virgile, mais les « antiquités » ne sont pour lui que fadaises, les collectionneurs, « des pédants et des maniaques qui regardent l'Antiquité avec les petites besicles de l'anticomanie ». Pourtant l'œuvre patiente et minutieuse des archéologues est-elle si différente de la tâche que poursuivait précisément Diderot en publiant l'*Encyclopédie*? Ne voyait-il pas qu'il s'agissait, pour eux comme pour lui, de dresser un état matériel d'une civilisation? Mais Diderot ne s'intéressait qu'à son siècle et l'*Encyclopédie* perpétue des renseignements archéologiques tirés d'ouvrages périmés.

Cette Antiquité excite la curiosité des gens du monde, comme l'atteste la mode. En 1763, Grimm écrit qu'à Paris tout est à la grecque. Une comédie, *L'Amateur*, de Barthe, proclame: « Tout est grec. » C'est au travers de l'art contemporain, pénétré d'alexandrinisme, que les écrivains sont séduits par l'antique: Chénier, même s'il a ouvert quelques ouvrages d'archéologie, lisait essentiellement Homère et les Alexandrins; l'influence d'Herculanum et de Pompéi sur sa poésie a été indirecte, grâce à David qu'il fréquentait et grâce au style Louis XVI qui combine les motifs pompéiens. Diderot se délecte[11] au Salon de 1763 de la *Marchande à la toilette* de Vien, aujourd'hui à Fontainebleau, exécutée d'après une peinture d'Herculanum, comme l'affirme le catalogue[12].

Seul, l'abbé Barthélemy, qui travailla à Portici dans l'hiver 1756, écrivit le *Voyage du jeune Anacharsis en Grèce*, paru en 1788, avec la connaissance intime des objets d'Herculanum et de Pompéi, répandue à Londres et à Paris par des éditions réduites des planches des *Antichità di Ercolano*. L'ouvrage de Barthélemy eut une influence considérable pendant la Révolution et l'Empire. Qu'on se souvienne, par exemple, du dîner à la grecque chez Mme Vigée-Lebrun en 1790: les mets y étaient grecs, les convives habillés à l'antique et Lebrun jouait Pindare.

Le rôle de Winckelmann

La portée littéraire des découvertes campaniennes est donc négligeable en France, ouverte au contraire aux influences de l'art et de la mode. L'engouement est universel, aussi bien pour la décoration (fig. 1) et le mobilier néo-antique avec ses trépieds et leurs sphinges que pour le puritanisme spartiate mis à la mode en 1760 par J.-J. Rousseau. Dans le courant pompéien, le moral rejoint le décoratif. A la fin du siècle, on peut donc dire que Winckelmann — ce charmant enthousiaste, comme le nomme Grimm — cet esthéticien sentimental, cet archéologue sensible, avait gagné la partie en France et dans le reste de l'Europe, une Europe qui connaît enfin la véritable portée de découvertes où, avec malignité, on n'avait souvent voulu voir que des «fumisteries napolitaines». Fils d'un savetier de Stendal dans l'Altmark, autodidacte, il vint en Italie dès 1755 et en treize ans prit une excellente connaissance de l'art antique. Il ne se fit pas faute de critiquer les méthodes déplorables des fouilleurs à Herculanum et à Pompéi. Malgré une lettre d'introduction du Grand Électeur de Saxe, il fut accueilli en suspect à la cour de Portici et n'eut pas l'autorisation de contempler les chefs-d'œuvre rassemblés au musée. En 1759 Charles III abandonna à regret le royaume de Naples pour monter sur le trône d'Espagne. Grâce aux fouilles qu'il avait financées avec générosité, il laissait au royaume de Naples un musée unique au monde, qu'il considérait comme appartenant à l'État et non pas à sa famille. Quelques albums de Pasquale Carcani et surtout les communications savantes de Winckelmann, très souvent acerbe critique de la méthode des fouilles, répandirent sa gloire dans toute l'Europe. C'était le moment où Karl Weber proposait de nouvelles excavations, visant au dégagement systématique d'un secteur et à la réunion de la main-d'œuvre à Cività. Les nouvelles découvertes faites à Pompéi, près de la porte d'Herculanum: une auberge, la sépulture des Istacidii, le tombeau de la prêtresse Mamia, sont connues en Europe[13]; par les épîtres de Winckelmann, la mode de l'antique se propage. En France, Philippe de Caylus traduisit la seconde lettre de Winckelmann, ce qui déclencha une violente campagne contre le Saxon à la cour de Portici qui lui ferma les portes de son musée[14]. Cependant de belles découvertes récompensaient les fouilleurs de Pompéi, où l'Espagnol Francesco La Vega avait succédé à Karl Weber: le théâtre couvert est mis au jour en 1764, puis le temple d'Isis en 1765 avec l'inscription mentionnant le nom de son reconstructeur. Les fresques des appartements des prêtres furent confiées au père de Giacomo Casanova, Battista, qui avait illustré l'*Histoire des Monuments antiques* de Winckelmann et, après s'être brouillé avec lui, lui avait envoyé des faux.

En 1767, Winckelmann revint à Naples à la demande de l'ambassadeur d'Angleterre Hamilton, très versé dans l'archéologie. A Pompéi, Winckelmann assista au dégagement d'un monument qui fut plus tard reconnu comme la caserne des gladiateurs. Peu après la grande éruption de 1767, la vingt-septième éruption depuis 79, Winckelmann connut une fin sordide, assassiné dans une auberge en 1768. Sans doute n'avait-il pas réussi à faire améliorer la technique des fouilles: dès qu'on savait la destination d'un bâtiment, on abandonnait la fouille, on recherchait toujours les objets précieux, les bijoux d'or et d'argent. Pionnier de l'archéologie, il avait révélé à l'Europe Pompéi et Herculanum. A jamais l'archéologie devait honorer sa mémoire.

Accélération des fouilles

De 1770 à 1815, les fouilles s'accélèrent, grâce à l'impulsion des deux Caroline.

Le roi Ferdinand Ier, incapable et léger, était marié à une fille de Marie-Thérèse, Charlotte, qui prit le nom de Caroline; elle s'intéressa aux fouilles, y amena son frère Joseph qui encouragea Ferdinand à activer les travaux. La villa de Diomède fut dégagée dès 1771 et, en décembre 1772, on découvrait dix-huit corps dans son corridor souterrain; parmi eux, celui d'une jeune fille qui inspirera en 1852 à Théophile Gautier sa nouvelle romantique d'*Arria Marcella.* Les publications continuaient, mais sans subvention royale. Le premier plan général des fouilles de Pompéi fut dressé par La Vega. Mais peu d'ouvriers travaillaient sur le chantier. Après l'éruption de 1779 où on put le croire très menacé, le musée de Portici fut déménagé à Naples et installé dans un bâtiment construit en 1580 qui est devenu, après des agrandissements et des remaniements, le Musée national. Le renom de Pompéi s'étend: Goethe visite les fouilles le 11 mars 1787 et reste un peu déçu par la ville. L'ambassadeur anglais Hamilton, remarié à Emma Lyons, vient sans cesse assister au désensevelissement de la ville: l'odéon est totalement dégagé ainsi que le théâtre en 1789.

La guerre européenne déclenchée en 1792 paralysa les fouilles. Un boulet décapita la statue équestre de M. Nonius Balbus, et en 1798 l'armée française du général Championnet occupa Naples. Cultivé, très au fait des découvertes à Pompéi, le général français donna l'ordre de reprendre les travaux et dans la Région VIII, 2, 1-5, une maison porte son nom[15]. La France évacue le royaume en 1799 pour l'occuper à nouveau en 1806 et Joseph Bonaparte confia à un Corse, Christophe Saliceti, la reprise des fouilles avec cent cinquante ouvriers. Mais la pénurie d'argent limita les travaux qui furent poursuivis seulement autour de la maison de Salluste, rue de Mercure. En 1808, Joseph, destiné au trône de Madrid, laissa la place à un Murat enthousiaste d'archéologie. La reine Caroline n'est pas moins acharnée; elle s'installe à Portici, dirige les fouilles et y consacre son argent personnel; elle multiplie dans sa correspondance les nouvelles archéologiques; elle fait visiter les fouilles à ses hôtes, par exemple à la belle-sœur du tsar, le 6 avril 1811, et leur donne en cadeau les deux volumes du *Théâtre d'Herculanum* de François Piranèse, fils de Jean-Baptiste. Ch.-Fr. Mazois publie alors les deux premiers volumes des *Ruines de Pompéi* qui sont poursuivis par Gau de 1822 à 1839. On délimite la ville, on dégage la muraille vers la rue Consulaire, on travaille à l'amphithéâtre, à la basilique. On découvre de nouveaux squelettes et, tout près d'eux, un trésor de monnaies. Le 11 avril 1815, Caroline vint encore inspecter les travaux; le 17, elle amena Jérôme, le 18, Joseph. Napoléon vaincu, Murat dut fuir avec Caroline qui se constitua prisonnière et vécut à Trieste.

Ralentissement des fouilles

Avec le retour des Bourbons, les fouilles se ralentirent, et ce, jusqu'en 1860. Ferdinand Ier, revenu seul à Naples — Caroline des Deux-Siciles est morte — ne prit guère à cœur les intérêts de l'archéologie. La Vega, mort en 1815, est remplacé par Antonio Bonnucci; les chantiers sont presque abandonnés: en 1818, on travaille avec treize ouvriers. Pompéi est essentiellement un champ d'attractions, où l'on ménage à l'avance pour des hôtes illustres la découverte de pièces enfouies quelques instants auparavant. On revend les terrains achetés par Murat. Les troubles de 1820 provoqués par l'insurrection du général Pepe, l'éruption de 1822 ralentissent encore le déblaiement; en 1823 on dégage le forum et ses monuments, le quartier entourant le théâtre, la caserne des gladiateurs, la partie ouest de l'enceinte, les quartiers proches de la porte d'Herculanum, une grande partie de la voie des sépulcres, l'amphithéâtre, les maisons qui, au nord, bordent la rue de Stabies; en 1824, le temple de la Fortune Auguste, les thermes du forum, où l'on trouve 718 lampes à huile.

François Ier, roi en 1825, s'intéresse à Pompéi plus que son père: on dégage la maison au nord des thermes du forum, une boulangerie, la maison du Poète tragique; les visites royales se multiplient: Léopold Ier de Belgique en 1826, Louis de Bavière en 1829. Le roi fait reprendre les fouilles d'Herculanum.

Son fils Ferdinand II, qui lui succède en 1830, manifeste un intérêt moindre. On fouille la maison du Faune où l'on découvre la grande mosaïque représentant Alexandre à la bataille d'Issus. Cette découverte eut un immédiat et immense retentissement. Toutefois les crédits manquent, les travaux se ralentissent à Pompéi et sont interrompus en 1855 à Herculanum. Pie IX, réfugié à Gaète en 1849, visite Pompéi; en 1851, le prince Maximilien, frère de François-Joseph d'Autriche. Après l'attentat du 8 décembre 1856, Ferdinand II cède le trône à François II, qui abandonne son royaume devant la poussée des garibaldiens en 1860; le 7 septembre, Garibaldi entre à Naples et les Bourbons cessent leur résistance à Gaète, en 1861. Garibaldi offrit à Alexandre Dumas, qui l'avait aidé, la direction du musée et des fouilles, et le palais Chiaramonti comme résidence. Dumas projeta de faire appel aux architectes français, mais les Napolitains manifestèrent leur opposition devant le palais. De toute façon, Garibaldi s'efface devant l'astuce de Cavour, l'armée piémontaise et Victor-Emmanuel II: une nouvelle époque allait s'ouvrir pour l'archéologie pompéienne dans le cadre du nouveau royaume d'Italie. Si la capitale politique n'est pas encore Rome, la capitale archéologique reste Pompéi.

2. L'ÈRE DE LA SCIENCE

Après les recherches d'antiquaires, sporadiques et d'une méthode douteuse, après tant de chasses aux trésors, le musée comptant plus que le champ de fouilles, et Pompéi servant à tant de comédies que l'on y jouait aux diverses têtes couronnées d'Europe, il fallait bien que commençât une recherche scientifique sérieuse. Déjà Chateaubriand voulait qu'on laissât tout sur place, car on apprend plus, selon lui, à se promener dans Pompéi qu'à lire les livres des Anciens. C'est la gloire de la dynastie piémontaise de l'avoir compris et d'avoir nommé comme directeurs de fouilles les meilleurs archéologues, d'avoir entrepris le dégagement rationnel de la ville antique et d'avoir su ressusciter, en restant fidèle à la vérité historique, la vie de Pompéi: la vie n'était pas hier — elle est désormais aujourd'hui.

Giuseppe Fiorelli et l'établissement d'une méthode scientifique[16]

Victor-Emmanuel II comprit immédiatement, ne serait-ce que pour le renom de la dynastie, l'intérêt qu'il y avait à poursuivre les fouilles négligées ou mollement conduites sous le règne des Bourbons. Il constitua un fonds de roulement destiné à financer les fouilles, mais surtout il sut nommer, le 20 décembre 1860, comme directeur, l'homme le plus apte à remplir cette fonction, Giuseppe Fiorelli. C'était un numismate, âgé de trente-sept ans et passionné pour les fouilles; en 1848, on avait déjà fait appel à lui pour décrire des objets exhumés. Des jaloux le firent emprisonner pour ses opinions libérales. Privé de situation, à sa sortie de prison, il eut la chance de prouver au frère du roi François II, le prince de Syracuse, que les cadavres romains, prétendument découverts intacts à Cumes, avaient eu le visage remodelé à la cire. Cette probité scientifique et cet esprit critique lui valurent d'être le secrétaire du prince de Syracuse. Ce fut Victor-Emmanuel qui le distingua ; il fut également nommé professeur d'archéologie à l'Université de Naples, et de 1860 à 1864, il fit paraître un ouvrage de base, *Pompeianarum Antiquitatum Historia*, en trois volumes qui retracent tout l'historique des fouilles de Pompéi.

Le 7 janvier 1861, 512 ouvriers travaillaient sur les chantiers, c'est dire qu'il fallait une méthode nouvelle pour restituer le vrai visage de Pompéi. La première condition était de tenir un journal de fouilles détaillé, et non pas une simple relation des visites princières ou un inventaire vague des trouvailles d'objets, ne comportant ni description des murs, ni notation des niveaux des découvertes. Le journal des fouilles devait donc présenter comme un premier examen scientifique des objets ; mais là encore tout ne fut pas satisfaisant dès le début. En 1876, les *Notizie degli Scavi delle Antichità* commencent à publier des rapports réguliers sur les fouilles, tout comme le *Bollettino di Corrispondenza archeologica* de l'Institut germanique à partir de 1874 ; on dispose aussi de la relation écrite par Fiorelli lui-même sur ses années de direction, *Gli Scavi di Pompei dal 1861 al 1872,* Naples, 1873.

N'oublions pas qu'avant Fiorelli, on creusait souvent au hasard, les déblais s'accumulant à proximité des fouilles, si bien qu'il fallait, avant de visiter un bâtiment dégagé, escalader au préalable des monceaux de terre. Exposées aux intempéries, les parties du bâtiment mises au jour (colonnes, peintures) se dégradaient vite. Fiorelli, qui passa un contrat avec un entrepreneur pour exécuter les travaux de déblaiement, décida d'éloigner les décombres et ensuite de relier entre eux les maisons et les temples dégagés. A cet effet, il fallait dresser un plan probable des rues et ruelles de la ville, ce qui permit à Fiorelli de diviser Pompéi en régions et îlots et d'affecter à chaque maison, à chaque boutique un numéro d'identification. Ce système, à peine modifié, dure encore. De plus, on cessa de fouiller d'abord les rues au risque d'y faire écrouler les maisons qui les bordaient. Dorénavant, on procéda au dégagement des maisons en pénétrant par le toit. Des wagonnets assuraient, au fur et à mesure de l'avancement, l'évacuation des déblais. Comme la plupart des quartiers de l'ouest avaient été déblayés, on s'attaqua alors à ceux de l'est.

Fiorelli décida de ne plus détacher les peintures et les fresques des murs qui les supportaient, mais de les laisser en place. C'est lui qui, exerçant une surveillance étroite et supervisant tout, découvrit en 1863 la méthode de moulage qui permit de conserver les dernières attitudes des Pompéiens surpris par la mort. Le drame de Pompéi redevenait présent. Les moindres détails de la vie quotidienne étaient sauvés, la corbeille contenant les haricots et oignons carbonisés découverte au Lupanar, les quatre-vingt-un pains carbonisés dans le four du boulanger; de forme ronde, fendus en huit, ils ressemblent aux pains d'une livre qui se fabriquent encore à Naples et dans les environs. En 1869, Victor-Emmanuel, guidé par Fiorelli, trouva la fouille si intéressante qu'il ajouta 30 000 lires de sa cassette personnelle pour financer les travaux. Parmi les nouvelles trouvailles, notons le Lupanar, que ses petites chambres, l'emplacement des lits, les peintures et inscriptions font identifier sans aucune ambiguïté, une boulangerie, la maison de Caecilius Jucundus (V, 1, 26). Fiorelli s'intéressa aussi à Herculanum où il reprit les travaux, mais, en 1875, il partit pour Rome où il assuma la direction générale des musées et des fouilles. Ses élèves allaient continuer son œuvre. Son mérite est d'avoir été l'inventeur d'une méthode et d'avoir eu la volonté tenace de l'appliquer.

De Michele Ruggiero (1875-1893) à Vittorio Spinazzola (1910-1924)

Michele Ruggiero

Michele Ruggiero, collaborateur de Fiorelli à partir de 1864 en qualité d'architecte, assuma la direction des fouilles en 1875 et la garda jusqu'en 1893, en ayant comme adjoints, d'abord de Petra, puis de Petra et Sogliano. Pour l'ardeur au travail, pour la nouvelle orientation dans la conduite des restaurations, pour les résultats des découvertes, cette période fut parmi les plus fastes de Pompéi, et elle débuta sous d'heureux auspices par la publication des comptes découverts deux ans auparavant dans la maison de L. Caecilius Jucundus (V, 1, 26).

Désormais, la fouille affrontait, après la mise au jour des grandes articulations de l'urbanisme pompéien par Fiorelli, les quartiers hauts de la ville, cherchant à se rapprocher de la porte orientale du *decumanus* supérieur, la porte de Nole. En 1877-1878, toute la surface des thermes centraux est fouillée; ils apparaissent incomplets, car leur construction est postérieure au tremblement de terre de 62; vers l'est, on choisit une des plus belles maisons (IX, 8, 3) pour la consacrer au XVIIIe centenaire de l'ensevelissement tragique. On y découvre la statue du Satyre à l'outre et la peinture de Bacchus et du Vésuve; on fouille les *insulae* de la Région IX (4, 5, 6, 7 en 1877-1880, et 8 en 1880-1881 et 1886-1889), puis celles de la Région V sur la rue de Nole et sur la rue de Stabies (1 en 1875-1876; 2, 3, 4 en 1881-1887) et en reprenant en 1891 l'*insula* 2, on découvre la maison des Noces d'argent (V, 2) dont l'*oecus* corinthien montre le plus bel exemple de l'influence de l'architecture hellénistique sur la maison pompéienne.

La fouille la plus difficile et la plus méritoire fut celle de l'*insula* 2 de la Région VIII, poursuivie entre 1883 et 1891, dans le quartier où les maisons à étages s'accrochent au flanc de l'antique coulée de lave. On découvrit en 1886-1887, le long de la muraille méridionale, un groupe de tombes installées le long d'une voie qu'on supposa relier Pompéi à Nocera; en 1889, on dégagea la porte de Stabies et l'on rencontra deux tombes. Dès 1878, Ruggiero recherche l'ancien rivage de Pompéi, et la découverte de quarante-huit squelettes dans la propriété Valiante, vers le Sarno, montrait que la majorité des victimes de l'éruption était à chercher parmi ceux qui, fuyant par les portes de la cité, ne réussirent pas à rejoindre le port et le rivage. On commence aussi de timides essais de fouilles stratigraphiques: von Duhn et Jacobi au temple grec du Forum triangulaire (1889), Sogliano au même endroit en 1890 et également, mais sans grand résultat, à l'angle sud-est de la basilique (1884) et dans l'area du *macellum* (1884).

Mais le meilleur de l'œuvre de Ruggiero réside dans une claire vision du phénomène de l'ensevelissement, et par ses travaux de restauration, il sut aller au-delà des scrupules de Fiorelli, tout en respectant les structures originelles. Ses deux réussites sont l'*atrium* de la maison des Noces d'argent, et la maison dite du Balcon en surplomb (VII, 12, 28). Sur sept cents peintures qu'il découvre, il en envoie cinquante seulement au Musée de Naples et refait le mur de soutien des peintures pour les garder sur place.

Giulio de Petra

Giulio de Petra (1893-1901 et 1906-1910) était le successeur qui s'imposait. Sa renommée de savant était solidement établie depuis la lecture et le déchiffrement des *tabulae ceratae* de L. Caecilius Jucundus et depuis son activité déjà ancienne d'inspecteur des fouilles. Le septennat de Petra mérite d'être qualifié de l'un des plus laborieux dans l'histoire des fouilles. Les monuments les plus fameux furent mis au jour: la maison des Vettii (VI, 15, 1), la maison de Lucretius Fronto (V, 4, 11) et ensuite la villa des Mystères.

Dans les premières années, on ne fit — et avec raison — que continuer le dégagement des quartiers septentrionaux de la cité, c'est-à-dire les régions V et VI. En 1893, on libérait finalement de ses terres le grandiose *cavaedium* de la maison des Noces d'argent (V, 2), ainsi dénommée en l'honneur de la visite d'Humbert et de Marguerite de Savoie; d'août 1894 à novembre 1895 on fouille la maison qui deviendra la plus belle demeure de Pompéi et la plus universellement connue: la maison des Vettii (VI, 15, 1) et toute l'*insula* 15. Du 24 février au 14 septembre, on met au jour la petite et délicieuse maison de M. Lucretius Fronto (V, 4, 11) et, en 1899, se fait le déblaiement partiel de la maison dite des Gladiateurs (V, 5, 3) sur la rue de Nole.

Dans ces années 1897-1898, un morceau de la muraille entre les tours X et XI de la fortification apparaît, prélude à de futures explorations; on commence à fouiller la terrasse derrière la basilique, où l'on finit par reconnaître les restes d'un temple dédié à la déesse tutélaire de la cité, *Venus pompeiana.* On fait des recherches superficielles au temple de Jupiter, à celui d'Apollon et à la prétendue prison (*ærarium*) du forum. Mais l'attention majeure se tourne à cette époque vers les découvertes importantes et inattendues qui survenaient dans la banlieue et la campagne de Pompéi. Il apparut nécessaire de résoudre les deux problèmes fondamentaux de l'ancienne topographie de la cité: les emplacements du *pagus suburbanus* et du port antique. En effet, tandis que au nord de la muraille et de la porte du Vésuve, la découverte d'une inscription des *magistri* du *pagus Augustus Felix suburbanus* (octobre 1897), d'une belle mosaïque, dite de l'Académie de Platon (juillet 1897) et d'une belle statue en bronze d'éphèbe (novembre 1900), fait espérer qu'on a trouvé les premiers éléments du *pagus* le plus important de Pompéi, un particulier, qu'animaient l'enthousiasme et la fièvre de la recherche, Gennaro Matrone, prétend découvrir, dans les terrains marécageux au sud de la cité, le littoral et le port de Pompéi; il réussit à retrouver une villa maritime (1899-1901), qu'avec fantaisie il identifie à la villa de Cicéron, et un groupe de squelettes de gens fuyant l'éruption, parmi lesquels il veut reconnaître celui de Pline; ces interprétations hasardeuses entraînent de nombreuses polémiques et de graves dissensions parmi les membres de la direction des fouilles.

Avec beaucoup de bonheur les fouilles privées mettent alors au jour de nombreuses villas, dont certaines sont ornées de peintures et d'œuvres d'art, fort précieuses pour nous puisqu'elles nous donnent ainsi la première claire vision de l'*ager* pompéien. Cette première période de Petra fut marquée malheureusement par des pertes lamentables, par de scandaleuses spéculations de politiciens et de marchands qui ternissent injustement l'honnête et austère figure de Giulio de Petra. Ce fut pendant la seconde période de sa direction, de 1906 à juillet 1910, que se fit la découverte la plus importante pour la peinture, celle de la villa des Mystères (pendant longtemps appelée villa Item du nom du propriétaire); acquise à temps par l'État, elle fut ainsi soustraite à la vente: dernier bienfait d'un savant qui fut victime de malheurs immérités.

Petra se montra le novateur le plus hardi dans le système

des restaurations. Formé à l'école d'un architecte de la qualité de Ruggiero et flanqué d'un bon technicien comme Cozzi, il n'hésita pas à faire des restaurations de couvertures et des réfections de murs qui, à l'époque de Fiorelli, auraient été sûrement condamnées et dont on a pu dire qu'elles avaient donné à Pompéi son nouveau visage: la restauration de la couverture du péristyle de type rhodien de la maison des Noces d'argent (V, 2), du péristyle et de la salle de la maison des Vettii (VI, 15, 1), de l'étage supérieur de l'*atrium* tétrastyle d'une maison de la Région VI (15, 10), de la maison de M. Lucretius Fronto (V, 4, 11); on lui doit aussi la réfection méthodique des jardins de la maison pompéienne, autre élément essentiel de vie et de couleur de la cité rendue à la lumière.

Ettore Pais

Le grand historien Ettore Pais resta peu de temps (25 mars 1901 - 5 juin 1905) à la direction du musée de Naples et des fouilles de Pompéi; grâce à son intervention énergique, un frein fut mis aux trop larges complaisances dont avaient bénéficié les fouilleurs privés, intéressés au commerce clandestin des découvertes de l'*ager Pompeianus*. Mais son passage fut de trop courte durée pour lui permettre des innovations radicales dans le programme des travaux. Il fut absorbé par la remise en état du musée national de Naples, car en raison de la mise à l'écart des savants et techniciens de la direction précédente, il disposait d'éléments actifs moins nombreux.

Les travaux continuèrent dans les quartiers septentrionaux de la cité, entre la Région V et la Région VI, pour compléter la fouille sur le front de la rue de Stabies et de la rue de Nole. En 1901-1902, on met au jour les structures qui restaient de la porte du Vésuve, abattue, et du monument essentiel pour l'étude de l'approvisionnement en eau de la cité, le *castellum aquae* adossé à l'*agger* des murs et aux structures de la porte; on fouille aussi la dernière partie de la rue de Stabies, fixant ainsi les limites du périmètre de l'habitat le long du *cardo maximus*.

Quant aux habitations, on continue d'abord à fouiller l'*insula* 4 de la Région V à côté de la belle maison de M. Lucretius Fronto (V, 4, 11), et l'on dégage deux autres maisons, l'une prenant le nom de maison des Origines de Rome, d'après une peinture représentant la légende de Rhéa Silvia; les travaux se poursuivent ensuite dans l'*insula* 3 sur le front de la rue de Nole. Puis en 1903, en dégageant la rue de Stabies, on découvre la maison de l'*Ara Maxima* (VI, 15, 16), très importante pour la connaissance du culte romain d'Hercule, et la précieuse maison des Amours dorés (VI, 16, 7), dont la fouille sera complétée en 1905. Un exemple de grande maison patricienne, avec un des plus grands atriums tétrastyles de Pompéi, est offert par la maison d'Obellius Firmus (IX, 10, 1-4); commencée en 1903, reprise en 1905, la fouille est terminée en 1911. Après les recherches de Dörpfeld et de Reisch au théâtre de Dionysos à Athènes, il était naturel que la scène du théâtre de Pompéi retînt l'attention des savants. Les premiers sondages de Dörpfeld et de Mau eurent lieu en 1902, suivis de nouveaux en 1906. C'était la seconde fois, après les sondages hâtifs de von Duhn-Jacobi au temple dorique, qu'on appliquait la méthode des sondages explorateurs dans le sous-sol d'un monument de Pompéi.

En 1901, on compléta la fouille du *pagus maritimus* dans la mesure où on pouvait le faire sans moyens d'assèchement: la statuette de bronze d'Hercule Epitrapezios put rejoindre les collections du musée.

La direction de Petra avait accumulé d'épineux différends judiciaires: différends avec les propriétaires privés pour la répartition et l'estimation des objets découverts, différends avec les propriétaires de diverses parcelles de terrain comprises dans l'aire de la cité et qui venaient nécessairement arrêter le progrès normal des fouilles.

Certaines décisions de Pais furent prises dans un but polémique et tendancieux comme celle de ne pas surélever les murs des pièces qu'on devait couvrir de toits de protection. Il justifiait, par la raison spécieuse d'une économie de travail, cette mesure qui aurait condamné tout ce qui avait été fait depuis Ruggiero pour la conservation *in situ* de la décoration pariétale et des parements de Pompéi.

Mais le désir de faire du neuf amena un bon résultat : on substitua au vieux système de charrettes un decauville qui assura désormais l'évacuation des déblais et leur transport vers les terres de bonification proches de la mer.

Antonio Sogliano (mars 1905-fin 1910)

Il avait fait ses études et avait occupé un poste sous la direction de Ruggiero et de Petra, auquel il croyait succéder. Aussi, dès 1901, avait-il exposé aux *Lincei* son programme de travail : transport des anciens déblais loin des murs de la cité, exploration systématique du *pagus suburbanus* au-delà de la porte du Vésuve, développement du musée, exploration du sous-sol de la cité. Il acquit la propriété Grosso-Ferrari qui empêchait la poursuite des fouilles rue de l'Abondance, mais il ne put mener à bien ses projets, et c'est Spinazzola qui profitera de cette acquisition.

Pendant cinq ans, la fouille en resta là où l'avait laissée Petra. Sogliano fit œuvre de consolidation, sans fouiller une *insula* nouvelle ni une nouvelle maison. Il ne poursuivit pas les fouilles comme il aurait été souhaitable au nord de la maison des Noces d'argent (V, 2) jusqu'à la ligne de la muraille, ni ne revint vers le *decumanus* inférieur de la rue de l'Abondance. Il faut noter cependant quelques progrès au-delà de la porte de Nole où l'on met au jour le beau sépulcre à exèdre d'Aesquillia Polla, en regrettant la concession faite au chemin de fer de la Circumvésuvienne ; hors de la porte du Vésuve, on découvre un groupe non moins important de tombes, parmi lesquelles celle de l'édile Vestorius Priscus décorée de scènes empruntées à la vie du défunt. Enfin un autre morceau de la nécropole samnite se rencontre sous le jardin de la villa des Colonnes à mosaïque, villa dont on cherche en vain à fouiller l'aire entière.

Pendant la direction de Sogliano, on mit en discussion quelques-unes des questions les plus importantes intéressant l'archéologie pompéienne : la prétendue colonne étrusque ; l'étude architecturale de la basilique ; le nouvel examen des structures et du plan du forum triangulaire, celui de la scène du théâtre et de la structure de la fortification; mais on ne peut dire que la recherche de Sogliano réussit à porter la lumière sur ces problèmes obscurs non plus que sur d'autres de l'édilité pompéienne. Il n'obtint aucun résultat décisif, obstinément attaché à rechercher un deuxième Pompéi qui aurait été construit après l'ensevelissement de 79.

Plus efficaces furent pendant ces années les travaux de protection et de restauration, qui, grâce à la coopération de Cozzi, remarquable architecte des fouilles, furent d'une heureuse hardiesse: la restauration de l'*oecus* corinthien de la maison des Noces d'argent (V, 2), qui est le plus bel exemple d'*oecus* à colonnes de la maison pompéienne; la remise en ordre du péristyle de la maison des Amours dorés (VI, 16, 7); la recomposition du *cenaculum* de la maison du *Cenaculum* dans la Région V, du portique de la maison de Salluste (VI, 2, 4), du bain de la villa de Diomède, du balcon du lupanar, et surtout la protection de nombreuses peintures grâce au séchage des murs et à l'apposition d'une lamelle de plomb. Le problème capital, angoissant pour Sogliano, fut la conservation de Pompéi: il sut employer une grande diversité de moyens techniques, encore en usage aujourd'hui.

Vittorio Spinazzola

Les cinq années précédentes s'étaient déroulées au milieu de luttes intestines et d'une nouvelle crise dans la direction des fouilles. Elles s'étaient pourtant terminées brillamment par la découverte de la villa des Mystères. Après que Sogliano eut abandonné Pompéi et se fut consacré à sa seule chaire universitaire, après la période absurde d'un commissariat administratif auprès de la surintendance de Naples et après l'irrévocable démission de Petra, on appela pour diriger les fouilles et la surintendance un des esprits les plus enthousiastes, Vittorio Spinazzola, qui imprima une marque personnelle à la conduite des travaux (1910-1924).

Il proposa d'abord d'abandonner complètement le dégagement des quartiers septentrionaux de la ville, desservis depuis peu par la gare de la Circumvésuvienne à la porte de Naples, et tout le *decumanus* supérieur pour reprendre au contraire la découverte des quartiers méridionaux, à peine effleurés par la fouille des premières *insulae* de la Région I, fouille interrompue le long du *decumanus* inférieur, un peu au-delà des belles maisons d'Epidius Rufus et d'Epidius Sabinus.

Le programme était de relier le centre de la cité à l'amphithéâtre, isolé jusqu'ici de la zone habitée, et de retrouver la rue jusqu'à la porte orientale, dite porte du Sarno. Programme prévoyant, parce qu'il obéissait plus à un concept d'urbanisme qu'au mirage de découvertes fortunées, parce qu'il s'attachait à illustrer la vie commerciale de la cité par l'aspect externe de son artère principale, plutôt qu'à découvrir de nouvelles maisons. Mais ce plan accumulait difficultés et inconvénients. Se limiter au seul front des édifices sur les deux côtés d'une rue, qui mesurait dans la partie à fouiller six cents mètres de long, signifiait qu'on renonçait non seulement à fouiller des habitations belles et riches de promesses, mais aussi à connaître la nature précise d'une boutique, d'un magasin, d'édifices de forme singulière, en se fiant seulement à l'interprétation des peintures publicitaires, des affiches électorales ou des graffites qui tapissaient leur façade, mais qui étaient très rarement explicites et qui avaient un rapport évident avec l'intérieur de la maison. En outre, il fallait défendre les façades contre la poussée et l'humidité du terre-plein arrière. On ne put donc s'en tenir au plan primitif et, quand on rencontra des pièces d'un intérêt particulier, on s'enfonça dans l'*insula* jusqu'à la venelle arrière. Ainsi, pour les premiers quatre cents mètres, la fouille se présenta de façon discontinue comme un fleuve qui se dilate ou se contracte et on n'a pas pu encore aujourd'hui remédier à cette discontinuité.

Il est bien vrai que la vie de la rue est inséparable de celle des maisons qui la bordent et que souvent la nature d'une pièce ne peut être définie uniquement par son ouverture ou par ses inscriptions. C'est ainsi qu'il reste encore des édifices de destination peu intelligible ou d'interprétation douteuse, comme la fameuse *Schola Iuventutis*, salle de réunion de la jeunesse. Il aurait été plus sage de renoncer complètement à fouiller les riches maisons et de se limiter à la fouille des boutiques, magasins, pièces annexes, ce qui aurait permis de reconstituer le cadre d'ensemble de la vie économique, mais c'était exiger du fouilleur un choix douloureux. La Première Guerre mondiale interrompit d'ailleurs les travaux avant qu'on eût réalisé la moitié du programme et atteint la place de l'Amphithéâtre.

Mais l'intérêt pour le fouilleur de s'en tenir à une rue unique est considérable: unité de la restauration, conservation des peintures, de la publicité murale, des mobiliers des boutiques, tout révélait un Pompéi insoupçonné. Aucune rue de Pompéi, aucune rue antique n'offrait ni ne pouvait offrir une vision aussi vivante, aussi colorée, et on comprend l'enthousiasme pour ces nouvelles fouilles de la rue de l'Abondance, défendues par des barrières, mais dont l'intérêt était soutenu par les indications des journalistes, par les applaudissements des privilégiés admis à les visiter et par les protestations de ceux qui n'essuyaient que des refus.

Cette époque de la direction de V. Spinazzola a été troublée par des enquêtes qui ne furent pas trop bienveillantes pour la mémoire de celui qui a beaucoup aimé Pompéi et beaucoup fait pour la ville et qui nous a laissé aujourd'hui la vision de ce morceau de rue. Certaines des peintures de caractère publicitaire (la Vénus traînée sur le quadrige d'éléphants; la procession de Cybèle; le magasin de Verecundus; les bustes des divinités sur l'architrave d'une boutique) sont parmi les monuments les plus singuliers que nous avons de cette peinture populaire, d'une saveur toute provinciale.

Il découvrit aussi la *fullonica Stephani*, exemple d'établissement industriel installé dans une habitation privée, et le *thermopolium* d'Asellina. Il choisit de fouiller les maisons qu'il supposait les plus riches: la maison de Paquius Procutus (I, 7, 1) recouverte d'une des plus belles mosaïques; la maison du Cryptoportique (I, 6, 2) où l'on découvrit des décorations du IIe style; la maison des Ceii, la maison de Trebius Valens (III, 2, 1), celle de Pinarius Cerialis (III, 4, 4), avec la belle peinture d'Iphigénie en Aulide, la maison du Moraliste et surtout la maison de Loreius Tibertinus (II, 2, 2) avec son ample jardin. Ensemble admirable qui aurait mérité sur-le-champ une publication à part, dont l'absence se fit longtemps cruellement sentir [17]

Amedeo Maiuri

A. — 1924-1941

Pendant 37 ans (1er septembre 1924-1er octobre 1961), Amedeo Maiuri a présidé à la direction des fouilles de Pompéi. C'est dire l'importance d'une telle continuité pour la fouille, pour la restauration, pour l'élucidation des problèmes que posait encore la ville rendue au jour. Son mérite essentiel fut de savoir surmonter la crise de la Deuxième Guerre mondiale et de reprendre, avec foi en l'avenir, le dégagement de la cité martyre. Sa disparition à Pâques 1963 a plongé dans l'affliction tous les pompéianistes.

Rue de l'Abondance

De 1924 à 1941, Maiuri a beaucoup fouillé, tout d'abord dans le secteur de la rue de l'Abondance. Il s'agissait de dégager sur un côté de la rue les *insulae,* les unes après les autres pour en permettre une vue d'ensemble; l'*insula* 7 est fouillée entre 1924 et 1926; malgré des apparences modestes, ces maisons offraient un intérêt par des découvertes comme celle de l'Éphèbe de bronze chez P. Cornelius Tages (I, 7, 10-12), par des peintures comme le triptyque du *triclinium* du prêtre Amandus (I, 7, 7) et la fresque nilotique du *triclinium* en plein air de la maison de Teges; en 1926, l'*insula* 6 est terminée. On y avait découvert une superbe coupe d'argent avec un décor de néréides et de tritons, des tableaux de scènes de théâtre, les trapézophores de P. Servilius Casca Longus, qui participa à la conjuration contre César, trapézophores qui ensuite, vendus à l'encan, passèrent entre les mains d'un riche marchand pompéien; entre l'*insula* 6 et l'*insula* 10, on ouvre la rue du Temple d'Isis. L'*insula* 10 est achevée en 1934. Les deux tiers en sont occupés par la maison de Quintus Poppaeus, dite maison de Ménandre (I, 10, 4). Ses dimensions et un riche trésor d'argenterie de cent dix-huit pièces, l'importance du quartier servile, dirigé par un intendant, en font une des plus belles maisons de Pompéi. Elle révèle, par la présence d'une bibliothèque et de portraits de poètes, un goût littéraire peu commun dans un milieu provincial. A côté, se dresse la maison des Amants heureux (I, 10, 11) avec péristyle et verger.

L'*insula* 8, dégagée de 1937 à 1941, est celle qui a le plus souffert du tremblement de terre. La maison 17 est dite des Quatre styles, car elle offre une richesse complète de décoration. Importante fut la découverte au 4-5 d'une statuette indienne en ivoire, illustrant les relations entre Pompéi et l'Orient, sous Néron. Beaucoup d'établissements industriels étaient implantés dans ce secteur.

Place de l'amphithéâtre et Grande palestre

En septembre 1932, on reprit les fouilles sur la rue de l'Abondance avec le dessein de rejoindre l'amphithéâtre, de dégager les alentours et de percer une ouverture vers le Pompéi moderne, pour faciliter les mouvements des touristes. De 1933 à 1935, on progresse de cent quarante mètres sur la rue de l'Abondance: on s'aperçoit que cet amphithéâtre dont on ramène l'arène à son niveau primitif, s'appuie à un morceau de l'enceinte. De l'autre côté de la place on dégage un édifice, dont le périmètre externe étonne par son amplitude (142 m × 107 m), remarquable par son portique intérieur à colonnes sur trois côtés, mesurant plus de 300 m, par sa grande piscine: 34,55 m × 22,25 m; on y reconnaît la palestre où s'exerçait la *juventus* pompéienne: cette découverte s'accompagne de la trouvaille de nombreuses victimes sous les portiques, et de graffites sur les colonnes. De 1935 à 1939, on l'exhume et on la restaure.

Villa des Mystères

Le propriétaire privé n'avait fouillé qu'une partie de la villa des Mystères et il paraissait souhaitable de procéder à son dégagement total qui aiderait sans doute à l'intelligence des peintures. Il fallait aussi envisager leur bonne conservation. Maiuri trouva un crédit extraordinaire pour reprendre les fouilles en 1929-1930, ce qui permit de mettre au jour une villa suburbaine du patriciat du Ier siècle. La découverte d'une statue de Livie prouvait le culte qu'avait pour la famille impériale la dernière famille à l'avoir possédée: celle des Istacidii, et la restauration la mit à l'abri de toute épreuve.

Puits et canalisations

La découverte fortuite (avril 1928) d'un puits antique, près de la porte du Vésuve, conduisit à examiner avec plus d'attention le problème de l'approvisionnement en eau à l'époque préromaine et le fonctionnement des thermes publics. On s'aperçut que ce ne fut pas une petite entreprise pour les habitants les plus anciens de la cité, Osques et Samnites, que de forer des puits profonds de plus de trente mètres à travers le banc dur de lave trachitique, et de distribuer rationnellement l'eau aux thermes, aux rues, aux maisons. Plus singulière, fut la découverte, le long d'un trottoir de la rue de Stabies, de grosses conduites de l'aqueduc urbain, marquées d'inscriptions, en sections assez courtes pour être facilement réparées et changées. L'examen de ces conduites prouvait en quelles conditions critiques se trouvait l'aqueduc urbain, endommagé par le tremblement de terre, au moment de l'éruption. Plus qu'en voie de restauration, il était en train d'être complètement refait, ce que confirmèrent la rupture de la canalisation des thermes de Stabies et celle de la conduite de la *natatio* de la palestre romaine.

Isolement de la muraille

Une des entreprises les plus méritoires de l'époque de Murat avait été la reconnaissance complète du périmètre de la muraille (1813-1814), mettant complètement au jour un secteur de la fortification entre la porte d'Herculanum et la tour XI, et se limitant, pour le reste, à suivre la crête de la muraille et des tours qui affleurait. Mazois en fit la reconstruction graphique, mais le rejet malheureux des déblais tout autour des murailles, les glissements de terre, la végétation parasitaire, avaient fini par ensevelir à nouveau ce qui apparaissait de la muraille près de la porte d'Herculanum. Il parut nécessaire à Maiuri d'ouvrir une tranchée d'au moins huit mètres et cela sur tout le front de l'enceinte, entre la porte d'Herculanum et la porte du Vésuve, de façon à étudier la structure des courtines et des tours. Les travaux en 1933-1934 permirent d'examiner le volume énorme de décharges que les Anciens avaient répandues sur la voie pomériale après le tremblement de terre de 62, relevant le niveau originel de 1,50 à 1,60 mètre, de récupérer le revêtement du mur, les meurtrières et le couronnement de la tour X, et de restaurer cette dernière en rectifiant la reconstruction de Mazois.

Complément de fouilles de la Région VIII

Les fouilles précédentes de la Région VIII conduites par Ruggiero et Petra, si elles avaient libéré de leur linceul de terre le grand complexe des maisons qui s'étendent le long de la pente méridionale de la colline entre la rue des Écoles et le forum triangulaire, n'avaient pas pu donner aux étages inférieurs de ces maisons dominant la vallée à leur pied, toute leur perspective. L'éruption de 79 qui avait accumulé, sur les terrasses et sur les couvertures, la masse des lapilli et des cendres, et encore davantage les déblais des terres de la grande place du forum et des autres *insulae* de la Région, avaient créé une barrière, plus haute que le niveau des fenêtres et qui masquait les soupiraux des cryptoportiques et des celliers. On avait dû les obturer pour empêcher les gens de s'introduire dans les fouilles. On avait perdu ainsi un des aspects les plus singuliers de l'urbanisme pompéien: sa physionomie de ville étagée avec ses maisons descendant en terrasses panoramiques, ouvertes sur l'abrupt et le long du flanc de la colline.

En automne 1936, profitant d'une dépression à colmater dans les terrains domaniaux entre l'ancienne et la nouvelle route nationale, Maiuri commençait à évacuer de façon rationnelle les déblais adossés à la colline, abaissant notablement leur niveau et faisant en sorte qu'on pût découvrir le plus possible les façades des maisons. Quand on ne put pas les enlever, on ouvrit des tranchées pour rendre visibles les parties enterrées des édifices (maisons du Sarnus, de Joseph II). C'était un travail ingrat, mais nécessaire. Il fallait d'ailleurs le poursuivre pour que Pompéi respirât et qu'on pût rechercher les faubourgs de la cité antique.

Fouilles stratigraphiques

Les vives discussions qui ont eu lieu dans les dernières cinquante années autour de quelques questions fondamentales touchant Pompéi (son plan originel, son développement urbanistique, la vraie portée de l'influence grecque et étrusque, l'origine et l'évolution de la maison pompéienne) ont montré combien il était nécessaire d'étendre la fouille au sous-sol; c'est seulement en approfondissant l'exploration dans les points les plus vitaux et topographiquement les plus importants: aux forums, aux temples, à la muraille, dans les maisons les plus anciennes, qu'on pouvait espérer porter la lumière sur la période encore obscure des origines de la cité. Les sondages pratiqués dans le passé avaient été trop brefs et trop fugaces, car ils étaient destinés à l'étude de problèmes partiels. Désormais, Maiuri procède, pendant plusieurs années, à une exploration systématique, destinée à éclaircir les problèmes les plus obscurs et les plus difficiles que posent la cité et ses édifices. Aujourd'hui, nul de ceux qui étudient sérieusement Pompéi préromain et présamnite ne peut ignorer ces explorations. D'importance considérable pour l'origine et le développement de la fortification fut l'exploration qui, en 1926-1927, amena la découverte dans l'épaisseur de l'*agger* de deux longs morceaux de mur en *opus quadratum* appartenant à la muraille présamnite et dus indubitablement à l'influence grecque qui tendit à prévaloir dans la cité après la bataille de Cumes (474-450 av. J.-C.). En 1929, on reprit l'exploration du temple dorique du forum triangulaire, déjà fouillé en 1899 par von Duhn et Jacobi et ensuite par Sogliano. On recueillit une moisson importante de terres cuites architecturales qui suffisent, à elles seules, à illustrer l'histoire du temple à la période grecque et samnite. Non moins fructueux furent les sondages conduits en 1931 sur l'*area* du temple d'Apollon avec la découverte d'un bon nombre de terres cuites architectoniques appartenant au revêtement d'un petit temple archaïque, d'une belle moisson de fragments de vases d'origines ionique et attique des VIe et Ve siècles et de quelques morceaux de bucchero portant des inscriptions fragmentaires étrusques, qui prouvent qu'à la vie du temple et au culte d'Apollon participèrent les éléments étrusques de la population, pendant la période étrusque de Pompéi (525-474). Des sondages furent pratiqués au forum civil entre 1935 et 1941: ils permirent la découverte de boutiques d'époque paléosamnite qui entouraient sans portique l'aire de la place, de la même surface mais d'une orientation différente de l'actuelle; ils éclaircirent les problèmes de l'origine et des diverses réfections des édifices religieux et civils du forum et surtout du temple de Jupiter.

A propos des problèmes de la maison pompéienne, on exécuta à partir de 1930 des sondages dans la vieille maison du Chirurgien (VI, 1, 9-10), puis dans la maison de Triptolème et dans d'autres maisons. On découvrit les restes plus ou moins importants d'habitations préexistantes qui, tandis qu'elles amenaient à abaisser notablement la datation des prétendus *atriums* calcaires à la pleine et tardive époque samnite, montraient clairement que la maison à *atrium* est la fin, et non le début, d'un long développement de l'édilité pompéienne. Sondages et analyses permirent enfin à Maiuri de reconstituer le plan de reconstruction de la ville après le tremblement de terre de 62 après Jésus-Christ.

Restaurations

Pour une fouille comme celle qui se conduit à Pompéi, il faut des moyens considérables. Mais il faut aussi conserver, protéger sur place. Désormais, on abrite d'un toit toute découverte et non plus seulement les trouvailles exceptionnelles. Quand on entreprend une restauration, seule compte l'expérience de celui qui a éduqué son œil dans le milieu pompéien, et la loi suprême, à laquelle on ne peut déroger, reste celle de l'honnêteté, qui consiste à ne jamais faire passer du neuf pour de l'antique. Mais il n'est pas douteux que, là où on le peut, reconstruire la couverture d'un *atrium*, d'un *cubiculum*, d'un péristyle, ne sert pas seulement à sauver peintures, stucs, mosaïques, mais vaut encore pour bien faire comprendre, en remettant en fonction structures et architectures, l'ambiance propre d'une maison et faire revivre, avec sa lumière particulière, la vie intime. Pour ces raisons, Maiuri n'a pas hésité à refaire les couvertures de l'admirable maison de Ménandre (I, 10, 4) et de la villa des Mystères, il n'a pas épargné sa peine pour des maisons plus modestes, mais aussi riches d'humanité, maisons des Amants heureux, d'Amandus (I, 7, 7), du Moraliste.

Après une étude de ses restes, il a décidé d'opérer la restauration partielle du tribunal de la basilique, le monument le plus important de Pompéi. Ce fut fait en 1929-1930 avec l'assistance de Luigi Jacono: c'est une réussite. On a fait l'anastylose des colonnes du forum de la palestre, du sépulcre des Istacidii et aussi du beau monoptère, élevé par le magistrat samnite Numerius Trebius, autour du puits sacré du forum triangulaire.

B. — 1941-1951

La guerre de nouveau suspendit les travaux à Pompéi. On pouvait penser que la renommée de ses ruines lui vaudrait d'être épargnée par les belligérants. Au contraire, la destinée a voulu que ses monuments, aveuglément martyrisés par les cataclysmes naturels, subissent les effets malheureux de la guerre. En septembre 1943, des bombardements réitérés s'ajoutèrent à la liste des catastrophes antiques. Mais ici comme ailleurs, les destructions furent fécondes pour la science archéologique. Sous les fondations de l'*Antiquarium* qui avait été bombardé, on a découvert une villa que le tremblement de terre de 62 n'avait pas dépouillée des admirables peintures de son grand *triclinium*; en dehors des murs, dans le faubourg de S. Abbondio, le cratère creusé par une bombe faisait découvrir les premiers blocs qui devaient amener au jour un sanctuaire dionysiaque d'âge préromain et romain, si bien qu'avec la continuation des travaux de restauration et la réouverture de l'*Antiquarium* reconstruit, ces découvertes furent le digne épilogue du second centenaire des fouilles.

C. — 1951-1961

Les fouilles ont été reprises en 1951 grâce aux ressources mises à la disposition de la direction par la Caisse du Midi, dans la mesure où les déblais pouvaient amender les terres de la campagne pompéienne. Un nouveau pas a été franchi grâce à cette intervention, car en 1951, sur 66 hectares que compte la cité, 26 au moins restaient à fouiller, sans tenir compte des surfaces extra-murales et suburbaines. Le but proposé est de dégager la Région I et la Région II au sud de la rue de l'Abondance, et d'éloigner les déblais qui recouvraient les maisons et les murs de la cité de façon à pouvoir découvrir, en même temps que la voie pomériale, la nécropole qui la flanquait.

Fouilles des Régions I et II

On découvre la limite de la Région I et de la Région II qui est constituée par le *cardo* (la voie de Nocera); elle débouche sur la porte de Nocera découverte en 1954, de construction préromaine et taillée dans la coulée de lave pour faciliter, en abaissant le niveau de la rue, le trafic des charrettes. Parmi les maisons découvertes, on peut citer la maison du Bel Impluvium (I, 9, 1), la maison du Verger (I, 9, 5) où sont peints tous les produits d'un jardin pompéien, la maison de Vénus (II, 3, 3) où Vénus nage sur les eaux dans une coquille escortée de deux Amours et surtout la villa de Julia Felix (II, 4, 3) qui avait été autrefois fouillée puis réensevelie en 1755-1757. Elle a été à nouveau découverte en 1952-1953 et elle occupe à elle seule toute l'*insula* 4, si on compte le jardin et le verger. Dans la construction elle-même, il faut distinguer l'appartement de Julia Felix; un bain public donné en location; hôtellerie, boutique et appartement à louer avec des entrées indépendantes. L'*insula* 5 devait être une petite vigne et dans la *cella vinaria* on pressait le vin et on le vendait. C'est à la porta Urbulana que l'on a identifiée à tort avec la porta di Sarno, d'une inscription osque — donc de construction samnite — que se termine la rue de l'Abondance, *decumanus* qui mesure depuis le forum 1080 mètres de longueur.

En suivant la voie de Nocera, on rencontre boutiques, hôtelleries, jardins avec sanctuaires rustiques, salles à manger en plein air sous des pergolas ou de simples toits.

L'enlèvement des déblais séculaires

A partir de 1954, on a décidé d'éloigner les déblais vieux de deux siècles, qui avaient créé dunes et barrières et gâtaient le panorama de la zone urbaine habitée. Il s'est agi de déplacer 500 000 m³ de terre. Le travail est achevé pour le front méridional de la porte Marine au temple grec, et de la porte de Stabies à l'amphithéâtre. Ainsi a réapparu, tout au long de l'abri de la colline formé par une grande coulée de lave préhistorique, la perspective des belles maisons de la Région VIII qui, par leurs grandes fenêtres et leurs terrasses, affrontaient le panorama de la vallée, des monts et de la mer — vision profondément suggestive et d'un haut intérêt édilitaire et urbanistique. La muraille a été mise en valeur et surtout la nécropole de la voie de Nocera, installée le long de la route parallèle à la muraille, où l'on remarque entre autres le sépulcre d'Eumachia, l'une des femmes les plus riches de Pompéi.

Souhaits

Les fouilles continuent avec une technique impeccable qui a fait ses preuves: programmes électoraux, *cubicula* d'été réapparaissent à un rythme convenable. On ne peut formuler que des souhaits chaleureux au nouveau directeur, A. de Franciscis, pour leur achèvement. Ce dernier a une conscience aiguë des problèmes que pose cette ville où l'on a voulu retrouver le quotidien, tout le quotidien, d'une cité antique. Il faut la défendre contre le vent, le soleil, les pluies et les herbes et il ne faut pas que Pompéi meure une nouvelle fois, il ne faut pas qu'un peu plus chaque jour il se dégrade par l'insouciance des hommes et par la pénurie des crédits. Il faut publier le plus vite possible ces admirables fouilles et disposer d'une photothèque exhaustive. Il faut souhaiter que la conscience universelle autant que l'U.N.E.S.C.O. et le Gouvernement italien répondent aux cris d'angoisse d'un Maiuri, d'un de Franciscis. Il y a là pour l'humanisme un capital à ne pas laisser gaspiller ni avilir.

LIVRE II

DES ACTIVITÉS
ET
DES HOMMES

CHAPITRE PREMIER

LE POIDS DU PASSÉ

Vie quotidienne à Pompéi, soit — mais quel Pompéi? Nous en connaissons déjà deux: celui qui a subi le tremblement de terre de 62, celui qui a été englouti sous les quatre mètres de lapilli et de cendres; ce dernier — le dernier Pompéi — n'était pas un Pompéi entièrement nouveau. Reconstruit, il respectait les grandes lignes de l'urbanisme antérieur, et l'on avait souvent fait du neuf sur des structures antiques. Au moment où donc tout était possible, où une ville à l'urbanisme révolutionnaire pouvait s'élever sur les ruines du 5 février 62, le passé pesait sur Pompéi. Toute son histoire est d'ailleurs présente à chacun des instants de son développement. La découverte du plus lointain passé d'une ville est aujourd'hui rendue possible par la méthode stratigraphique: chaque couche de terrain, de plus en plus profonde, retient les témoins d'époques révolues; grâce aux débris céramiques, les vestiges d'architecture enfouis et donc invisibles peuvent être datés et aider à cette résurrection du passé. Si l'on ne veut pas de la légende herculéenne, selon laquelle le héros bienfaisant aurait fait défiler en un cortège triomphal les bœufs dérobés à Géryon, si l'on refuse à Pompéi l'étymologie de cette *pompé*, c'est la seule façon d'atteindre aussi bien le Pompéi grec que le Pompéi étrusque. Mais Pompéi préromain, c'est-à-dire samnite, a imposé son cadre urbain, son architecture à la colonie de Sylla et a laissé de façon indélébile sa trace sur le Pompéi romain. Les hommes et les dieux de la ville peuvent se réclamer de ce passé qu'il faut donc présenter, au moins à grands traits.

* * *

1. POMPÉI GREC POUR LA PREMIÈRE FOIS, AVANT 524

Pompéi osque

Le premier Pompéi est un Pompéi osque, installé sur la retombée abrupte[1] de la coulée de lave préhistorique. Ce village de pêcheurs et d'agriculteurs, rattaché au peuple italique des Ausones, devait être assez important ; l'irrégularité de la voirie des Régions VII et VIII désigne l'habitat primitif, que ni les Grecs, ni les Étrusques, ni les Romains ne réussirent à discipliner. Plus riche que d'autres villages de Campanie, il se contentait d'échanges limités avec eux ; mais sa position allait le faire entrer dans l'histoire de la Méditerranée occidentale. Les témoignages des Anciens sur la succession des peuples divers qui furent souverains en Campanie, sont souvent confus[2], mais l'antériorité des Grecs sur les Étrusques est soulignée et les Cumains sont désignés par Strabon comme maîtres de la Campanie avant les Étrusques[3]. L'installation des Grecs à Ischia vers 760, où la chronologie traditionnelle est confirmée par de récentes découvertes archéologiques, et à Cumes en 740, est indubitablement antérieure à l'expansion étrusque.

Le temple dorique (fig. 35)

Deux preuves peuvent être apportées de cette première souveraineté grecque sur Pompéi et toutes les deux intéressent des temples et des cultes officiels. La première nous est offerte par les restes encore vénérables du temple dorique installé sur les terrasses du forum triangulaire, soit sur un des points éminents, dominant la vallée du Sarnus (Sarno) et la mer. Une telle position le désigne comme un édifice très important à l'époque archaïque[5]. Sa masse atteste aussi que Pompéi n'offrait pas pour les Grecs un intérêt de second ordre ; dans ce cas, ils se seraient contentés d'un temple modeste ou d'un simple sanctuaire en un lieu moins remarquable et moins significatif tant politiquement que religieusement.

Son excentricité par rapport au centre de l'habitat primitif osque prouve que, dans cette première phase de leur hégémonie à Pompéi, les Grecs ne songèrent pas à s'installer à demeure; maîtres du port et des débouchés de l'arrière-pays, ils voulurent affirmer leur domination par la seule érection d'un temple sur une terrasse encore libre de constructions et proche des voies d'accès au port. Ce temple de Pompéi jalonne une route maritime tout comme le temple d'Athéna et le temple des Sirènes le long de la péninsule de Sorrente. Sa décoration en terre cuite, fabriquée à Ischia, découverte dans les fouilles récentes, peut remonter à la moitié du VIe siècle et nous donne une confirmation de l'hégémonie grecque au VIIe-VIe siècle[6].

Le culte d'Apollon

Le second témoignage est donné par l'introduction à l'époque archaïque du culte d'Apollon. Nous sommes à Pompéi dans le domaine de l'empire maritime de Cumes et c'est Cumes qui a été la première propagatrice du culte d'Apollon à Rome[7] et parmi les Étrusques du Latium et de l'Étrurie; c'est de Cumes que dérive sûrement le culte d'Apollon à Ischia, à Pouzzoles et à Naples. Et c'est cet Apollon, qu'ils avaient déjà honoré dans leur propre panthéon, que les Étrusques vont retrouver à Pompéi.

2. POMPÉI ÉTRUSQUE[8] (524-474)

Ce sont les sondages stratigraphiques de A. Maiuri au temple d'Apollon qui ont fait jaillir du sous-sol pompéien les premiers témoignages sûrs de la présence étrusque. Il s'agit de quelques malheureux restes d'inscriptions sur des fragments de vase de bucchero campanien, caractéristique des ateliers étrusques de Capoue et de Nole: au total, six fragments datables de 550-470 avant Jésus-Christ, enfouis dans un trou de décharge au moment de la construction du premier temple samnite. Les lettres confirment la datation des trouvailles céramiques: deuxième moitié du VIe siècle et premières décennies du Ve. On peut y reconnaître une formule dédicatoire inscrite sur des patères ex-voto, par des gens parlant la langue étrusque, admis officiellement en qualité de dévots et de dédicants dans l'aire du temple de la cité. Historiquement, cette découverte est capitale et porte la preuve certaine que Pompéi a été étrusque.

Chronologie

A partir de quand? L'occupation de Pompéi est contemporaine de l'expansion étrusque en Campanie. La fondation de Capoue date de 524[9], et la même année, une coalition étrusco-campanienne contre Cumes échoue. Cette intervention militaire, suscitée par les marchands étrusques ou les trafiquants grecs de Sybaris, visait à maintenir ouvertes les routes commerciales terrestres qui assuraient la liberté de leur négoce. La bataille, où furent engagés des contingents étrusco-campaniens importants, signifie que l'emprise étrusque descend assez bas vers le sud, au-delà de Capoue, de Nole, de Nocera. La nécropole de Pontefratte aux portes de Salerne, le long de l'Irno, a fourni le premier témoignage sûr de l'expansion étrusque. Les Étrusques, maîtres d'Acerra, de Nole, de Nocera, durent rechercher pacifiquement ou par les armes un débouché maritime vers le sud, le long des côtes de Campanie, au-delà du débouché du Volturne au nord. Après l'échec contre Cumes — une victoire étrusque sur la ville grecque aurait amené l'effondrement de tout l'empire maritime cumain, à Misène, Baïes, Pouzzoles et Naples — il ne restait aux Étrusques que le port de Pompéi, qu'offrait l'embouchure du Sarno à brève distance de l'habitat primitif de la ville: on peut penser que c'est en 524 que Pompéi fut enlevé à l'influence maritime et commerciale de Cumes.

Victoire de Cumes

Mais Cumes reste sur le qui-vive, elle aide la ligue latine contre les Tarquins, puis accueille suivant la tradition Tarquin le Superbe quand la révolution de 509 le chasse de Rome[10];

les routes de terre furent sans doute assez vite peu sûres, d'ailleurs en 510 Sybaris tombe: seule compte la voie de mer pour une thalassocratie très vivante, qui profite de l'affaiblissement de l'État cumain après la mort d'Aristodème. Cumes fait alors appel à Hiéron de Syracuse. La victoire navale, remportée en 474 contre les Tyrrhéniens par les forces conjointes des deux cités grecques, fut décisive pour le sort de la civilisation campanienne; le destin des Étrusques fut scellé; privés de flotte et de marins, ils furent rejetés loin des routes maritimes et des ports de la Campanie. Hiéron obtint des Cumains de s'établir dans la précieuse île d'Ischia pour surveiller ses propres routes de navigation et garder les côtes de Campanie. Les Syracusains évacuèrent cette position d'avant-garde au moment où l'influence athénienne se substitua à l'influence syracusaine et les Napolitains reprirent le contrôle d'Ischia. Il est donc inconcevable qu'après leur défaite de 474 les Étrusques aient pu conserver leur domination sur Pompéi, sur Herculanum et Sorrente, à l'heure où les Syracusains exerçaient un contrôle de fait sinon de droit sur le golfe de Naples. Il faut admettre que toute la côte du golfe passe sous la domination des Grecs de Cumes, ou plus vraisemblablement de Naples. Dans les derniers cinquante ans avant la conquête samnite, les Étrusques ne réapparaissent plus jamais sur les côtes de Campanie.

Apport étrusque

Quelle fut pour le destin futur de Pompéi l'importance de cette souveraineté étrusque de cinquante ans[11]? Évidemment restreinte; un débat bien ancien a opposé partisans d'une longue domination étrusque et tenants d'une influence grecque prééminente. Pour les premiers, les Étrusques auraient donné à la cité campanienne son plan, son ancienne ceinture de murs, le premier temple du forum, quelques éléments de ses formes architecturales — comme la colonne — et la maison à *atrium* toscan; mais c'est aux côtés des seconds qu'il convient de se ranger. Il est difficile de construire une théorie historique sur six inscriptions étrusques de contenu si pauvre. Elles prouvent seulement que le temple grec d'Apollon a eu à Pompéi une phase étrusque, au moment de la souveraineté étrusque, entre 524 et 474. Par contre, les Étrusques n'ont pas implanté la triade capitoline; le temple de Jupiter[12], en effet, dans sa phase la plus ancienne ne peut remonter au-delà de la moitié du IIe siècle avant Jésus-Christ, tandis que dans sa phase ultérieure il est d'époque républicaine; il nous reporte au premier établissement de la colonie syllanienne et à l'introduction du culte de la triade capitoline à Pompéi. D'ailleurs, ce temple est aligné sur les directions du forum actuel, tandis qu'avait existé, suivant une orientation toute différente, un forum antérieur. C'est donc le sanctuaire d'Apollon, le long du côté ouest du forum, qui a assumé la fonction de sanctuaire principal de la cité à l'époque présamnite et dans toute la première période samnite. Le forum de Pompéi est longtemps resté une simple place de marché, entourée de rangées de boutiques dont on a trouvé les restes au-dessous du niveau actuel du portique oriental de l'édifice d'Eumachia et dans des sondages faits sur le côté du temple de Jupiter. Il n'était pas le centre religieux du Pompéi primitif, qu'il faut chercher au contraire dans le temple d'Apollon.

3. POMPÉI POUR LA SECONDE FOIS GREC (474-424)

Les cinquante dernières années de la période présamnite virent la réaffirmation de l'influence politique et commerciale grecque sur la cité et le port de Pompéi. C'est le moment d'une reconstruction partielle du temple dorique du forum triangulaire, du renouvellement complet de sa décoration en terre cuite, attestée par une série de gargouilles à mufle de lion et de plaques céramiques qui ne peuvent être antérieures à la première moitié du Ve siècle. Le temple d'Apollon reçoit également une nouvelle décoration, mais cette deuxième souveraineté grecque se marque surtout par deux ouvrages très importants: la construction du mur de fortification découvert dans le corps de l'*agger* de la muraille samnite de la porte d'Herculanum et de la porte du Vésuve et l'implantation de la Région VI à l'alignement de ce mur.

Le débat

Il faut dire que les savants n'ont pas toujours admis la paternité grecque de ces deux ouvrages. Pour von Gerkan[13], la vieille cité osque, réduite, comme nous l'avons vu, aux seules Régions VII et VIII, serait demeurée identique jusqu'à la conquête samnite, soit pendant deux cent cinquante années d'autonomie, d'influence grecque et de domination étrusque; la première extension du périmètre urbain serait due aux Samnites qui auraient développé l'enceinte murale au nord, à l'est et sur une grande partie du côté sud. Von Gerkan pensait que la limite nord du bourg osque — le vico dei Soprastanti et la limite est — la rue de Stabies — avec sa profonde dépression constituaient d'excellentes lignes de défense naturelle. Rien n'est moins sûr. Pour ce qui est de la ligne septentrionale, elle se serait trouvée à un niveau inférieur à tout le quartier nord-ouest dont le terrain monte graduellement du vico dei Soprastanti vers la porte d'Herculanum, et vers la porte du Vésuve. Dans ces conditions, il n'est pas admissible qu'un pouvoir souverain n'ait pas eu l'idée avant les Samnites de porter la ligne de défense sur cette crête. De plus, dans un sondage fait au-dessous de la tour de Mercure (tour XI de la muraille samnite), on a découvert les restes de la porte primitive qui s'ouvrait à l'alignement de la rue de Mercure, soit le *cardo* primitif. Pour cette porte avait été utilisé le tuf noir local dit *pappamonte,* matériau employé dans les constructions les plus anciennes de la cité. Il représente — ce qui a été confirmé par les sondages au *chalcidicum* (vestibule) de la basilique, au temple d'Apollon, à la maison de Triptolème — la plus ancienne phase édilitaire de Pompéi que l'on ne peut pas abaisser à la première époque samnite. Il aurait été d'ailleurs paradoxal que les Samnites, qui pour les enceintes de leurs bourgs montagnards avaient su travailler le calcaire dur de l'Apennin, se fussent servis d'un matériau aussi tendre, d'aussi faible consistance.

La fortification de Pompéi

Aussi bien ce que la logique inclinait à penser est-il confirmé par les sondages menés par Maiuri[14] aux diverses portes de la ville et dans certains secteurs de la muraille samnite. Ils prouvent l'existence à l'époque présamnite d'une muraille grecque à double courtine construite en blocs quadrangulaires; elle ne dépassait pas quatre mètres de hauteur sur le mur extérieur et de petits escaliers d'accès au chemin de ronde étaient disposés près des portes. Le matériau de construction est exclusivement le calcaire du Sarno. Ce type de fortification, sans *agger* (remblai), semble clairement dériver des enceintes grecques. La structure de la muraille rappelle celle des murs grecs de Cumes (VIe s.), Naples (Ve s.), Paestum (VIIe-VIe s.). C'est Poseidonia-Paestum qui, par la structure de son calcaire provenant de dépôts d'alluvions, pouvait offrir un modèle de structure et de technique particulièrement adapté au matériau calcaire du fleuve Sarno.

Cette muraille suit dans la Région VI le tracé de l'enceinte postérieure. A la porte du Vésuve, sous la tour XI, à la porte de Stabies, on a retrouvé les vestiges des portes de cette muraille grecque: c'est souligner que la fortification samnite et le système de ses portes se calquèrent sur les implantations précédentes: le passé commande au présent. Cette enceinte grecque devait englober à l'ouest[15] les Régions VII et VIII, noyau primitif, et la nouvelle Région VI, ce qui prouve un agrandissement de la cité. Il s'agissait pour Pompéi grec de se défendre pour faire face à la coalition étrusco-campanienne toujours vivante et à la survivance de noyaux politiques et culturels étrusques dans la région de Nola et de Nocera.

La Région VI

La Région VI, entre tous les quartiers de la cité, offre une remarquable régularité géométrique et une orientation particulière. Il semble peu vraisemblable que les Samnites, qui dans d'autres puissantes cités de la Campanie, à Cumes, Capoue, Nola, s'installèrent à l'intérieur de murailles déjà solidement établies, se soient faits à Pompéi, dès les premières années de leur occupation, les promoteurs d'un plan régulateur, qui, pour la première fois, aurait discipliné une inorganique agglomération urbaine à laquelle ni les Grecs ni les Étrusques n'auraient su mettre un peu d'ordre.

Or, la Région VI représente le modèle d'une implantation urbanistique si parfaite qu'elle ne peut se rencontrer que dans les cités obéissant au système hippodaméen. La longueur et l'étroitesse des *insulae* supposent une grande expérience d'un urbanisme qui vise à multiplier les voies d'accès et de communication d'un quartier. Il est invraisemblable que les Samnites, sur les hauteurs escarpées de l'Apennin, aient acquis une telle expérience et manifesté une telle exigence pour l'appliquer la première fois à Pompéi. Il est plus naturel de supposer qu'ils trouvèrent déjà cette implantation du quartier nord-ouest et qu'ils prirent modèle sur elle pour l'étendre aux quartiers de l'est. Il suffit au contraire de jeter les yeux sur les plans des cités grecques de Campanie, de Neapolis et d'Herculanum, pour trouver des exemples de régularité géométrique et de cette pratique de la forme allongée et étroite des *insulae.* Seuls les Grecs purent concevoir l'implantation de cette Région en corrélation avec le développement de la nouvelle enceinte, elle vient s'insérer comme un grand losange dans le plan plus ancien et irrégulier de la cité osque et étrusque et entre bien, si on la date de 460-425, dans le grand développement des plans de type hippodaméen dans l'Occident méditerranéen[16].

Pompéi archaïque n'apparaît pas comme l'humble bourgade osque, soumise aux influences plus ou moins incertaines des civilisations grecque ou étrusque, mais comme une cité et un port disputés entre un empire maritime grec et la fédération étrusco-campanienne, inscrivant dans son sol et dans ses monuments la souveraineté grecque dominante. Les Italiques du Samnium vont la soustraire aux épisodes de cette lutte et lui imprimer un caractère italique plus éclatant.

4. POMPÉI SAMNITE (424-89)

C'est la période samnite qui va marquer profondément Pompéi, tant du point de vue politique et institutionnel que sur le plan urbanistique et culturel.

Conquête

La conquête fut brutale et simple[17]. Ses auteurs furent de rudes montagnards des Abruzzes et de la Calabre qui dévalèrent de leurs montagnes à la recherche de terres plus fertiles. Un tel mouvement se place dans la perspective des oscillations temporaires de populations toujours attirées par le golfe de Naples. Mais, cette fois, la brutalité du mouvement est le fait d'un peuple nouveau qui, à l'image des autres peuples italiques, va s'emparer de positions tenues par les «colonisateurs»; les Sabins descendent dans la plaine latine et peut-être s'emparent de Rome; au sud, les Herniques s'établissent dans la vallée du Liris et entament contre les Èques et les Volsques des luttes séculaires. Les Samnites occupent Capoue, Nole et forment l'État campanien. Les Lucaniens submergent l'isthme calabrais, ancien empire de Sybaris; sur la côte tyrrhénienne, tous les ports grecs — dont Pompéi — tombent entre leurs mains, sauf Velia; Thourioi résiste sur la côte ionienne. Sur l'Adriatique, s'installent Péligniens, Frentaniens, Peucétiens, tandis que les Iapyges sont refoulés vers Tarente.

Ces barbares en mouvement sont parents les uns des autres et on a pu parler avec raison d'invasions sabelliques. Entre Sabins et Samnites existe une étroite parenté linguistique. Les Samnites étaient composés de nombreuses tribus (par exemple les *Hirpini*) dont certaines restèrent accrochées aux pitons des Abruzzes, d'autres comme les *Campani* prirent ce nom, une fois installés dans la plaine campanienne. Les *Lucani* sont un rameau détaché du tronc samnite, les *Bruttii* seraient des esclaves lucaniens révoltés contre leurs maîtres.

Sabins, Samnistes, Lucaniens, étaient unis par le sang et par une civilisation commune, une langue: l'osque, des coutumes, comme le *ver sacrum*[18]: ils vouaient à Mars, leur dieu national, tout ce que produisait le printemps suivant, y compris les enfants; ceux-ci, devenus hommes, quittaient la terre de leurs pères et partaient à la recherche de terres nouvelles.

Les Samnites étaient comme l'arrière-garde des Ausones, qui avaient occupé au début du Ier millénaire l'Italie méridionale. Au départ, ils se contentent de vivre dans les montagnes, puis ils se mettent en mouvement à la fin du VIe siècle, en raison du déclin étrusque et après la chute de Sybaris. Peu à peu, ils approchent de la Campanie en s'insinuant dans les vallées qui débouchent sur la plaine riche et en occupent les *oppida* proches: Allifa au pied du mont Matese, Tribula, nid d'aigle sur la crête du dernier contrefort de l'Appenin, Compulteria.

Chronologie

Quand les Samnites apparaissent-ils dans la plaine? On peut le préciser grâce à Diodore de Sicile et à Tite-Live. Diodore[19], qui suit une chronologie grecque pour l'histoire de la Campanie — donc la meilleure — écrit que sous l'archontat de Theodoros et le consulat de M. Genucius et Agrippa Curtius Chilo (438-437 avant Jésus-Christ) le peuple campanien se constitua et reçut ce nom de la fertilité de la plaine voisine (*campus*). Diodore[20] dit ensuite que, sous l'archontat d'Aristion et le consulat de T. Quinctius et d'A. Cornelius Cossus (421-420), les Campaniens marchèrent sur Cumes avec des forces considérables et taillèrent en pièces la plupart de leurs adversaires; puis ils mirent le siège devant Cumes et après de nombreux assauts s'emparèrent de la ville. Ils la pillèrent, réduisirent les prisonniers en esclavage et se proclamèrent d'eux-mêmes habitants légitimes. Chez Tite-Live, nous avons deux mentions intéressant ces mêmes événements: à la date de 423[21]:

> Un événement qui regarde l'étranger, mais qui est digne d'être rappelé, se produisit cette année-là: Volturnum, ville étrusque, qui est maintenant Capoue, fut prise par les Samnites... Or ils prirent Volturnum en deux temps: d'abord ils contraignirent les Étrusques, épuisés par la guerre, à partager avec eux leur ville et leur territoire, puis pro-

fitant d'un jour de fête, comme les anciens habitants étaient alourdis par le sommeil et par les festins, les nouveaux colons, dans un massacre nocturne, se jetèrent sur eux.

La même année [en 420][22], Cumes, qui appartenait aux Grecs, fut prise par les Campaniens.

Dans la perspective d'un Pompéi grec, soumis soit à Naples, soit à Cumes, il est important que Diodore et Tite-Live soient d'accord pour la chute de Cumes en 420. Cette rencontre vient de ce que les deux auteurs ont emprunté leur chronologie à Timée qui sur ce point n'est guère suspect, car la prise de Cumes a dû avoir du retentissement dans le monde grec. Or, cette marche contre Cumes n'a pu se produire qu'au moment où l'intérieur autant que la côte étaient passés sous le contrôle exclusif des Samnites.

Le désaccord entre Diodore de Sicile et Tite-Live sur la date de la prise de Capoue vient de ce que les deux dates proposées n'ont pas la même signification. En 437, Diodore ne parle pas de la prise de Capoue, mais de la constitution du *populus Campanus*. En 423, Tite-Live ne parle que de la prise de Capoue. Les deux événements ne coïncident pas: les tribus montagnardes ont formé un peuple avant d'abattre la ville étrusque; celle-ci ne tomba qu'après une longue suite de guerres et de négociations. Chez les peuples italiques, l'*ager*, circonscription territoriale, l'emporte sur la ville. Un *ager Pometinus* a devancé *Pometia*, donc un *ager Campanus* a existé avant l'*urbs Capua*: cette antériorité est mesurée par l'écart des deux dates de Diodore et de Tite-Live. Dès 437, les tribus samnites, cristallisées en *populus Campanus*, campaient sur le territoire de Volturnum-Capoue. Mais la ville subsistait comme enclave étrusque au milieu de Campaniens qui la harcelaient, tout comme subsistaient, sur la côte, des villes grecques. Capoue ne capitula qu'en 423. Cette constitution d'un *populus Campanus* était préoccupante pour les cités grecques: Naples se renforça d'un contingent athénien et vers 432 reçut la visite d'une flotte athénienne, à en croire Timée, mais ce renforcement défensif ne pouvait suffire à résister à l'assaut samnite. C'est donc entre 423 et 420, plus près de 423 que de 420, qu'il faut situer la fin de la domination grecque à Pompéi. Mais il a pu y avoir des étapes puisqu'on ne parle pas d'un assaut de Pompéi, à l'image de celui de Cumes.

Strabon[23] pense que la guerre de conquête fut déclenchée par un *ver sacrum,* mais ce n'est pas une seule vague, ni une seule bataille qui ont scellé le sort des villes étrusques et grecques de Campanie. Il y a eu infiltration lente, pression démographique de ces gens qui fournissent des mercenaires aux armées de Syracuse et de Carthage. Turbulents, prompts à la révolte, ils deviendront plus tard parfois, comme Hamilcar le Samnite à Carthage, les chefs politiques dans leur patrie d'adoption. Vers 437, il faut simplement imaginer des groupes d'agriculteurs, de bergers menant leurs troupeaux (le *ver sacrum* poétisait la transhumance) qui descendent dans la plaine, d'où les rixes, les bagarres avec des populations qui vivent dans des villages sans défense. « Ils en chassaient les habitants et sacrifiaient à Mars le taureau qui leur avait servi de guide », dit Strabon. Les Étrusques étaient pris entre deux feux, d'un côté les Samnites, de l'autre Cumes et son empire retrouvé depuis 474. De plus, ils étaient privés des secours de leurs métropoles toscanes. Ainsi furent-ils contraints peu à peu à des concessions: ils durent associer le *populus Campanus* à la possession de la ville de Capoue et de son territoire. Naples, comme Capoue, dut ouvrir ses murs à un certain nombre de Campaniens et même leur donner accès à ses magistratures. Strabon[24] en donne pour preuve la liste des démarques, qui, autrefois uniquement grecque, fait place à de nombreux noms campaniens. On distinguait à Naples des *Palaeopolitani,* anciens habitants, des Samnites, à qui on avait dû concéder le droit de cité. Naples a dû entrer dans la voie des concessions en raison de ses dissensions intérieures: en 328, quand Rome libère Naples de la tutelle samnite, existent un parti noble, favorable à Rome, et un parti de la plèbe acquis aux Samnites. A Capoue aussi, la plèbe était formée des Ausones vaincus qui aspiraient à secouer le joug de l'étranger; les Samnites, qui peu à peu arrivaient, s'agglöméraient à leurs frères de race, et lentement l'aristocratie étrusque fut submergée par la marée plébéienne. Qu'en est-il pour Pompéi ? Pompéi a peut-être élargi son enceinte par besoin de loger une colonie samnite. En tout cas, il a pu y avoir une première période à partir de 438 où les Samnites se sont infiltrés dans la ville; en 422, après la chute de Capoue, par suite d'un mouvement de libération de leurs frères opprimés, Pompéi devient samnite — ainsi que toute la Campanie. Nole — en osque « la Neuve » — a pu remplacer un site étrusque, Hyria sans doute. Herculanum et Sorrente tombèrent aux mains des Samnites. Quand, au milieu du IVe siècle, se promène le Pseudo-Scylax, toute la côte entre le mont Massique et le *promuntorium Minervae* est soumise aux Campaniens; dans le golfe de Naples, le navigateur rencontre trois enclaves grecques: Naples, Ischia et Cumes dont l'hellénisme résiste aux violences de leurs nouveaux maîtres. Viennent ensuite les Samnites qui ont conquis les villes étrusques et grecques du golfe de Salerne.

Pompéi va-t-il connaître des années de paix sous ses nouveaux maîtres samnites? Une puissance grandit à la porte de la Campanie, et c'est Rome. Immédiatement après la catastrophe gauloise, Rome se serait mesurée aux Latins; en tout cas, la terreur provoquée par l'invasion gauloise de 358 rétablit la solidarité entre les villes latines et détermina le Latium à conclure cette année-là un accord définitif avec Rome qui, entre 390 et 358, préparait méthodiquement la poussée vers le sud: Antium était encerclé par son effort de colonisation dans la partie septentrionale des plaines pontines. Pendant la guerre étrusque de 357-354, Rome conclut un traité avec le Samnium qui marque une étape importante vers une possible domination en Campanie.

Première intervention romaine

Les Samnites, à distinguer désormais des Campaniens, organisés en une confédération dominée par Capoue et qui voulaient garder leur primauté dans cette plaine, formaient une confédération de plusieurs peuplades: les *Caraceni* de la vallée du Sagrus (Sagro), dont les villes principales étaient Aufidena (Alfedena) et Bovianum vetus (Pietrabbondante), les *Peutri* du massif du Matese, dont la ville principale se nommait aussi Bovianum (Boiano), les *Caudini,* à la frontière campanienne, les *Hirpini,* vers la passe de Bénévent. En 343, les

Samnites alliés des Romains persécutaient les Sidicins, alliés des Capouans, et les Sidicins appelèrent à leurs secours les Latins. Les Samnites se plaignirent à Rome, qui répondit sans mentir qu'elle ne détenait aucune primauté chez les Latins. Ce fut alors la première guerre samnite: Romains et Latins font la guerre aux Samnites et une armée romaine entre en Campanie en 343; en 342 Rome fait la paix avec les Samnites à des conditions si déshonorantes que les Latins refusent de reconnaître la clause abandonnant les Sidicins à la suprématie samnite: en 340 s'ouvre la guerre entre Rome et le Latium, où l'on assiste au renversement des alliances. Rome alliée aux Samnites fait la guerre aux Latins alliés aux Campaniens. Et commence en 340 une série de victoires sur les Latins qui sonnent le glas de la confédération latine, mais aussi celui de la confédération campanienne.

L'État romano-capouan

Rome, suivant son génie propre, substitue au régime des confédérations celui de la cité. Les *oppida* campaniens reçoivent sur le modèle de Capoue une organisation municipale. Capoue est appelée en 341 ville alliée, en 334 municipe fédéré: elle est une ville qui a été d'abord liée à Rome par un traité et ensuite naturalisée romaine, sans pour cela renoncer aux traditions et au prestige qui lui venait du *foedus* antique. Parmi les *oppida,* Suessula en 338, Acerrae en 332 obtiennent la *civitas sine suffragio*[25], la cité romaine sans vote à Rome; il en va de même d'Atella. Les villes de Campanie orientale, Nole et Nocera, subissent un autre traitement et concluent avec Rome une alliance. Or, nous avons tout lieu de croire que l'*ager Pompeianus* faisait partie du territoire de Nocera[26] qui contrôlait par sa confédération Pompéi, Stabies, Herculanum, Sorrente[27], et de plus Pompéi et Nocera avaient le même pont sur le Sarno. Pompéi a dû également conclure une telle alliance. Mais la formation de l'État romano-capouan[28] n'intéresse pas seulement l'histoire militaire et diplomatique de l'Italie au IVe siècle. C'est aussi une opération de politique et de police intérieures. Les *equites Campani*[29], grands seigneurs, pressés de toutes parts par le flot montant des revendications plébéiennes et samnites, cherchent à Rome un moyen de parer au danger. Ils acceptent de se prêter aux visées annexionnistes du Sénat romain, à condition qu'il se pose en gardien de la constitution de Capoue. Ils négocient la cession de l'*ager Falernus,* l'une des terres les plus fertiles du pays, en échange d'une rente annuelle, versée par le trésor capouan sous la garantie expresse de Rome. A Rome, les conservateurs — au premier rang desquels on note les Fabii — avaient noué relations et alliances avec les familles dirigeantes des villes italiques, particulièrement en Étrurie et en Campanie. En 342, la victoire des démocrates à Rome ne change pas grand-chose à cette situation; les Aemilii continuent la politique des Fabii. Bien plus, le consul de 340 P. Decius Mus serait un condottiere capouan, dont le nom Dekis est capouan, et dans l'État romano-capouan ce Dekis, devenu consul, sera l'instrument d'une certaine politique d'égalité et d'équilibre.

Domination romaine

Mais cet État romano-campanien ou romano-capouan va vite évoluer vers une simple domination romaine. Il semble que ce soit entre 318 et 312 que cet assujettissement, d'abord théorique, a été pratiquement et définitivement accompli; 318, c'est la date de la création de la tribu *Falerna,* qui consacrait l'annexion de 340; 312, c'est la date de la construction de la *Via Appia* qui, à travers le territoire des Èques, des Volsques et des Auronques enfin soumis, réunissait en un seul bloc ce qu'on ne pouvait plus appeler l'État romano-capouan, mais simplement l'État romain. Il est naturel que l'exécution intégrale du traité qui lui avait été imposé ait provoqué à Capoue un dernier sursaut d'indépendance. Selon Diodore de Sicile[30] et Tite-Live[31], elle essaya en 314, à un moment critique de la deuxième guerre samnite, de secouer le joug de ses maîtres. Après cette révolte des conservateurs de la ville, on n'entend plus parler de Capoue. Elle ne bouge pas pendant la guerre de Pyrrhos et officiellement n'assume aucun rôle dans la tension romano-carthaginoise qui fut à l'origine de la première guerre punique. On en trouve la preuve dans le tableau que l'*Alexandra* de Lycophron, d'après Timée, traçait vers 274 de la situation politique de l'Italie centrale. De Capoue il n'est pas question, car pour un Timée, pour un Lycophron, l'unique puissance qui dominait du Tibre au Sebethos, c'était Rome; il n'y avait plus d'État romano-capouan, il ne restait qu'un État romain.

Influence capouane

Cela ne veut pas dire que Capoue n'exerçât pas sur les affaires de Rome une influence occulte, mais déterminante. En effet, après l'achèvement de la conquête de l'Étrurie, Rome s'engage sans délai dans une série d'opérations où il semble bien qu'elle se soit laissé entraîner, plus ou moins délibérément, par Capoue. On le voit très clairement dans l'affaire de Naples en 327, où Rome épouse les revendications de Capoue à l'égard de Naples, mais Naples, soutenue par les Samnites, sut résister et Rome lui accorda une alliance sur un pied d'égalité; l'attaque contre Naples marqua le début de la deuxième guerre samnite. L'humiliation des Fourches Caudines en 324 n'empêcha donc pas l'*Urbs* de mener en Campanie une action des plus décisives et de se lancer en 311 dans une politique maritime: c'est encore un membre de la famille des Decii, le tribun de la plèbe M. Decius, qui propose au peuple[32] la création des *duoviri navales* en 310: sa petite flotte lui permet d'exécuter un débarquement près de Pompéi pour attaquer Nuceria; les Romains furent mis en déroute par les Nucériens aidés des Pompéiens, mais, peu après, Nuceria fut occupée et Pompéi aussi. Les Romains conquirent même Bovianum, la capitale samnite, en 305 et, en 304, se termine la deuxième guerre samnite: Rome a substitué sa suzeraineté à celle des Samnites en Campanie. Pompéi, ville alliée, vassale de Rome, gardait sa physionomie samnite. On ne lui demandait que le loyalisme politique, tant pendant la troisième guerre samnite, qui se termine en 291 par la reddition des Samnites auxquels un traité fut accordé, que pendant la guerre contre Pyrrhos.

Fidélité à Rome de la Campanie devant Pyrrhos

En effet, il était vraisemblable que Pyrrhos allait attaquer la Campanie pour dissocier de la cause romaine des cités naguère indépendantes et dont il pouvait supposer qu'elles répudieraient aisément l'alliance de Rome. Or, les cités campaniennes restèrent fidèles à Rome, sans doute en raison de l'alliance de Pyrrhos avec les Samnites, qui les avaient brutalement opprimées. L'échec de l'équipée de Pyrrhos sonnait le glas de l'indépendance des villes grecques d'Italie du Sud; en 272 Tarente est occupée et la légion campanienne qui avait trahi Rome et s'était installée à Rhégion dut capituler: les trois cents survivants furent exécutés sur le Forum. Rome ne pouvait tolérer une seule incartade et elle multiplie les colonies latines, comme Bénévent en 268 et Aesernia en 263, pour tenir en respect les villes de Campanie au moment où s'engage la première guerre punique en 264.

Pompéi seul ne trahit pas Rome devant Hannibal

C'est au cours de la seconde guerre punique que les cités campaniennes cherchèrent à reprendre leur liberté. En effet, la défaite des Romains à Cannes le 2 août 216 secoua durement leur prestige en Italie; passèrent à Hannibal les tribus d'Apulie, les villes d'Arpi et de Salapia donnant l'exemple; puis le peuple des Bruttiens, à l'exception de Petelia et de Consenzia; ce fut ensuite le tour des Lucaniens, des Hirpiniens et des autres Samnites. La défection la plus grave pour Rome fut celle de Capoue et de ses voisines Atella et Calatia, mais les villes grecques de Lucanie, du Bruttium et de Campanie restèrent fidèles aux Romains par haine des Puniques et des Bruttiens. Cette fidélité était intéressée: une victoire carthaginoise aurait ruiné leur commerce; de plus Rome était une ville «grecque». La guerre fut alors portée en Campanie: Claudius Marcellus accourut avec deux légions et empêcha Nole de tomber aux mains de l'ennemi punique. Celui-ci prit tout de même Casilinum (Capoue) qui commandait le pont sur le Vulturne. Il s'installa sur le mont Tifata pour menacer

Cumes et Nole, mais en vain. Ainsi toute la Campanie grecque lui résistait et Rome put la reconquérir. Aussi, en 214, Casilinum est-il repris par les consuls Fabius et Marcellus; à l'automne 212 les consuls Fulvius Flaccus et Claudius Pulcher commencèrent le siège de Capoue, appuyés sur Casilinum, les bouches du Vulturne et Pouzzoles. En 210, la ville tombait et était durement châtiée: sénateurs vendus comme esclaves, esclaves mâles déportés, organisation municipale détruite. Les terres devenaient domaine de l'État romain. C'était le prix de la trahison pour une ville plus samnite qu'hellénisée. Dans tout ce combat, Pompéi comme Nocera, semble fidèle à Rome.

Il semblait qu'une telle fidélité méritait récompense. Mais les victoires remportées dans la deuxième guerre punique donnent à Rome un sentiment de supériorité tel qu'elle décide de ne prendre aucun ménagement à l'égard de ses alliés. Or ceux-ci, surtout les aristocraties locales, désiraient de plus en plus entrer dans la cité romaine, et la plèbe souhaitait l'égalité des droits privés. Le problème des terres commence à devenir irritant: en 183 un litige s'élève entre les deux villes de Naples et de Nole au sujet de territoires dont elles revendiquaient chacune la propriété: le consul Q. Fabius Labeo, chargé de l'arbitrage, tranche le différend en attribuant les territoires contestés au peuple romain. Comme les peuples se trouvaient exclus de la possession des terres qu'ils avaient arrosées de leur sang et gagnées le glaive à la main à l'empire de Rome, on est là au cœur d'une crise qui conduira à la guerre sociale et à la fin de Pompéi samnite.

Pris dans les remous des guerres de Rome contre les Samnites, ayant à défendre son existence contre des voisins turbulents ou contre les appétits de Rome, Pompéi reste pendant toute la période samnite une ville fortifiée — et a même développé entre 424 et 89 un système de fortification de plus en plus solide où il est aisé de distinguer trois phases.

Fortification

PREMIÈRE PHASE. Devant la technique de la muraille grecque à double courtine, quelle allait être la réaction de Samnites fidèles à la structure polygonale dans leurs cités de la montagne et dans celles qui jalonnaient leur progression vers la Campanie ? A Pompéi, tout comme à Poseidonia, ils abandonnent cette structure polygonale, et recourent à un élément nouveau de type italique, l'*agger*: ils estiment que la courtine externe doit être plus haute et plus forte et renoncent au système de la double courtine qui ne dépassait pas trois à quatre mètres de hauteur; en revanche, ils appuient à la courtine externe un *agger*, c'est-à-dire un grand terre-plein, soutenu à sa base par un petit mur. Le premier travail entre 400 et 300 fut donc de démolir et de refaire plus haute (8 à 10 m) une courtine externe bâtie avec de grands parallélépipèdes plus épais qu'à la période grecque, renforcée vers l'intérieur de pilastres liés au mur. La courtine interne présamnite fut en partie rasée, sa base noyée dans la terre de l'*agger*. Les portes furent reconstruites plus étroites avec des ailes profondes et des bastions avec talus, incorporés entre la courtine externe et l'*agger*. Le matériau demeure essentiellement le calcaire du Sarno. Cette période de construction intense, qui correspond à l'époque des guerres samnites, entre dans le cadre plus ample de l'âpre lutte des populations samnites contre Rome.

DEUXIÈME PHASE. Dans une seconde période, entre 300 et 180, on eut l'idée, pour diminuer la pression des terres, de revenir au système de la double courtine à pilastres ; à la courtine externe en calcaire que l'on rehausse de tuf, s'ajoute une courtine interne, en blocs de tuf isodomes marqués de signes osques. Les portes sont, elles aussi, refaites et le tuf se substitue au calcaire du Sarno de la période précédente ; l'*agger* est agrandi vers la ville, il est habillé de gradins de tuf qui conduisent au chemin de ronde et qui retiennent les terres. Réfection et renforcement correspondent à la période de la seconde guerre punique, et à la double présence des armées d'Hannibal et des armées romaines sur le théâtre de guerre de Campanie.

TROISIÈME PHASE. Enfin, dans une troisième période, qui va de 120 à 89 et qui correspond aux préparatifs intenses avant

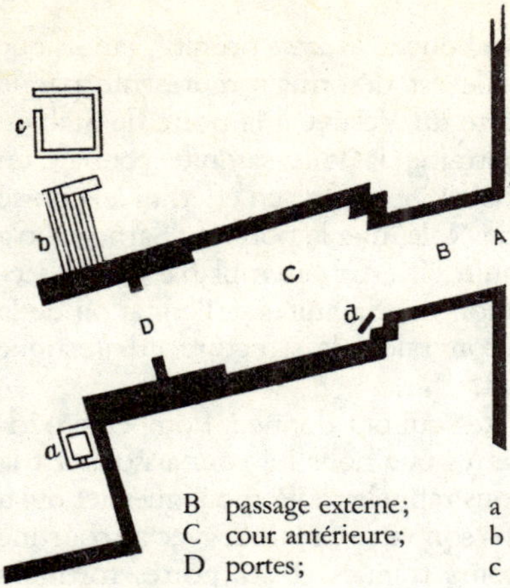

B passage externe;
C cour antérieure;
D portes;
a puits;
b escalier du chemin de ronde;
c loge du gardien.

Fig. 4. — Porte de Stabies (d'après Mau-Kelsey).

la guerre sociale, on refait largement la courtine extérieure en blocage; on construit des tours à cheval sur les murs et sur le chemin de ronde, tandis que le plan de l'*agger* est abaissé pour accéder plus facilement au niveau inférieur des tours. Vers la fin du IIe siècle, devant l'imminence de la lutte contre Rome, on sentit le besoin de mieux adapter les défenses de la cité aux perfectionnements atteints par les machines offensives mobiles, tours et châteaux de bois. Il fallait disposer de tours rectangulaires qui surveilleraient le chemin de ronde et feraient corps avec l'enceinte en débordant les deux courtines. C'était revenir à un système hellénistique de fortification; dans sa muraille Pompéi réalisait l'unité entre deux types opposés de fortification, le grec et l'italique, ce qui reste à l'image de la civilisation de cette région.

Extension de la ville

Cette fortification samnite se superpose dans le sens des *cardines* à la muraille présamnite. C'est-à-dire que, du nord au sud, la ville n'a pas connu d'extension: simplement la tour XII

— la tour de Mercure — a bouché le *cardo* primitif, tandis que le *cardo maximus* de la ville est désormais représenté par la route de Stabies, de la porte du Vésuve à la porte de Stabies. De l'est à l'ouest, au contraire, la ville samnite connaît un nouveau et considérable développement ; en effet, ni à la porte de Capoue, ni à la porte de Nole, ni à la porte du Sarno on n'a trouvé de vestige présamnite. Il est vraisemblable que le secteur oriental est une création des Samnites, à l'imitation de la ville grecque, dont ils découvraient la structure urbanistique fortement implantée à l'est.

Ce sont donc les Samnites qui ont donné à Pompéi le périmètre urbain de 3104 mètres que nous lui connaissons. Et la fortification est là pour nous rappeler le Pompéi guerrier qui a imposé aux colons romains son visage sévère, avec sa courtine de tuf noir, ses hautes tours trapues et ses portes fortifiées étroites (fig. 4 et 21). Il n'est pas possible au visiteur d'oublier cette ceinture qui définissait le territoire de l'*urbs*, défendu désormais par une ligne d'octrois, au-delà de laquelle commençaient les nécropoles.

Voirie — A l'intérieur de cette surface urbaine, la voirie visait à mettre en relation les ensembles monumentaux, à les lier aux portes et donc à la zone extra-urbaine. Grâce à un cippe inscrit en langue osque découvert à la porte de Stabies [33], nous apprenons que cette porte commandait à une route extra-urbaine qui conduisait par un pont sur le Sarno jusqu'à Stabies et à une route intra-urbaine, appelée par excellence route de Pompéi, la moderne route de Stabies, qui jouxte le temple de Zeus Meilichios ; une rue de Jupiter passait au nord de ce temple (aujourd'hui rue du Temple d'Isis) et une autre serait l'actuelle rue des Théâtres ; au milieu du IIᵉ siècle, on peut noter l'unité et la cohérence de ce parcours urbain qui vise à relier le forum triangulaire et tout son complexe monumental à la place du forum civil, au moment où un portique en tuf est élevé pour le décorer. Un tel réseau donne à Pompéi samnite son double visage de ville de trafic avec la *via Pompeiana*, où se lit en filigrane le mot grec πομπή [34], et de ville militaire, car l'une des rues desservait la palestre samnite où s'exerçait à la préparation militaire la jeunesse de Pompéi [35].

Monuments — Pompéi possédait donc les nombreux édifices

qui seront reconstruits à la période romaine: le forum triangulaire (fig. 35), et le forum civil (fig. 7) — celui-ci décentré par rapport aux extensions de la ville et malgré tout conservé —, la basilique, le Grand théâtre, la palestre samnite, les thermes de Stabies (fig. 37), le temple d'Apollon, le temple de Jupiter, le temple de Jupiter Meilichios, le temple d'Isis.

Maisons — L'architecture privée[36] a laissé des traces, et au cours des temps elle a employé des matériaux qui ont évolué au rythme de ceux que nous avons notés dans la muraille. La maison du Chirurgien a une façade en blocs de calcaire du Sarno, comme certaines autres. Les Samnites, qui ont démoli la courtine externe grecque, ont remployé les blocs isodomes pour les maisons, au risque de donner à ces demeures l'aspect sévère de forteresses, percées de petites fenêtres. Mais c'est avec le tuf que se déroule la belle époque de l'art architectural de Pompéi, le temps où l'influence hellénistique se fait le mieux sentir, jusqu'à transformer l'habitation, qui s'étend sur une *insula* entière, en un palais digne de recevoir une lignée royale.

Ainsi vivait le Pompéi samnite, attaché à ses institutions politiques, civiles et religieuses, ville accueillante aux influences romaines et grecques. Il avait en même temps conscience de devoir défendre son patrimoine contre toute menace, viendrait-elle de Rome. Le Pompéi romain ne pourra guère renier le legs samnite.

5. POMPÉI ROMAIN

Il n'y eut pas évolution lente, la civilisation hellénistique faisant place peu à peu à une civilisation plus romanisée. C'est brutalement que Pompéi devint romain.

Ager Campanus

L'*ager Campanus* qui entoure Pompéi avait depuis longtemps été accaparé — et au mépris de toute légalité — par les sénateurs romains qui y trouvaient, à une distance raisonnable de Rome, un terroir riche, un climat agréable et une vie facile. Au sens étroit du mot, l'*ager Campanus*[37] ne représentait que l'Ouest de la grande plaine entre mer et Apennin, que bornent le Volturne au nord, au midi les monts de Pouzzoles et le Vésuve au sud-est. Une ligne conventionnelle le séparait de l'*ager Calatinus* et de l'*ager Atellanus*, mais ces territoires, ainsi que l'*ager Stellatinus* qui les prolongeait au-delà du Volturne, paraissent avoir partagé son sort; ainsi délimité, il couvrait plus de 60 000 hectares dont le sol sans accidents émerveillait par sa fertilité: arbres fruitiers et blé le couvraient. Confisqué par l'État depuis la trahison de Capoue, il fut défendu jalousement par les *Patres* qui en 194 consentirent au lotissement colonial des marais, du maquis et des collines de la côte seulement. Ils en laissèrent vendre des parcelles excentriques en 206 et 198 et, dans la plaine, les Capouans aidèrent les Romains à installer une nouvelle économie capitaliste, où plantations et pâturages alternent et où les pâturages, à leur tour, un an sur deux ou sur trois, selon le rythme de la succession des jachères, sont partiellement labourés, ensemencés et fumés.

Problèmes des terres

Mais si rien ne paraissait menacer la quiétude d'une possession illégale, le problème des terres était tout de même posé en Italie. Il fallait trouver un remède au dépérissement de la classe moyenne, remédier à l'affaiblissement économique de l'Italie. Tib. Gracchus, le premier, proposa le partage de l'*ager publicus* et la limitation des grandes propriétés, mais les Italiens semblaient exclus de cette redistribution des terres, ce qui commença à les préoccuper sérieusement. Non seulement ils risquaient d'être inquiétés parce qu'ils occupaient des parcelles qui allaient être redistribuées, mais ils étaient rejetés du bénéfice d'une mesure réservée aux seuls Romains. En même temps donc que le problème des terres était à l'ordre du jour, une autre revendication naissait, aussi forte: l'extension du droit de cité romaine; malgré les efforts du second des Gracques, Caius, qui essaie vainement de faire concéder aux Latins le droit de cité complet et aux autres alliés *(socii)* le statut de Latins domiciliés, les Alliés restent «sensibilisés» à cette question de la cité et ils suivent avec passion la politique du tribun M. Livius Drusus qui, au printemps 91, propose de nouvelles assignations de terre. Immédiatement, réapparaît le malaise italien, car Latins et Alliés ne peuvent souffrir que le peuple romain procède à un remaniement de l'*ager publicus* dont, faute d'être citoyens de plein droit, ils subiraient les inconvénients et les dommages sans en récolter les fruits. Livius Drusus comprit alors qu'il fallait concéder le droit de cité romaine à tous les Italiens; la *rogativo Livia* (projet de loi de Livius Drusus) dans l'été 91 le leur conférait en bloc. L'émotion soulevée à Rome par une telle politique conduisit Drusus à conclure un pacte d'amitié avec le chef des Marses, Q. Pompidius Silo. On comprend aisément que sa mort — son assassinat — à la fin d'octobre 91 ait signifié le début de la révolte que l'on appelle la guerre sociale, ou guerre des Alliés.

L'insurrection des Pompéiens

Le consul Philippus dès septembre 91 avait distribué son armée consulaire entre les magistrats pour surveiller les allées et venues des Alliés. Servilius se rendit à Asculum dans le Picenum; L. Acilus et L. Scipio gagnèrent en territoire samnite la colonie latine d'Aesernia, L. Postumius alla résider à Nole en Campanie. Le drame commence par le massacre des magistrats au théâtre d'Asculum; c'est alors la révolte du Picenum, des Samnites. Les insurgés décident vite la majorité des villes campaniennes à s'unir à eux. Nole, où L. Postumius avait tenu quelques mois, secoue le joug en mars 90, en se débarrassant par un meurtre du chef que Rome lui avait envoyé. Pompéi, Herculanum, Stabies, Sorrente, Venafre et même la colonie latine de Salerne imitent sa défection devant l'arrivée de l'armée du général samnite Papius Mutilus. Donc, toute la Campanie s'insurge contre Rome et s'intègre à la confédération marse pour abattre Rome.

C'est alors à Pompéi une activité guerrière fébrile: l'enceinte renforcée de tours est l'objet d'une surveillance de chaque instant. Des ordres de mobilisation sont établis par secteur pour que les soldats connaissent leurs chefs et gagnent au moindre signal les emplacements qui leur sont assignés [38]: on connaît ainsi le secteur nord-occidental de *Veru Sarinu (porta Salis)*, actuelle porte d'Herculanum, le secteur septentrional le long de la muraille avec la désignation de tours et vers la *porta Urbulana* (aujourd'hui porte de Nole), un secteur oriental entre la porte d'Herculanum et la porte Marine, un secteur méridional vers la porte de Stabies. La lutte était loin d'être gagnée par Rome.

Siège et défaite de la ville

Le consul L. Caesar dès le printemps 90 avait essayé de débloquer Aesernia et il échoua piteusement; mais en été il sut résister à un mouvement combiné des Samnites et des Campaniens qui essayaient d'assiéger Acerrae et les troupes alliées de Marius Egnatius furent taillées en pièces en août 90. Au printemps de 89, C. Sylla, succédant au consul L. Caesar dont il était le légat, assume le commandement des opérations militaires contre les Samnites rebelles de la Campanie méridionale. Sylla confie à T. Didius son légat et à Minatius Magius, Italien, chef du parti romain parmi les Irpiniens rebelles, l'assaut d'Herculanum, lui-même tombe sur Stabies qu'il occupe le 30 avril et détruit. Le 11 juin ou dans les jours suivants, Herculanum est conquis par les troupes de Didius qui trouve la mort dans l'assaut [39]. Les deux menaces aux ailes ayant disparu, Sylla peut réunir son armée à celle qui revient d'Herculanum. A l'été, il donne l'assaut à la ville fortifiée entre la porte d'Herculanum et la porte du Vésuve. Il bombarde la muraille avec de gros boulets de pierre, marqués à son nom et qui ont laissé une trace indélébile sur les blocs de tuf marqués aux lettres osques [40]. L'assaut était peut-être également conduit par mer. La résistance des Pompéiens est opiniâtre mais ils ne peuvent songer à lutter seuls contre l'armée romaine qui les assiège. Papius Mutilus envoie L. Cluentius avec un contingent de confédérés au secours de Pompéi; Sylla l'attaque et Cluentius doit reculer; avec un nouveau renfort de troupes celtiques, il s'approche à nouveau du camp romain et livre bataille, mais la panique saisit les Celtes et l'armée jusqu'à Nole, où tombe Cluentius[41]. Cette bataille de Nole où furent tués 18 000 Samnites[42] fut importante pour le destin de Pompéi : après la défaite de Cluentius, la ville ne pouvait se flatter d'aucun espoir et dut se rendre entre l'été et l'automne 89. Pompéi samnite, le Pompéi guerrier, succombe et commence alors Pompéi romain, Pompéi pacifique.

Cicéron et Pompéi

Un détail anecdotique mérite d'être relevé[43] : Cicéron, dont on ne pourra peut-être jamais localiser le *Pompeianum*[44], a bien été présent dans l'armée romaine qui a assiégé Pompéi. Nous savons qu'en 90 et en janvier 89 il est à l'armée de Cn. Pompeius Strabo et qu'il assiste à l'entrevue entre le consul et le chef des Marses[45]. Quelques mois plus tard, il vient à l'armée de Sylla et deux passages du *De divinatione*[46] nous donnent la certitude qu'il assiste à un sacrifice présidé par L. Sylla avant la bataille contre Cluentius. Les archéologues n'auront alors de repos qu'ils n'aient baptisé villa de Cicéron — le long de la rue des Sépulcres — une habitation qui n'a jamais été la sienne[47].

La rixe de 59 après Jésus-Christ

Il ne restait plus à Pompéi qu'à faire l'apprentissage des institutions municipales romaines, à vivre d'une vie calme et aisée dans une Campanie où Sylla installe comme colons, à partir de 80, ses fidèles soldats au retour d'Orient. Les peuples heureux n'ayant pas d'histoire, Pompéi disparaît de la chronique et ne se rappellera à la mémoire des hommes avant les grandes catastrophes de 62 et 79 que par la rixe de 59. Suivons Tacite qui la relate avec précision[48] :

Vers le même temps, un incident futile provoqua un affreux massacre entre les colons de Nocera et ceux de Pompéi ; ce fut pendant un combat de gladiateurs donné par Livineius Regulus. Comme il arrive d'ordinaire dans les petites villes, on échangea d'abord des quolibets sans retenue, puis des pierres et on finit par en venir aux armes. La plèbe de Pompéi eut le dessus: c'était là que se donnait le spectacle. Beaucoup de Nucériens furent transportés chez eux le corps mutilé; nombreux aussi étaient ceux qui pleuraient la mort d'un fils ou d'un père. Le prince remit le jugement de cette affaire au Sénat, qui la renvoya aux consuls. Mais, sur nouvelle instance, le Sénat défendit pour dix ans à la ville de Pompéi ces sortes de réunions et prononça la dissolution des collèges qu'on avait établis contrairement aux lois: Livineius et les autres auteurs de la sédition furent punis d'exil.

L'incident frappa tellement l'imagination des contemporains qu'une peinture, aujourd'hui au musée de Naples (fig. 41) présente la sanglante bagarre au plus fort de la mêlée[49]. Tacite donne comme explication quelque intempérance provinciale de langage, des rivalités de «supporters» d'équipes rivales, mais le fond du débat n'est pas psychologique; là encore, les Pompéiens ne se sont pas libérés du poids du passé. Pompéi avait fait partie de la confédération nucerine, nous l'avons vu; en 216 Nocera disparaît momentanément de la carte politique devant l'invasion carthaginoise; puis la guerre sociale divise *Pompeiani* et *Nucerini*: les premiers font cause commune avec les rebelles italiques, tandis que les seconds, restés fidèles, se voient assigner le territoire de Stabies. Et ce dut être une nouvelle pomme de discorde, réveillant les rivalités déjà anciennes quand le même port sur le Sarno servait de débouché aux deux villes. A Nocera, d'ailleurs, en 57, une nouvelle arrivée de colons[50] dut rendre plus aiguë la question des terres — cet éternel problème du Mezzogiorno[51].

Le legs du passé

Ce Pompéi romain reste tellement solidaire du passé qu'il garde son enceinte, même désaffectée. L'augmentation de la population s'accompagne d'une crise du logement, au point qu'on permet l'installation de maisons sur l'aire pomériale interne — cette route qui suit dans la ville la base de l'*agger* —

comme la maison des Vestales près de la porte d'Herculanum qui contient les gradins de tuf, et que, sur le côté méridional, l'habitat franchit la fortification qui fut détruite pour laisser place à des terrasses avec vue imprenable sur la mer. Tout l'ancien quartier osque de la Région VIII était en train d'être remodelé et un nouveau Pompéi pouvait se développer. C'était un premier essai bien timide pour échapper à un urbanisme hérité de deux civilisations; ce double legs a donné à sa vie quotidienne une saveur toute particulière, un charme que nulle autre cité de Campanie ne peut lui disputer.

CHAPITRE II

FIÈVRE ÉLECTORALE

IL n'est que de flâner dans la rue de l'Abondance pour que le regard soit attiré par de grandes inscriptions peintes en rouge ou en noir sur les façades des maisons ou des boutiques. Que signifie ici comme dans d'autres rues ce bariolage chatoyant, aux couleurs si fraîches qu'elles ne peuvent dater que de quelques années avant la catastrophe de 79, celles qui suivirent le tremblement de terre de 62? Il s'agit des «affiches» électorales qui nous éclairent sur l'aspect politique de la vie quotidienne à Pompéi. Même le problème angoissant de la reconstruction de la cité n'a pas suspendu la vie politique municipale: l'abondance des recommandations en faveur des candidats, la multiplication des candidatures, une passion certaine pour les faire triompher, témoignent au contraire de cette fièvre électorale dont nous parlent encore les murs de la cité et qui, chaque année au printemps, s'emparait des hommes et même des femmes de Pompéi.

Fidélité aux empereurs

N'allons pas croire que Pompéi, colonie romaine, ville provinciale, faisait de la «grande politique» et remettait en question les objectifs définis à Rome par l'empereur et par son entourage. L'horizon municipal était plus limité: pour Pompéi, la gestion des affaires de la ville après 62 était soumise à l'impératif du renouveau urbain, au choix de la zone à urbaniser en priorité et à la recherche des crédits nécessaires à la reconstruction. C'est dire que la municipalité ne pouvait que rester fidèle à l'Empire et exalter la majesté impériale.

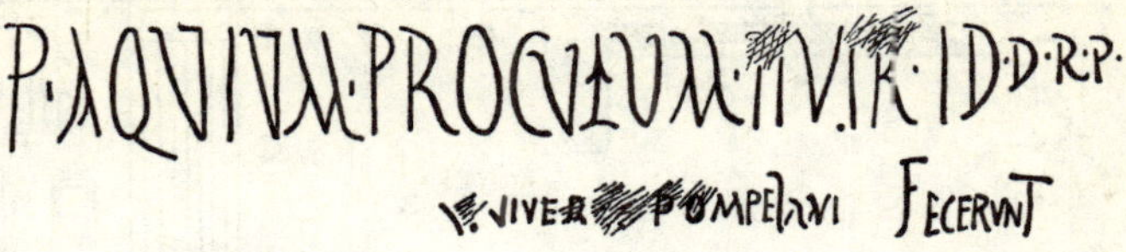

Fig. 5. — Inscription électorale, C.I.L., IV, 1122 (d'après W. Krenkel, Pompeianische Inschriften, *Heidelberg, 1963).*

Culte impérial

Pompéi salue par des dédicaces l'avènement de chaque empereur et de chaque impératrice: Auguste[1], Livie[2], Caligula[3], Agrippine[4], Néron[5], Néron associé à Poppée[6], Vespasien et ses enfants[7]; la famille impériale n'est pas oubliée, tel un Marcellus, petit-fils d'Auguste[8], ou un Néron, fils adoptif de Claude[9]. Les statues impériales témoignent du même élan: Marcellus, le visage émacié, illuminé d'une flamme intérieure, plein de sérénité[10]; Livie, de la villa des Mystères[11], prêtresse hiératique; le prétendu Drusus le jeune[12], les deux personnages du *macellum*, si difficiles à identifier avec des membres de la famille julioclaudienne. Les prêtres du culte impérial se multiplient: Holconius Rufus sert Auguste vivant[13], Holconius Celer honore Auguste divinisé[14], Vibia Sabina est prêtresse de Iulia Augusta, l'impératrice Livie[15]; Decimus Lucretius Satrius est dit flamine perpétuel de Néron César[16], Cn. Alleius Nigidius Maius, de Vespasien[17]. Plusieurs temples accueillent les fidèles de l'empereur, temple de la Fortune Auguste (fig. 6), au nord du forum sur la rue du Forum, construit dans les toutes dernières années du Ier siècle avant Jésus-Christ, en tout cas avant 2 avant Jésus-Christ[18], par M. Tullius sur un terrain qui lui appartenait[19]. L'architecte avait imité la structure du temple de Jupiter Capitolin avec deux escaliers de part et d'autre de l'autel, conduisant à une plate-forme au pied du *podium*. Huit colonnes à chapiteaux corinthiens soutenaient le portique précédant la *cella*. La statue de la *Fortuna Augusta* était dressée sur une base au fond du sanctuaire et dans les quatre niches des murs latéraux avaient pris place les statues

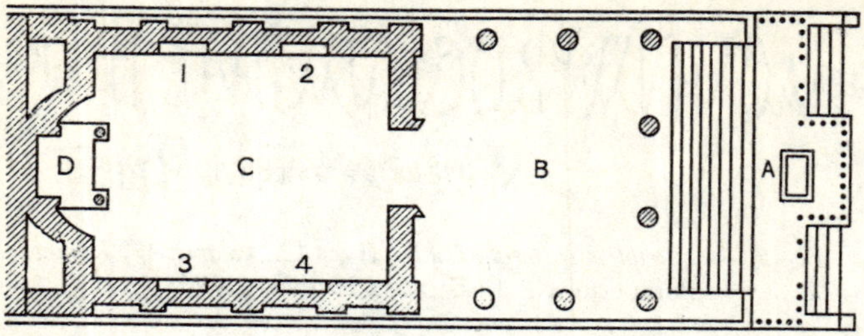

A autel; C cella;
B portique; D statue de la divinité.

Fig. 6. — Plan du temple de la Fortune Auguste (d'après Mau-Kelsey).

des membres de la famille de M. Tullius. Le Temple de Vespasien ouvrait sur le forum par un portique; son autel de marbre blanc présente sur la face antérieure l'empereur sous les traits du pontife suprême accomplissant le sacrifice rituel; il est décoré sur la face postérieure d'une couronne de chêne, que Vespasien reçut à l'instar d'Auguste[20]. La dédicace de l'autel fut l'occasion de grandes fêtes à l'amphithéâtre données précisément par Cn. Alleius Nigidius Maius, flamine de Vespasien[21]. Au fond de la vaste cour, s'élève la *cella* du temple tétrastyle sur un haut *podium* auquel deux escaliers latéraux permettent d'accéder. Mais le sanctuaire n'était pas encore achevé en 79: si les murs de la *cella* et l'entrée sur le forum avaient reçu leur revêtement de marbre, les murs de la cour, divisés en panneaux surmontés alternativement de frontons triangulaires ou curvilignes, ne sont recouverts que d'une couche de stuc et attendent leur finition[22]. Les *Augustales*, recrutés essentiellement parmi les affranchis, entretiennent un autre foyer de dévotion; leur magnificence leur vaut le *bisellium*[23], siège d'apparat et honneur réservé d'ordinaire aux décurions.

Popularité de Néron

Il reste bien évident que les deux empereurs qui reçurent le plus d'hommages de la part des Pompéiens furent Néron et Vespasien; sans doute ce sont les deux derniers qui régnèrent avant 79, puisque le règne de Titus était à peine entamé au moment de l'éruption. La popularité de Néron a quelque chose de paradoxal, si l'on veut bien se souvenir que le Sénat — et avec l'accord de l'empereur — avait interdit, à la suite de la rixe sanglante de 59 qui opposa Pompéiens et Nucériens, tous jeux à l'amphithéâtre et ce pour dix ans. Il fallait donc attendre 69 pour que reprennent les représentations dont la population était si gourmande. Or, nous sommes certains que des jeux ont été donnés à Pompéi pour le salut de Néron au moment d'un tremblement de terre, les 25 et 26 février. Il ne s'agit nullement de celui de 62: d'ailleurs l'amphithéâtre avait souffert de la secousse du 5 février et il est peu probable qu'on l'ait utilisé vingt jours après. Mieux vaut rappeler qu'en 64 Néron échappa providentiellement à un tremblement de terre, alors qu'il chantait au théâtre de Naples[24]. Le public n'était pas plus tôt sorti que l'édifice s'écroulait. Après cet accident[25], l'empereur assista à un spectacle de gladiateurs donné en son honneur à Bénévent. Celui de Pompéi fit écho à la manifestation bénéventine: il fallait donc bien que l'empereur eût rapporté l'interdiction de 59. On le croira d'autant plus que depuis 62 Néron a épousé Poppée, Poppaea Sabina, une belle Pompéienne[26] admirée par ses concitoyens: *Garde-toi toujours en fleur, Sabine, garde ta beauté et sois longtemps jeune fille*[27], chante un graffite. La famille de Poppée avait joué un grand rôle dans la ville où elle possédait quatre maisons et, parmi elles, la remarquable maison des Amours dorés (VI, 16, 7), la merveilleuse maison de Ménandre (I, 10, 4)[28]. Nul doute que l'impératrice tant chérie n'ait intercédé auprès de son époux en faveur de ses compatriotes si douloureusement frappés par le malheur de 62. La décision impériale de permettre à nouveau les jeux de l'amphithéâtre provoqua une explosion de joie: *Vivent les décisions impériales, vivent les décisions de l'empereur et de l'impératrice*, écrit-on en bien des endroits, *Vive l'impératrice Poppée*[29]. Pompéi donne son cœur à Néron: n'allons pas croire cependant qu'il soit alors devenu colonie néronienne[30], mais ni la crise de 68-70, ni le changement de dynastie, ni l'avènement des Flaviens ne pourront jamais éteindre la joie enfantine des Pompéiens retrouvant leurs jeux favoris.

Faveur de Vespasien

Avec Vespasien, les Pompéiens se placent à un tout autre point de vue. Ils se félicitent de l'envoi de T. Suedius Clemens qui vient au nom de l'empereur remettre un peu d'ordre dans le cadastre de la ville et faire rendre à la colonie les surfaces urbaines usurpées par d'abusifs propriétaires. On rend hommage à travers ce saint juge, ce très saint juge[31], à son auguste maître. Ce sont les «saintes» images de l'empereur qui sont placées dans les sanctuaires officiels de la ville qui renaît: au temple des Lares publics, construit après 62[32], au marché et naturellement au temple qui lui est consacré.

Humour politique

A peine entend-on quelques notes discordantes dans ce concert d'adulation. La dévotion à l'empereur n'avait pas totalement oblitéré chez certains Pompéiens le sens critique et même l'humour. Un visiteur de P. Paquius Proculus, opposant à l'empire néronien, eut l'occasion de l'exercer aux dépens de Néron. Agacé par des graffites qui célébraient Néron dans la maison de son hôte, il écrivit d'une belle écriture (fig. 8), parfaitement lisible, sans doute sous Vespasien, à une heure où le danger était passé et où l'on ne risquait plus rien: *le Poison, ministre des Finances de Néron Auguste*[33], désignant de façon à peine voilée Néron lui-même. Ne doit-il pas à ce poison son avènement en 54, l'élimination de tous ceux qui le gênent, parents, ministres? n'a-t-il pas fait empoisonner en 66 les enfants des conjurés de la *coniuratio Viniciana*, en un seul et même repas avec leurs professeurs et leurs surveillants[34]? Ainsi se soulageait un peu tard la conscience d'un homme ému par un si grand forfait qui visait à grossir le trésor du prince.

Les institutions municipales

Institutions samnites

Dans ses institutions municipales, la ville romaine est solidaire du passé de la ville osque, groupée autour de son forum, place de marché et de réunion de la commune italique, aire à ciel ouvert où, selon la coutume samnite, se célébraient les sacrifices, où les recrues prêtaient leur serment solennel[35], où se déroulaient les jeux cruels et héroïques des gladiateurs qui suivaient ces cérémonies. C'était le *meddix tùvtiks* qui était à Pompéi, comme dans toute l'Italie méridionale samnite, à la tête des magistrats; étymologiquement, il est celui qui montre le droit, le *iudex* latin, nom primitif du consul; *tùvtiks* pouvant se traduire par *publicus*, public; il est le magistrat suprême annuel, dirigeant la politique intérieure et extérieure, commandant aux armées. Pompéi samnite, resté fidèle à la cause romaine pendant la seconde guerre punique, n'a pas reçu de *praefectus* romain, qui aurait mis fin à son autonomie. Mais la cité a subi de bonne heure l'influence des magistratures romaines. On rencontre en effet un *aidilis* et un *kvaisstur* correspondant à l'élite et au questeur romains. Il s'agit là d'une lente imprégnation et d'une infiltration de Rome dans les institutions italiques qui vont bientôt toutes s'aligner sur celles de la capitale. L'autonomie municipale de la ville samnite est confirmée par l'existence d'une assemblée populaire (*kumbernnieis*) et d'une sorte de sénat (*kumparakineis*).

Municipium et colonia

La guerre sociale mit fin à la domination samnite à Pompéi. Mais son autonomie municipale subsiste dans le cadre de nouvelles institutions qui désormais vont le régir. Cette transformation des institutions de la cité n'a pas été brutale[36], dans la mesure où la restauration démocratique à Rome s'est accompagnée de larges concessions aux Italiques: Pompéi obtient ainsi le droit de cité romaine autour de 87. Il devient *municipium* sous l'autorité, comme tout municipe, de *quattuorviri*, collège de quatre magistrats[37], et avec la présence d'un questeur[38], héritage du *kvaisstur* osque. D'autre part, il reçoit des colons syllaniens en 80, lorsque Sylla revient d'Orient, et il prend le titre prestigieux de *Colonia Cornelia Veneria Pompeiorum*[39], sous les auspices conjugués d'un Cornelius Sylla et de Vénus. Une double communauté politique se partage la ville: l'ancienne population, groupée en municipe[40], et la nouvelle formant une colonie. Quand Cicéron défend le neveu du dictateur, P. Cornelius Sylla, premier patron de la ville, impliqué dans la conjuration de Catilina, une double délégation de colons et de Pompéiens est présente à Rome[41]. Les difficultés n'ont pas dû manquer entre *quattuorviri* du municipe et *duoviri* de la colonie[42]: mais les deux communautés finirent par fusionner et harmoniser leur magistratures. Les *quattuorviri* du municipe s'effacèrent peu à peu, se dédoublant en *duoviri iure dicundo* et *duoviri* simples, les magistrats supérieurs des deux communautés étaient ainsi identiques. Quant aux simples *duoviri* du municipe, ils étaient dits *II viri viis aedibus sacris publicis procurandis*, duumvirs chargés des routes, des édifices sacrés et publics, au moins jusque vers 45-40. Ils prirent ensuite, comme dans une colonie, le titre d'*aediles*. L'assimilation était achevée: désormais Pompéi était gouverné par un double collège de *duoviri iure dicundo* et d'*aediles* élus au printemps et entrant en charge au 1er juillet[43].

Quinquennalis

A Pompéi, l'année politique était à cheval sur deux années civiles. Tous les cinq ans, aux années se terminant par 0 et par 5, les duumvirs prennent le titre envié de *quinquennales*[44]. Ils sont chargés de faire le recensement des citoyens, de reviser les listes électorales et jouent dans une colonie le rôle du censeur à Rome. Un même citoyen peut cumuler plusieurs fois l'honneur du duumvirat et de la quinquennalité. M. Holconius Rufus a été ainsi cinq fois duumvir et deux fois *quinquennalis*, le premier pas dans les honneurs municipaux restant l'édilité.

Fonctions des magistrats

Les édiles ont la charge des intérêts mineurs et matériels de la cité: voirie, marché, entretien des immeubles publics et religieux, police urbaine et rurale. Aucune décision importante ne leur appartient. Seuls les *duoviri iure dicundo* sont responsables de la «politique» municipale. Ils gèrent les affaires de la colonie, civiles, religieuses et même financières puisqu'il n'y a plus de questeur[45]. Ils sont aidés par un personnel servile, comme le *servus*, l'esclave de la colonie, qui agit sur l'ordre des *duoviri* dans les reçus de Caecilius Jucundus intéressant la ferme des impôts perçus par la ville. Ils débordent d'activité et rien ne leur échappe, même là où l'on attendrait une intervention des édiles: c'est eux qui rachètent au temple de Vénus le droit de reboucher les entrecolonnements du portique du temple, et cela jusqu'à la toiture du portique[46] ; ils chargent la route publique qui traverse Pompéi et sort de la ville par la porte de Stabies. Deux duumvirs, A. Clodius Flaccus et N. Arcaeus Arellianus Caledus, font adopter les poids et mesures de Rome[47]. Les manifestations religieuses relèvent de leur autorité: dédicaces au temple de Vénus[48], aussi bien que la constitution du collège des serviteurs de Mercure et de Maia[49]. Ils élèvent théâtre aussi bien qu'amphithéâtre[50], mais c'est sur le forum qu'éclate leur ostentation, leur goût des honneurs qui s'étale complaisamment sur de nombreuses bases honorifiques[51].

Forum (fig. 7)

Symbole de l'autonomie municipale, le forum de Pompéi est une vaste place rectangulaire de 38 mètres de largeur, de 142 mètres de longueur, où le peuple — la foule des citoyens — pouvait s'assembler et prendre par acclamation les décisions que lui soumettaient ses magistrats, où se dressaient les lieux de réunion du conseil municipal — l'*ordo* des décurions —, où les archives étaient conservées et la justice rendue. Le forum, cœur politique de la cité, se devait d'être grandiose et harmonieux. La place était entourée d'un portique de colonnes doriques trapues d'époque samnite, en tuf, au sud, tandis que le travertin remplaçait à l'ouest et à l'est le matériau samnite; un étage de colonnes plus courtes et plus légères s'élevait sur ce portique. Sur le côté méridional, en avant du portique

Fig. 7. — Plan du forum et de ses monuments (d'après Mau-Kelsey).

A LE FORUM:
1 piédestal de la statue d'Auguste
2 piédestal de la statue de Claude
3 piédestal de la statue d'Agrippine
4 piédestal de la statue de Néron
5 piédestal de la statue de Caligula
6 piédestaux de statues équestres
7 piédestaux de statues en pied
8 piédestal pour trois statues équestres
9 rostres
10 *mensa ponderaria*
11 pièce du surveillant des poids et mesures

B LA BASILIQUE:
a cour d'entrée
1 corridor
2 nef centrale
3 tribunal
4-4 pièces latérales

C TEMPLE D'APOLLON:
1 colonnade
2 podium
3 cella
4 autel
5 horloge solaire
6 pièce du sacristain
7-7 pièces

D-D' CONSTRUCTION APPARTENANT À UN MARCHÉ

E LATRINES

F-F TRÉSOR DE LA CITÉ

G ARC COMMÉMORATIF

H TEMPLE DE JUPITER

I ARC DE TIBÈRE

K MACELLUM:
1 portique
2 colonnade
3-3 boutiques
4 marché de la viande et du poisson
5 chapelle impériale
6 salle à manger
7 tholos
8 parc à moutons

L SANCTUAIRE DES LARES:
1 pièce principale avec l'autel
2 abside et autel
3 niches avec piédestaux
4 niche ouvrant sur le forum

M TEMPLE DE VESPASIEN:
1 colonnade
2 autel
3 cella
4 portique

N ÉDIFICE D'EUMACHIA

O COMITIUM:
1 pièce ouvrant sur la salle
2 pièce ouvrant sur le forum

P-R ÉDIFICES MUNICIPAUX
P bureau des duumvirs
Q salle des décurions
R bureau des édiles
S fontaine

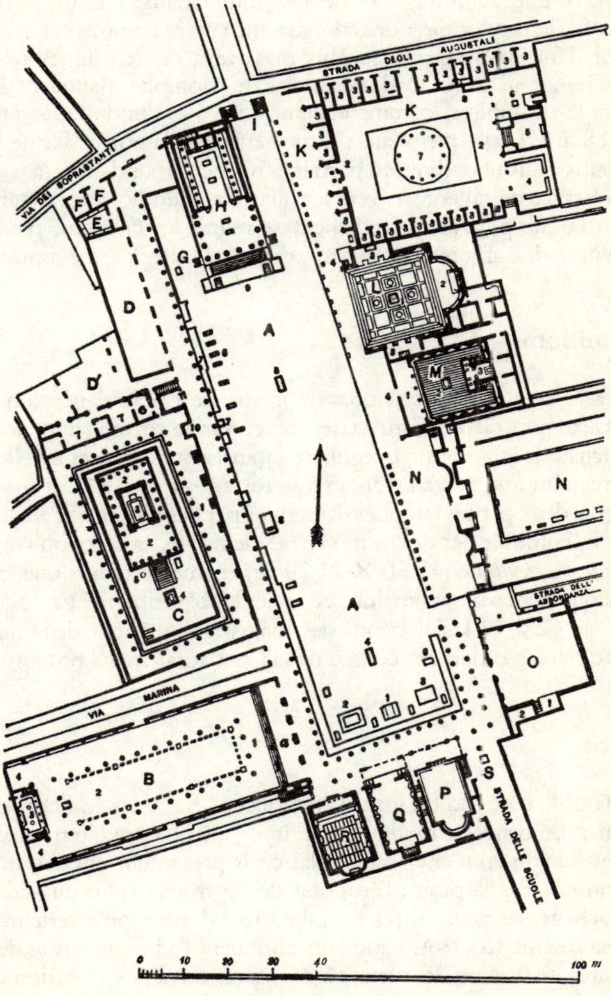

STRADA DEGLI AUGUSTALI
VIA DEI SOPRASTANTI
VIA MARINA
STRADA DELL' ABBONDANZA
STRADA DELLE SCUOLE
0
10
20
30
40
100 m

et dans les entrecolonnements, étaient disposées la plupart des bases honorifiques, supportant les statues de bronze ou de marbre, aujourd'hui perdues, des meilleurs fils de Pompéi. En avant de ces bases, on disposait sur des panneaux, comme le montre une peinture[52], les décrets municipaux: chacun pouvait facilement en prendre connaissance et les commenter aussitôt. Une base maçonnée plus massive a pu être la tribune aux harangues. Au nord, deux arcs de triomphe, flanquant le temple de Jupiter, commandaient aux voies conduisant vers les quartiers septentrionaux; la rue venant de la porte Marine y aboutissait tout comme en partait la rue de l'Abondance; la rue des Écoles en divergeait vers les quartiers méridionaux: c'était bien là que pouvaient facilement se réunir les citoyens, pour discuter des affaires de la cité autant que des leurs propres.

Comitium

Dans le coin sud-est, près de la rue de l'Abondance, une construction ouverte sur cette rue et sur le forum, dont les dimensions et la forme irrégulière interdisent de penser qu'elle ait reçu un toit, servait d'annexe au forum; au sud, étaient ménagées deux petites tribunes desservies par des escaliers. Faut-il y voir, entourée par des murs creusés de niches, la place où l'on votait, le *comitium* (17,20 × 21,20 m) en même temps que la réplique des rostres romains avec une double tribune? En tout cas, de 62 à 79 les élections des magistrats se firent dans un autre lieu, puisque cet édifice n'était pas totalement restauré.

Curie

Tout le côté sud du forum était occupé par trois édifices de plan et de conception identiques: une salle oblongue terminée en abside ou en niche rectangulaire. Ils présentent une façade commune sur la place; l'éruption de 79 trouva celui du sud-est achevé, les deux autres attendant leur décoration intérieure et extérieure. Ces trois bâtiments abritaient l'administration de la cité: au centre, la curie où se réunissaient les décurions, flanquée à l'est par le bureau des duumvirs, à l'ouest par celui des édiles. La curie était intentionnellement la plus décorée, un sol plus élevé la distinguait des deux autres édifices. En 79, la niche du fond accueillait les statues de Vespasien et de ses enfants Titus et Domitien qui ainsi faisaient face aux trois divinités du Capitole[53]. Le bureau des édiles disposait d'une entrée libre qui facilitait la surveillance de la place et du marché. Les portes centrales du bureau des duumvirs étaient au contraire très fortes pour garder les archives de la cité.

Mensa ponderaria

De leur autorité, nous l'avons déjà vu, relevaient les poids et mesures de la ville. La table étalon — *mensa ponderaria* — était exposée dans un petit réduit, ménagé dans le mur d'enceinte du temple d'Apollon et ouvert sur le forum. Il n'en reste plus aujourd'hui que la partie inférieure creusée de neuf cavités, correspondant à neuf unités de mesure de capacité, sur un total primitif de douze. A l'époque samnite, le système pondéral était certainement celui des Grecs. On lit encore sur certaines mesures leurs noms osques comme *kuiniks*, rappelant le grec *choinix*; à l'époque d'Auguste, on donna une plus grande capacité aux mesures pour les harmoniser avec le système romain, que Minturnes[54] adopta également à la même époque. Dans une pièce voisine siégeait l'employé municipal, chargé du bureau des poids et mesures.

Basilique

Mais l'activité principale des *duoviri* est de rendre la justice, *iure dicundo* accompagne désormais la mention de leur charge. Les jugements civils et commerciaux ne dépassent guère les causes mineures, les affaires de petite envergure. Ils exercent plus une justice de paix qu'une activité judiciaire proprement dite, qui, dans les cas plus graves, relève de l'autorité impériale elle-même. Ils disposent, à l'image même des préteurs à Rome, d'une basilique qui, sur le côté occidental du forum, reste aujourd'hui, après de récentes restaurations de Maiuri et de A. de Franciscis un des bâtiments officiels les plus imposants de Pompéi[55]. Tout d'abord, derrière la colonnade du forum, un vestibule à pilastres de tuf *(chalcidicum)* s'ouvre par cinq portes et quatre degrés de basalte conduisent au bâtiment proprement dit qui reprend, mais d'une façon plus parfaite, la conception architecturale du forum. Il se présente comme une grande place rectangulaire, entourée d'un portique intérieur sur les longs côtés et divisée en trois nefs, les nefs latérales comportant une colonnade d'étage; au fond, à la place d'un édifice sacré, se dresse le tribunal dont l'élégance architecturale rappelle certaines réalisations pergaméniennes. Il offre une simple plate-forme surélevée pour le juge et pour ses assistants, tandis que les plaideurs se tenaient en contrebas au niveau du sol de la basilique. Ornée de six colonnes, cette plate-forme supportait également une colonnade plus petite décorée d'un fronton. Les travées de la toiture reposaient sur les vingt-huit robustes colonnes en brique de la nef centrale et sur la colonnade supérieure des nefs latérales, alternant avec un mur percé de fenêtres. L'intérieur recevait la lumière et de ces fenêtres et de ces entrecolonnements.

Conséquences de la rixe de 59

C'est dans ce cadre architectural grandiose que Pompéi était administré sans à-coups, sauf au moment de la rixe de 59. En effet, le 1er juillet 59, étaient entrés en fonction les deux Grosphi (Cn. Pompeius Grosphus et Cn. Pompeius Grosphus Gavianus[56]) pour l'année 59-60. Or, en 60, le 8 mai[57], c'est-à-dire dans le premier semestre de l'année où auraient dû être en exercice les deux Grosphi, nous trouvons deux nouveaux *duoviri*, N. Sandelius Messius Balbus et P. Vedius Siricus, flanqués d'un *praefectus i(ure) di(cundo)*, Sex. Pompeius Proculus. Ce préfet joue le rôle du dictateur auprès des consuls[58]. La bagarre, puis la sentence sénatoriale avaient provoqué ou aidé la démission des deux Grosphi, tenus pour responsables de l'ordre public. De nouvelles élections avaient eu lieu à une date insolite et l'empereur avait exigé la présence d'un préfet pour prendre des mesures d'urgence. Il s'agissait du duumvir de 57-58[59], ce qui était un hommage rendu à sa personne autant qu'aux suffrages antérieurs de ses concitoyens. C'est le seul cas à Pompéi d'un préfet de ce type[60]. Quand un empereur ou un membre de la famille impériale était élu duumvir, il était, selon l'usage, remplacé par un préfet, comme L. Lucretius Epidius Flaccus à la place de Caligula en 34[61], Holconius Macer[62] en 40-41.

Collèges

Il convient de faire une place aux associations de quartiers dans l'administration de la cité. Elles avaient sans doute un rôle plutôt religieux, s'identifiant aux collèges de carrefour (*compitum*), auxquels était confié le soin de célébrer les *compitalia* en l'honneur des divinités protectrices du quartier, les *Lares compitales*. Mais elles éclairent un aspect important de la mentalité pompéienne, très attachée à la vie du quartier et s'exprimant par les vœux électoraux collectifs des *vicini*, des voisins qui sont aussi les habitants du *vicus*, du quartier. Autant qu'on s'en rend compte, à Pompéi, tout collège compitalice est constitué, comme à Rome, de *magistri vici et compiti*, de condition libre ou affranchie, aidés de *ministri* serviles. Le collège était renouvelé chaque année. Nous possédons pour le quartier du forum l'*album* des magistrats *vici et compiti* en charge dans les années 47 et 46[63]; un autre album peint, mais très fragmentaire et de date incertaine[64], se rapporte aux *magistri vici et compiti* du *vicus Urbulanensium*, soit du quartier de la porte de Nole[65]. On a retrouvé d'autres noms de *magistri vici et compiti* le long de la rue de l'Abondance près d'autels compitalices[66].

En dehors du territoire urbain proprement dit de Pompéi, existait au nord un faubourg, le *Pagus Augustus Felix Suburbanus*, simplement dénommé Felix, et datant par conséquent de Sylla — parmi ses administrateurs on rencontrait un *magister* de condition affranchie[67] — ce *pagus* a reçu plus tard le qualificatif d'*Augustus*, sous le premier empereur, à la suite peut-être d'un envoi de nouveaux colons-vétérans. A partir de 7 avant Jésus-Christ, est créé un collège de quatre *ministri* serviles, qui font à cette date une dédicace à Agrippa Postumus[68], riche propriétaire d'une villa suburbaine. Le collège des *magistri pagi* affranchis continue son existence[69], ayant des attributions parallèles à celles des collèges de quartiers, plus religieuses qu'administratives[70].

Ordo et populus

Enfin, la délégation de pouvoirs aux édiles et aux duumvirs n'affaiblissait pas la responsabilité collective des décurions. Ils forment un *ordo* de cent membres qu'on n'hésite pas à Pompéi à qualifier de *sanctus*[71] et même de *sanctissimus*[72]. Leurs décrets[73] sont appliqués par les magistrats municipaux. Même la volonté du peuple — *populus* — c'est-à-dire de la masse des citoyens, sait s'exprimer et se faire respecter[74]. On sent donc partout une grande attention aux choses de la cité, qui va encore se manifester avec éclat lors des campagnes électorales.

* * *

Les campagnes électorales[75]

Pour ouvrir la campagne électorale, il fallait attendre que les candidats se fussent fait connaître au magistrat chargé de présider le scrutin[76], que leurs noms fussent publiés. Alors pouvait commencer cette débauche de recommandations électorales qui permet de saisir sur le vif ce qu'était la vie politique d'une petite cité provinciale de Campanie.

Propagande électorale

Il n'existe pas d'endroit spécialement réservé à la propagande électorale; la municipalité ne dispose même pas de place sur les murs des édifices publics. La propagande est essentiellement personnelle; chacun s'engage en faveur de tel ou tel candidat en offrant une partie de la façade de sa maison, de son magasin ou de sa boutique; ainsi nous pouvons identifier propriétaires et occupants, au gré des inscriptions électorales.

Celles-ci, peintes sur la chaux ou sur le stuc blanc, qui recouvre le tuf ou la brique du mur, sont récentes et nous renseignent sur les campagnes postérieures au tremblement de terre et, surtout, sur celles des années qui ont précédé l'éruption de 79. La plupart des candidats appartiennent ainsi à l'époque flavienne. Il existe cependant, inscrits sur le tuf, des *programmata antiquissima* qui permettent de remonter plus haut, au Ier siècle avant Jésus-Christ, et de contrôler l'ancienneté des honneurs municipaux dans une famille. Ils n'invitent pas toutefois à suivre les campagnes comme les *tituli recentiores* auxquels nous nous tiendrons.

Une fois l'inscription électorale rédigée, il s'agit pour le supporter du candidat de la faire peindre. Par qui? Tous les «lettristes» ne sont pas des spécialistes. Le foulon Mustio, après son travail, blanchit les murs où ensuite il trace à la peinture rouge de belles inscriptions. Ce franc-tireur n'a besoin d'aucune aide[77]. Le travail d'équipe l'emporte toutefois et les entreprises de «publicité» mettent un personnel spécialisé à la disposition des Pompéiens et des Pompéiennes. Le *dealbator* enduit soigneusement à la chaux le mur qui doit recevoir l'inscription électorale, efface parfois par la même occasion la précédente qui n'a plus d'intérêt et lisse la surface blanchie pour que l'inscription soit parfaitement lisible. Le travail se fait de nuit; quand la lune éclaire suffisamment, l'opération est aisée; sinon, au bout d'une longue perche, le *lanternarius* approche une lanterne tout en tenant l'échelle. Il ne s'agit pas pour le lettriste d'aller tomber. «Lanternier, tiens bien l'échelle», crie un compagnon à celui qui surveille en même temps les alentours[78]. Car certains indélicats se permettent parfois d'effacer l'inscription. «Que la maladie les emporte[79]!» L'artiste peintre signe son enseigne électorale: il soigne sa propagande commerciale. Nous connaissons ainsi un *dealbator* Onesimus et les peintres Issus[80], Astylus[81], Infantio, aidé de Florus, Fructus et Sabinus[82], Papilio[83], mais le plus réputé des «affichistes» fut Aemilius Celer[84].

Affiche électorale

L'inscription — l'affiche — met bien en évidence le nom du candidat à faire élire, suivi de la magistrature postulée et de la formule si banale qu'elle est abrégée au maximum en O V F, O (ro) V (os) F (aciatis), qui équivaut à notre « Votez pour »: l'inspirateur de cette propagande se nomme ensuite. Donnons un exemple bien simple[85]:

A. VETTIVM. FIRMVM. AED. O.V.F.
FVSCVS CVM VACCVLA FACIT

dont voici la traduction:

VOTEZ POUR A. VETTIUS FIRMUS,
CANDIDAT À L'ÉDILITÉ
DE LA PART DE FUSCUS ET DE VACCULA

Candidatures pleine liste ou candidatures isolées

Les vœux ne s'adressent pas toujours à des candidats isolés, mais permettent de découvrir les coalitions électorales. Les candidatures vont par quatre: deux duumvirs, deux édiles. On reconstitue ainsi trois équipes complètes:

	Duumvirs	*Édiles*
I.	C. Gavius Rufus	C. Cuspius Pansa
	M. Holconius Priscus	L. Popidius Secundus[86]
II.	A. Suettius Certus	A. Suettius Verus
	M. Epidius Sabinus	N. Herrenius Celsus[87]
III.	A. Vettius Caprasius Felix	Q. Marius Rufus
	P. Paquius Proculus	M. Epidius Sabinus[88]

Parfois, l'inscription ne comporte que trois noms: un duumvir L. Ceius Secundus, deux édiles: Cn. Helvius Sabinus, M. Samellius Modestus[89]; L. Veranius Hypsaeus, duumvir quinquennalis pour la troisième fois, M. Casellius Marcellus et L. Albucius Celsus, édiles[90]. Plus souvent, on recommande deux noms, l'un pour le duumvirat, l'autre pour l'édilité: A. Rustius Verus (duumvir), C. Iulius Polybius (édile)[91]; Vibius Severus (duumvir), A. Vettius Caprasius Felix (édile)[92]. Certains recommandent les candidats par paires d'édiles: C. Gavius Rufus et A. Trebius Valens[93], M. Cerrinius Vatia et Q. Postumius Proculus[94]; Cn. Helvius Sabinus et M. Samellius Modestus[95]; C. Cuspius Pansa et L. Popidius Secundus[96]; A. Suettius Verus et N. Herennius Celsus[97]; Q. Marius Rufus et M. Epidius Sabinus[98]; ou de duumvirs: M. Lucretius Fronto et C. Iulius Polybius[99]; C. Gavius Rufus et M. Holoconius Priscus[100]; A. Trebius Valens et Cn. Audius Bassus[100 bis]; A. Suettius Certus et M. Epidius Sabinus[101]; A. Vettius Caprasius Felix et P. Paquius Proculus[102]. Il faut avouer toutefois que le candidat unique l'emporte. L'homme compte plus que l'équipe, l'homme avec son réseau de relations d'affaires et d'amitiés, avec son influence sur le voisinage et sa notoriété de quartier.

Qualités du candidat

Ce qui peut, à nos yeux de Français du XXe siècle, paraître le plus singulier, est que le candidat ne postule pas les suffrages: on les sollicite pour lui, en le désignant comme le plus digne de remplir sa charge. Point de profession de foi grandiloquente. Point d'étalage d'un passé brillant, point de serment pour soutenir un programme de constructions édilitaires, d'allégement de la fiscalité ou d'amélioration de la voirie. Seuls les témoignages de moralité plaident en faveur des candidats. Sans doute, les formules banales, au point d'être obligatoirement abrégées, foisonnent-elles: D R P = D(ignum) R(ei) P(ublicae), digne de gérer les affaires municipales, accompagne comme un leitmotiv qui va de soi toute candidature (fig. 5). Si *dignissimus*[103] apparaît parfois, ne lui donnons pas un sens beaucoup plus fort: nous sommes en Italie du Sud où le superlatif est de rigueur. A côté du *Iuvenis* ou *adulescens probus*, garçon honnête[104], que de *probissimus*, des plus honnêtes[105], *optimus*[106], excellent, *verecundissimus*, des plus réservés[107], *sanctissimus*[108], des plus vertueux! L'appréciation, tout en restant aussi hyperbolique, est parfois plus développée: *Omni bono meritus iuvenis:* garçon digne de tous les biens[109], que la colonie possède à jamais de tels citoyens[110]. «Si celui qui vit avec réserve doit acquérir la gloire, ce garçon doit acquérir une gloire digne de lui[111]». On trouve plus rarement: *frugi*[112], un brave homme, *iuvenis inocuae aetatis*[113], garçon irréprochable. Tous ces qualificatifs exaltent les qualités morales des candidats: préoccupation majeure de gens qui pensent que, pour être digne de gérer les affaires publiques, il faut être honnête. Par contre, il semble qu'on ait eu peu de souci d'exiger des capacités précises, quelque compétence technique; on dit vaguement d'un candidat qu'il est *utilis,* utile[114]; d'un autre, qui fait du bon pain[115], qu'il fera sans doute de la bonne politique. Enfin, il en existe un qui sauvegardera l'équilibre financier[116]. Dans cette propagande «morale», certains candidats arrivent largement en tête, tel L. Popidius Secundus qui est dit honnête, irréprochable, très honnête, éminent, réservé, vertueux[117]. Point de diffamations, ni d'injures. Seules, des recommandations indésirables, venant de gens facétieux ou douteux, pouvaient jeter le discrédit sur une candidature. Il semble que Cerrinius Vatia ait excité la verve des habitants de toute une rue, la rue des *Augustales*: se prononcent en effet en sa faveur la corporation des dormeurs[118], les tard-buveurs[119], les voleurs[120], l'association des esclaves fugitifs[121]. Un candidat tient à sa réputation et doit trouver compromettants les souhaits des filles publiques du bar voisin: Cuculla et Zmyrina[122] se déclarent en faveur du bon boulanger C. Iulius Polybius; furieux, celui-ci fait aussitôt blanchir ces inscriptions impudentes. Certains candidats ne badinent pas avec la respectabilité, surtout quand ils recherchent l'appui des notabilités pompéiennes.

Les patrons des élections

De la masse des supporters, quelques figures émergent, car leur caution était recherchée. Parmi ces hommes de premier plan, notons le riche Loreius Tiburtinus, propriétaire d'une très belle maison (II, 2, 2)[123] et prêtre d'Isis, qui patronne L. Ceius Secundus[124], C. Gavius Rufus[125], Cn. Helvius Sabinus[126], P. Paquius Proculus[127] (fig. 5), A. Vettius Caprasius Felix et L. Popidius Secundus[128], A. Trebius Valens[129]; l'industriel en teinture, le foulon Vesonius Primus, qui se déclare en faveur de L. Ceius Secundus[130], de C. Gavius Rufus[131], de Cn. Helvius Sabinus[132]; l'homme d'affaires Fabius Eupor, chef de la communauté juive, qui soutient Cerrinius Vatia[133], C. Cuspius Pansa[134]; A. Trebius Valens, homme politique influent, qui recommande L. Ceius Secundus[135], C. Cuspius Pansa[136], M. Epidius Sabinus[137], C. Lollius Fuscus[138], M. Ovidius Firmus Veiento[139], L. Popidius Ampliatus[140] et L. Popidius Secundus[141]. Le nombre des recommandations permet ainsi de dresser la courbe de popularité des personnages importants.

Rôle des gens du quartier

La plupart des inscriptions électorales sont le fait de gens du quartier où habite le candidat. Elles mentionnent les *vicini* collectivement ou individuellement le *vicinus* : L. Albucius, M. Casellius Marcellus, L. Ceius Secundus, M. Cerrinius Vatia, Cn. Helvius Sabinus, M. Lucretius Fronto, P. Paquius Proculus, L. Popidius Ampliatus, N. Popidius Rufus, L. Statius Firmus, A. Vettius Firmus, L. Veranius Hypsaeus[142]; les liens de clientèle jouent également[143].

Les corporations

Selon les occupations des candidats, leur position sociale, tous les groupements économiques prennent parti ; aussi pouvons-nous dresser un échantillonnage de toutes les activités pompéiennes qui met en lumière l'esprit corporatif qui anime tous les métiers. Très souvent, la corporation dans sa totalité[144] prend position en faveur d'un candidat et cette unanimité pouvait être d'un grand poids dans la balance électorale. L'agriculture est représentée par les cultivateurs et les vendangeurs[145], les marchands de légumes[146], de fruits[147], de volaille[148], d'oignons[149], les pêcheurs[150]; relèvent de l'industrie charpentiers[151] et charrons[152], foulons[153], ouvriers de fabriques de blouses de paysans[154], de nattes[155], de feutre[156], les teinturiers[157], les boulangers[158] et les pâtissiers[159], les orfèvres[160]. Les activités du secteur tertiaire sont illustrées par les portefaix[161], les muletiers[162], les perruquiers[163], les cordonniers[164], les parfumeurs[165]. La campagne électorale n'est donc pas aux mains des seuls notables, des seuls propriétaires, de ceux qui détiennent la richesse, ou des seuls citadins. Celui qui fait le métier le plus humble — le marchand d'oignons —, celui qui a une occupation saisonnière — le vendangeur — disposent d'une voix et tiennent à la faire entendre. C'est bien la communauté tout entière qui s'intéresse à ces jeux électoraux et même s'il y a pression des liens de clientèle, pression des réalités économiques, reconnaissons la fierté, la dignité de ce monde du travail conscient du devoir qu'implique la condition de citoyen romain. La *respublica* a pour les travailleurs une signification: elle est leur bien; s'ils désirent élire le plus honnête, c'est qu'ils veulent par là même mériter l'autonomie municipale.

Les groupements religieux et culturels

Les groupements religieux et culturels participent aussi à la vie de la cité: C. Cuspius Pansa, dont la vertu est hautement célébrée[166], est soutenu par les adeptes d'Isis[167] et par le prêtre Amandus[168]. Celui-ci fait voter en faveur de C. Lollius Fuscus[169], tout comme encore les isiaques en faveur d'Helvius Sabinus[170]. Les professeurs avec leurs étudiants[171], les acteurs[172], les joueurs d'échecs[173], de balle[174], les spectateurs de l'arène[175], tous entrent dans la lice et signent des «affiches». Personne donc ne se tient à l'écart de cette agitation; il n'y a pas d'éducation sans réflexion politique, doivent enseigner les maîtres; d'autres attendent des futurs édiles ou duumvirs des jeux, des représentations théâtrales toujours plus éclatantes. « Votez pour M. Casellius Marcellus qui donnera des jeux magnifiques[176]. » Ces vœux, pour être plus intéressés, n'en sont pas moins sincères.

Cabarets et élections

Comme de nos jours dans les cafés, la propagande électorale trouve dans les tavernes, les *thermopolia*, des lieux privilégiés. Autour d'un plat chaud ou d'une coupe de vin, on discute mieux des mérites des candidats; c'est là que se nouent et se dénouent les alliances, que se font et se défont les complicités. C'est le lieu où s'échangent les bons offices. « Trebius Valens, fais élire Ovidius Veiento et il te le rendra ». « Loreius Tiburtinus, fais élire L. Ceius Secundus et il te le rendra[177] ». Il serait maladroit de heurter les susceptibilités de la société des joueurs d'échecs ou d'une troupe théâtrale. Près de la porte d'Herculanum, au bar de Phœbus, on souhaite la victoire de Holconius Priscus et de Gavius Rufus. Les clients, au sens moderne du mot, appuient les vœux du « patron »[178]. Le cabaretier Hermès[179], qui emploie, pour pousser à boire, Palmyre, Orientale à la croupe opulente[180], est favorable à Popidius Secundus[181]. Au bar d'Asellina, les filles publiques et la tenancière prennent parti, Asellina pour L. Ceius Secundus[182], Aeglè la Grecque et Maria la Juive, pour Cn. Helvius Sabinus[183]; l'ensemble de la maison, sans oublier Smyrina l'exotique, pour C. Lollius Fuscus[184].

Les femmes et les élections

Les femmes[185] à Pompéi se passionnent pour la vie politique, bien qu'elles ne soient ni électrices ni éligibles. Leurs interventions sont parfois intempestives, comme nous l'avons vu pour C. Iulius Polybius. Mais à côté des filles publiques, on rencontre parmi les « suffragettes » deux employées d'une boulangerie, Statia et Petronia, qui se prononcent pour M. Casellius Marcellus et L. Albucius Celsus[186]. Statia soutient ailleurs deux autres candidats à l'édilité, A. Suettius Verus et N. Herennius Celsus[187] : son goût pour la politique n'est pas un caprice. Une employée d'une usine de foulons, Specula, recommande C. Iulius Polybius[188]. De distinguées matrones n'hésitent pas à prendre parti : la femme du boutiquier Pinarius Cerealis, Cassia, se déclare pour A. Trebius Valens[189], Sutoria Primigenia pour L. Ceius Secundus[190], Taedia Secunda pour L. Popidius Secundus, son petit-fils[191], Caprasia pour A. Vettius Firmus[192], Epidia pour M. Samellius Modestus[193]. Il n'en reste pas moins vrai que les femmes le plus souvent mêlées à ces campagnes électorales étaient les épouses des taverniers ou les patronnes de ces « bistrots » ; Ascula[194] (Ascla), épouse de L. Vetutius Placidus, fait voter en faveur de C. Calventius Sittius Magnus[195], de M. Ovidius Firmus Veiento[196] et de Vibius Severus[197] ; Pherusa[198], Africaine aux cheveux crépus et à la carnation sombre, recommande L. Popidius Secundus[199] ; notons, parmi elles, également Pollia[200].

Un candidat populaire

La campagne en faveur de C. Cuspius Pansa, candidat à l'édilité, offre un bon exemple de la variété des soutiens électoraux à l'image de la diversité sociale : orfèvres, muletiers, charpentiers, le maître d'école Saturninus et ses élèves, Trebius Valens, Fabius Eupor, les isiaques, le prêtre Amandus, les acteurs de la troupe de Pâris, Terentius Neo, Caecilius Phœbus, Caelius Caldus, Fabius Ululitremulus.

Vigilance électorale

Nous ne pouvons dire si les femmes apportaient à la préparation des élections une passion plus grande encore que les hommes puisque leurs interventions sont moins nombreuses que les inscriptions masculines. De toute façon, les campagnes électorales ne sont pas de tout repos, chacun est sur le qui-vive. Ce ne sont qu'appels à la vigilance: «Veille, veillez[201]», «Debout et faites voter[202]». Hélas! certains s'endorment[203] et il est contradictoire de dormir et de vouloir, de dormir et de souhaiter la victoire d'un candidat[204]. Seul, un candidat paraît avoir fait l'unanimité sur son nom, M. Epidius Rufus, candidat au duumvirat, en faveur de qui intervient T. Suedius Clemens[205], le délégué impérial qui aurait logé dans la maison du candidat, rue de l'Abondance[206]. Cette candidature officielle est exceptionnelle et s'explique par le rôle déterminant qu'a sans doute joué Epidius Sabinus dans l'appel à l'empereur, pour obtenir la remise en ordre du cadastre de la cité.

Chronologie électorale

En temps ordinaire, la lutte était chaude entre les candidats: l'attestent les 2800 inscriptions dont au moins 1500 pour la seule année 79. Il serait intéressant de connaître ceux qui se présentaient devant les électeurs la même année et quels furent les heureux élus; deux seules certitudes: Paquius Proculus a été élu duumvir à l'unanimité[207] (fig. 5), les candidats édiles, que nous retrouvons candidats duumvirs, l'ont emporté une première fois et ont géré l'édilité, par exemple M. Epidius Sabinus, A. Vettius Caprasius Felix, A. Trebius Valens... Il est difficile de savoir si un intervalle fixe séparait les candidatures à l'édilité de celles au duumvirat; en tout cas, il faut admettre que certaines ont été retardées au-delà du minimum légal. Il existe sans doute un moyen d'ordonner chronologiquement les candidats, en comptant le nombre des inscriptions qui les concernent. Plus elles sont nombreuses pour le même candidat, plus grande est notre certitude d'avoir affaire à une campagne proche de 79, puisque certaines inscriptions de l'année précédente sont volontairement effacées. Lorsque les couches de stuc peuvent être détachées, ou lorsque la lecture, malgré la *dealbatio*, est possible, on aboutit à une chronologie relative pour certaines candidatures; celle de L. Popidius Ampliatus (édile) recouvre celle de Vibius Severus (duumvir); celle de M. Holconius Priscus (duumvir) se rencontre avant celle d'A. Suettius Certus (duumvir). D'autre part, nous connais-

Années	*Duumvirs*	*Ediles*
79	*M. Holconius Priscus* C. Gavius Rufus C. Calventius Sittius Magnus *L. Ceius Secundus*	C. Cuspius Pansa L. Popidius Secundus *Cn. Helvius Sabinus* M. Samellius Modestus *M. Casellius Marcellus* L. Albucius Celsus C. Lollius Fuscus M. Cerrinius Vatia Q. Postumius Proculus
78	A. Suettius Certus *M. Epidius Sabinus* C. Iulius Polybius M. Lucretius Fronto	A. Suettius Verus M. Herrennius Celsus
77	N. Popidius Rufus L. Caecilius Capella	L. Popidius Ampliatus P. Vedius Nummianus Licinius Faustinus (?)
76		M. Ovidius Veiento A. Vettius Firmus
75	P. Vedius Siricus M. Satrius A. Trebius Valens Cn. Audius Bassus *Q. Postumius Modestus*	M. Holconius Priscus
74	A. Vettius Caprasius Felix *P. Paquius Proculus*	M. Epidius Sabinus Q. Marius Rufus
73	A. Rustius Verus	*C.* Iulius Polybius
72	Vibius Severus	N. Popidius Rufus *A. Vettius Caprasius Felix*
71		A. Trebius Valens C. Gavius Rufus
70	L. Veranius Hypsaeus	

sons certaines coalitions électorales avouées, mais l'électeur est libre de proposer de nouvelles combinaisons, ce qui permet de dresser une liste plus complète de candidats concurrents et contemporains. Nous avons déjà noté la coalition Holconius Priscus, C. Gavius Rufus, C. Cuspius Pansa et L. Popidius Secundus; or, M. Holconius Priscus est présenté en même temps que C. Calventius Sittius Magnus (duumvir)[208]; celui-ci est lié à Cn. Helvius Sabinus[209] (édile). Le couple Cn. Helvius Sabinus et L. Ceius Secundus est fréquent[210], tout comme celui de Cn. Helvius Sabinus et de Samellius Modestus[211]. Les candidats à un duumvirat quinquennalice offrent un nouveau critère chronologique: ils ne peuvent appartenir qu'aux années 75 et 70. Enfin, il est évident que les personnages influents ne donnent leur appui, la même année, qu'à deux candidats à l'édilité et deux au duumvirat. Lorsqu'ils sont eux-mêmes candidats, seule leur élection leur permet de jouer un rôle dans la cité. C'est pour ces raisons que A. Trebius Valens a dû être élu duumvir quinquennalice en 75 et qu'il n'a pu appuyer «ses» candidats qu'entre 76 et 79. Malgré tout ce que peut avoir d'aléatoire une telle recherche, nous pensons que les noms des candidats de 79 sont en dehors de toute contestation sérieuse. La répartition entre les autres années, sauf pour les années quinquennalices 75 et 70, reste légèrement arbitraire, mais très vraisemblable. Voici le tableau des candidats, les noms en italique représentent les élus possibles.

La porte étroite

Quelle animation le forum devait-il connaître dès l'ouverture de la campagne électorale, quelle foule se pressait dans les rues pour lire et commenter toutes les inscriptions qui couvraient les maisons voisines de celle de chaque candidat! Quelles nuits de labeur passaient les «lettristes», sollicités par chaque électeur et surtout par les groupements économiques, religieux et culturels[212]! Les mentions des *Salinienses*, habitant à la porte du Sel, c'est-à-dire la porte d'Herculanum, des *Urbulanenses*, autour de la porte de Nole[213], des *Campanienses*, de la porte Campanienne[214] (?), des *Forenses*, du forum[215], révèlent une solidarité des gens du même quartier. Tout ce jeu de l'individuel et du collectif rendait bien illusoire les pronostics électoraux, circonscrits cependant aux seuls notables, à la fois riches propriétaires terriens, industriels aisés, gros commerçants, qui appartiennent aux dynasties de l'aristocratie municipale déjà connues de 52 à 62 par les tablettes du banquier Caecilius Jucundus: les Holconii, les Cuspii, les Epidii, les Popidii, etc. Pour accueillir ce monde ambitieux, la porte du conseil municipal de Pompéi reste si étroite que Cicéron[216] pouvait affirmer avec humour, qu'il était plus facile de devenir sénateur à Rome que décurion à Pompéi.

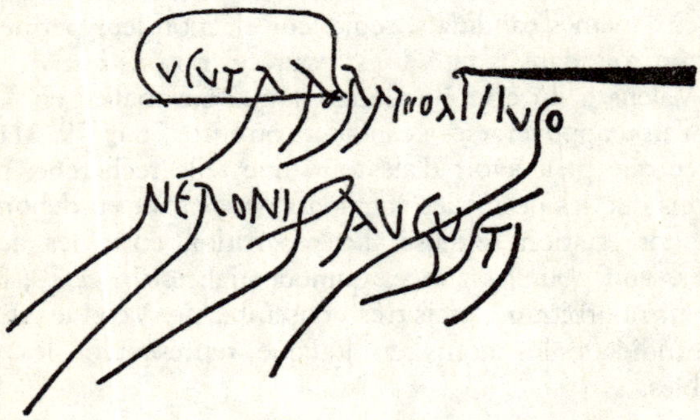

Fig. 8. — Inscription hostile à Néron (d'après C.I.L.).

CHAPITRE III

LE MONDE DES AFFAIRES

Les libres suffrages des Pompéiens se portent sur un nombre restreint de candidats et les «programmes électoraux nouveaux» s'ajoutent aux «anciens» pour dénoncer ces dynasties «bourgeoises» qui présidèrent aux destinées politiques de la cité campanienne. A une période où les honneurs municipaux obligeaient les élus à des dépenses somptuaires, ostentatoires, seule une certaine classe pouvait affronter le jugement populaire. La politique n'a fait que traduire des prépondérances sociales et économiques. C'est le monde des affaires qui tient à Pompéi le haut du pavé; il se compose de propriétaires, d'industriels et de commerçants qui ont su conquérir des marchés lointains. Ne nous étonnons pas de rencontrer dans ce monde, au premier rang, des agriculteurs qui ont eu une conception «industrielle», capitaliste, de leur exploitation: ils sont le support d'une intégration verticale — pour suivre le jargon des économistes modernes — sachant concentrer entre leurs mains plusieurs branches de la production agricole et industrielle et assurant eux-mêmes l'écoulement de cette production. Aussi l'éventail de ce monde des affaires est-il très varié et permet-il de répondre à toutes les questions que l'on peut se poser sur la structure sociale de la classe dirigeante pompéienne.

Le monde agricole

Paradis agricole

La Campanie est toujours ce paradis agricole qu'avec joie découvrent les touristes et qu'ont salué les agronomes antiques[1]. Les marques d'amphores autant que les peintures ou les reliefs apportent le témoignage le plus authentique des aptitudes agricoles d'une région constellée de propriétés — les *villae rusticae* — réparties sur les pentes du Vésuve au nord, près de Gragnano et de Castellamare de Stabies au sud, et autour de Scafati à l'est.

Le sol de la Campanie était extraordinairement fertile et connu pour sa fécondité. Formé par une activité volcanique sous-marine, s'étant ensuite soulevé, il avait reçu les coulées de lave préhistorique qui avaient parfait ses qualités. Strabon[2] ne peut que citer en parallèle Catane où la cendre volcanique de l'Etna fournissait un terroir merveilleusement adapté au vignoble et aux cultures arbustives. Il décrit un Vésuve entièrement couvert, sauf au sommet, de beaux champs. D'autres auteurs partagent leurs louanges entre le Vésuve et la plaine méridionale. Une peinture très archimboldesque de la maison du Centenaire (IX, 8, 3) représente le Vésuve, et Bacchus au corps fait d'une grappe. Mais la fertilité de la Campanie ne favorise pas seulement la production vinicole. Écoutons encore Strabon[3]:

> J'ajouterai que c'est elle qui produit le plus beau grain connu, j'entends ce pur froment dont on fait l'*alica*, χόνδρος, sorte de gruau supérieur au riz, supérieur même, on peut dire, à toutes les substances alimentaires qui se tirent des céréales. Quelques auteurs rapportent aussi que dans certaines parties des plaines de la Campanie, il se fait chaque année deux récoltes d'épeautre, une troisième récolte de panis, parfois même une quatrième récolte de légumes.

Il n'en reste pas moins vrai que céréales, légumes et fourrage poussaient entre les rangs de vigne ou sous les oliviers, car depuis le dernier siècle de la République les propriétaires savent que le meilleur rapport vient des cultures arbustives.

Vin

«Sur le territoire campanien, on marie les vignes aux peupliers; enlaçant leur époux de leurs bras amoureux, elles grimpent de branche en branche dans leur marche noueuse, en atteignant la cime à une telle hauteur que le contrat du vendangeur lui garantit bûcher et tombeau», écrit Pline[4], le meilleur de nos guides dans cette revue des plants campaniens. La première place revient à l'aminée[5] pour la force de son vin qui gagne toujours du corps en vieillissant. Il en existe cinq variétés. «La petite jumelle souffre du vent du sud, mais les autres vents favorisent sa croissance, par exemple sur le Vésuve et sur les collines de Sorrente». La Campanie paraît avoir été le centre de diffusion de ce plant et les vins du Vésuve étaient favorisés par la richesse du terrain en acide phosphorique: des amphores enferment du *Vesuvinum*[6] ou de la *Lympa Vesuviana*[7].

Un autre plant, la *Surcula*, passe le mieux la fleur et ses raisins se conservent très bien en pot[8].

Une variété, la *Murgentina*, originaire de *Murgentia* (Morgantina, à l'intérieur de la Sicile, à l'ouest de Catane), s'est si bien implantée dans la région de Pompéi qu'elle a pris le nom de *Pompeiana*[9].

Enfin, une autre qualité se nomme *Holconia*[10], tirant son nom des *Holconii*, riches propriétaires bien connus par l'épigraphie et l'iconographie[11] pompéiennes et attestant l'importance des viticulteurs pompéiens dans la création de plants parfaitement adaptés au sol, au climat et au goût de leurs clients.

Le falerne ne se rencontre pas autour de Pompéi; dans un sens large, l'appellation couvre les crus produits sur le territoire compris entre la frontière sud du Latium et le Vulturne, englobant le Massique et le Statanum; à s'en tenir à un sens plus strict, le falerne est limité par le 17e mille à partir de Capoue sur la via Appia et par le 6e mille de Sinuessa sur la même voie. C'est seulement par abus que l'on peut imaginer que les Pompéiens produisent du falerne. Leurs vins n'en atteignent pas moins en dix ans le summum de la qualité et les laisser vieillir n'y ajoute rien; une restriction est cependant apportée par Pline[12]: ils provoquent des maux de tête jusqu'à la sixième heure du lendemain. La plupart d'entre eux devaient flatter le palais l'année qui suit la récolte, vins assez noirs, un peu pétillants. Qui peut oublier le gragnano[13], si frais, si «gouleyant» au gosier séché par la poussière volcanique et qui récompense des randonnées dans un Pompéi accablé de soleil?

Mais n'allons pas imaginer que les Pompéiens ne produisaient qu'un seul vin. Leur vinification très compliquée offrait une gamme variée allant des apéritifs aux vins médicinaux.

En premier lieu, vient le vin ordinaire, le rouge[14] qui est le vin pur, sans rien qui puisse le troubler, dépourvu de lie: la *lympa*[15]. Le *confusum* est un vin âpre mélangé à un vin doux, sorte de coupage sans doute[16].

Les vins aromatisés sont désignés sous le nom de *aromatites*[17], de *mirris*, l'un des plus estimés[18]. On avait en effet l'habitude de faire un vin aromatique préparé presque comme les parfums, d'abord avec de la myrrhe, puis aussi avec du nard celtique, du roseau, du bitume, en boulettes jetées dans le moût ou le vin doux; ailleurs avec des roseaux, du jonc, du costus, du nard syriaque, de l'amome, de la cannelle, du cinname, du safran, du palmier, de l'asarum, en boulettes également[19].

Le *gustaticium* est un vin apéritif, que l'on boit à jeun, avant le repas, usage étranger aux habitudes romaines mais recommandé depuis Tibère par les médecins, qui se font toujours valoir par quelque nouveauté, dit avec humour Pline l'Ancien[20]. C'était un vin additionné de miel[21].

Si on réduit le moût de moitié par cuisson, on obtient le *defrutum* ou *defritum*[22], c'est le vin cuit. Il sert au coupage des vins pour les renforcer et cette opération équivaut à un sucrage des moûts[23].

Enfin, les Pompéiens étaient riches en vins médicinaux. En général, pour les obtenir on mélange du vin à du miel: le produit est appelé *mulsum*[24], *melthyminum* où le miel provient du thym et possède une couleur d'or, un goût très agréable et s'étire en fils très minces, ce qui est une première preuve de sa qualité[25], *mella odorata*[26]. Le *passum* est un vin fait avec des raisins secs[27] qui passe pour l'hydromel des pauvres[28], mais qui vaut pour les malades. Enfin, le médecin Musa avait conseillé de prendre le meilleur plant — l'aminée — et de lui laisser de la lie pour absorber un médicament connu sous le nom de *Faecula Aminea*[29].

Certaines familles pompéiennes s'étaient spécialisées dans la viticulture et faisaient vieillir dans leurs celliers les amphores de *lympa* ou de *mulsum*: les Stlaborii, Arrii, Cornelii, Vibii, Sittii, Iulii, Postumii, Ceii, Vettii, Caesii, Appuleii, pour ne citer que les principales, car sur 31 *villae rusticae* identifiées autour de Pompéi, 26 et probablement 29 offraient les pièces nécessaires aux opérations de vinification: cour où étaient déchargés les raisins, aire du pressoir *(torcularium)*, entrepôt *(cella vinaria)* où le vin se bonifiait. Un excellent exemple de *torcularium* est fourni par la villa des Mystères; après le tremblement de terre de 62, le propriétaire décida de se consacrer à la production vinicole sur une échelle industrielle; les bêtes de somme approchaient du *torcularium* et par une fenêtre les esclaves les débarrassaient de leur chargement de grappes noires et dorées. Le pressoir proprement dit se compose d'une aire surélevée faite de pierres du Vésuve. Lorsque le foulage aux pieds des raisins était terminé *(pedibus calcantibus)*, on plaçait les grappes dans des couffins et ces couffins sous les bras du pressoir *(prela)*. Il en existait deux dans ce *torcularium*. La tête du *prelum* pouvait être placée grâce à un système de cales à des hauteurs diverses, au fur et à mesure du pressage tandis que sa queue amincie, terminée par une tête de bélier, était reliée par un câble au treuil qui servait à l'abaisser. Le *prelum* pouvait être également soulevé par des cordes jusqu'à une poulie fixée à une poutre du toit. Plus on abaissait la tête du *prelum*, mieux le pressage se faisait. Le jus ainsi exprimé était recueilli dans un canal qui entourait l'aire du pressoir et se dirigeait ensuite vers la *cella vinaria*. Malheureusement, pour la villa des Mystères, la *cella vinaria* reste encore à fouiller, tandis que l'on connaît bien celle de la fameuse villa de Boscoreale (Contada Pisanella). Le moût arrivant par le canal était distribué dans de nombreux *dolia*. Ils étaient disposés de façon régulière et enfoncés dans la terre de façon que leur température soit égale. Le vin, dans ce cas, devait être faible et léger, car Pline nous informe que de tels vins étaient conservés dans des *dolia* fichés en terre, tandis que les plus corsés étaient gardés dans des *dolia* exposés à l'air [30]. La *cella vinaria*, suivant l'usage dominant en Campanie, était donc ouverte à l'air libre et fouettée par les vents qui y pénétraient par l'intermédiaire de larges fentes dans le mur de l'est. Seul un petit toit protégeait le canal qui conduisait le moût dans les récipients; dans un coin, une marmite de métal servait à faire le vin cuit, le *defritum*, dont nous avons déjà parlé.

Huile

Ces *villae rusticae* étaient organisées aussi pour produire de l'huile. C'est surtout la région autour de Gragnano qui devait être couverte d'oliviers. Aux confins de la Campanie et du Samnium, l'huile produite sur le territoire de Venafre et dans son canton donnait, au Ier siècle, à l'Italie le premier rang parmi les régions productrices[31]. Nul doute que la Campanie — mais à un moindre degré — participait à cette gloire. Dans les amphores pompéiennes se conservaient l'olive blanche douce[32], des olives dénoyautées[33] et au moins sept villas, sinon dix, sur les trente et une recensées, produisaient de l'huile. Pour sa fabrication, nous retrouvons les mêmes dispositions que pour celle du vin. La meule à olives préparait les olives pour le pressoir de façon à ne pas écraser les noyaux, ce qui aurait donné de l'amertume à cette première bouillie. La presse à olives ressemblait, en plus petit, à la presse à vin. Le *torcularium* était placé dans une partie chaude de la villa et avait peu de fenêtres, suivant les prescriptions de Caton et de Columelle. L'huile était emmagasinée dans des *dolia* placés dans un corridor proche du cellier et parfois dans le cellier lui-même.

Céréales

Il y a tout lieu de penser que les propriétaires de ces villas ne se contentaient pas de produire de l'huile et du vin et n'avaient pas encore été tentés par la monoculture de type capitaliste. Par ailleurs, il serait peu vraisemblable de croire que chaque propriété offrait une unité autarcique. Le vin et l'huile restaient les produits fondamentaux, mais une certaine diversité était de règle. En effet, la propriété idéale, selon Columelle, faisait une place aux céréales, à un taillis qui procurait les échalas pour les ceps, aux pâturages qui, autant que les vignobles et les olivaies, représentaient un élément essentiel de la *villa rustica* pompéienne. La grande villa de Boscoreale est équipée d'une aire de battage; ailleurs, l'aire de battage était complétée par un grenier. Un graffite indique que du froment et des fèves y étaient entreposés [34]. A Pompéi, des amphores étaient remplies de farine *(mola)* [35] et d'épeautre [36] *(far)*. Strabon, nous l'avons vu, vantait la qualité du blé campanien tout comme Varron [37]; encore qu'il ne fût pas produit sur une vaste échelle, il est évident que les récoltes des céréales étaient convenables.

Élevage

Les propriétaires s'adonnaient aussi à l'élevage, sans doute du mouton qui l'emportait sur les autres. Au moment du tremblement de terre de 62, six cents moutons périrent [38]. Columelle conseillait d'élever du bétail pour en obtenir de l'engrais, conseil que devaient suivre les propriétaires de vignobles dont les besoins en fumier sont grands. Dans certaines villas, les troupeaux étaient parqués dans une cour et gardés par des chiens. Un coin de la vaste cour d'une villa proche de Gragnano était isolé par une murette derrière laquelle se tenait le cheptel. Volaille, porcs étaient élevés dans les villas. Les Pompéiens se délectaient d'une sorte de cassoulet fait de pois chiches mis en conserve avec du lard [39] et le fromage était fait avec du lait de vache, comme à Gragnano.

Jardinage

Caton, dans son traité [40] sur l'agriculture, conseille de planter un jardin près de la maison pour qu'on puisse avoir des guirlandes, des fleurs et des légumes de toutes sortes, mais ce sont plutôt les petits jardins des environs qui alimentaient en légumes le marché de Pompéi. Il ne faut pas oublier la production de miel, nécessaire au traitement du vin, où se spécialisaient les Epidii [41] et les Iulii [42], ces derniers aussi producteurs de vin.

Le monde de l'industrie

La vocation agricole de la Campanie était telle que l'une des premières industries à Pompéi est l'industrie alimentaire.

Industries alimentaires

Pain — La fabrication du pain avait depuis longtemps perdu son caractère familial. Les vestiges de fours de dimensions modestes sont peu nombreux, tandis que certaines officines se sont spécialisées et que la présence de plusieurs meules pour écraser le grain désigne l'« usine à pain ». Il en existe plus de quarante, du type de celle de Terentius Proculus et Terentius Neo (VII, 2, 1-7; VI, 14, 32; IX, 3, 10-12), gros

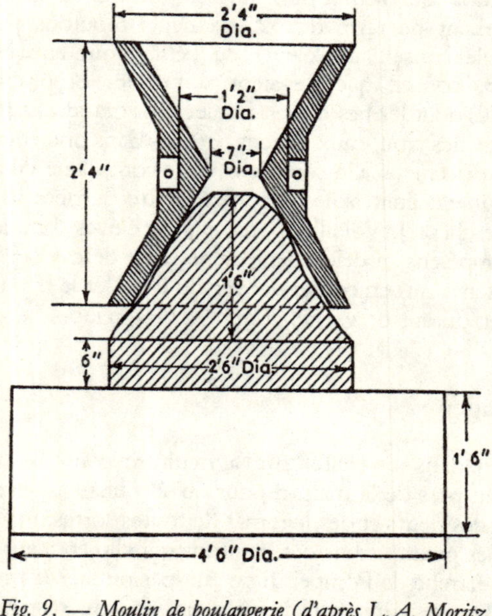

Fig. 9. — Moulin de boulangerie (d'après L.A. Moritz, Grain-mills and Flour in classical Antiquity, *Oxford, 1958).*

patron boulanger, inséparable de son épouse, la « femme du boulanger ». Même si l'existence de la *mola trusatilis*, manœuvrée par deux esclaves qui poussent devant eux en tournant un bras de bois, fait question [43], la *mola asinaria*, à laquelle on attelait un âne ou un cheval pour entraîner la partie mobile, triomphe de plus en plus à Pompéi, jusqu'à devenir le moulin à blé par excellence.

L'aspect du moulin (fig. 9) est uniforme, mais ses dimensions varient considérablement. Les meules sont faites d'une lave gris noir, très dure et très poreuse. On distingue la *meta* fixe et au-dessus le *catillus* mobile. La *meta* est conique avec une base cylindrique, elle offre l'aspect non pas exactement d'un cône, mais d'une cloche. En général, elle repose sur une fondation maçonnée, ronde et d'un diamètre plus large que la partie cylindrique de la pierre ; cette base était parfois complétée par une murette pour former un canal où l'on recueillait la farine ; mais ce système reste rare, car une superstructure de bois devait être plus souvent employée à cet effet. Le *catillus* est fait de deux cônes, creux tous les deux et réunis par un trou étroit. Le cône supérieur jouait le rôle de trémie et on pouvait les inverser, ce qui allongeait d'autant la vie du moulin, mais le *catillus* était plus fragile que la *meta*.

Le double cône est interrompu à sa partie étroite de jonction par deux pièces carrées. Elles comportent une crapaudine, qui accueille les bras de bois de la meule qui étaient retenus par des chevilles traversant ces pièces de fer.

L'animal était attaché au moulin de façon différente, suivant sa taille et sa nature (âne ou cheval), ou bien un joug était fixé à l'un des bras horizontaux, ou bien l'animal était enchaîné ou encordé à la barre transversale latérale et à la barre supérieure. Les animaux étaient de toute façon attelés près des meules pour diminuer les distances à parcourir dans la cour pavée de l'« usine », sur laquelle ouvrait leur étable.

Un essieu central fixé au sommet de la *meta* et relié à la barre transversale supérieure du *catillus* assurait la cohésion de l'ensemble. La forme en cloche de la *meta* réduisait le contact entre les deux éléments et permettait une mouture plus aisée qu'un réglage de l'essieu rendait plus ou moins fine.

Après la mouture, les grains concassés étaient passés au cri-

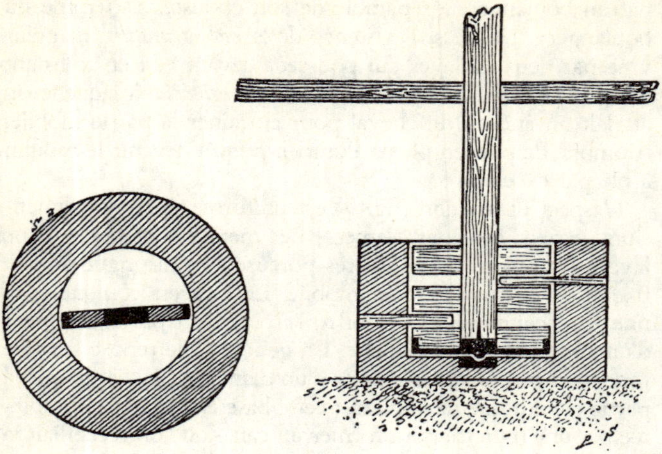

Fig. 10. — Pétrin (d'après D.A., IV, 1, pistor).

ble, puis on ajoutait du levain pour que la pâte fermentât, la farine était arrosée et salée; on la pétrissait dans un pétrin de bois, mais il existait aussi des machines à pétrir: une cuve cylindrique où un axe de bois tournait par traction humaine ou animale en entraînant des pales qui brassaient la pâte retenue par des bras fixes, fichés dans la paroi intérieure du pétrin (fig. 10).

La pâte bien pétrie était portée sur une table où l'on s'occupait de la façonner. On lui donnait à la main la forme que devait avoir le pain. La pâte modelée, sur laquelle est imprimé le nom du «patron», était placée sur un plateau muni d'un long manche qui permettait de l'introduire dans le four.

La dernière opération était la cuisson dans un four de boulanger *(furnus)*. Certains fours simples se composaient uniquement d'un sol ou *area*, recouvert d'une voûte mince, percée à la base d'une bouche par laquelle on pouvait introduire dans le four ou en retirer le combustible et les cendres, la pâte et le pain.

Le four des grandes boulangeries (fig. 11) était plus com-

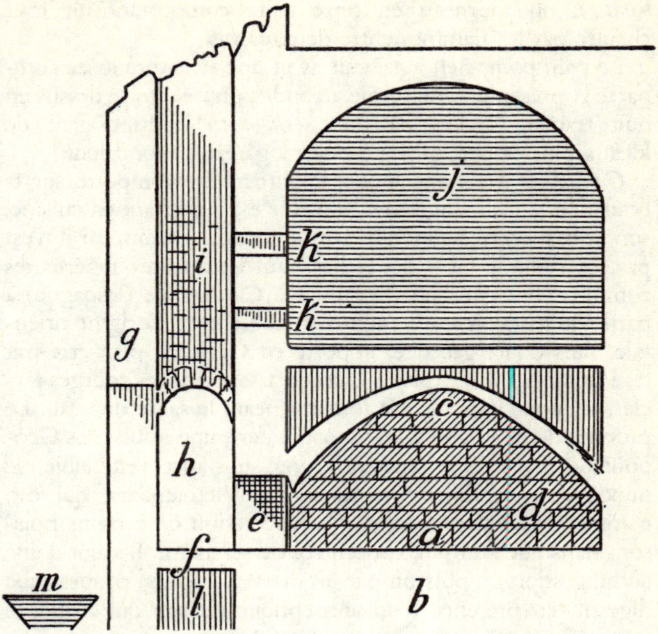

Fig. 11. — Four de boulangerie (d'après D.A., II, 2).

pliqué. Le sol du foyer *(a)* était fait de briques bien unies et cimentées à la chaux; sous les briques, pour empêcher toute perte de chaleur, on disposait un lit de sable épais de plus de 10 cm. Le tout reposait sur un massif de maçonnerie *(b)* plein ou voûté, ménageant une cavité destinée à faire sécher du bois ou des légumes. Le sol du four proprement dit était couvert d'une voûte *(c)* reposant sur un petit mur *(d)*; la voûte conique était faite de débris de briques. La bouche du four *(e)* était fermée pendant la cuisson par un obturateur de fer. Par une porte de communication *(h)* avec le laboratoire, était apportée la pâte. On se servait de bois comme combustible et l'aération *(i)* permettait le tirage, la fumée chauffait une chambre de chaleur. En *(l)* les cendres étaient recueillies.

Il existait, pour faire du pain brioché (*panis clibaniceus* ou *cli-*

banites), un fourneau en terre cuite comportant un four chauffé par les flammes entre deux parois.

Le pain pompéien ainsi cuit avait une structure assez compacte et présentait une forme arrondie, divisée sur le dessus en huit tranches[44]. Les pâtissiers *(clibanarii)*[45] disposaient de locaux plus étroits, où les moules à gâteaux abondaient.

Garum — Mais une industrie alimentaire l'emporte sur la boulangerie, celle du *garum.* Son rôle est important en cuisine, son utilisation très générale dans le monde romain, car il n'est pas réservé à la table des riches, sauf les qualités supérieures comme celles que l'on produisait à Carthagène (Espagne) à partir du maquereau. Il s'agit d'un condiment d'origine orientale, sans doute grecque, importé en Occident peut-être par les Puniques. Chez Apicius[46], on en assaisonne les courges farcies, les pois, le poulet, le foie d'agneau, le sauté de veau. Le procédé de fabrication[47] est raconté dans une notice des Géoponiques[48]. Nous connaissons une substance semblable, le nuoc-mam, condiment national des Vietnamiens, qui est, comme le *garum*, produit par la macération de certains poissons dans une saumure concentrée de sel marin. Il s'agit d'une autodigestion du poisson par les diastases de son propre tube digestif, en présence d'un antiseptique (le sel) qui empêche toute putréfaction; à cette autolyse s'ajoute une certaine fermentation microbienne provoquant une «maturation» du produit, comme cela se passe pour les fromages. L'odeur du nuoc-mam est très forte, comme devait l'être celle du *garum.*

Pour fabriquer le *garum*, il faut disposer de grandes quantités de sel. Or, il existait des salines à Pompéi, à croire Columelle[49] et Pline. Les *Salinae Herculeae* devaient s'étendre vers Torre Annunziata où se conserve le toponyme *Salera* et les convois de sel passaient par la porte d'Herculanum, qui fut la *porta Salis*, la *veru sarinu* osque[50]. Tout près d'elle, les muletiers engrangeaient le sel, ou le faisaient mesurer à la *statio salinensium* avant de le convoyer jusqu'aux fabriques. La saumure était placée à l'air libre dans des citernes de 7 à 10 mètres cubes[51] exposées au soleil, et dans la saumure étaient plongés les poissons. Il s'agissait de poissons de mer: maquereaux *(scomber)*, thons que l'on allait pêcher assez loin, peut-être même au large de Carthagène. Cette pêche hauturière n'a pas inspiré les artistes pompéiens; les statues de bronze, les peintures ne représentent que des pêcheurs et des pêches conventionnels, et les poissons qui figurent dans de si nombreuses compositions décoratives ne peuvent avoir été effectivement pêchés par les Pompéiens. Du garum brut était importé d'Espagne et faisait l'objet à Pompéi d'ultimes préparations.

Parmi les produits de cette autolyse, qui était réduite au feu dans des marmites, on distingue plusieurs qualités. Il y a le *garum*[52], appelé aussi *liquamen*[53], mentionné vingt et une fois sur les amphores; la première qualité est la fleur des fleurs de *garum (gari flos flos*[54]); elle est préparée avec des thons[55], maquereaux[56] ou des murènes[57]. Le résidu du *garum* donne l'*hallex* — allec — que l'on peut préparer aussi avec des anchois; c'est un condiment inférieur réservé aux esclaves et acheté par les pauvres. C'est à Pompéi que le meilleur allec était mis en amphore[58] ou dans ces récipients spéciaux nommés *vasa faecaria*, sorte de fiasques recouvertes de paille, fabriquées et vendues à Pompéi[59], et exportées à Rome.

Certaines préparations avaient pris le nom de leur inventeur. Il existait un *garum* préparé suivant les recettes d'un certain Romulus, un autre suivant celles d'un Lucretius, mais le nom qui suit la mention de la qualité du condiment désigne en général le fabricant. On connaît ainsi les Stlaborii[60], les Cornelii[61], les Vibii[62], les Trebii[63], mais aucun n'atteignait la richesse et la notoriété des Umbricii. Gros industriels, A. Umbricius Scaurus, qui fut duumvir[64] sous Claude, ravitaillait les officines qui se chargeaient de la vente au détail et son nom, inscrit à côté de celui d'affranchis, figure sur de nombreuses amphores[65]. Ainsi était connu dans le monde romain tout entier le *garum pompeianum*[66]. Reconnaissant à juste titre, le sénat municipal décerna l'insigne honneur d'une statue équestre au responsable d'une firme qui travaillait au bon renom de Pompéi.

Industrie textile

Lin — L'élevage du mouton fournissait à l'industrie textile une indispensable matière première. Outre la laine, le lin égyptien était travaillé à Pompéi, puisqu'un Alexandrin, au nom typique de Ptolémée, reçoit du banquier L. Caecilius Jucundus une somme d'argent correspondant à une vente de lin (*auctio lintaria*[67]). Les diverses opérations de filage, de tissage, qui comme pour la boulangerie eurent au début pour cadre la maison familiale, se faisaient chez le *lanarius* sur une grande échelle, exigeant de vastes locaux.

Laine — La laine tondue, chargée de suint, devait d'abord être lavée dans une chaudière avec de la saponaire, *radix lanaria*, destinée à la dégraisser. Puis elle était séchée, battue et épluchée avec les doigts. On procédait ensuite au cardage à l'aide d'un peigne en fer dont les dents étaient recourbées. La laine, à ce moment, pouvait être confiée au fuseau des fileuses.

Filage — La fileuse[68] prenait une certaine quantité de laine et l'enroulait de façon à en former une balle à l'extrémité supérieure de la quenouille. Une fois la quenouille garnie de laine, l'ouvrière saisissait un fuseau où l'on distinguait la tige munie d'un crochet qui maintenait le fil en place, et le peson de terre cuite, qui aidait à tenir le fil tendu et à accélérer le mouvement de rotation nécessaire pour le tordre. N'oublions pas que le rouet n'existait pas encore. La fileuse prenait la quenouille de la main gauche, ou en fixait l'extrémité inférieure dans sa ceinture. Après avoir arraché quelques brins à la quenouille et les avoir attachés au crochet du fuseau, elle en formait peu à peu un fil qu'elle façonnait de sa main droite en l'humectant de salive et en le tirant constamment à elle; en même temps, elle imprimait un mouvement de rotation au fuseau et tordait le fil entre le pouce et l'index. Elle faisait un fil plus ou moins épais qu'elle enroulait en pelote. Le poids de laine et le temps mis pour la filature comptaient: ici, c'est 18 livres de laine[69], ailleurs 28[70] et pour ces dernières, on a pris soin d'indiquer la date du début de la filature: la veille des nones d'août[71], soit le 4 août.

Tissage — Les fils de laine, teints au préalable de couleurs vives, pourpre, safran[72], étaient ensuite disposés sur un métier vertical, ou horizontal, pour y être tissés. Dans une officine de tissage — *textura* — (IX, 2, 1-2), le début du tissage — *stamen* — est parfaitement précisé: début de la chaîne, en décembre, le 7e jour avant les kalendes de janvier, soit le 26 décembre[73].

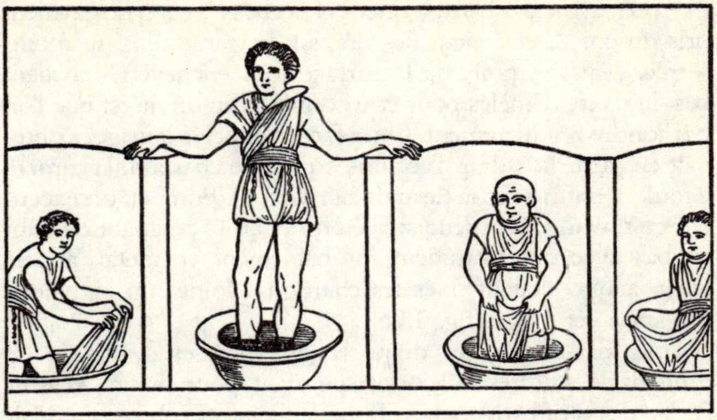

Fig. 12. — Foulage des étoffes (d'après Mau-Kelsey).

Ainsi étaient produites des pièces de laine qui allaient être soumises à de nouvelles opérations industrielles.

Les *coactiliarii* feutrent la laine chez l'industriel du vêtement M. Vecilius Verecundus[74] dont la boutique-maison (IX, 7, 7-5) est décorée de scènes peintes nous montrant des tisserands et des ouvriers du feutre. Ils sont quatre, à demi nus, autour d'une cuve bouillante posée sur un fourneau, en train de feutrer, dans des récipients de bois, les laines baignant dans une solution destinée à crisper le tissu.

Foulage — Mais l'opération la plus importante est le foulage, et les foulons — *fullones* — occupent une grande place dans la bourgeoisie industrielle de Pompéi, tout comme les ouvriers foulons exercent une activité indispensable à l'apprêt des étoffes. Dès que la pièce de drap est tissée, il s'agit de laver aux pieds (fig. 12) l'étoffe dans des récipients pleins d'eau et de soude ou d'autres réactifs alcalins, dont l'urine reste le moins coûteux et le plus populaire. Ensuite, elle était traitée avec de la terre à foulon (argile surectique qui dégraisse les tissus pour les rendre moelleux): la plus estimée venait de la petite île de Kimôlos, une des Cyclades; après la terre d'Ombrie, la moins estimée était celle de Sardaigne. L'étoffe était battue avec des maillets de bois pour resserrer la trame, lavée de nouveau pour la nettoyer et la rétrécir.

Après avoir été battus, rincés et séchés [75], les tissus avaient pris du corps, et étaient des draps à la trame plus ou moins serrée. Mais les poils de la surface tout enchevêtrés avaient besoin d'être démêlés pour être convertis en un duvet que l'on pût tondre régulièrement. Cette façon, appelée lainage, s'obtenait en cardant le drap avec une espèce de charbon, la cardère à foulon, enfin avec la peau de hérisson. A Pompéi, on exécutait ce travail en suspendant l'étoffe et en la peignant de haut en bas avec un instrument, probablement en métal, appelé *aenea*, auquel étaient fixés les chardons, épines ou aiguillons servant à cet usage (fig. 13).

Une fois cardés, les draps étaient exposés à l'action de l'anhydride sulfureux; le soufrage avait pour but de relever l'éclat des étoffes blanches. Pour les soufrer, on les étendait sur une sorte de cage, semi-ovoïde, formée de baguettes d'osier qui partaient d'un sommet unique et étaient maintenues écartées par des cercles horizontaux. Dans cette cage, on plaçait vraisemblablement un réchaud contenant du soufre allumé (fig. 13).

Le soufrage terminé, restait l'apprêt; les tissus étaient frottés avec de la roche, s'ils étaient blancs, ou, s'ils étaient de couleur, avec de la terre d'Ombrie ou de la terre de Kimôlos. Alors, on les brossait et on procédait à la tonte des draps; mais certains tissus spéciaux gardaient leurs poils.

Avant de les plier et de les passer à la presse, il fallait étendre ces tissus avec soin. Souvent, à l'étage de l'officine, de vastes étendoirs étaient prévus et même un règlement public [76] donnait aux foulons le droit de faire sécher les draps sur la voie publique. Un ouvrier les aspergeait régulièrement en soufflant un peu d'eau, afin qu'après le pressage, l'étoffe eût tout son éclat et tout son lustre.

Quatre grandes *fullonicae* ont été découvertes à Pompéi. La plus grande est celle de L. Veranius Hypsaeus (VI, 8, 20), ayant les installations les plus complètes, et, au premier étage, les loges nécessaires au séchage des étoffes travaillées. Aux côtés de Veranius Hypsaeus, se placent M. Vesonius Primus (VI, 14, 20, 21-22) dont le portrait [77], œuvre caractéristique du vérisme romain, date des dernières années du Ier siècle avant Jésus-Christ, et surtout l'affranchi Stephanus (I, 6, 7) dont les installations sont les mieux conservées. Au rez-de-chaussée, dans quatre grands bassins *(lacus)*, on lavait les étoffes. Tout autour, cinq cuvettes, à des niveaux différents, servaient au foulage. La presse était placée près de l'entrée; à l'étage, des terrasses à colonnes sur l'*atrium* et le péristyle où séchaient les étoffes lavées. Les peintures de la *fullonica* de Veranius Hypsaeus nous donnent de façon très complète la gamme des opérations. Des niches où travaillaient les ouvriers foulons, trois servaient au rinçage, une au foulage. La presse ressemble à une presse à brocher moderne. Elle est constituée de deux montants unis par un linteau. En bas, entre les montants, une pièce de bois reçoit les étoffes à presser. La presse fonctionne grâce à deux vis qu'une tringle fait tourner (fig. 14).

Vêtements — Les tissus ainsi fabriqués servaient à confectionner toges, tuniques dont la mention revient souvent dans les graffites[78], manteau *(pallium)*[79], sayons[80], ruban *(fascia)*[81]. Pour les élégants de la ville, les liniers fabriquaient des tuniques de lin *(tunica lintea)* brodées de fils d'or *(aurata)*[82].

Fig. 13. — Cardage, soufrage des étoffes (d'après Mau-Kelsey).

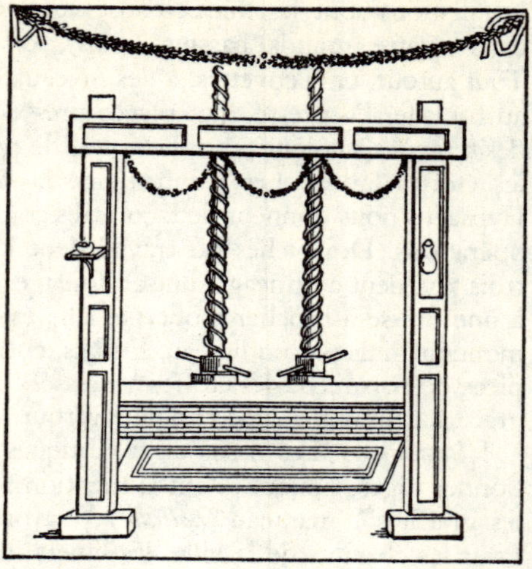

Fig. 14. — Presse à tissus (d'après Mau-Kelsey).

Teintureries — Pompéi n'offrait pas que du neuf. Des entreprises étaient spécialisées dans la remise en état de vêtements usagés. Les *offectores*[83] remettaient à neuf, à leur couleur, les vêtements usagés. Les *infectores*[84] teignaient les tissus bruts ou changeaient la couleur d'un tissu déjà teint; les couleurs étaient gardées en réserve dans des bocaux de verre et offraient au choix du client toute une gamme de tons chauds et vifs. Une boutique de la rue de Stabies contenait des pains de matière colorées, portant la marque «Attiorum». La famille a prospéré depuis que Cicéron signale un Attius marchand de couleurs[85]. Des entreprises de teinturerie au sens moderne du mot répondaient aux besoins des Pompéiens.

Tannerie

Proche de la porte de Stabies (I, 5, 2), une tannerie se reconnaît à ses quinze cuves maçonnées, à ses bassins oblongs tapissés de bois destinés à tanner le très beau cuir.

Bâtiment

Après le tremblement de terre de 62, aux constructions ordinaires, aux réparations habituelles s'ajoutèrent d'immenses besoins qui furent loin d'être satisfaits en dix-sept ans, entre 62 et 79. La nécessité pour les propriétaires et pour les industriels de reconstituer des liquidités financières destinées à cette reconstruction stimula la production. Pour les exportations de vin et de *garum*, il fallait des emballages. L'industrie céramique, qui avait fort à faire avec des enfournements massifs de briques, devait également multiplier la fabrication des amphores.

Céramique

L'industrie de la céramique est aux mains de familles d'affranchis, comme les Eumachii, les Holconii, les Vibii, les Iulii; les produits les plus divers portent leur marque de fabrique: *dolia*[86], amphores[87], tuiles[88], lampes[89], vaisselle[90], attestant une première concentration des propriétés et des industries; les producteurs de vin, comme les Stlaborii, Vibii, Cornelii, se retrouvent parmi les fabricants de *garum*, et ils sont également les maîtres des tuileries et fabriques d'amphores. Cette concentration verticale va être encore plus sensible quand nous aurons présenté le monde du commerce.

Le monde du commerce

Le monde des affaires pompéien se livrait au grand commerce maritime et au commerce de gros, nourrissant un capitalisme commercial sensible dès la domination samnite et que la colonie romaine avait développé.

Pompéi emporion

Il est vrai que les conditions géographiques favorisaient la fonction commerciale de Pompéi. Strabon[91] signale que Pompéi est un entrepôt, un *emporion* et sert de débouché à trois centres de l'intérieur: Nole, Nocera et Acerra, prouvant le rôle importateur et exportateur du fleuve Sarno. Les produits agricoles étaient exportés, tandis que les produits d'outre-mer arrivaient jusqu'au *Sarnus pompeianus*[92].

Port de Pompéi

Où le situer[93]? Aujourd'hui, le canal de Bottaro utilise un cours abandonné du Sarno antique dont l'estuaire était proche de la villa maritime[94] où l'on a trouvé un buste viril consacré à Neptune par le propriétaire Sext. Pompeius Ruma[95]. Sur la bordure est s'égrenait la série des boutiques et des tavernes, ordinaires dans un port. Tout un hameau de pêcheurs se pressait le long du cours inférieur du Sarno où les trouvailles d'ancres, de filets, de hameçons ont été nombreuses. Une rue traversait ce hameau, franchissait le Sarno sur un pont et se dirigeait vers la porte de Stabies; elle était la grande artère commerciale, tandis que la route qui partait de Pompéi à la porte Marine n'était pas carrossable, en raison de la déclivité du terrain. De ce faubourg maritime, il reste peu au total[96].

Aussi est-il important, pour mesurer la place du fleuve Sarno dans la vie pompéienne, de noter sa présence dans un grand laraire appartenant à une pauvre maison en réparation (I, 14, 6, quartier au sud de la rue de l'Abondance[97]). La niche peinte en rouge a la forme en creux d'un temple; le plafond est étoilé; en blanc est représenté le *genius familiaris*, encadré de deux Lares dansants. Mais le plus important est la scène figurée sur le devant du *podium*: à gauche, une figure barbue symbolise un fleuve, le Sarno, souvent lié d'ailleurs au culte des Lares domestiques. La scène est divisée en deux plans; sur le plan supérieur, est dessinée une rive du fleuve où deux esclaves masculins et une femme portent des sacs. Au-delà, une scène de pesée réunit deux hommes tenant un sac, et un troisième qui règle la pesée des marchandises apportées par deux ânes noir et gris, bâtés. En bas, dans le cours du fleuve, navigue une grosse barque avec deux jeunes rameurs, chargée de produits des *horti pompeiani*, sans doute d'oignons. Le propriétaire de cette maison avait donc une activité en relation avec le commerce fluvial et maritime. Les Epidii eux-mêmes ne se vantaient-ils pas de descendre d'un ancêtre qui tomba dans le Sarno et émergea ensuite comme dieu fluvial[98]?

Les représentations de navires ou les graffites nous renseignent aussi sur les métiers de la mer. Sur le sépulcre de Naevoleia Tyche, est sculpté un navire avec une chiourme qui manœuvre la voile au moment de jeter l'ancre. Nul doute que Munatius Faustus n'ait été de son vivant un commerçant. Si le navire de Lesbianus (I, 13, 10) est un navire de petit tonnage qui navigue sous la protection d'Aphrodite Salvatrice, le navire *Europa* (I, 17, 3) est un gros navire marchand à la voile carrée gonflée par le vent, muni d'une voile de proue, et remorquant une barque légère. Dans la maison de la Statuette indienne (I, 8, 5), on a trouvé de nombreux graffites de proues, de poupes et celui d'un navire entier, dessiné d'une main experte qui peut être celle de l'armateur propriétaire de la maison. Il s'agirait d'un Oriental de la Syrie ou de l'Égypte qui avait rapporté pour lui le bibelot identifié à tort avec la déesse indienne Laksmi[99].

D'autres emblèmes, comme l'ancre, peuvent désigner des maisons d'armateurs: maison de l'Ancre des Melissaei (VI, 10, 7-9), maison du Marin (VII, 15, 12), d'autres encore[100], Castor et Pollux chez Nigidius Vaccula[101] (VI, 9, 6). Donc, toute une bourgeoisie vivait de ce commerce, et parfois pâtissait durement de ses incertitudes: rappelons que Trimalcion perdit en un jour 30 millions de sesterces par le naufrage de tous ses vaisseaux, car, ajoute Pétrone[102], le vin était de l'or.

La bourgeoisie pompéienne différait de celle de Rome sur un point fondamental: elle possédait une longue tradition de commerce maritime[103]. Les traditions grecques et étrusques du commerce maritime furent vite adoptées par les Osques de la plaine et même par les conquérants samnites. A l'image de Carthage et de bien des cités de Sicile, cette aristocratie marchande se composait d'un corps de gros propriétaires qui exportaient les produits de leurs propriétés et s'occupaient des industries qui naissaient naturellement de leurs activités. C'est le vin, source essentielle de leur richesse, qui est l'objet du commerce le plus actif.

Exportation de vin

L'une des premières régions à recevoir le vin pompéien était la Gaule. En effet, au large d'Anthéor (Var) on a récemment découvert plusieurs épaves chargées d'amphores de vin [104]. Il s'agit d'amphores auxquelles le savant allemand Dressel attribuait la forme I (B) et qu'il datait du dernier siècle de la République. Sur l'opercule de pouzzolane, on lit une inscription osque que l'on interprète: « M.C. Lass »[105]. Le chargement ne peut venir que de Campanie nucérine où l'usage de l'osque s'est maintenu jusqu'à 89-80. Il s'agit de deux frères, Gaius et Mamercus (Marius) Lassius, dont le gentilice ne se trouve qu'à Sorrente et à Pompéi. Or, nous connaissons[106] une Lassia, prêtresse de Cérès, qu'avait épousée un A. Clodius le père, originaire de Nole ou de Capoue, qui fut greffier *(scriba)* puis *magister pagi Augusti Felicis suburbani.* Leur fils Aulus fera une carrière des plus brillantes. Il sera trois fois duumvir, quinquennalice, tribun militaire; c'est lors de son second duumvirat que Pompéi adopte les mesures romaines[107]. S'il a vu le jour vers le milieu du siècle, sa mère a dû naître vers 80-70 et étant dite fille d'un Marcus, elle le serait d'un négociant en vin dont la cargaison a naufragé en face d'Anthéor. La maison des « Lassii » connut ainsi son essor commercial dans les vingt premières années du siècle et fut ensuite reprise par les Clodii, dont les vignobles couvraient les pentes du Vésuve[108].

Les viticulteurs-commerçants de Pompéi étaient donc en relation avec les *negotiatores* italiens installés en Narbonnaise, au lendemain même de la conquête de Domitius Ahenobarbus. Si Marseille a pu, au début, jouer un certain rôle dans la distribution du vin pompéien, il semble bien que Narbonne l'emporte dès que les colons romains s'installent à Pompéi. Le vignoble romain de Narbonnaise ne fournissait alors qu'une partie des vins qui ensuite partaient vers l'intérieur de la Gaule: il se pourrait que des représentants des maisons pompéiennes se soient installés à Narbonne ou à Toulouse. En tout cas, une route de vin de Narbonne-Ensérune à Burdigala (Bordeaux) est jalonnée par les découvertes d'amphores estampillées M. PORCI[109]. Il s'agit d'amphores présentant un col haut et large, terminées par un large bandeau sans lèvres, munies de longues anses verticales attachées à l'épaule bien marquée. La même estampille de propriétaire se retrouve à Vieille-Toulouse[110], à Agen[111], au Mas d'Agenais[112] et également à Pompéi[113], et elle ne peut se rapporter qu'à M. Porcius M.f, inscrit déjà peut-être sur l'autel du temple d'Apollon[114], duumvir et constructeur du théâtre couvert[115], duumvir *quinquennalis* et constructeur de l'amphithéâtre[116]. D'après les critères épigraphiques, M. Porcius vivait à l'époque républicaine; son associé à ses doubles fonctions officielles, C. Quinctius Valgus, le fait contemporain de Cicéron et donc l'identifie avec un des colons de la colonie syllanienne.

En effet, C. Quinctius Valgus est le beau-frère de P. Servilius Rullus et dans le *De lege agraria*, Cicéron l'accuse de faire de gros bénéfices en vendant aux décemvirs ses terres, qu'il avait acquises à la faveur des troubles civils, grâce aux largesses de Sylla. Il possédait dans sa totalité l'*ager Hirpinus*, des terres à Casinum[117] qu'il avait agrandies par évictions frauduleuses. M. Porcius devait donc être également un profiteur du régime syllanien; colon installé à Pompéi, il avait reçu des terres riches d'un généreux vignoble; il exportait son vin et avait amassé une fortune assez grande pour l'investir, en compagnie de Quinctius Valgus, dans les édifices culturels du Pompéi républicain.

Un autre producteur de vin — et commerçant à la fois — se rencontre sur les routes de Gaule. A Alésia, une anse plate géminée se rapportant à une longue amphore vinaire et datant de la même époque que celles de M. Porcius, porte le nom de L(ucius) Eumachius, dont l'activité se place vers 50 avant Jésus-Christ et dont la prêtresse publique Eumachia serait la fille[118].

L. Eumachius exportait également son vin en Afrique, à Carthage où plusieurs amphores à son nom[119] ont été retrouvées dans un mur antérieur à 14 avant Jésus-Christ. Fulvius Phileros assurait le même trafic[120].

Exportation de tuiles

Un autre article d'exportation est représenté par les tuiles: portant le nom des C.M. Epidii et celui de leur affranchi Theodorus, elles se trouvent en grand nombre sur le territoire côtier d'Histria, à Aquileia, et en Dalmatie. Le nom de Dama Livia se rencontre sur des tuiles à Carthage[121].

Diaspora pompéienne...

Pour faciliter les liaisons commerciales, les Pompéiens n'hésitent pas à s'expatrier et il existe une véritable *diaspora* pompéienne. Les Vibii Vari sont présents à Histria, où un C. Vibius Varus construit un autel à Fortuna, les Epidii exploitent des terres dans la région d'Histria.

... en Orient — Une famille campanienne spécialisée dans le commerce oriental est la *gens Hordeonia*, illustrée à Pompéi par A. Hordeonius Flaccus, édile à l'époque de Néron[122] et par deux Hordeonii Philostorgi cités dans les *apochae*[123]. On trouve ses représentants à Délos et à Puteoli (Pouzzoles)[124]. Les *Lollii* apparaissent également à Délos au IIIe siècle avant Jésus-Christ[125]. Un Q. Lollius, chevalier romain, fut victime de la rapacité de Verrès[126] et Q. Lollius Saturninus figure comme témoin dans les *apochae*[127]. Lollia Saturnina pourrait être une sœur de Lollia Paulina, épouse de Caligula, ce qui expliquerait la faveur de cet empereur pour Pompéi.

... en Égypte — Les relations commerciales avec l'Égypte étaient étroites. La maison de Lucretius Fronto (V, 4, 10), par sa décoration, suggère un tel commerce: deux centaures marins, tenant chacun une proue, et un personnage posant le pied sur une tête d'éléphant, qui personnifie l'Égypte ou Alexandrie. Dans la maison de Méléagre (VI, 9, 2) était peinte une personnification d'Alexandrie entre l'Afrique et l'Asie. Ces liens ont favorisé la diffusion du culte d'Isis parmi la classe dirigeante et commerçante: les Popidii en sont les dévots. Dans la maison de Loreius Tiburtinus (II, 2, 2), Pompéien de vieille souche, on a trouvé des statuettes de divinités égyptiennes et le portrait d'un ancêtre en costume de prêtre d'Isis.

Liens avec l'Asie...

En 1938, on découvrit dans une maison de la rue de l'Abondance (I, 8, 50) un bibelot en ivoire où aussitôt Maiuri voulut reconnaître l'image de la déesse indienne Laksmi [128]. Ce personnage féminin, avec ses formes pleines et sa sensualité provocante, est un produit typique de l'art indien. Le visage est éclairé par des yeux bien ouverts, la bouche est large et pulpeuse; le menton rond descend sur une gorge douce et grasse. Le personnage regarde vers la gauche dans une expression de sensualité heureuse, souriante et de chair triomphante; les seins gonflés sont presque sphériques, la taille marquée, les jambes massives, aux genoux à peine dessinés. La main gauche soutient une boucle d'oreille trop lourde et la main droite porte un feston d'un riche collier.

Des joyaux somptueux parent sa nudité: bracelets aux chevilles et au-dessous du coude; lourd collier entre les seins, fait d'une triple rangée de perles se terminant par un pendentif en forme de lotus; diadème à rosettes. Une tresse nattée descend sur ses épaules, jusqu'à la taille, et est piquée d'une corne d'abondance, de fleurs de lotus et de palmier.

Les deux personnages féminins qui la flanquent rappellent, mais en plus petit, et en plus figé, les formes de la figure centrale. Ce sont des cariatides dans la fonction de servantes; l'une offre une boîte à cosmétiques, l'autre deux grands pendentifs à celle qui ne peut être la déesse Laksmi, car il lui manque les deux petits éléphants qui, sans exception, dans les représentations figurées, versent de l'eau sur la tête de la divinité. Nous avons affaire ici à une créature mortelle, sans doute une courtisane, si on la compare aux personnages des piliers de la Mathura. Ses faibles dimensions porteraient à croire qu'elle servait de manche de miroir, d'autant qu'elle a été trouvée à côté d'une cassette de bois ayant pu être une boîte à toilette.

La présence de cet objet d'art indien atteste en tout cas les liens commerciaux de Pompéi avec l'Asie. Deux routes caravanières — l'une par le golfe Persique et l'Égypte via Petra, l'autre qui, par la Transjordanie, aboutissait aux ports de Syrie et de Palestine — sont possibles, mais il ne faut pas oublier le commerce maritime direct que mettra en lumière sous Domitien le *Périple de la mer d'Érythrée*. De la côte indienne, les bateaux remontaient la mer Rouge, empruntaient le canal de Néchao II qui faisait communiquer la mer Rouge et le Nil, les convois atteignaient Alexandrie et de là reprenaient la mer pour les ports italiens. Nous retrouvons ainsi l'Égypte et son antenne asiatique. N'oublions pas non plus qu'à Pouzzoles les Nabatéens avaient un sanctuaire et que le choix reste toujours possible entre l'acheminement par la Syrie ou par l'Égypte.

... la Numidie

Les liens avec la Numidie sont encore plus étroits. C'est de Campanie que partirent P. Sittius de Nocera et ses compagnons, les Sittiani, lorsque César leur fit don, en récompense de leurs services, d'un fief en Numidie[129]. P. Sittius était lui-même un grand brasseur d'affaires et un grand voyageur — de commerce, pourrait-on dire; installé en Espagne ultérieure, il avait conclu de gros marchés avec le roi de Maurétanie et dans ses exils successifs il restait l'un des principaux fournisseurs de Rome en blé. En Numidie, il fonde en 46 les colonies cirtéennes dont trois, la *colonia Veneria Rusicade*, la *colonia Minervia Chullu*, la *colonia Sarnia Milev*, placées sous la protection des mêmes divinités que les trois cités mères de la Campanie nucérienne, Pompéi *(Veneria)*, Sorrente *(Minervia)*, Nocera *(Sarnia)*, seront ensuite rattachées à Cirta. Sittius donna beaucoup d'éclat à sa *gens*; on rencontre des Sittii à Rusicade, en même temps que des Satrii, Trebii, Lucretii, Fadii et sans doute Pontii. A Pompéi, les Sittii sont candidats dans les dernières années de la cité[130], et leurs activités commerciales sont suggérées dans les *apochae* de Caecilius Jucundus où se rencontrent leurs affranchis[131], et aussi par les amphores de vin d'un P. Sittius Proculus[132]. Un Sittius tient l'auberge à l'enseigne de l'Éléphant, où il devait raconter ses souvenirs africains et la geste du grand capitaine dont il descendait. Les Lollii sont également repérables à Rusicade; à Pompéi on connaît un Lollius Fuscus, candidat à l'édilité[133], une Lollia Successa qui fait de la propagande électorale[134] et un affranchi présent dans les *apochae*[135].

Attraction...

... d'Italiens — Pompéi, ville marchande, était un pôle d'attraction pour les *gentes* de villes italiennes voisines ou éloignées. Le souvenir des solidarités de la confédération nucérine rend toute naturelle la présence, à Pompéi, des Sittii, originaires de Nocera, tout comme celle des Vitellii. De Pouzzoles, viennent les Aviani Flacci, très connus à l'époque de Cicéron et qui ont dû s'allier avec la vieille *gens* pompéienne des Pontii: un L. Avianus Flaccus Pontianus est duumvir à Pompéi[135 bis]. C. Vestorius Priscus, édile[136], doit appartenir à la famille de C. Vestorius Puteolanus, le fameux banquier et ami de Cicéron[137]. Précisément, bien des *tabulae ceratae* encore inédites intéressent des habitants de Pouzzoles[138]. De plus loin était venu M. Loreius Tiburtinus qui rappelait son origine en faisant peindre dans sa riche maison (II, 2, 2) la légende d'Hercule, divinité tutélaire de Tibur. Les liens avec la Sicile sont attestés par l'existence des Pompeii Grosphi, duumvirs en 59, déposés en raison de la rixe; ils descendent de Pompeius Grosphus, propriétaire sicilien, à qui Horace adressa une ode[138 bis]; également Siciliens sont les Heii.

... d'étrangers — Encore plus révélateurs, sont les témoignages sur la présence de marchands étrangers à Pompéi. On rencontre dans les «vieux programmes» la candidature de Numerius Veius Barca[139]. A moins de supposer que le porteur de ce surnom punique soit un affranchi des Veii, famille samnite s'occupant de commerce, il faut voir en lui un marchand punique qui acquit la citoyenneté romaine grâce à leur influence.

La famille des Istacidii aurait de la même façon adopté un marchand cilicien qui prit pour nom N. Istacidius Cilix et qui devint duumvir[140], et les Iulii firent de même pour un marchand punique lui aussi duumvir[141]. Sandelius Sandelianus[142] trahirait une origine cilicienne, Sandes étant une divinité indigène.

L. Varius Gallicanus annonce des liens avec la Gaule et l'onomastique celtique n'est pas rare à Pompéi: Sex. Pompeius, Ruma, Fabius, Ululitremulus; celui-ci, patron d'une *fullonica* dans la rue de l'Abondance, emploie des ouvriers aux noms celtiques: Sula, Ricinus, Gerulus ou Glerus. Notons encore C. Cacos, Melsonius, Rogius, Cotrius, Cautrius, Cinnius, Samellius, Casellius. Il doit s'agir souvent de riches marchands celtes qui ne faisaient que des séjours temporaires à Pompéi et qu'on admettait dans l'*ordo* et élisait aux magistratures en raison de leur richesse et dans l'espoir d'en bénéficier.

Importations de produits étrangers

Que des étrangers aient fréquenté le port et le marché de Pompéi permet de nuancer le tableau de l'expansion du commerce maritime pompéien. En effet, les importations de vins étrangers à Pompéi sont très variées. Faisaient-elles partie d'un circuit de redistribution? En tout cas d'Italie venaient le Formianum[143], le Lunense[144], le Setinum[145], le Capuanum[146], le Gamanum[147], le Surrentinum[148], le Trifolinum[149], le Falernum[150], de Sicile le Mesopotamium[151], le Tauromenitanum[152], d'Espagne le Lauronense[153]; d'Orient le Coum[154], le Lycium[155], le Cnidium[156], le Creticum[157]. En effet, dans la seconde moitié du premier siècle, l'économie italienne connaît un marasme dont profitent les économies des provinces en plein essor, telles les Gaules. La crise de la viticulture italienne laisse le champ libre aux vins gaulois et Pline autant que Martial enregistrent la vogue des vins viennois et biterrois. Les amphores attestent la réalité des échanges: la Campanie a pu en souffrir ou du moins les horizons commerciaux ont dû un peu se boucher. A partir de Tibère, on note également le déclin de la céramique italienne; elle ne livre plus que des produits indignes de sa réputation et elle est concurrencée par les produits gaulois qui l'emportent sur le marché italien. Les musées de Pompéi et de Naples conservent des vases gallo-romains sigillés, dont la décoration en relief était obtenue grâce à des moules; ils appartenaient essentiellement à la forme 29 et 37 suivant la classification du savant allemand Dragendorff et provenaient des ateliers de Bassus, de Germanus, de Mommo — ce dernier, potier de la Graufesenque, au confluent du Tarn et de la Dourbie. En 1881, on a même découvert[158] 90 bols et 30 lampes de la Graufesenque enfermés dans une caisse. La céramique n'avait pas encore été déballée, donc le centre gallo-romain procédait à un envoi massif au moment de la catastrophe. Ce renversement de la conjoncture aurait davantage nui à la bourgeoisie marchande si l'éruption n'avait pas clos les destins de la ville. Sans doute les produits campaniens étaient de qualité. Mais ils auraient souffert de la concurrence et qui sait même s'ils auraient pu survivre?

Commerce de la laine en gros

Le seul commerce de gros, qui soit connu à Pompéi même, intéresse les tissus et se tient dans l'édifice dit d'Eumachia.

Le rôle des *fullones* est capital, nous l'avons vu, dans l'industrie des vêtements et la corporation des *fullones* a pris une des premières places dans la propagande électorale. Tous les tissus qu'ils apprêtaient n'étaient pas aussitôt transformés et on peut même penser à une concentration des achats de fils et de tissus de laine dans ce qui jouerait le rôle d'une Bourse de la laine (fig. 15).

Édifice d'Eumachia — En effet, il existe sur le forum, à l'alignement du Marché, et donnant aussi sur la rue de l'Abondance, un vaste édifice[159] de 60 mètres sur 40 qui est, après la basilique, la plus grandiose construction du forum. Sur l'architrave du portique donnant sur le forum, comme sur l'entrée de la rue de l'Abondance, on lit l'inscription suivante[160]: *Eumachia, fille de Lucius, prêtresse publique, en son nom et en celui de son fils Numistrius Fronto, a fait construire de ses deniers et a elle-même dédié un vestibule, un cryptoportique et un portique en l'honneur de la Concorde et de la Piété Auguste.*

Cette prêtresse publique appartient à la famille, exclusivement pompéienne, des Eumachii, propriétaires de vignobles et d'industries de briques des plus prospères. L'activité agricole et industrielle de la *gens* ne l'empêcha pas d'ailleurs de participer à la vie municipale de la cité: un de ses membres, L. Eumachius Fuscus, fut édile en 32 après Jésus-Christ[161]. Rien dans l'inscription ne conduit à penser qu'on a affaire à une Bourse de la laine, mais la découverte d'une statue d'Eumachia, élevée par les *fullones*[162], légitimerait cette appella-

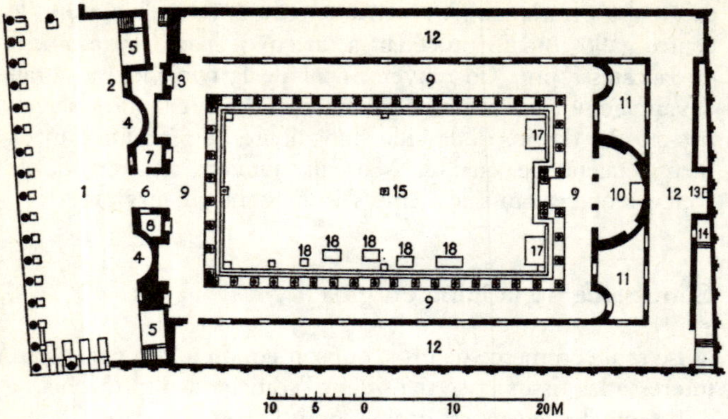

Fig. 15. — Plan de l'édifice d'Eumachia (d'après Mau-Kelsey).

1 portique du forum
2-3 niches pour statues
4-4 niches à abside
5-5 niches importantes accessibles par un escalier
6 entrée
7 passage de service
8 loge du portier
9-9 colonnade
10 piédestal de la statue de la Concordia Augusta
11-11 passages éclairés
12-12 corridor
13 niche avec statue d'Eumachia
14 passage donnant sur la rue de l'Abondance
15 pierre avec un anneau
17-17 élévations rectangulaires
18-18 restes de maçonnerie

tion. Il faut bien dire que la conclusion dépasse de loin les prémisses. Cette statue, inspirée de modèles de la statuaire grecque, présente un visage d'un ovale parfait, une bouche ferme et harmonieuse, avec un air de tristesse et de rêverie dans ses yeux profonds; elle a été découverte dans un corridor qui descend par des escaliers vers la rue de l'Abondance; elle n'est pas à la place d'honneur, mais semble discrètement se cacher.

C'est que certainement la grande cour portiquée à étage avait pour fonction d'abriter dans une exèdre semi-circulaire, ornée en façade de deux colonnes, une statue de la *Concordia Augusta* avec une corne d'abondance dorée. *Pietas Augusta* fait allusion aux sentiments de Tibère pour sa mère Livie après sa maladie de 22 et la *Concordia* célèbre l'union sentimentale du fils et de la mère. Nul doute qu'Eumachia n'y ait vu le modèle des sentiments familiaux en associant son fils à la dédicace du monument. De plus, en tant que prêtresse publique, Eumachia devait rendre un culte à cette Livie Cérès. L'inscription ne parlant pas de *templum*, les statues divines ne suffisent pas à transformer tout cet édifice en monument religieux, cultuel. Ne trouve-t-on pas un local destiné à abriter des statues impériales au *macellum*? Si le sacré et le profane étaient ainsi mêlés, pourquoi ne pas revenir à l'hypothèse traditionnelle, celle de la Bourse de la laine?

D'un point de vue technique, l'édifice était parfaitement adapté à une bourse de la laine, à un bazar pour la vente des vêtements et autres articles d'habillement. Les tables et tout le mobilier nécessaire aux marchands pouvaient prendre place sous la colonnade et dans le corridor. Dans ce dernier, les marchandises étaient exposées en face des fenêtres, si bien que les acheteurs éventuels les examinaient même de la colonnade. Les petites portes entre le corridor et la colonnade pouvaient être fermées et l'entrée depuis la rue de l'Abondance facilement gardée en toute sécurité. D'ailleurs, il y avait une porte étroite au bout du passage ouvrant sur le corridor et la loge du portier surveillait l'entrée de ce côté. Ces précautions tendraient à montrer que ce passage servait aux mouvements des marchandises tandis que les acheteurs passaient uniquement par l'entrée en façade. Le corridor, après les heures de travail, était fermé pour mettre à l'abri du vol les marchandises entreposées.

Mais au-delà d'une adaptation à des nécessités commerciales, un tel monument frappe par l'ampleur et la beauté de son architecture. Sa façade faite d'une colonnade à étage s'harmonise avec la nouvelle colonnade du forum. L'entrée principale était ornée d'une frise sculptée sur les piédroits et sur le linteau, qui rappelle, par ses rinceaux d'acanthe finement ciselés, par les animaux qui se dissimulent dans le feuillage et se fondent avec lui, la frise de l'*Ara pacis* et se place dans le courant classique de l'art des Flaviens. Aux deux extrémités, deux importantes niches rectangulaires sont reliées à la porte d'entrée par deux autres en abside; des statues pouvaient y prendre place ainsi que dans quatre autres, beaucoup plus petites; aucune n'a été retrouvée, mais à gauche, on a découvert deux inscriptions célébrant la geste héroïque d'Énée et de Romulus[163]. L'édifice d'Eumachia ressemblait ainsi aux exèdres du forum d'Auguste à Rome. Ses hôtes découvraient après le vestibule une cour à portique de marbre, la colonnade de la façade étant plus haute que celles des longs côtés, les promenoirs bordés de murs percés de larges fenêtres, limitant un corridor. Au fond, la niche centrale se détachait derrière le portique qui, par un habile décrochement, lui servait d'entrée majestueuse. Si elle accueillait la statue de Livie en *Concordia Augusta*, deux autres petites niches en abside abritaient celles de Tibère et Drusus.

Avons-nous sous les yeux un édifice public? Non, puisque Eumachia en revendique la construction. Mais alors quelle richesse, quelle puissance avait cette famille! Et aussi quel orgueil d'oser élever à Pompéi un petit forum impérial! La même richesse, le même orgueil, la même ostentation de ces gens à la fois viticulteurs, industriels et commerçants se lisent sur le mausolée de taille imposante qu'Eumachia fit construire pour elle-même et les siens — *sibi et suis* —. Femme d'affaires qui a bien mérité d'une ville qui voulait retrouver toute sa vitalité.

Le monde de la banque

Un nom symbolise à Pompéi le monde bancaire, celui de L. Caecilius Jucundus. La découverte de son activité est une belle histoire qui mérite d'être contée[164].

Les quittances de L. Caecilius Jucundus — C'est en 1875, les 3 et 5 juillet, que l'on a trouvé, dans une maison à l'est de la rue de Stabies (V, 1, 26), plus de cent cinquante tablettes autrefois recouvertes d'une fine pellicule de cire et désignées pour cela du nom de *tabulae ceratae*. Elles étaient rangées dans un coffre de bois — le coffre-fort — que le banquier avait placé dans un couloir de l'étage au-dessus du péristyle. Naturellement, la chaleur des cendres avait fait fondre l'enduit qui recevait le texte des reçus, les signatures des témoins, mais la pointe du stylet ayant atteint le bois des tablettes lui-même, les caractères écrits — ou plutôt inscrits — se détachaient en couleur plus foncée sur un bois en général peu calciné.

Il a fallu des trésors d'ingéniosité à Vincent Corazza pour les conserver et les sauver, et de patience et d'intelligence à I. de Petra pour en faire la première édition[165]. C'était une œuvre remarquable que, aidé par A. Sogliano et F. Benabei, Th. Mommsen, avec le secours de A. Mau, corrigea et augmenta d'un important commentaire[166]. Il appartenait à K. Zangemeister d'en fournir une nouvelle et définitive édition et interprétation dans le supplément du *Corpus Inscriptionum latinarum*, vol. IV, en y incorporant deux nouvelles tablettes découvertes en 1887, dans une maison de VIII, 2.

L. Caecilius Jucundus — Nous disposons ainsi de toutes les archives — essentiellement des quittances — de L. Caecilius Jucundus. Sauf pour le numéro I, qui date de 15 après Jésus-Christ, soit la plus ancienne établie au nom de L. Caecilius Felix, dont Jucundus était le fils ou du moins l'héritier, et le numéro CXXXVIII, dépourvue de nom, aucun autre créancier n'apparaît. Pour préciser l'identité du banquier, nous disposons aussi d'autres preuves: dans la boutique à droite de l'entrée, une amphore porte l'inscription: *Caecilio Jucundo ab Sexto Metello*[167]; sur la boutique de gauche, des affiches électorales recommandent, à la prière de Iucundus, Ceius Secundus[168]; à droite, Holconius Priscus[169] et en face Caecilius Capella[170]. Enfin, dans l'*atrium*, la gaine de marbre d'un hermès, portant un portrait de bronze, était dédiée: *Genio L(uci) nostri, Felix libertus*[171] (Au génie de notre cher Lucius, Felix l'affranchi). Depuis sa découverte[172], on a voulu reconnaître dans ce portrait les traits du banquier pompéien, si réaliste, présentant la physionomie astucieuse, calculatrice de l'homme d'affaires, mêlant à la rudesse provinciale une intelligence malicieuse, avec un éclair de fourberie luisant dans les yeux. Malheureusement pour cette identification séduisante[173], le portrait ne date ni de l'époque néronienne, où s'exerça entre 52 et 62 l'activité du banquier, ni de l'époque flavienne, où vivait encore Caecilius Jucundus. Ce qui le caractérise, c'est le témoignage authentique d'une physionomie humaine saisie dans sa saveur naturelle, sans aucune préoccupation stylistique. Il faut donc reculer la datation de cette tête, comme y invitent la forme des oreilles en contrevent, la découpe du buste et la forme de la chevelure. L'inscription sur l'hermès aide à confirmer cette chronologie haute. Un Felix, affranchi, s'adresse au génie d'un Lucius: il a les plus grandes chances d'être L. Caecilius Felix, connu précisément par la *tab. cer.* I[174], père de L. Caecilius Jucundus. Un L. Caecilius Felix se rencontre parmi les *ministri Augusti Mercuri Maiae* dans une inscription de 1 après Jésus-Christ[175] et serait à identifier avec le dédicant du portrait, qui daterait ainsi de l'époque augustéenne. Il est vrai que nous avons toujours la liberté d'imaginer la physionomie du fils sur le modèle de celle du père.

Forme des tablettes — Les tablettes[176] ont deux ou trois volets, les diptyques, au nombre d'une dizaine, étant bien moins nombreux que les triptyques. Leur largeur varie entre 100 et 145 millimètres, leur hauteur, moindre, n'est pas inférieure à 72 millimètres. Les volets sont parfaitement ajustés pour que toute fraude puisse être décelée. Les faces extérieures 1 et 6 sont vides et lisses; les faces 2, 3, 5, étaient creusées pour recevoir la fine couche de cire sur laquelle on écrivait. Sur la face 4, une rainure assez large permettait de lier les fils triples ou quadruples du cordon qui s'insérait dans une gorge mince, et recevait les sceaux de cire des 5 ou 7 témoins, dont les noms étaient inscrits à l'encre, avec une plume, de part et d'autre de chaque sceau. Ainsi étaient soigneusement cachées les faces 2 et 3 qui contenaient le reçu et cette obturation offrait une garantie absolue. La face 5 du troisième volet recevait le *memorandun* qu'il était aisé de consulter.

Formulaires des tablettes — Les tablettes, qui appartiennent toutes, sauf les deux premières, à la période 52-62, présentent deux types de formulaire. L'un, dit *perscriptio* (ouverture de compte), est la reconnaissance orale *(dixit)*, en présence de témoins, qu'une somme d'argent a été reçue *(accepti latio)*:

2000 sesterces. Cette somme promise [*aux acheteurs*] *par stipulation par L. Caecilius Iucundus pour la vente opérée aux enchères de L. Titius le 1er février, L. Titius a affirmé* (dixit) *l'avoir entièrement touchée, moins les frais de 2%, de L. Caecilius Iucundus.*

Fait à Pompéi, le 15 avant les kalendes de janvier, sous les consulats de L. Drusus et P. Clodius.

Dans ce cas, la reconnaissance du versement et le nom des témoins sont de la même écriture, celle de Jucundus ou de son secrétaire.

Ce premier formulaire, de tradition romaine, cesse d'être employé en 57, cependant que le deuxième, emprunté aux Grecs, apparaît sûrement en 53. On le reconnaît à la présence du mot: *scripsi*. Il est dit *chirographe:*

Moi, L. Titius, j'ai écrit (scripsi) *avoir reçu la somme de 6252 sesterces pour une vente des mains de L. Caecilius Iucundus, moins les frais, après avoir consulté la quittance.*

Et naturellement, dans le *chirographe*, les écritures varient selon les signataires de ces quittances.

Banquier d'affaires — Quel que soit le formulaire, le banquier L. Caecilius Jucundus jouait toujours le même rôle *(coactor)*. Lors d'une vente aux enchères d'un mulet, par exemple, ou de lin, il garantissait le prix de la vente à l'acheteur qui n'avait pas d'argent disponible, et payait aussitôt le vendeur qui avait besoin de fonds immédiats.

Courtage — Mais le produit de la vente aux enchères n'était pas intégralement payé par le *coactor* au vendeur. Il fallait déduire un courtage de 1% à régler au *coactor*, l'impôt de 1% sur les ventes, ou celui de 4% sur la vente d'esclaves et parfois la commission de 1% au crieur. Pour imputer courtage et impôt, deux procédés s'offraient: si pour 100 sesterces, le courtage était de 2 sesterces, l'acheteur payait 102 sesterces et le vendeur n'en avait que 100, ou bien l'acheteur déboursait 100 et le vendeur ne touchait que 98. Mais, depuis 57[77], le prix était garanti à l'acheteur et l'acquittement des impôts et courtages incombait au vendeur, d'où la formule *mercede minus* — moins les frais.

Occasion des quittances — La raison des ventes que faisaient les particuliers est rarement connue: un mulet (I), deux esclaves (XLIV), du buis (V), du lin (C). Nous connaissons mieux les délais consentis aux acheteurs, qui sont ou très courts, de

13 jours (XI), 17 jours (XLVII), 33 jours (XV), ou très longs, plus de 6 (XXXV), 8 (XLVII pour un autre cas), 9 ou 10 mois (XVI); et là, nul doute que le banquier ne perçoive des agios plus ou moins importants.

Volume des affaires — Il serait intéressant de connaître le volume annuel des affaires privées de Caecilius Jucundus. Malheureusement, bien des tablettes trop mutilées ne portent pas de sommes, ou leurs indications sont incomplètes. L'échelle des valeurs est très large. Elle va de 342 à 38 079 sesterces, et, pour 40 actes, le total s'élève à 328 098,5 sesterces, soit une moyenne de 8502 sesterces par acte. On ne peut pas davantage évaluer avec précision les bénéfices du banquier; trop d'éléments nous sont inconnus: nombre d'actes annuels[178], valeur moyenne de ces actes. 1% de courtage ne pouvait que lui donner des gains modérés de banquier provincial; aucune opération d'envergure dans cette comptabilité, on ne trouve trace d'aucune vente foncière vraiment considérable, aucune transaction ne porte sur des objets précieux estimés à des sommes fabuleuses. L. Caecilius Jucundus a reçu des érudits une célébrité inespérée. D'être un cas unique, a fait de lui un personnage considérable qu'il n'était pas dans la réalité; replacé dans le cadre de la vie pompéienne, où, comme nous le verrons, nourrir une famille coûte par an un peu plus de 2160 sesterces, il apparaît simplement aisé, un de ces bourgeois qui habitaient une belle maison et qui avaient assez d'économies pour la relever des ruines de 62, au moins en partie.

Fermier d'impôts municipaux — Aux ressources qu'il tirait de son rôle de banquier d'affaires, s'ajoutaient les revenus que lui procurait la ferme d'impôts municipaux. En effet, seize tablettes *chirographes* (CXXXVIII à CLIII), datées par les duumvirs de Pompéi et les consuls de Rome, émanent de Secundus, esclave de la colonie en 53, puis affranchi; il déclare (CXXXVIII-CXL) avoir reçu de P. Terentius Primus, agissant au nom de Stalius Inventus, un total de 6000 sesterces pour règlement de l'impôt pesant sur un *ager vectigalis* loué à perpétuité. Il s'agit d'une redevance municipale — *avitum et patritum* — qui représente le droit de jouissance d'une propriété appartenant en réalité à la commune. Le second impôt affermé intéresse une foulerie, propriété de la colonie et louée à un tiers qui doit une redevance annuelle nommée *fullonica* (CXLI-CXLIV). Le terme de 1652 sesterces ou 1651,5 est honoré, pendant quatre ans, de 56-57 à 59-60. Pour des pâturages loués, on doit acquitter une *pascua* (CXLV-CXLVII): pendant trois ans (56-57 à 58-59) son montant s'élève à 2675 sesterces que l'on peut régler en deux échéances (1000 et 1675). Enfin les marchands devaient un droit de plaçage au marché, *mercatus* (CLI): ainsi Caecilius Jucundus règle 2520 sesterces au nom de M. Fabius Agathimus, adjudicataire de la taxe du marché, à Privatus, esclave de la colonie, qui apparaît à partir de 55 jusqu'en 62. Jusqu'en 57, Caecilius Jucundus a été essentiellement banquier d'affaires. A partir de 53, il se consacre à la ferme de ces quatre impôts, ce qui convient bien à un banquier. Rien ne prouve qu'il ait lui-même géré la propriété, les pâturages, les fouleries: l'exemple du *mercatus*, donné en adjudication à M. Fabius Agathimus, vaut pour les autres *vectigalia*. L. Caecilius Jucundus jouait là encore le rôle de *coactor* à l'égard de la colonie et des adjudicataires. Il assurait à la colonie les rentrées fiscales régulières en lui permettant d'économiser une administration financière trop onéreuse. Moyennant intérêt, il devait accorder aux adjudicataires des facilités de remboursement. L'intérêt, qui lui était payé, devait être bien plus important que ses bénéfices antérieurs pour qu'il ait presque abandonné ses activités de banquier privé.

Faut-il croire, en tout cas, qu'il disposait de revenus assez considérables pour acquérir la fameuse villa de Boscoreale, du moins si L. Caecilius Aphrodisius est bien l'affranchi du banquier, qui le représenterait dans cette demeure si riche[179], et si la marque L.C.H. imprimée sur trois vastes tourtières du trésor de Boscoreale désigne L. Caecilius Hermes? Dans cette hypothèse, il faudrait aussi porter à son compte la somme de plus de mille *aurei* découverts en même temps que le trésor. Avouons nos hésitations à profiter de l'existence d'un banquier bien individualisé à Pompéi pour donner à sa fortune des dimensions qui paraissent hors de proportions avec les bénéfices de la banque. Il nous suffit, de toute façon, d'avoir rencontré dans le monde des affaires de Pompéi un riche bourgeois qui a su faire fructifier son capital dans des opérations tant privées que publiques. Il pourrait bien se faire qu'il ait investi ses bénéfices dans une villa agricole des environs de la ville, à l'image des autres grands commerçants. Il obéit à ce goût du profit, à cette « morale » bourgeoise de l'« Enrichissez-vous » qui s'exprime joyeusement dans les graffites: *Salve lucru (m):* Vive le gain[180]. *Lucrum gaudium:* Que le gain soit votre joie[181]. L. Ceius Serapion, dont le mausolée s'élève comme un phare en face de la porte de Nocera, avait pris le relais sans doute et ses prêts usuraires purent soulager la détresse des Pompéiens ruinés par le tremblement de terre de 62.

Les structures sociales

Nous venons de faire connaissance avec un monde des affaires diversifié dans ses activités, plein d'initiative pour conquérir des marchés et pour contrôler la vie économique autant que la vie politique. Cette haute société est un des éléments constants de la vie quotidienne pompéienne. Mais on ne peut s'empêcher de poser une question, surtout si l'on veut bien se rappeler de quel poids pèse sur ce quotidien le passé de la ville: les différentes conquêtes n'ont-elles pas bouleversé les cadres de la société, l'élément samnite a-t-il survécu après l'implantation d'une colonie de vétérans syllaniens? Après 80 avant Jésus-Christ, n'assiste-t-on pas à une révolution sociale qui pourrait se doubler d'une révolution économique? Autant de réponses à donner si l'on veut parler clairement de la population pompéienne.

Composition ethnique

Étrusques, Grecs, Samnites — A considérer la structure ethnique, nous pouvons affirmer la coexistence pacifique de couches d'origine variée. Les gentilices étrusques persistent avec les Stlaborii, Cuspii, Pansae, Veii, Tintorii, Lucretii. Les Grecs devaient être plus nombreux, puisque l'influence grecque a, plus que l'étrusque, marqué la ville. Il faut avouer qu'il est difficile de déceler les anciennes familles de commerçants grecs qui seraient restés à Pompéi, accueillant les Samnites avant d'être submergés par eux. En effet, dans ce port si actif et si connu, les esclaves importés ont été fort nombreux et l'immense majorité porte des surnoms grecs. Certaines quittances de Caecilius Jucundus sont rédigées en caractères grecs, familiers précisément aux esclaves grecs des bourgeois pompéiens. Ce sont eux, qui, devenus affranchis, se feront un nom comme les Eumachii, et, tenant le haut du pavé, peuvent donner l'illusion d'une continuité grecque. En tout cas, nous ne pouvons la négliger, même s'il est difficile de la prouver clairement. Il n'en va pas de même pour les Samnites. Trois siècles et demi de présence leur ont permis de faire souche et de «nationaliser» Pompéi. La conquête romaine de Sylla ne pourra effacer leurs traces et l'épigraphie pompéienne conserve le souvenir des familles préromaines, en particulier de celles chez qui le prénom osque Numerius est la règle: Herennii, Arellii, Istacidii, Epidii, Macii, Velasii, Pontii, Arcaei, Stati, Pacuvii, Mamii, Alleii, Cerrinii, Verenii, Holconii, Umbricii, Vestorii, Cellii ou Gellii, Arrii, Sepurii, Melissaei, Vibii, Trebii, Popidii, Eumachii, Sittii, Suettii, Antistii, Avianii, Spedii. Naturellement, les Pompeii ont reçu leur nom du nom osque de la ville *Pompeiis.* Beaucoup de ces familles ont fait l'objet au Ier siècle avant Jésus-Christ d'une inscription osque, ce qui signifie leur appartenance au vieux fonds des envahisseurs sabelliens. L'osque a été parlé et écrit pendant longtemps après 80 avant Jésus-Christ en concurrence avec le latin: signalons les graffites osques de la maison du Faune (VI, 12, 2-5), la dédicace en osque de l'autel à Flora; les affiches publiques durent aussi être bilingues pour être entendues des paysans d'alentour. Et les maisons samnites, reconnaissables à leur imposante façade de tuf poli et bien ajusté, ont continué d'abriter des éléments samnites descendant de la société préromaine. Aussi n'ont-ils pas été submergés par les éléments romains que l'on identifie avec les Cornelii, Caecilii, Quinctii, Porcii, Arrinii, Uulii, Tullii, Iulii, Fabii, Cassei, Helvii, Vaevii, Furii, Calpurnii, Appulei, Sallustii, Sextii, Sectilii, Septimii, Egnatii, Postumii, Licinii. On peut donc parler d'une stratification ethnique à Pompéi, sans que jamais une couche ait étouffé la précédente: des phénomènes de juxtaposition, parfois d'osmose, rendent compte de cette variété onomastique.

Orientaux — Le rôle portuaire de la ville lui valait d'accueillir une population d'Orientaux groupés en deux communautés, une juive et une phrygienne. C'est un homme d'affaires considérable, Fabius Eupor[182], qui, dans les derniers temps de la ville, est le chef de la communauté des *libertini* qu'il faut identifier avec les *Iudaei*, les Juifs. Ils se reconnaissent à leurs noms: parmi les Juives, on connaît une Martha[183], trois Maria[184]; seize amphores portent le nom d'Abinnericus (Abner), quatre de Ioudaikos[185]. Kar... Jesus et Shadani (ham?), fils de Lenanath, ont vendu à Vergaz un appartement au-dessus des bains du forum[186]. A Rome comme à Pompéi, certains se font traiter de circoncis[187]; d'autres graffites ne peuvent être que de la main de ceux qui appartiennent au peuple de la Bible: «Sodome, Gomorrhe[188]». «Genèse, très grande Genèse[189]». «Salut, Genèse[190]». Six amphores contenaient de la *muria casta*, ou du *garum castum* appelé encore *castimoniale*[191], *garum* spécial fait avec certaines espèces de poissons consommées par les Juifs les jours d'abstinence religieuse. Un autre témoignage de cette présence juive est donné par un bronze représentant un prisonnier barbare, qui rappelle une monnaie battue à Zacynthos par C. Sosius à l'occasion de la première prise de Jérusalem le 3 octobre 37 avant Jésus-Christ. Une peinture où est figuré le jugement de Salomon reflète une pièce biblique et doit être mise en relation avec la communauté juive de Pompéi[192]. Le quartier juif est à placer autour des Thermes de Stabies.

Il existe de nombreux autres Orientaux: des Syriens, Tyriens, Libanais, Arabes, Palmyréniens, divers Grecs d'Asie. Mais seuls les Phrygiens constituaient une communauté religieuse dont C. Iulius Ephestion était le prêtre en avril 3 avant Jésus-Christ[193].

Pas de révolution sociale

Il ne suffit pas de constater la survivance de certains gentilices d'origines osque, la coexistence libre de diverses couches ethniques; il faut caractériser la position économique et sociale de l'élément samnite pour mesurer la portée de l'implantation d'une colonie romaine en 80[194]. Remarquons la place que les éléments préromains tiennent dans la production du vin, dans les activités industrielles et commerciales. Le moins qu'on puisse dire est qu'ils participent à tout ce qui caractérise la richesse de Pompéi et qu'ils ne sont pas défavorisés dans la course au lucre. Deux des familles samnites les plus anciennes, les Melissaei et les Sittii, s'occupent de commerce maritime et plusieurs de leurs membres sont aussi hommes d'affaires, propriétaires de terres et de maisons. Les Vibii, producteurs de vin, offrent aussi des produits métallurgiques en tout genre.

On pourrait multiplier les exemples: l'élément indigène a donc réussi à conserver plus ou moins ses positions dans les divers secteurs de l'économie alors qu'il est en minorité par rapport à l'élément colonisateur, qui a su au moins au début accaparer frauduleusement terres et affaires. Il a des représentants dans la bourgeoisie terrienne, mais aussi dans d'autres couches sociales et la colonisation syllanienne ne l'a pas cantonné dans les activités moins fructueuses, ni obligé à découvrir de nouvelles sources de richesses. Certes, on ne peut taire la ruine de certains propriétaires fonciers[195], mais on se tromperait en imaginant une lutte féroce où seraient tombées les meilleures familles du Pompéi préromain. Il ne faut pas oublier que les intérêts de l'aristocratie romaine coïncidaient avec ceux de la riche bourgeoisie pompéienne. Cicéron[196] met l'accent plus sur des dissensions de caractère politique que sur de véritables actes de lutte sociale. Même si l'on fait la part de l'exagération oratoire, il faut tenir compte de cette affirmation de l'avocat:

> Bien que cette colonie ait été installée par lui [Sylla] et que les circonstances politiques aient mis en opposition les avantages accordés aux colons et les intérêts des Pompéiens, il [Sylla] est si cher aux uns et aux autres et si bien vu qu'on ne croirait pas qu'il a dépossédé l'un des deux groupes mais qu'il les a établis l'un et l'autre dans leurs possessions.

Ce climat de paix sociale s'explique aussi en partie par le fait que ce sont les gens de Stabies qui ont payé le prix le plus lourd de la défaite des «alliés».

Une première réponse peut donc être donnée: il n'y a pas eu à Pompéi en 80 de révolution sociale, contraignant l'élément indigène à changer d'activités. Mais l'arrivée des colons syllaniens a-t-elle interrompu la tendance à la formation de grands domaines et a-t-elle créé une petite et moyenne propriété paysanne?

Persistance du grand domaine

La tradition antique sur la colonisation syllanienne n'indique pas le nombre des vétérans installés sur l'*ager pompeianus*, mais si nous faisons confiance à une information d'un historien ancien, en Campanie se seraient installés 47 000 légionnaires répartis en une dizaine de colonies[197], ce qui cadre avec le nombre de 120 000 donné pour toute l'Italie[198]. En Campanie, sont fondées Capera, Calatia, Suessula, Nole, Pompéi. Et l'*ager* pompéien a pu recevoir de 4000 à 5000 hommes, soit l'effectif d'une légion. Même si ce chiffre ne représente qu'un ordre de grandeur, il entraînerait *ipso facto* un morcellement assez important de la propriété terrienne et l'assignation de propriétés ne comptant plus que quelques dizaines de jugères (le jugère = 25 ares). Or, ni les fouilles ni les inscriptions ne sont favorables à une telle vision historique, si bien que les effets d'un premier fractionnement furent peu durables[199]. Les vétérans propriétaires se sont vite défaits de leurs propriétés; ils ont préféré en général s'établir à la ville, ou dans des colonies hors d'Italie, ou même échapper aux soucis et aux obligations des propriétaires et devenir fermiers de grands propriétaires qui leur ont racheté leurs biens. Certes, pour Pompéi, nous manquons de faits précis, mais il est permis de penser que, dans ce coin de Campanie, s'est déroulé un processus analogue à celui que Cicéron rapporte pour les terres de Campanie assignées aux vétérans de César. Elles furent abandonnées et passèrent à une poignée de gens — *ad paucos* — qui contrôlaient ainsi des terres s'étendant plus loin que le vol d'un milan et que cultivaient des laboureurs inconnus. Ce sont les *infinita spatia villarum* dont parle Tacite[200] qui nous renseigne à propos de vétérans de Tarente et d'Antium sur les raisons de cette désaffection[201] : les vétérans ne remédièrent pas à la dépopulation de ces villes, car ils se dispersèrent presque tous dans les provinces où ils avaient fait leur service ; comme il n'était pas dans leurs habitudes de prendre femme et d'élever des enfants, ils laissaient leurs maisons vides et sans postérité. Dans le cas de Pompéi, rappelons le départ pour la Numidie cirtéenne de nombreux Pompéiens, attirés par des lots de colonisation plus importants ou par l'espoir de faire plus de bénéfices en qualité de *negotiatores.* Ainsi fut atténué et même oublié le fractionnement de la propriété. Ce fut sans doute un moment de panique, mais les esprits se ressaisirent vite : certains nouveaux propriétaires même disparurent, comme les Porcii ou les Quinctii qui ne sont plus mentionnés par l'épigraphie pompéienne. Il s'agit maintenant de connaître l'étendue de cette grande propriété pompéienne.

Étendue de la propriété pompéienne

Columelle, agronome du Ier siècle, nous aide à nous faire une idée de la superficie d'une propriété pompéienne. Dans la fameuse villa de Boscoreale, on a découvert *in situ*, dans la *cella vinaria*, 84 *dolia*, dont 72 abritaient la production annuelle de vin. Ces 72 *dolia* pouvaient contenir 175 *culei* de vin, soit, si on compte le *culeus* à 536 litres, 93 800 litres, soit 938 hectolitres. A lire Columelle, nous apprenons qu'on arrache la vigne qui ne produit pas 3 *culei* au jugère, soit 16,08 hl pour 25 ares, donc on a au plus 58 jugères de vignobles. Mais il faut planter des châtaigniers pour avoir les étais, des roseaux pour diriger les branches du cep, des saules pour les lier. Voici les superficies de ces plantations annexes[202] :

1 jugère de saules suffit à 25 jugères de vignobles, d'où saules..........................	2,1/3
1 jugère de roseaux vaut pour 20 jugères de vignobles, d'où roseaux......................	3
1 jugère de châtaigniers convient à 20 jugères de vignobles, d'où châtaigniers	3
Total	8,1/3

ce qui donne pour le vignoble un total général de 58 + 8 = 66 jugères.

Par ailleurs, nous savons que la *cella vinaria* contenait 12 *dolia* pour l'huile, on doit donc ajouter une surface plantée d'oliviers. Il ne faut pas non plus oublier potager et verger, et des champs où l'on récolte du grain et du fourrage pour le bétail. On ne doit pas être loin de la vérité en proposant 100 jugères, soit 25 ha, superficie souhaitée par Caton[203]. Il est difficile de supposer qu'une telle étendue puisse être cultivée par le propriétaire, qui devait évidemment utiliser une main-d'œuvre servile ou des colons fermiers.

Types de propriétés et de propriétaires

Nous connaissons aujourd'hui une quarantaine de villas campaniennes (fig. 16) autour du Vésuve et il nous est possible de préciser comment se comportaient les propriétaires ruraux. Lorsque le propriétaire est un membre de la famille impériale, comme pour la villa suburbaine de Boscotrecase le fut Agrippa Postumus et avant lui son père Agrippa[204], il est bien évident que l'auguste maître ne réside pas de façon continue et qu'il ne fait une apparition qu'au moment où, par exemple, la vendange bat son plein. Il s'agit en général de maisons luxueuses, aux riches pavements de mosaïque et de marbre, abondamment décorées de peintures, et pourvues de toutes les commodités rendant agréable un séjour, fût-il unique et assez court. Les appartements du maître sont bien séparés du «quartier» des travailleurs. Les combinaisons, pour diverses qu'elles se présentent à Boscotrecase chez Agrippa Postumus (n° 31) ou à Gragnano (n° 33) chez un inconnu,

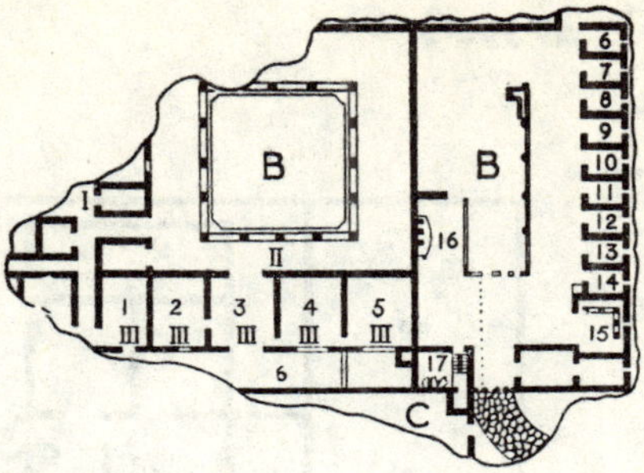

Nº 31

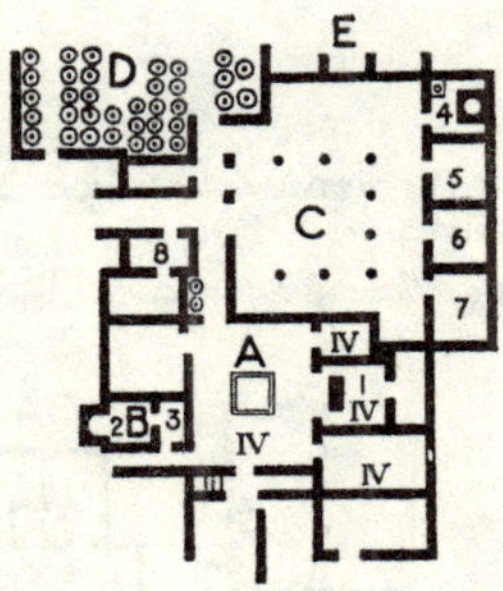

Nº 33

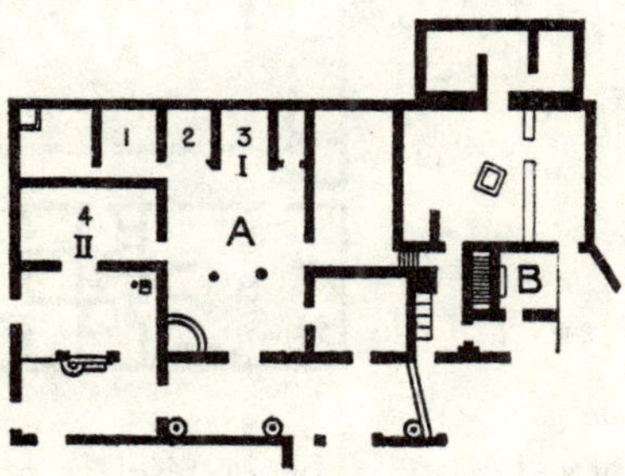

Nº 22

offrent toujours l'image d'une ségrégation sociale et d'une exploitation de type capitaliste. Le propriétaire est un aristocrate-homme d'affaires qui habite Pompéi ou Rome et qui sait tirer les meilleurs revenus de la vente du vin.

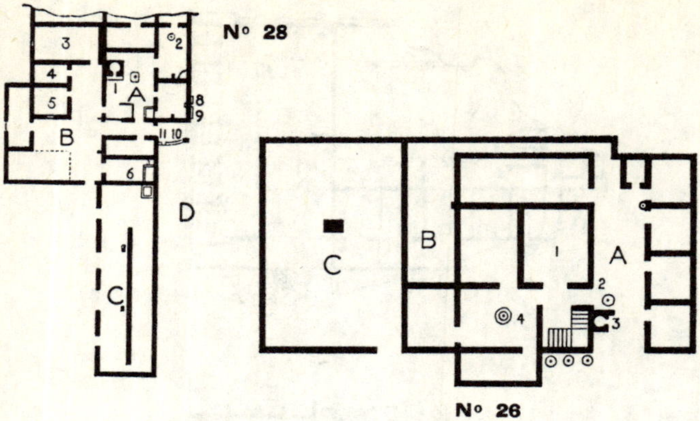

Fig. 16. — Plans de villas campaniennes (d'après R.C. Carrington, Studies in the Campanian «villae rusticae», dans J.R.S., *XXI, 1931).*

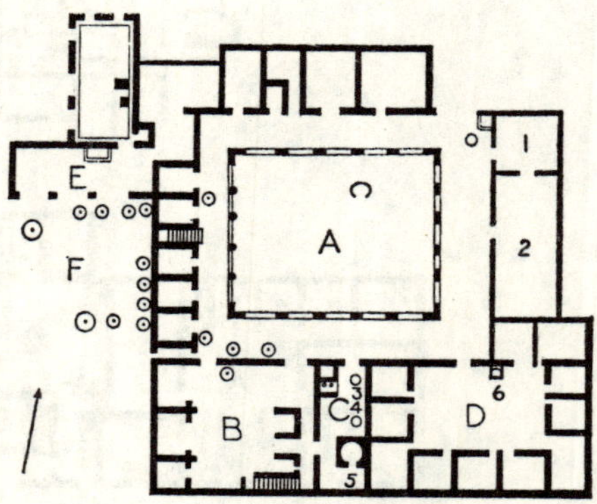

N° 34

A côté de ce type de «landlord» non résident, nous rencontrons un type de propriétaire plus modeste (n° 22), qui habite pendant toute l'année une maison construite pour ses aises et pourvue d'un certain confort. Un tel propriétaire vend par exemple du vin au détail [205] (n° 28). Un banc invite les clients de passage à s'asseoir; une auge est installée pour désaltérer les bêtes. Les pièces ne sont pas toutes décorées, et dans la fouille on a découvert des outils agricoles, des ustensiles de cuisine, des vases de céramique, donc des objets de première nécessité, tandis que les villas du type précédent offrent de la vaisselle précieuse, comme il en a été trouvé dans la fameuse villa de Boscoreale. La distinction entre les deux catégories n'est pas toujours aisée peut-être, mais il est précieux de savoir que sur vingt villas bien reconnues, neuf appartiennent à la première catégorie, neuf à la seconde. Donc un équilibre règne entre propriétaires résidents et non résidents. En tout cas, le type de la ferme-ergastule, où seuls viennent coucher les esclaves enchaînés après leur journée de dur labeur et que surveille un intendant pointilleux, reste exceptionnel (n°s 26, 34). Le séjour dans la campagne pompéienne est très agréable et les propriétaires aiment y résider au moins partiellement. Mais il ne pouvait être question de ne pas profiter de la fertilité du sol volcanique et de ne pas le mettre en valeur. Les Campaniens — ou les Romains — qui aimaient la chasse, les grandes promenades, les spectacles plus plaisants, choisissaient le côté septentrional de la baie de Naples, vers les Champs Phlégréens, où la terre était moins chère et les points de vue plus éblouissants. Ici, dans l'*ager pompeianus*, même si on ne réside pas, on appartient à la ville voisine. Et le capitalisme — si capitalisme il y a — établit un équilibre harmonieux entre un terroir et des hommes: 25 hectares, 100 jugères, c'est beaucoup à considérer le lot du colon syllanien, mais qu'est-ce à côté des *latifundia* de l'Italie du Sud ou de Sicile?

Équilibre social

Cet équilibre, découvert par les grands propriétaires samnites dans une période de paix entre les guerres puniques et la guerre sociale, est confirmé au moment où Caton compose son *De agricultura*, ce bréviaire du propriétaire agricole spéculateur. Et même si au Ier siècle avant Jésus-Christ le type du propriétaire non résident — comme Asselius ou P. Fannius Synistor — domine, il n'est pas le type unique. Une villa de résident date de l'époque de Caton et neuf existaient encore au moment de l'éruption. Donc, à Pompéi, le capitalisme ni l'absentéisme n'ont connu plus grand développement. Jamais on ne trouvera de *villaticae pastiones*[206], dont le goût se développe dans la littérature à l'époque de Varron. Entre Boscoreale au nord et Gragnano au sud, l'*ager pompeianus* était le jardin de la Campanie.

Concentration de la propriété

Un jardin cultivé par des propriétaires qui transmettent leur nom à leurs terres. A l'époque syllanienne on rencontre un «*fundus Mamianus citra potem Sarni*[207]», et aussi bien à l'époque néronienne un *fundus Badianus*[208]. Les vignobles sont caractérisés par un adjectif d'origine gentilice: on connaît les propriétés suivantes: Allianus, Clodianus, Communianus, Fabianus, Geminianus, Marianus, Propertianus, Ririanus, Tiburtianus, Tironianus. Ces notations banales ne nous renseignent guère sur une éventuelle concentration de la propriété. Plus parlantes sont les deux inscriptions[209] où apparaissent les mots de «tènement du haut, tènement du bas *(fundus superior et fundus imus)*» intéressant une famille samnite — les Sittii — et une famille romaine — les Clodii. Il est encore plus précieux de rencontrer dans le cellier des Vettii des amphores contenant du vin originaire du *fundus Arrianus* et du *fundus Asinianus*. On tient la preuve que le vin renommé que produisait cette famille conservait son label de qualité, mais que les Vettii avaient acquis les deux propriétés des Arrii et des Asinii. Cela ne saurait nous étonner des Arrii qui, autrefois propriétaires fonciers à la campagne et immobiliers à la ville, ont dû vendre ou ont légué leurs biens — partagés ainsi entre les Vettii et Cn. Alleius Nigidius Maius, l'impresario bien connu.

Fermage

Nous comprenons ainsi comment, au moment de l'éruption, la colonisation syllanienne n'était plus qu'un souvenir historique. Mais d'autres inscriptions attirent l'attention sur un phénomène opposé: l'un des *fundi* des Sittii était donné en fermage à un Antonius Martialis qui le cultivait [210]. Sur les amphores, à côté du nom du producteur apparaît un nom d'origine servile ou étrangère. Par exemple, à côté de Postumius on rencontre C. Hostius Agathemerus [211]. Dans le *praedium Cumanum* possédé par Trimalcion, les *horti pompeiani* [212] sont cultivés par des fermiers, tel le fermier Nasta *(Nasta villicus)*. Mais si dans certains cas — et les cultures maraîchères y invitaient — on a recouru au système du fermage, rien ne permet de croire qu'il ait atteint des proportions susceptibles de modifier de façon appréciable la structure sociale pompéienne. Les cultures principales — la vigne et l'olivier — se prêtaient mal à un fractionnement de propriété entre fermiers et réclamaient une abondante main-d'œuvre, servile en grande partie, et aussi, libre, à des périodes déterminées. En conclusion, à Pompéi, au vieux milieu agricole samnite ne se sont pas substitués de nouveaux éléments qui se seraient affirmés sur d'autres plans économiques. Certes, il a existé des transferts de propriété, des indices d'une concentration capitaliste, mais les nouveaux propriétaires ne se sont jamais sentis vraiment étrangers au noyau primitif.

Révolution industrielle?

Il est enfin une troisième révolution, que Rostovtzew et Maiuri ont cru reconnaître dans l'économie pompéienne et donc dans la société: il s'agirait d'une révolution industrielle, ou tout au moins d'un processus d'industrialisation qui aurait marqué l'avènement d'une nouvelle classe bourgeoise. Or, que les boutiques-officines datent de la période samnite ou de la dernière période édilitaire de la ville, comme celles de la maison dite de Pansa (VI, 6, 1), elles s'intègrent étroitement à l'édifice, sont en communication avec le cœur de la maison et donc on peut douter de l'indépendance des propriétaires de ces boutiques-officines, de leur opposition au milieu agricole. Beaucoup de ces boutiques et officines n'étaient pas tenues par des artisans libres, mais par des esclaves et des affranchis qui travaillaient pour leurs patrons.

Maiuri de son côté a constaté que, lors de la reconstruction de la cité entre 62 et 79, les propriétaires s'étaient attachés à relever de leurs ruines les boutiques, les magasins, avec plus de soin qu'ils n'en consacraient à la restauration de leurs propres demeures. Bien plus, certaines maisons privées s'étaient transformées en exploitations industrielles ou avaient subitement accueilli des boutiques et tavernes. Il a vu là le signe de l'envahissement du milieu agricole traditionnel, campanien et romain, par une classe marchande. Frappé durement dans ses intérêts financiers, ne disposant pas de capitaux suffisants pour la reconstruction, ce milieu aurait été obligé de louer ou de vendre ses immeubles pour un usage plus pratique.

Il ne s'agit pas de nier cette dure nécessité, dont témoigne éloquemment l'affiche de la propriété de Julia Felix: «*Dans la propriété de Julia Felix, fille de Spurius, on loue les thermes de la jeunesse pompéienne, des boutiques, et leurs logements, des appartements et on offre un bail de cinq ans*[213].» Mais au lieu de croire à un changement de milieu, pourquoi au contraire ne pas proposer une autre explication: le milieu ancien s'est trouvé brusquement placé devant de difficiles responsabilités. Il y allait de sa survie et il a su envisager les sacrifices nécessaires pour maintenir ses positions. Ce sont les mêmes anciennes demeures qui sont réparées et qui plaident en faveur de cette constante sociale. Un milieu industriel neuf aurait construit de façon révolutionnaire. La reconstruction plus rapide des *tabernae* et *officinae* se comprend par la nécessité d'une restauration rapide pour refaire les patrimoines obérés par la catastrophe. Il s'agit au total d'une évolution sensible des formes économiques, de l'apparition de nouvelles activités sans substitution de milieu. Le milieu agricole investit de plus en plus ses capitaux dans l'industrie et le commerce: l'industrie du *garum*, celle des vêtements, le commerce du vin, nous l'avons vu, sont aux mains de gens qui ont des rapports étroits avec la bourgeoisie terrienne et pastorale. Et à étudier les candidatures aux élections municipales, on s'aperçoit que 50 pour 100 de celles-ci proviennent de familles agricoles. Pompéi n'a donc pas connu de révolution industrielle et s'il y a «modernisation» des activités et des genres de vie, l'aristocratie garde ses traditions agricoles et c'est elle que nous rencontrons dans la vie quotidienne.

Place des affranchis

N'allons pas croire toutefois à une sclérose sociale; nous savons que la bourgeoisie campanienne est devenue une bourgeoisie romano-campanienne, nous venons de constater ses facultés d'adaptation. Elles sont à mettre au crédit de la mobilité sociale qui caractérise la société romaine en général, le milieu pompéien en particulier. Par mobilité sociale, il faut entendre la possibilité qu'a un esclave de se faire affranchir et de faire à son tour souche de bourgeoisie. Il y a donc circulation ininterrompue d'un sang renouvelé et possibilité, pour les familles traditionnelles dont la postérité s'épuise, de recevoir une sève nouvelle.

Nous rencontrons ces affranchis (*liberti*) aux postes clefs de l'économie pompéienne: dans les débits de vin, annexés aux *villae rusticae* ou aux maisons de ville, ils vendent la récolte du «patron» et font ainsi une concurrence sérieuse au petit commerce de détail. Ils sont présents dans toutes les industries, dans tous les commerces parmi les signataires des *apochae*; et, ce qui est encore plus remarquable, parmi les propriétaires de *villae*. Grâce à ces affranchis, le nom des familles survit: ainsi les Stlaborii représentés par un seul affranchi dans les quittances de Caecilius Jucundus, Stlaborius Nymphodotus[214], adoptent un Veius, membre d'une *gens* plus vivante; M. Alleius Libella, Cn. Alleius Nigidius Maius, les Lucretii qui s'apparentent aux Decidii, Epidii et Satri et affermissent ainsi la situation de leurs affranchis[215]. La présence d'affranchis dans le vieux milieu agricole ne doit pas nous étonner. A l'époque de Pline l'Ancien[216], on connaissait parmi eux de parfaits vignerons, réalisant de considérables profits: il s'agit de deux affranchis, Acilius Sthenetus et Vetulanus Aegialus, qui cultivaient des terres en Campanie et qui remirent en valeur en peu de temps des propriétés dépréciées en appliquant de nouvelles méthodes de culture. Le rendement du vignoble fut incroyable et au bout de dix ans les vignes valurent quatre fois le prix qu'elles avaient coûté. Trimalcion[217], enrichi dans le commerce maritime, rachète toutes les terres qui ont appartenu à son patron. Mais là encore, il ne faudrait pas exagérer l'emprise des affranchis sur les propriétés. Bien des inscriptions trouvées dans les *villae* peuvent nous donner seulement les noms d'administrateurs des biens en l'absence du propriétaire. Ainsi la villa de Boscoreale (alla Pisanella) dite de P. Fannius Synistor appartenait en réalité à L. Heius Florus.

Pas de classe indépendante d'affranchis

Bien que ces affranchis enrichis se rencontrent parmi les propriétaires et les producteurs, il n'est pas vrai qu'ils constituent une classe indépendante et que l'on puisse parler de la décadence de la vieille aristocratie et bourgeoisie municipales. Même après la manumission, l'affranchi n'a pas coupé tous les liens qui l'unissaient à son patron [218]. On a trop aligné la position des affranchis de l'aristocratie municipale sur celle des affranchis impériaux. Ceux-ci jouent un rôle politique et constituent une catégorie spéciale, présente d'ailleurs à Pompéi où ils forment 50 pour 100 du nombre total des *liberti.* Les affranchis de l'aristocratie pompéienne restent au service de ce milieu à la fois terrien et commerçant qui, plus d'une fois, a mis ses capitaux à leur disposition. Ainsi des raisons juridiques, autant qu'économiques, interdisent de croire à l'autonomie d'une classe d'affranchis. Ils connaissent une indéniable montée sociale sans bousculer toutefois l'ordre établi. Notre vie quotidienne ne saisit guère le nouveau riche. Trimalcion n'est pas le représentant d'une classe nouvelle: il est la caricature littéraire exceptionnelle d'un phénomène historique, dont l'interprétation mérite d'être réexaminée [219].

Trimalcion est un esclave transplanté à Rome tout jeune; il est mis en vente au marché, puis son maître C. Pompeius le fait entrer dans la *familia urbana.* Il apprend à lire et à compter et devient trésorier, «dispensateur» de son patron, un patron riche qui lui fait une situation enviable. A la mort de son maître, il est affranchi et recueille un patrimoine de 30 millions de sesterces. Il avait joué le rôle de fils auprès de son patron et il hérite d'une fortune qui ainsi ne sort pas du nom. A la différence des affranchis qui ne quittaient pas leur maître et continuaient à exercer auprès de lui les fonctions qu'ils avaient toujours exercées, Trimalcion fait partie de la minorité d'affranchis qu'un ensemble de conjonctures rendaient juridiquement et économiquement indépendants de leur patron. C'est cette minorité qui forme au Ier siècle de notre ère la couche affairiste et tapageuse où l'on a voulu voir la bourgeoisie montante et dont Trimalcion est le symbole. Il est *libertinus* et non pas *libertus* de quelqu'un, et échappant aux liens patronaux, à tous les *obsequia* que, s'ils avaient existé, il aurait dus aux fils de son bienfaiteur décédé, il manifeste une mentalité d'homme d'affaires, aussi éloignée de celle de la paysannerie libre, de la plèbe urbaine où les vertus de l'épargne étaient encore à l'honneur, que d'une aristocratie qui vivait du revenu de ses terres et s'occupait des affaires de la cité, et dont les membres réalisaient avec ostentation leurs obligations et leurs destins de *cives*. Mais ces déracinés ne le restent que l'instant d'une génération: leurs fils sont ingénus — et l'affranchissement n'est qu'un moment, une étape dans la vie du corps social. Parler de montée des affranchis finit par perdre tout sens.

Trimalcion hérite de biens-fonds, dispose de peu de liquidités et vend ses terres pour avoir de l'argent, car personne, dit-il, n'en a jamais assez. Il manifeste ainsi un esprit capitaliste — mais pour un temps, car il réinvestit dans des terres les richesses gagnées dans le grand commerce maritime — il vit alors de ses revenus et d'usure, et ne rêve que de «s'arrondir», d'avoir des propriétés d'un seul tenant.

C'est la terre qui anoblit, qui classe dans le monde, et par une ironie du sort ce capitaliste tourne le dos au capitalisme, en devenant propriétaire et en ne faisant plus rien. *Sevir*, il donne un banquet à toute la population de la cité, mais il imite les dépenses ostentatoires des *cives*, et mène une existence de parodie dans un monde qui n'a pas été fait à la mesure de ses ambitions.

Finalement, ce monde des affaires tourne court: il n'y a pas à Pompéi formation d'une classe bourgeoise, d'une classe moderne. Seule l'aristocratie terrienne sert de modèle et impose sa discipline. L'industrie est une activité annexe de l'agriculture. Le commerce, s'il était pratiqué seul, ferait déroger, et toutes ces grandes familles, tout ce monde des affaires a essentiellement conçu la terre comme la grande affaire. Et c'est en fonction de la monoculture de la vigne qu'elle a ordonné ses activités ou plutôt qu'elle les a réparties entre ses esclaves et ses affranchis, qui, à leur tour, sont prêts, après quelques avatars peut-être comme ceux de Trimalcion, à retourner à la terre. Sans doute, ils savent faire de l'argent et le *lucrum facere* de Pétrone fait écho au *salve lucrum* de Pompéi. Mais cet argent, ou bien ils le réinvestissent dans la terre ou bien ils le thésaurisent comme le montrent les trésors d'*aurei* qu'emportaient, le 24 août 79, riches Pompéiens et Pompéiennes. L'économie esclavagiste libérait ces aristocrates de tout souci et leur permettait de jouer le seul rôle digne d'eux — un rôle politique — qui, mieux encore que les labels de qualité ou les emballages soignés, perpétuaient sur les murs de la ville leurs orgueilleux gentilices.

CHAPITRE IV

LE MONDE DU TRAVAIL

À Pompéi, la voix du monde du travail ne s'est pas tue. La trace de ceux qui ont obscurément peiné toute leur vie au service de l'État ou des particuliers de la classe possédante se cache, pour d'autres villes, dans quelques épitaphes médiocres ou derrière quelques formules banales. Ici, l'outillage, le logement, les croquis pris sur le vif aident à composer un tableau complet des activités du plus grand nombre des Pompéiens. Après les nantis, voici les déshérités, ceux qui travaillent pour vivre sans pouvoir épargner, ceux qui ont pour capital leurs seuls bras et qui, malgré la médiocrité de leur niveau de vie, gardent toujours l'espoir de s'élever un jour.

Main-d'œuvre agricole

La vigne — L'agriculture pompéienne exige une très forte main-d'œuvre, surtout à l'époque de la récolte. Le personnel agricole — qu'il s'agisse d'esclaves ou de journaliers libres — est encadré par des conducteurs de travaux, par des surveillants qui ont l'oreille de l'intendant et qui ne sont préoccupés que de rendement.

La culture de la vigne réclame beaucoup de soins[1]. Il faut d'abord biner la terre autour du cep pour le faire grandir et cela pendant un mois, selon Columelle. Les plants jeunes doivent remplacer les anciens. Les vignes doivent être taillées. Après le 1er octobre, et avant la saison froide, les racines doivent être déchaussées et les petites racines coupées. Binettes, serpes, faucilles, couteaux ont été retrouvés dans la maison de Ménandre (I, 10, 4) (fig. 17) et dans bien des villas comme

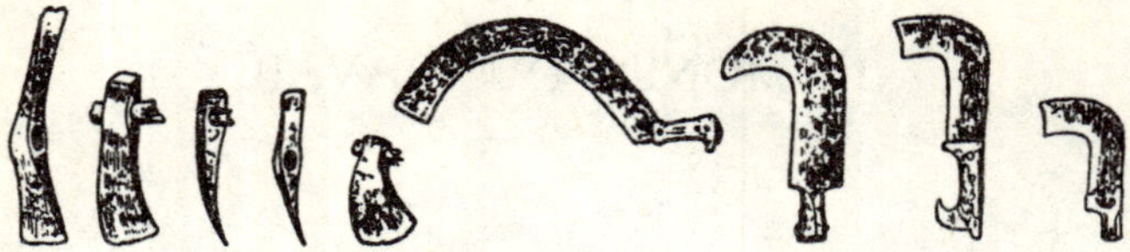

Fig. 17. — Outils agricoles (d'après A. Maiuri, Casa del Menandro*).*

dans celle de Boscoreale. La main-d'œuvre, déjà importante pour ces travaux, était encore plus nombreuse pour la cueillette des raisins. Nul doute qu'on n'engageât des hommes libres pour un salaire journalier plus élevé que celui qu'ils recevaient d'habitude. Ces *vindemitores* forment des associations permanentes puisqu'ils prennent part à la campagne électorale[2] du printemps, à une époque où la vendange n'est qu'une promesse.

Un personnel abondant s'occupe ensuite de la fabrication du vin ; il faut convoyer le raisin coupé, décharger les « comportes », disposer le raisin sur l'aire de pressage, presser et surveiller le remplissage des *dolia* du cellier, ou « trafiquer » le jus de la treille pour obtenir une des qualités souhaitées.

Huile — La production d'huile nécessite aussi une main-d'œuvre nombreuse, la même à vrai dire que celle du vin, puisque le calendrier des opérations n'est pas du tout le même que celui de la vigne. Taille des arbres, gaulage des fruits, ramassage, broyage de la pulpe sans écraser le noyau, pressage de la bouillie ainsi obtenue, emplissage des *dolia*: tels sont les principaux stades de cette production.

Céréales — Pour les céréales, labours et semailles, moisson, battage, engrangement, se laissent aisément imaginer grâce aux instruments agricoles que recèlent les villas: araires, faucilles, serpes, fléaux étaient à la disposition d'un personnel important qui devait prévoir chaque année deux à trois récoltes, à croire Strabon. Il est vrai aussi que sur les grands domaines la quatrième récolte était consacrée aux légumes.

Légumes — La production maraîchère, la plus variée, était le fait de petits propriétaires ou de familles libres, travaillant eux-mêmes leur terroir riche et apportant leurs légumes au marché, à l'heure où se développe en Italie une culture maraîchère scientifique[3]. Les *horti pompeiani* étaient célèbres autant que leurs produits[4]: les choux[5], les oignons[6], les bettes[7], les fèves[8], les pois chiches[9]. Les producteurs d'oignons ainsi que les marchands de légumes intervenaient dans les luttes électorales[10]. Dans tout le quartier proche de la porte de Nocera, des jardins de maraîchers étaient clôturés de murs, et, comme aujourd'hui dans nos banlieues, fournissaient choux, lentilles, salades. Dans un coin, un réservoir pour l'irrigation; un homme y puisait l'eau avec un seau et la confiait à deux répartiteurs grossièrement faits de tuiles emboîtées qui la conduisaient aux divers sillons. Peine de fellah, a bien raison de dire Maiuri[11].

Fruits — Les fruits poussaient dans des vergers *(pomaria)* que soignaient les *pomarii*[12], producteurs et marchands de fruits, et l'on sait la renommée des figues campaniennes[13]. Dans ces vergers on récoltait des noisettes — une amphore en contenait un millier[14] — des noix, des amandes, des pêches, des prunes, des coings, des pommes, des poires, des grenades. On a trouvé aussi une amphore de cerises[15]. Bien d'autres fruits ont été représentés par les peintres, dans les natures mortes de Pompéi[16]: citron, orange, peut-être même mangue, ananas (?). Faut-il penser que les agriculteurs pompéiens ont su acclimater les fruits exotiques? Ces peintures ne sont-elles pas plutôt des tableaux de genre sans lien avec la réalité?

Élevage — L'élevage de vastes troupeaux de moutons enfin nécessitait des bergers; à nourrir les porcs et la volaille, vendue ensuite par les *gallinarii*[17], marchands de volaille, s'employait un personnel assez nombreux, puisque ce cheptel de petites têtes fournissait un élément essentiel de la nourriture des habitants.

Main-d'œuvre industrielle

Dans l'industrie, le monde du travail est nécessairement beaucoup plus spécialisé.

Alimentation — Chez Terentius Neo, grand patron boulanger, travaillent les hommes libres ou les esclaves qui manœuvrent les bêtes attachées au moulin. Il y a ceux qui brassent la pâte ou qui font tourner les ailettes du pétrin, modèlent le pain avant cuisson et le font cuire. Dans une exploitation plus modeste, le patron boulanger travaille avec les siens, esclaves et hommes libres qui font partie de la *familia*. Il intervient dans la lutte électorale[18] en compagnie de ses ouvriers et de ses ouvrières[19]. Le producteur de *garum* avait besoin de gens qui vident les poissons de leurs entrailles et les coupent, d'autres les mettaient au sel dans les cuves. Le moment venu, la main-d'œuvre soutirait la saumure de plus ou moins bonne qualité.

Vêtement et tannage — Dans l'industrie du vêtement, sont occupés les fileurs et tisserands, les ouvriers foulons et teinturiers à la dure besogne. Quel pénible labeur aussi que celui des ouvriers tanneurs œuvrant au milieu d'odeurs écœurantes, comme aujourd'hui encore dans les souks de Fès.

Bâtiment — Les ouvriers occupés à fabriquer les tuiles, briques et récipients de céramique ne sont pas mieux partagés: les fours dégagent une horrible chaleur et n'ont guère dû chômer de 62 à 79.

Bois — La condition sociale d'artisans et la solidarité de métier définissent les travailleurs du bois: charpentiers, menuisiers, ébénistes, charrons. Ils sont présents sur les affiches électorales[20].

Métaux — Avec les industries des métaux, la main-d'œuvre reste artisanale. Le *faber aerarius*[21] fabrique tous les instruments, ustensiles, objets en bronze que l'on peut aujourd'hui contempler dans une vitrine au musée de Naples: coffres-forts, trépieds, tables, vases, lampes et lampadaires, candélabres, anses, poignées, bulles, bracelets, fibules, miroirs, porte-braseros, de types plus ou moins compliqués: l'un a la forme d'un château quadrangulaire muni de quatre tours crénelées pour le chauffage et pour l'eau chaude toujours prête. Certains ouvriers se consacraient à la fabrication d'instruments de précision: outils d'architecte, instruments de musique, instruments et étuis chirurgicaux, grandes balances et petites balances d'apothicaire, mesures de capacité pour les liquides *(congii)* et pour les solides *(mondii)*, *groma* — dans la maison I, 6, 4 — clefs et serrures. Pour les besoins de l'agriculture, araires, faucilles étaient fabriqués à Pompéi, mais les plus belles pièces devaient venir de Capoue et de Pouzzoles, où se continuait la tradition du travail du bronze, tout comme arrivait d'Arezzo la très belle poterie. S'il existe un ciseleur, un bijoutier [22], des orfèvres [23], il faut bien avouer l'origine étrangère à la ville de la plupart des pièces du trésor d'argenterie de la maison de Ménandre [24]. A petits métiers, petite production, que l'on écoule sur le marché de la ville et en divers points de vente.

Main-d'œuvre commerciale

Marché (fig. 7)

Pompéi possède un *macellum* [25] dont le plan est simple. A l'intérieur d'une cour rectangulaire, entourée d'une forte colonnade sur les quatre côtés, se dressent douze bases disposées en dodécagone; elles devaient porter des colonnes qui, à leur tour, supportaient un toit. Dans cette *tholos*, semblable à celle de Pouzzoles, qui longtemps fut reconnue à tort comme le temple de Serapis, se vendaient le poisson et les coquillages. Au-delà de la colonnade, sur le long côté au sud du marché courait une rangée de boutiques avec un étage d'habitation. Des boutiques sont également disposées au nord et ouvrent sur la rue bordant le marché au nord. Les fouilleurs y ont trouvé des figues, des noisettes, des prunes, des raisins, des lentilles, du pain et des pâtisseries. Au sud-est de la colonnade s'ouvrait une vaste salle dont l'entrée était agrémentée de deux colonnes; au comptoir, creusé d'une rigole, on vendait le poisson. Dans l'angle nord-est, on vendait sur pied des moutons, dont on a retrouvé quelques squelettes. Deux pièces au nord étaient destinées au culte impérial. Nous y reviendrons.

On entrait au marché de trois côtés. La façade au sud, majestueuse sur le forum, présentait un portique de marbre blanc de deux ordres de colonnes, et était ornée de statues; les deux autres accès étaient ménagés au nord et au sud-est où, près de l'escalier, une niche était dédiée au génie du Marché qui présidait aux destinées de l'édifice. Il ne lui épargna pas de s'écrouler en 62; la reconstruction n'était pas achevée en 79, si bien que de 62 à 79 il n'y eut pas marché au *macellum*.

Forum Holitorium — Le *forum Holitorium*, le marché aux légumes, proche de l'édicule des poids et mesures, était également en réfection en 79 et la toiture n'était pas encore posée. A ce marché spécialisé pour les légumes, où étaient présents les *lupinarii*, les *caeparii*, répondait pour les fruits, le *porticus pomariorum*, domaine des *pomarii.*

Les petits marchands disposaient de comptoirs déterminés; ils payaient un droit de plaçage *(mercatus)* à la colonie — et c'est cet impôt que le banquier L. Caecilius Jucundus versait directement aux autorités locales au nom de M. Fabius Agathimus, adjudicataire de cette taxe jusqu'au tremblement de terre.

Devant les lenteurs de la reconstruction, le marché de détail se fit encore davantage après 62 sur les places publiques et sur les trottoirs; des emplacements réguliers étaient prévus contre paiement d'une taxe semblable à celle du marché. Par exemple, avec l'autorisation des édiles, les renfoncements dans les arcs extérieurs aveugles de l'amphithéâtre étaient loués aux colporteurs [26] et la peinture de la rixe de l'amphithéâtre les montre aussi près des platanes de la Grande palestre. Chaque représentation à l'amphithéâtre amenait la même affluence devant ces étals provisoires. Un règlement municipal fixait au samedi le jour de grand marché à Pompéi. L'*index nundinarius* [27] donne le calendrier des jours de marché dans les villes proches de Pompéi: le dimanche à Nuceria, le lundi à Atella, le mardi à Nole, ou plus lointaines: le mercredi à Cumes, le jeudi à Pouzzoles et le vendredi à Rome et Capoue; la présence de Rome montre bien qu'on n'oublie pas la capitale dans ce chef-lieu provincial.

Colporteurs

Chaussures — Cette ordonnance générale ne supprime pas pour autant les petits marchés quotidiens qui assurent le ravitaillement de la ville par les campagnards, mais les jours de grand marché, Pompéi déborde de monde, l'affluence est considérable sur le forum, et dans les stands montés entre les colonnes du portique se vendent les marchandises les plus diverses. Les peintures découvertes au XVIIIe siècle dans la villa de Julia Felix[28] déroulent des scènes prises sur le vif, rythmées par un portique de colonnes corinthiennes, garnies de guirlandes en festons qui suggèrent bien le forum. Quelques entrecolonnements sont fermés par des tentures. Sur le devant de la scène (fig. 18), se tient un vendeur de chaussures; autour de lui, des formes de cordonnier et beaucoup de chaussures. Dans sa main droite, il en tient une, il attire l'attention sur elle avec une baguette et s'adresse à deux acheteuses assises sur un banc devant lui; elles sont drapées dans de longues robes, l'une d'elles porte un enfant dans son giron; derrière lui, deux autres femmes sont également assises sur un banc et ont l'air, tout en attendant, d'écouter la conversation. Sur une autre scène, le colporteur, agenouillé près d'un client assis, lui mesure le pied; des paires de chaussures tapissent le fond du stand et un vide montre qu'une paire vient d'être enlevée.

Tissus — Un marchand de tissus discute avec des acheteuses à qui il présente sur son bras gauche la marchandise. Ses interlocutrices tâtent l'étoffe, tandis que le vendeur la vante avec vivacité. Par-derrière, une jeune fille debout, les mains jointes, doit être une servante; à droite, un homme en tunique courte avance les mains comme pour retenir des femmes qui partent sans rien acheter. Deux *vestiarii*, marchands de confection, déploient leur marchandise et font l'article à des clientes, tandis que leur vieille servante se tient à droite.

Vaisselle — Ailleurs un colporteur, au milieu de plats et d'assiettes disposés autour de lui, tient un plat dans sa main gauche et de la droite il l'éprouve avec un bâton à l'intention d'un acheteur. A gauche, un autre client examine une jarre; à l'arrière-plan, un garçon martèle du métal sur une enclume. Le colporteur a été victime d'un vol. Il promet[29] une bonne récompense — 65 sesterces — à qui lui rapportera le plat de bronze disparu de son étal — et encore davantage si le voleur est pris.

Cuisine à emporter — Plus loin, près d'un arc, proche du temple capitolin, sur un brasero est posé un chaudron sur pied où trempe une cuiller; du chaudron un seau de liquide chaud a été retiré par deux hommes dont un tient une paire de tenailles. Il s'agit pour eux de vendre sans doute du bouillon ou une

Fig. 18. — Marchands au forum (d'après Mau-Kelsey).

sauce chaude. A l'extrême gauche, une fillette vend des légumes; on aperçoit sous la table un seau et deux paniers pleins de figues.

Ailleurs (fig. 18), un vieillard semble s'être assoupi, un passant lui frappe l'épaule pour qu'il serve des acheteurs qui attendent: l'homme porte un panier et le garçon présente un plat. Les marchandises à vendre semblent être cuites: volailles, poisson, légumes. A côté, de grandes jarres contiennent cette cuisine à emporter, et une cuiller désigne du ragoût chaud.

Chauds les petits pains! — Pour vendre des petits pains, un gamin — mitron de boulangerie — a dressé une table et y a posé deux petits paniers avec sa «viennoiserie»; à terre, un grand panier contient sa réserve.

Boutiques

Le colportage n'empêche nullement la prospérité des boutiques-*tabernae.* Tout un monde de petits boutiquiers tient donc sa place à Pompéi dans le commerce de détail. Le mot de *taberna* se trouve quatre fois dans les inscriptions de Pompéi [30]. Ces boutiques ouvrent sur la rue, et occupent naturellement la façade de la maison. Ou bien le propriétaire vendait lui-même, ou faisait vendre par un esclave ou un affranchi les produits de sa villa: dans ce cas, la boutique avait un passage vers la maison, ou bien elle était louée à un marchand, comme celle de Julia Felix[31] et elle était alors isolée.

Suivant son importance, la boutique est complétée d'une arrière-boutique ou d'un entresol. La nuit, les boutiques étaient fermées de l'extérieur par un système original: des volets de bois, s'emboîtant l'un dans l'autre, étaient glissés dans une double feuillure, celle du seuil et celle du linteau; ils étaient coincés par le battant d'une petite porte qui se refermait sur eux. Les rideaux de nos magasins modernes n'ont-ils pas aussi parfois ce petit passage? Ouvrir la boutique consistait à débloquer ces volets que l'on retirait. Seuls des signes extérieurs — mobilier, peinture, inscription — indiquent la spécialité de la «maison».

Marchands de vin — Nous ne parlerons pas longuement des boutiques liées aux maisons. C'est essentiellement le vin qu'elles écoulaient, car ce vin jeune, pétillant, était difficile à conserver et les propriétaires avaient intérêt à commercialiser directement et vite leur production. Une peinture[32] nous présente une boutique de marchand de vin, des amphores sont entassées dans un coin, sur une sorte de chevalet de bois, deux aides renversent une amphore qu'ils vont mettre en service. Le patron offre une coupe à un jeune citadin.

Boulangers — Attenant à son laboratoire, la boutique du boulanger[33] offre, derrière le patron assis, des étagères où sont disposés des petits pains, comme on en a trouvé dans la ville, et aussi un panier plein de la même marchandise. Là encore le propriétaire vend directement sa production.

Cordonnier — Un ancien soldat de cohorte prétorienne, M. Nonius Campanus, tient une cordonnerie *(taberna sutoria)*, à l'angle que fait la venelle du Lupanar avec la rue des Augustales. N'oublions pas les boutiques de marchands de vases et de céramique en tout genre.

Métaux — Dans l'officine du *negotiator ferrarius* (I, 6, 12)[34], sorte de grand quincaillier, les instruments pendaient de l'architrave et on y a retrouvé en une grande masse oxydée de très nombreux instruments et ustensiles de fer qui peuvent représenter au moins trente clefs, plus de trente grandes faux à moisson, des faux de vigneron, des strigiles, des chaînes, des couteaux; en bronze on reconnaît des harnachements de chevaux, une balance librale.

Bijoux — La peinture des Amours bijoutiers-ciseleurs dans la maison des Vettii (VI, 15, 1) rappelle que les *aurifices universi* jouaient un rôle dans la cité et que le joaillier n'arrivait pas toujours à contenter une cliente, qui exige, par exemple, que sa bague ornée d'une pierre soit prête pour trois heures de l'après-midi [35].

Vêtements — Pour les vêtements, les boutiques de vente relèvent d'une officine. Chez M. Vecilius Verecundus, *vestiarius negotiator*, c'est sa femme sans doute, qui est assise au comptoir où elle vend des objets en feutre. Une vitrine d'exposition y semble dressée. Un jeune citadin, assis à droite sur une banquette à dossier, élégamment chaussé, achète une paire de pantoufles. Des armoires pleines d'autres marchandises tapissent les murs; un chevalet de bois, fait de longues barres horizontales sur deux plans différents, est destiné à supporter des produits à sécher en public, sur le trottoir, au droit de la *taberna*.

Services — Au titre des services, notons encore les *tonsores* (les barbiers) [36] en face des bains de Stabies qui, en plus de la taille et de la parure de la chevelure, donnaient leurs soins à la barbe. Dans les bains, on rencontre toute une hiérarchie de spécialistes depuis le chaufournier jusqu'au parfumeur qui peut également tenir boutique [37].

Thermopolium — Un type bien particulier de boutique, à l'agencement parfaitement reconnaissable, est le *thermopolium* (fig. 19), ce cabaret ou taverne où l'on servait — comme

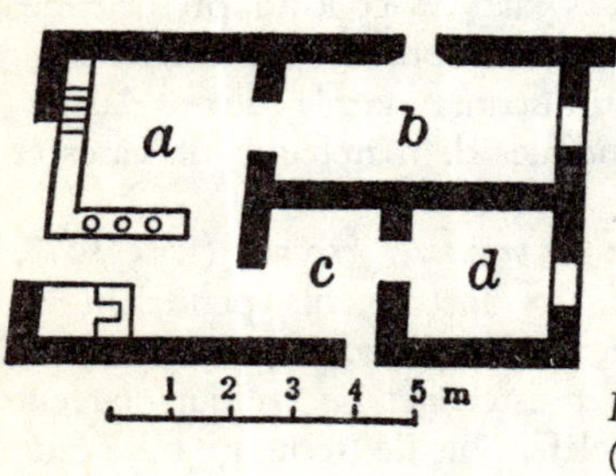

a comptoir

Fig. 19. — Plan d'un thermopolium (d'après Mau-Kelsey).

Fig. 20. — Scène de cabaret (d'après Mau-Kelsey).

l'indique l'étymologie — des boissons chaudes; dans un coin une chaudière permettait de servir des plats cuisinés chauds. Le patron, derrière le comptoir en équerre, tenait à la disposition des consommateurs olives, saumure, légumes secs. Au mur pendait la charcuterie, sur de petits gradins du comptoir s'étageaient verres, bouteilles et bocaux; un passage étroit conduisait aux chambres à louer. Tels étaient ces *thermopolia* où l'on donnait à manger sur le pouce, ces «snack bar» de l'Antiquité où les chambres se louaient souvent à l'heure [37 bis].

Hospitium — Plus important est l'*hospitium*, l'auberge [38], dont l'hôtelier est dit *hospes* [39] et plus fréquemment *caupo* ou *copo* [40], les clients *convivae* [41]. Parmi ces derniers, beaucoup de gladiateurs, jamais de voyageurs de marque; les gens de qualité sont logés chez des amis ayant pignon sur rue.

Les peintures et les graffites font revivre ce monde un peu grossier à l'honnêteté souvent douteuse. Dans une auberge proche du marché, huit graffites [42] évoquent les inscriptions d'un registre d'hôtel. Notons cette plainte amoureuse: *Vibius Restitutus a dormi ici seul et regrettait sa chère Urbana.* Un groupe de voyageurs reconnaissables à leur costume particulier — la cuculle — est assis autour d'une table, mange et boit. D'une sorte de râtelier pendent fromage, saucisses. Un garçon les sert (fig. 20).

Autre scène : un garçon tend une coupe à un ancien combattant qui ne trouve guère le vin à son goût : « Tu vends de l'eau et tu bois le vin [43]. » Les ordres fusent : « Donne-moi du vin de Setius [44]. Donne-moi une goutte d'eau froide [45]. » L'hôtesse Vinaria Hedone annonce sans vergogne l'échelle de ses prix [46]. « Beau militaire, on boit ici pour 1 as ; avec 2, on boit du meilleur ; avec 4 on boit du falerne. » Parfois, les rixes éclatent entre consommateurs qui jouent aux dés, et l'aubergiste met dehors avec vigueur les clients irascibles : « Foutez le camp ! Allez vous quereller ailleurs [47]. »

Transporteurs

Que ce soit pour les voyageurs ou les marchandises, les moyens de transport jouent un rôle essentiel dans une ville qui est l'*emporion* de toute une région et qui joue un rôle attractif si important. Les muletiers et cochers — *muliones* — étaient installés près des portes, comme à la porte d'Herculanum [48] (fig. 21), la seule qui ait été élargie à l'époque romaine. C'est là aussi que stationnaient les cochers publics — *cisiarii.* Ils constituaient un corps qui intervenaient dans les compétitions électorales [49], imités par celui des *saccarrii*, les « dockers », les portefaix, qui transportent un sac — *sacculum* — sur l'épaule [50].

Fig. 21. — Plan de la porte d'Herculanum (d'après Mau-Kelsey).

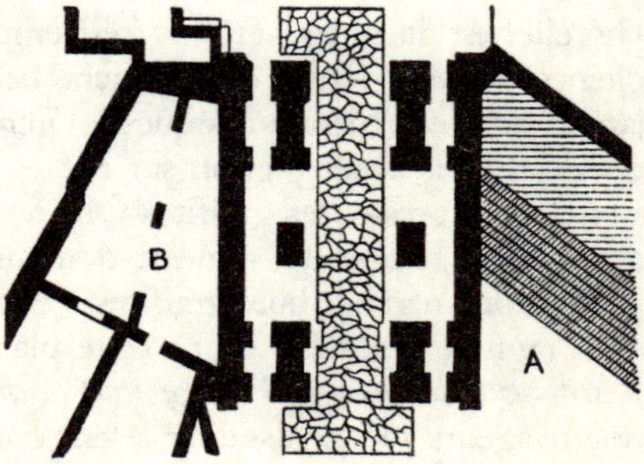

A escalier conduisant au chemin de ronde
B pièce d'une maison

Telles sont les composantes de ce monde du travail pompéien. Il faudrait y ajouter les employés de la colonie, les esclaves, les gens qui exercent des professions bancaires et libérales, arpenteurs, médecins, chirurgiens, peintres, architectes, musiciens, publicistes et impresarios, les maîtres d'école qui en constituaient l'élite.

Ce monde du travail comprend des travailleurs libres et des esclaves. Il n'est pas aisé de savoir comment se faisait la répartition. Il semble que les deux sortes de main-d'œuvre aient été employées indifféremment sans qu'on puisse parler de concurrence entre elles.

Esclaves

Pompéi, comme toutes les villes antiques, avait un marché d'esclaves. Sur une peinture de la maison de Julia Felix (II, 4, 3), une fillette, conduite par une dame, est présentée à deux hommes assis sur un banc, près du portique du forum. Elle tient dans sa main droite une tessère où son nom et son âge devaient être inscrits. Il doit s'agir d'une vente d'enfants, rappelant celle du jeune Trimalcion, une pancarte autour du cou[51]. Un autre marché se tenait hors de la porte du Vésuve: un graffite grec nous cite un inconnu qui fut acheté esclave et fut ensuite affranchi[52].

Familia urbana — Les esclaves entrent dans la *familia urbana* où les moins doués assurent les services domestiques. Il n'est que de lire le *Satiricon* de Pétrone pour les voir présenter chacun des plats de cet invraisemblable festin. Les relations humaines qui s'établissaient entre patron et esclave n'étaient pas dépourvues d'une certaine confiance mutuelle et les esclaves participaient à la dignité de leur maître[53]. Leur dévouement était d'autant plus grand que leur ambition y trouvait son compte. En effet, il y avait dans les maisons riches toute une hiérarchie de postes à pourvoir; quand ils se révélaient intelligents et ambitieux — comme Trimalcion — les esclaves recevaient une instruction suffisante qui leur permettait de gérer la fortune de leur maître, d'en être le dispensateur, le caissier *(arkarius)*, ainsi Anteros chez Vesonius Primus [54]. Parvenu à ce faîte de la carrière servile, un Trimalcion ne pouvait qu'être affranchi. Chez les particuliers, que nous font connaître les quittances du banquier L. Caecilius Jucundus, nous rencontrons souvent parmi les rédacteurs de ces quittances des esclaves qui remplacent leurs maîtres ou maîtresses incapables de tenir le stylet. Quoiqu'il soit frappé d'interdits juridiques, l'esclave agit en lieu et place de son *dominus* ou de sa *domina* [55]. Le banquier lui-même est aidé par des esclaves compétents qui jouent le rôle d'employés de banque. Plus enviable encore est le sort des esclaves de la colonie, qui assument les responsabilités de «secrétaire de mairie», tel Secundus; et l'affranchissement couronnait naturellement une telle carrière. L'esclave impérial l'emporte sur tous les autres et joue souvent un rôle de haut fonctionnaire. Dans ces conditions, on comprend qu'ils aient supporté aisément l'oppression économique et qu'ils aient accepté, sinon oublié, leur condition juridique mineure. Les collèges religieux — comme ceux de la Fortune Auguste [56], de Mercure Auguste [57] — ou politico-religieux, tel celui du *Pagus Augustus felix suburbanus* [58], les accueillaient sur un pied d'égalité avec les affranchis.

Familia rustica — Tout différent est le sort des esclaves de la *familia rustica*. Ils étaient soumis à la dure surveillance de l'intendant et de leurs contremaîtres, qui n'hésitaient pas à les mettre aux fers. Plusieurs ont péri dans les dortoirs des ergastules, où d'ailleurs ils étaient enchaînés la nuit, les jambes serrées dans un carcan de fer. Chaque matin, sous bonne escorte, ils partaient aux champs. Dans les demeures de la campagne où le propriétaire vient parfois, des cases identiques abritent, dans le quartier rustique, chaque famille d'esclaves. Dans les «plantations» importantes appartenant à des propriétaires qui ne résidaient pas, le travail était assuré par une troupe d'esclaves, surveillée par le *vilicus*. A Boscoreale [59] (fig. 16) la villa 26 de la classification de Rostowtzev avait des sols de terre battue, des murs sans enduits, un mobilier pauvre, et à Gragnano la villa 34 offre un plan identique à celui de la caserne des gladiateurs: autour d'une cour sont disposées un grand nombre de petites pièces dont certaines devaient être destinées à des esclaves récalcitrants puisqu'on y a découvert des ceps. Ces usines agricoles sont à la vérité peu nombreuses et les conditions de travail inhumaines restent limitées, à Pompéi. Dans les industries, la fabrication du *garum*, les teintureries, les tanneries, utilisaient aussi une main-d'œuvre servile. Mais le capitalisme agricole trouvait dans le sol et le mode d'exploitation ses limites, et la part du travail libre, même à la campagne, a dû rester très importante.

Travailleurs libres

La preuve en est dans la présence des *agricolae* et des *vindemitores*, employés sur de grands domaines, où ils fournissent une main-d'œuvre d'appoint au moment de la vendange. Surtout, la ceinture maraîchère de Pompéi semble bien aux mains de petits propriétaires ou de fermiers libres, qui devaient également travailler certaines vignes. L'existence de corporations artisanales — boulangers, foulons par exemple — qui interviennent dans les luttes électorales à côté des *muliones* ou des *saccarii* en est une autre preuve. Or, la situation précaire des travailleurs libres, aux antipodes de celle des esclaves, leur interdisait tout espoir d'amélioration. C'est là le paradoxe du monde du travail dans l'Antiquité où l'esclave a plus de chances d'ascension sociale que l'homme qui appartient à la plèbe. Leur père devenu affranchi viager, les enfants de l'ancien esclave pouvaient accéder aux rangs de la bourgeoisie moyenne, sinon de la haute, partageaient les façons de voir de la noblesse municipale, puis entraient au service de l'empereur et de l'État romain. Trimalcion nous permet de mesurer combien brillante peut être la carrière d'un esclave intelligent, combien rapide la fortune d'un affranchi industrieux. Cependant, cette possibilité de promotion sociale offerte à certains esclaves ne doit pas nous faire oublier la condition pitoyable du plus grand nombre. Les chiffres moyens de longévité chez les non-libres (14, 5 ans) et chez les libres (30 ans) attestent le sort misérable de ceux qui ne pouvaient sortir de leur condition servile.

La société romaine est bien fondée sur l'esclavage. Un affranchi, Trimalcion, une affranchie, Poppaea Note[60], ont à leur tour des esclaves; à leur tour, ils les affranchiront de leur vivant ou par testament. Ainsi un sang toujours nouveau est-il infusé au corps social. Pompéi, malgré les oppositions sociales, ne connaît pas la lutte des classes[61]. Le monde du travail reste, sans se rebeller, dans la dépendance étroite du monde des affaires; loin de toute crise de main-d'œuvre, la société pompéienne demeure une société équilibrée, n'ayant ressenti ni crise agricole, ni la crise des débouchés qui va faire entrer, après 79, la péninsule dans une irrémédiable décadence.

Les différences sociales, doublées d'une opposition économique que nous révèlent le tableau du monde du travail et celui du monde des affaires, sont éclairées d'une lumière encore plus crue par ce que nous savons de la circulation monétaire, du coût de la vie et donc du niveau de vie. Les documents trouvés à Pompéi nous donnent des repères numériques, dont la précision nous permet de mesurer exactement les soucis de la vie quotidienne chez les humbles aussi bien que l'échelle des fortunes de cette aristocratie provinciale.

Circulation monétaire

A Pompéi, la circulation monétaire a été photographiée dans sa réalité[62]. A côté de trouvailles isolées, sans signification, on rencontre le plus souvent les monnaies auprès d'un squelette, celui du propriétaire, comme celles qui, le 3 novembre 1959, furent découvertes dans un jardin de III, 7[63]. Quand elles sont en faible quantité, nous savons qu'elles représentent le pécule normal d'un citadin modeste; s'il s'agit de sommes plus importantes, accompagnées de bijoux, de pièces d'argenterie — le 3 novembre 1959, on a trouvé un miroir d'argent, quatre petites coupes d'argent et quelques bijoux — nous avons la certitude d'avoir affaire au patrimoine total liquide que le Pompéien emportait avec lui dans sa fuite. Enfin, dans certains cas privilégiés, une cachette abritait le trésor monétaire, de l'or et de l'argenterie. Le propriétaire avait, de volonté délibérée, thésaurisé les pièces qu'il estimait les meilleures.

L'argent, et surtout l'or, servaient à constituer les réserves, le patrimoine de la famille, tandis qu'à la vie de chaque jour suffisait la monnaie de bronze. A Rome également, la comptabilité d'époque impériale se fondait sur les sesterces de bronze, 1 *aureus* valant 25 deniers d'argent, qui à leur tour représentent 100 sesterces[64].

Composition des trésors

En 79, près de la moitié du numéraire en circulation est constituée par la monnaie de Vespasien et un quart par celle de Néron. Une proportion inverse vient d'être trouvée par exception dans le trésor du 3 novembre 1959. Sur 61 *aurei*, 37 sont néroniens, 15 datent de Vespasien. L'explication est aisée: en 63, Néron a procédé à une réduction de poids de l'*aureus*: au lieu de frapper 42 *aurei* dans une livre d'or, on en fit frapper 45, et l'*aureus* passa de 7,80 à 7,30 grammes. Les propriétaires préférèrent thésauriser les *aurei* antérieurs à cette dévaluation. Les deniers d'argent républicains en circulation sont nombreux et par exemple les 49, découverts le 3 novembre 1959, offraient le même fort pourcentage de monnaie républicaine: 44 contre 2 deniers impériaux. Là encore, la mauvaise monnaie a chassé la bonne et la loi de Gresham une fois de plus se vérifie. Le denier républicain est un denier lourd, de 3,89 grammes, puisqu'on en frappe 84 à la livre; tandis que la réforme néronienne crée un denier léger de 3,41 grammes — soit 96 à la livre. En plus, il est altéré par 5 à 10 pour 100 de bronze. Aussi les Pompéiens fortunés ont-ils naturellement préféré thésauriser les pièces lourdes; ils les entassent dans leurs coffres-forts au lieu de les livrer à la fonte et de permettre au gouvernement impérial de gagner à la fusion la différence de poids de métal. La désaffection pour les émissions julio-claudiennes d'argent prouve bien que les Pompéiens restaient attachés plus à l'or qu'à l'argent et qu'ils utilisaient pour leurs achats quotidiens la monnaie de bronze.

Volume de la circulation monétaire

N'allons pas croire, malgré cette thésaurisation, que les Pompéiens possédaient des sommes fabuleuses. Sur les 26 trouvailles qui, en sesterces, oscillent entre 1000 et 10 000 sesterces[65], 6 seulement dépassent 4000 sesterces, une seule est supérieure à 9000 — exactement 9448 — une quinzaine de cas représentent des valeurs allant de 1000 à 3000; connaissant le lieu des trouvailles de ces sommes, par exemple coffre-fort de la maison de Castor et Pollux (VI, 9, 6), cachette de la maison de Ménandre (I, 10, 4), portique de la villa de Diomède, alentours de la maison de M. Lucretius (IX, 3, 5), nous sommes certains d'être en présence du patrimoine liquide normal d'un riche Pompéien. L'ordre de grandeur apparaît modeste et confirme les impressions que nous avons retirées de la comptabilité du banquier L. Caecilius Jucundus. Rappelons que la somme la plus élevée est 38 078 sesterces, tandis que la plupart ne dépassent pas 10 000 sesterces et se rapportent à des ventes. Il est naturel que la somme conservée à la maison représente un capital liquide inférieur.

L'examen des autres trouvailles monétaires renforce ces conclusions: dans une soixantaine de cas la somme varie de 100 à 1000 sesterces, 6 dépassent 500, tandis que la majorité se tient aux environs de 200 sesterces. Les trésors de cette catégorie ont été découverts en général dans la bourse de ceux qui fuyaient la catastrophe, en même temps qu'ils emportaient un bijou de famille, une ou deux pièces d'or, quelques deniers — ou uniquement des deniers. Un boutiquier y avait vidé le contenu de sa caisse et seules les monnaies de bronze s'y trouvaient.

Encore plus nombreuses sont les trouvailles qui nous donnent le contenu du porte-monnaie du citadin pompéien: quelques pièces de bronze dépassant rarement 30 sesterces, dans la majorité des cas oscillant entre 2 et 20 sesterces. Les pauvres gens — il n'en manque pas — n'avaient même dans leur bourse que quelques as qui devaient suffire à leur nourriture.

Échelle des prix de certaines denrées

Car il fallait bien vivre et les prix doivent répondre à cette modicité des signes monétaires.

Voici — comme le catalogue d'un grand magasin moderne — la liste que l'on peut dresser d'après les graffites pompéiens[66].

Denrées alimentaires:
un *modius* (6,503 kg) de blé: 12 as = 3 sesterces
un *modius* (6,503 kg) de froment: 30 as = 7 sesterces 2 as
un *modius* (6,503 kg) de lupin: 3 as
une livre (0,328 kg) d'huile: 4 as = 1 sesterce
une mesure de vin ordinaire: 1 as
une mesure de vin de Falerne: 4 as = 1 sesterce

Vaisselle:

un pot à bouillie	1 as
une assiette	1 as
un petit vase à boire	2 as
un seau	9 as = 2 sest. 1 as
une lampe	1 as
une passoire en argent	90 deniers = 360 sest.

Vêtement:

une tunique	15 sesterces
lavage d'une tunique	1 denier = 4 sesterces

Animaux:

un mulet	520 sesterces

Esclaves:

deux esclaves	5048 sesterces

Coût de la vie — Pour apprécier le coût de la vie, nous disposons d'une valeur de base, celle du prix du *modius* de blé, ce qui met la livre de pain de 500 grammes à un peu moins d'un as[67]. Même le plus misérable arrivait à contenter son estomac. A ce prix modique du pain répond le coût très modeste de certains objets de première nécessité. Le mobilier et la vaisselle du pauvre hère étaient faciles à acheter. D'ailleurs, pour neuf jours consécutifs nous disposons d'une sorte livre de raison, qui comporte, non seulement les dépenses alimentaires, mais encore quelques achats extraordinaires. En voici le détail:

8ᵉ jour avant les ides:

Fromage	1 as	
Pain	8 as	
Huile	3 as	
Vin	3 as	
		Total 15 as

7ᵉ jour avant les ides:

Pain	8 as	
Huile	5 as	
Oignons	5 as	
Pot à bouillie	1 as	
Pain pour l'esclave	2 as	
Vin	2 as	
		Total 23 as

6ᵉ jour avant les ides:

Pain	8 as	
Pain pour l'esclave	4 as	
Semoule	3 as	
		Total 15 as

5ᵉ jour avant les ides:

Vin pour le *domator* (dompteur?)	16 as	
Pain	8 as	
Vin	2 as	
Fromage	2 as	
		Total 28 as

4ᵉ jour avant les ides:

Hxeres (?)	16 as
Pain	2 as
Femininum (?)	8 as
Epeautre	16 as

Bubella (?)	1 as	
Dattes	1 as	
Encens	1 as	
Fromage	2 as	
Boudin	1 as	
Fromage mou	4 as	
Huile	7 as	
		Total 59 as

3^e^ jour avant les ides:

Servato(?) de montagne	17 as	
Huile	25 as	
Pain	4 as	
Fromage	4 as	
Poireau	1 as	
Assiette	1 as	
Seau	9 as	
Lampe	1 as	
		Total 62 as

2e jour avant les ides:

Pain	2 as	
Pain pour l'esclave	2 as	
		Total 4 as

Veille des ides:

Pain pour l'esclave	2 as	
Gros pain	2 as	
Poireau	1 as	
		Total 5 as

Ides:

Pain	2 as	
Gros pain	2 as	
Huile	5 as	
Semoule	3 as	
Pour le *domator*, petit poisson	2 as	
		Total 14 as

Soit une dépense totale de 225 as pour neuf jours, c'est-à-dire en moyenne 25 as par jour, pour trois personnes, un peu plus de 8 as par personne et par jour. A considérer certains achats de cette liste, nous avons affaire ici à des Pompéiens de petite aisance. Pour une famille de trois personnes — dont un esclave — il faut donc dans ce milieu disposer chaque jour de six sesterces et un as. On aboutit à un chiffre voisin avec des renseignements d'autres sources: sans compter le prix de l'huile, des oignons, on obtient pour du vin: 5 as et demi, pour du fromage: 5 as, du bois: 3 as, une denrée inconnue: 3 as et demi, soit 17 as = 4 sesterces et un as[68]. Malgré l'achat d'une double ration d'huile (10 as), de foin (16 as), de la paille (5 as), avec de la semoule (6 as), de la *diaria* (?) (5 as) et de la *viria* (?), on ne dépasse pas 10 sesterces[69]. Un Pompéien achète du bois pour une somme inconnue, du *procu*(?) pour 4 as, du pain pour 6 as, un petit vase à boire pour 2 as, des bettes pour 1 as, de la moutarde pour 1 as, de la menthe pour 1 as, du sel pour 1 as — soit 4 sesterces[70].

Trésor de Boscoreale

Il est tout à fait naturel que le Pompéien d'aisance moyenne ait sur lui de 2 à 20 sesterces; une famille qui a chez elle de 1000 à 10 000 sesterces[71] est, à l'échelle de Pompéi, une famille riche. L'exception — qui peut confirmer la règle — vient du trésor de Boscoreale[72] composé, outre l'argenterie, uniquement de monnaies d'or: près de la loge du gardien, 21 *aurei*, soit 2100 sesterces, dans le mur au-dessus du cellier, 16 *aurei*, soit 1600 sesterces, et dans la bourse de l'homme qui emportait l'argenterie, 1000 *aurei* d'Auguste à Domitien, soit 100 000 sesterces, le total précis s'élevant à 103 700 sesterces. Un tel capital liquide n'était pas destiné à assurer les besoins de l'exploitation. Il représentait une possibilité d'investissement dans une nouvelle propriété.

Bénéfice agricole et coût d'une propriété

En effet, nous pouvons connaître les bénéfices de l'exploitation de la propriété de Boscoreale[73]. La production annuelle de 175 *culei* (938 hectolitres de vin), sur la base du prix de vente de la plus basse qualité, représenterait 300 × 175 = 52 500 sesterces. Mais en raison de l'excellente qualité du vin, il faut tripler ce résultat, soit 157 500 sesterces annuels. Avec la production de l'huile, on doit facilement atteindre 200 000 sesterces. Le bénéfice agricole étant de 15 pour 100 au moins en Campanie, il s'agit d'environ trente mille sesterces qui pouvaient être thésaurisés et le trésor en *aurei* représenterait ainsi les revenus des trois dernières années. Cela n'est pas impossible et en tout cas ne jure pas avec le tableau modeste de l'économie pompéienne; grâce à l'impôt *ob avitum* qu'afferme le banquier L. Caecilius Jucundus au nom de la colonie[74], soit 6000 sesterces par an, pour un *ager vectigalis*, nous pouvons calculer aisément le prix moyen d'une propriété en admettant que l'impôt représente 6% de la valeur foncière[75]. La propriété moyenne exige un investissement de 100 000 sesterces[76]. La classe riche pouvait, grâce à ses bénéfices, arrondir ses terres et trouver de nouvelles occasions d'augmenter ses revenus et de pratiquer une politique d'ostentation.

Pour que le tableau du niveau de vie à Pompéi soit complet, il nous faudrait connaître les salaires des travailleurs. Ils étaient certainement bas et la vie quotidienne devait être serrée aux gens de la plèbe libre. Mais, en raison des bas prix du pain et des articles de base, il n'y avait ni misère trop criante ni menace de rupture sociale déchirante. Le monde des esclaves et des affranchis gravitait autour de la classe riche et profitait de sa générosité intéressée autant que de son aisance. Les dons, une politique d'urbanisme souvent à la charge des aristocrates, assuraient la redistribution du capital. Les religions apportaient aussi bien des occasions d'oublier les misères et les rancœurs, et dans une exaltation mystique abolissaient pour un temps les barrières sociales entre le monde des affaires et le monde du travail.

CHAPITRE V

PRÉSENCE DU SACRÉ

RIEN n'est plus quotidien que la religion. Le Pompéien, comme tout homme de l'Antiquité, est environné de sacré; dans sa maison autant que dans la rue, dans une cérémonie privée ou dans une manifestation publique, il ne peut échapper à la présence des dieux qu'il adore et dont il rappelle volontiers l'existence dans le décor d'une pièce, dans l'ornementation d'une façade. Pour la population de paysans qu'étaient les hommes de Pompéi, le traditionalisme religieux se marque par l'attachement aux dieux de la nature et de la fécondité. Le naturalisme primitif n'y est pas éteint au moment où les religions grecques et orientales envahissent la pensée religieuse romaine. Séduits par l'hellénisme qui plongeait ses racines dans le passé de leur ville, les Pompéiens ont accueilli les dieux de Rome avant même de se plier à sa domination politique; mais la religion romaine est tellement pénétrée d'éléments hétérogènes que le port du Sarno voit fleurir les cultes orientaux sans que les sensibilités en soient le moins du monde heurtées. Il est vrai que le syncrétisme religieux avait déjà fait de grands progrès et que le culte de l'empereur, source et fin de tous les élans des esprits et des cœurs, l'emportait dans une vie quotidienne déjà tout imprégnée de divin.

Chronologiquement, la dévotion des Pompéiens s'adresse à l'une des trois triades suivantes: triade tutélaire de la ville: Hercule, Bacchus-Liber, Vénus; triade capitoline: Jupiter, Junon, Minerve; triade isiaque: Isis, Sérapis et Anubis. Mais le conservatisme religieux empêche de s'en tenir à cette image simpliste, car très souvent la présence simultanée de ces triades invite à parler de contacts et d'osmoses, si naturels aux consciences antiques.

Fig. 22. — Scène centrale de la mégalographie de la Villa des Mystères (d'après A. Maiuri, Pompéi*).*

Triade Hercule-Bacchus-Vénus

Martial[1], dans un passage des *Épigrammes* que nous avons déjà cité[2], plaçait Pompéi sous la triple invocation d'Hercule, de Bacchus et de Vénus. Ce n'était pas une fantaisie de poète, puisque N. Popidius Florus, appartenant à une vieille famille samnite, fait une dédicace à Vénus, à Liber (c'est-à-dire Bacchus) et à Hercule dans sa villa suburbaine[3]. Cette triade protégeait avant tout la production viticole des campagnes vésuviennes.

Hercule, temple (fig. 35) — A Hercule, fondateur légendaire de Pompéi, était certainement dédié le plus ancien des temples encore debout, le temple grec du forum triangulaire, construit au VIe siècle avant Jésus-Christ. Peu de restes subsistent : le monument a dû être incendié à la fin de l'époque samnite. C'était un édifice pseudo-périptère, dont la colonnade comportait onze colonnes sur les grands côtés et sept sur les petits. A côté de ce monument, en face de l'escalier d'accès à la *cella*, là où l'on s'attendrait à trouver l'autel majeur du temple, une enceinte sacrée, que les Romains respectèrent, marquait la tombe du héros fondateur, vénérée depuis toujours, dont la présence obligea à repousser sur un coin du temple trois autels en tuf préromains. A l'époque samnite, Apollon et Artémis y furent peut-être vénérés avec Léto, au moins au début, puis ce temple aurait abrité le culte de Minerve, comme le signale une inscription osque. La continuité du culte[4], affaibli certainement sur le plan officiel, se marque dans certains laraires: ces sanctuaires domestiques accueillent des statuettes d'Hercule ou des peintures le représentant armé de sa massue et revêtu de la dépouille du lion de Némée[5]. Héraklès est invoqué Καλλίνεικος[6] et il paraît présent un peu partout à Pompéi. Cependant Pinarius Cerialis appartient à une famille sacerdotale où par tradition le culte d'Hercule est assuré. Dans sa maison (III, 4, 4)[7], une peinture rappelle la rencontre d'Hercule avec Évandre et la fondation de l'*Ara Maxima*. Parmi les découvertes, un couteau à sacrifice en bronze accompagnait un beau vase de terre cuite *(skyphos)*, recouvert d'un vernis vitreux, avec lequel le prêtre d'Hercule faisait les libations de vin pur: *acratopinon*.

Bacchus-Liber, le Bacchanal — Ainsi, le culte d'Hercule rejoignait celui de Bacchus-Liber, implanté depuis longtemps dans la région pompéienne. En décembre 1947[8], sur la colline de S. Abbondio, à 700 mètres au sud de l'amphithéâtre, on a découvert un temple suburbain dédié à des divinités dionysiaques, un *Bacchanal*. Sur le fronton en tuf, on reconnaît les personnages du thiase bachique Dionysos et Aphrodite-Ariane, héraldiquement affrontés, de part et d'autre d'un thyrse orné de rubans; du côté de Dionysos, un Silène et une panthère; du côté d'Aphrodite-Ariane, un Éros tenant un éventail, un cygne. Le temple comportait, comme à Thasos et à Délos, un dispositif de *stibadeion* (lit à trois côtés pour six personnes). Cette construction préromaine remonte dans son état le plus ancien au IIIe siècle avant Jésus-Christ, et Maras Atiniis, édile de la ville samnite de Pompéi, a fait la dédicace de l'autel. Il est déjà remarquable que la crise qui aboutit à l'interdiction des associations dionysiaques en 186, n'ait pas balayé le culte dionysiaque, dans une région — la Campanie — qui avait largement contribué à sa diffusion[9]. Pourtant, le texte du sénatus-consulte était formel: les consuls y ordonnent la destruction des lieux de culte dans un délai de dix jours après la réception du texte sénatorial. Il est bien entendu que les cérémonies ne pourront se dérouler ni chez un particulier, ni sur un terrain public, ni hors de la ville — c'est-à-dire que le temple de S. Abbondio semble tomber sous le coup de la répression. Toutefois, le législateur distinguait un peu subtilement cérémonies factieuses et cérémonies cultuelles. Le Sénat fait la guerre à des réunions secrètes de mystes débauchés et non pas au culte de Bacchus-Liber, que l'on ne pouvait suspendre sans profanation. Des autorisations pouvaient être accordées à la suite d'une procédure lente et compliquée: nul doute que les Pompéiens n'en aient obtenu une puisque le sanctuaire a subsisté jusqu'à la fin de Pompéi. On peut même dire que l'enthousiasme pour Bacchus n'avait fait que croître: si le temple dorique n'a pas été reconstruit après le tremblement de terre de 62, il n'en va pas de même pour ce sanctuaire. Il a été même agrandi de deux vastes salles à manger et d'une salle de réunion, attestant la prospérité de l'association des dévots dionysiaques, dont devaient faire partie N. Popidius Florus et bien d'autres propriétaires qui honoraient le dieu du vin, garant de leur prospérité autant que de leur salut.

Jardin dionysiaque — Cet attachement se marque dans d'innombrables œuvres d'art; le Pompéien vivait dans une atmosphère dionysiaque, dans la mesure où, dans son jardin autant que dans la décoration de sa maison, tout le rattache à ce dieu proche du naturalisme primitif. Les plantes des guirlandes lui appartiennent; le raisin et le lierre lui sont consacrés. Dans la maison des Amours dorés (VI, 16, 7), lemnisques et masques figurent dans un décor de guirlandes disposées entre les colonnes, et l'on peut parler du décor dionysiaque des péristyles pompéiens [10]. C'est dans un jardin datant d'avant l'époque romaine, que l'on avait installé le théâtre des ébats de Dionysos et des Satyres. Et ainsi les jardins de plaisance accueillirent les symboles dionysiaques. La maison des Amours dorés (VI, 16, 7) offre le meilleur exemple de ce courant mystique. Disséminés au milieu de cordons de lierre, les bas-reliefs évoquent le culte du dieu: les masques théâtraux, les hermès bachiques font allusion au drame satyrique, associé au jardin et à Dionysos. Cette mise en scène symbolique chez un propriétaire qui partage ses dévotions entre les divinités capitolines et les dieux égyptiens, cherche à suggérer la campagne; y aident les statuettes d'animaux dispersées dans le jardin: un petit sanglier avec un chien sur le râble en train de lui mordre l'oreille, un chien et un lièvre. Chez les Vettii (VI, 15, 1) la décoration du jardin rappelle cette même présence dionysiaque.

Autour des laraires, souvent installés dans les jardins, puisque le *Lar* s'est introduit peu à peu dans le cortège dionysiaque, se placent les Ménades — et toutes les statues qui font partie de la religion ornementale: Silènes, Faunes, Dionysos lui-même, Nymphes et Satyres, Hermaphrodites. Le type du Faune versant devient un motif de fontaine et prend place dans le jardin. Ainsi ce dernier est le milieu par excellence du thiase bachique, où le dieu du vin prend les dimensions d'un dieu de la végétation, transformant le jardin réel en jardin de théâtre où se déroule un éternel drame satyrique. Le jardin représente donc pour le Pompéien un asile pour un dieu du salut, perpétuant une conception religieuse proche du naturalisme primitif, mais aussi assez dramatique pour séduire un esprit évolué et mystique.

Décoration dionysiaque — Le dieu et ses compagnons apparaissaient aussi dans la décoration des pièces de la maison[11]. Les enfances du dieu ont fourni aux artistes un de leurs thèmes favoris. Par exemple, chez Lucretius Fronto (V, 4, 11), Satyres et Ménades escortent un char attelé de taureaux blancs sur lequel est assis le vieux Silène, tenant sur ses genoux Dionysos enfant, accueilli comme un triomphateur. La découverte par le jeune dieu d'Ariane endormie à Naxos se retrouve sur de nombreux tableaux; chez les Vettii (VI, 15, 1), par exemple, le couple des amants heureux assiste à la lutte de Pan et d'Éros. Ailleurs, la ronde du thiase bachique, avec ses Silènes ivres soutenues par des Satyres et des Bacchantes, inspire des tableaux plus humoristiques que religieux.

La décoration des laraires où Bacchus a conquis une place importante a une résonance plus profonde. Couronné de lierre, vêtu d'une chlamyde rouge, tenant grappe de raisin et thyrse, il est associé à Jupiter, à Hercule, il donne souvent à boire à une panthère dans un geste semblable à celui des Lares. Dans la pièce où était installé le laraire de la maison du Centenaire (IX, 8, 3), on a retrouvé une peinture où Dionysos, vêtu d'une grappe de raisin géante, apparaît dans un paysage dominé par le Vésuve[12].

Nous reviendrons sur les mystères dionysiaques à propos de la grande composition picturale de la villa dite des Mystères; qu'il suffise de souligner pour l'instant combien l'atmosphère religieuse quotidienne de Pompéi était dionysiaque.

Venus fisica — Dernière divinité de cette triade, Vénus est une déesse topique de la ville. Elle se nomme *Vénus fisica*[13]; l'épithète ne se rencontre que dans les inscriptions de l'Italie méridionale au sens du grec *synthrophos*, équivalent de *alma*; on peut la traduire par *Vénus naturiste (physica)*, chantée par Lucrèce l'épicurien; or, l'épicurisme était répandu en Campanie et les Pompéiens savaient par cœur des vers de l'auteur du *De natura rerum*[14]. Cette *Venus fisica* prend aussi l'appellation de *Venus fisica Pompeiana*[15], ou de *Venus Pompeiana* tout court[16], que les artistes peignent d'autant mieux que l'occupation romaine lui vaut un surcroît d'honneur en l'associant à la Vénus de Sylla. Le dictateur ne donne-t-il pas à sa nouvelle colonie le titre de *Colonia Veneria Cornelia*[17]? Ainsi se définit un type officiel de Vénus, que présente la peinture d'une boutique de la rue de l'Abondance: la déesse, revêtue d'une longue tunique et d'un manteau mauve, se dresse dans une pose de majesté. Coiffée d'un diadème d'or, elle tient dans la main droite un rameau d'olivier; la main gauche s'appuie sur un gouvernail renversé et tient le sceptre. Elle est donc en même temps *Fortuna*. A l'extérieur de l'officine du fabricant et marchand de tissus, M. Vecilius Verecundus (IX, 7, 6), sa majesté éclate dans la symphonie des couleurs et l'harmonie des attitudes. Drapée de bleu azur, elle se tient debout, dans un quadrige attelé d'éléphants; elle porte une couronne dorée et ses mains tiennent les mêmes attributs que la Vénus précédente. Elle est la Fortune qui triomphe, méritant la couronne et la palme que lui tendent deux petits Amours. De part et d'autre du char, se tiennent deux personnages: une femme, debout sur une sphère, s'appuie à droite sur un gouvernail et de la main gauche soutient une corne d'abondance; on reconnaît une *Tyché-Nemesis*, maîtresse du monde; le *Genius publicus* de Pompéi tend une patère de la main droite et tient une corne d'abondance de la main gauche.

Ce type canonique de la Vénus royale, victorieuse et maîtresse du monde, dit bien assez que Vénus est à Pompéi une déesse officielle et qu'on attend d'elle la bonne fortune et la prospérité. Son aspect naturiste reste fondamental. Elle est l'héritière de l'Aphrodite agraire, elle est la Vénus des jardins, ce qui explique l'existence de prêtresses pompéiennes de Vénus et de Cérès, telle Alleia[18]; on peut même se demander dans quelle mesure les prêtresses publiques de Pompéi n'étaient pas toutes des prêtresses de Vénus et de Cérès[19], Cérès ayant fini par absorber toute l'essence de Vénus agraire. Ses relations avec Bacchus sont étroites. Comme Liber, elle attelle à son char des éléphants. Priape, à Lampsaque, passait pour le fils de Dionysos et d'Aphrodite et en Campanie les liens entre Priape et Vénus sont visibles. Priape orne le jardin rustique primitif avant d'être remplacé par son attribut phallique, emblème apotropaïque, fait pour détourner le mauvais œil. Il est préposé à la fécondité des vignes et des jardins, dans le temple de Vénus pompéienne qui est représenté sur une peinture figurant les noces d'Héraklès et d'Hébé. Sa statue se dresse à droite de celle de la déesse tandis qu'à gauche est placée la statue de l'Amour.

Vénus officielle — Que Vénus pompéienne soit déesse officielle de la ville, la *Venus felix*, patronne de Sylla, y a beaucoup aidé: contaminée par la mystique dionysiaque, la *Venus pompeiana* reçoit de la bonne chance syllanienne ses promesses de fruits: Sylla n'a-t-il pas fait frapper des cornes d'abondance sur les revers de ses monnaies à son retour à Rome, au moment précis où il installe ses vétérans à Pompéi? Par là, elle se charge d'un sens politique, qui lui fait unir dans une même acclamation *Roma*[20] et qui explique que la Vénus troyenne, ancêtre à la fois d'Énée et des *Iuli*, ait pris une place importante dans l'imagerie pompéienne, même si elle se colore en même temps d'une valeur discrètement érotique, quand l'artiste évoque, dans un cadre idyllique, ses amours avec Mars.

Temple — Cette *Venus Pompeiana* avait un sanctuaire au midi, dont on découvre les murs d'enceinte élevés quand on se dirige vers le forum après avoir franchi la porte Marine. Du temple lui-même il ne reste que de misérables ruines. L'éruption a surpris une reconstruction qui n'en était qu'à ses débuts[21]. Avant 62, il dominait l'aplomb du front de lave sur tout le littoral et était sans doute un point de repère pour les marins, qui durent également vénérer cette Vénus marine. Nous voici loin de la Vénus primitive campanienne, protectrice des jardins. Dans les laraires, cette *Venus pompeiana*, dans sa pose de majesté, trouve également une place d'honneur[22], et reçoit les hommages du maître de maison.

Ainsi le naturalisme inconscient des Pompéiens s'exprimait dans le culte de cette première triade, à laquelle on peut rattacher Flora, divinité agricole, honorée par les Samnites sous le nom de *Flussai*[23] et qui connut la même évolution religieuse que Vénus, finissant par être la déesse protectrice de la jeunesse pompéienne, la *Iuventus*, qui s'exerçait dans la palestre.

Triade capitoline

Deuxième triade, la triade capitoline n'est pas un héritage étrusque, nous le savons bien[24]: le temple de Jupiter capitolin ne date que de la seconde moitié du IIe siècle et dans sa reconstruction ultérieure il est d'époque républicaine. Le culte politique de la triade capitoline, symbole de l'adhésion à la souveraineté romaine, ne peut avoir connu un large succès qu'à partir de la fondation de la colonie syllanienne.

Temple de Jupiter capitolin — Le temple de Jupiter[25] (fig. 7) domine le forum et son orientation suit celle de la colonnade en tuf du forum samnite. Ruiné par le tremblement de terre de 62, il n'avait pas encore été reconstruit en 79. Installé sur un podium haut de 3 mètres, le temple atteint 37,5 mètres de long dont près de la moitié est occupée par la *cella*. Celle-ci est précédée par une colonnade profonde présentant de face et de côté six colonnes hautes de 8,40 mètres. On accédait au temple lui-même par deux escaliers étroits qui s'élargissaient ensuite sur toute la largeur du monument. Cette particularité permettait de disposer, en avant du temple, mais à une certaine hauteur, d'une tribune aux harangues, de «rostres», admirablement placés. Au milieu de cette plate-forme se dressait un autel, tel qu'il apparaît sur le bas-relief du laraire de L. Caecilius Jucundus. Le portique et la *cella* étaient couverts d'un plafond à coffrage et l'ornementation de la *cella* était particulièrement riche: une ligne de colonnes ioniques décorait chaque long côté et leur entablement soutenait des rangées de colonnes corinthiennes. Contre le mur du fond de la *cella* se dressait un piédestal, dans la base duquel étaient ménagées trois petites chambres. Le piédestal était destiné à recevoir trois images de divinités, tandis que les chambres étaient affectées au service du culte. Dans la *cella* une dédicace à Jupiter Optimus Maximus, datée de 37 après Jésus-Christ [26], et une tête de Jupiter ne laissent aucun doute sur le culte rendu au maître de l'Olympe et à ses deux parèdres du culte capitolin, Junon et Minerve. Par la construction du visage, par l'abondance exceptionnelle de la chevelure et de la barbe, symboles de puissance, cette tête peut être rapprochée du buste de Zeus, originaire d'Otricoli; mais au masque poétique, ténébreux et divin d'Otricoli, s'oppose l'éclat du Jupiter pompéien, dont la sagesse et la majesté sont celles d'un monarque décidé et sûr de lui. Il symbolisait la force calme de la domination romaine et on comprend aisément ainsi pourquoi ce temple est devenu le plus important et pourquoi il occupe le côté du forum, qui fait face à la Curie.

Temple de Zeus Meilichios (fig. 35) — La triade capitoline, sous la forme de statues de céramique, continue d'être honorée après 62 dans le temple de Zeus Meilichios, car elle symbolise la continuité de l'État, au-delà de toutes les catastrophes. Il s'agit d'un petit temple, dans le coin nord-est du quartier du forum triangulaire, précédé d'une cour à colonnade et dont l'autel est disposé au pied de l'escalier. Un portique tétrastyle conduit à la *cella* dont la maçonnerie, en quasi-réticulé, est contemporaine de l'architecture du petit théâtre et date donc des premières années de la colonie romaine. Il a remplacé un édifice plus ancien, désigné dans une inscription osque [27] comme étant le temple de Zeus Meilichios, honoré dans bien des lieux de Grèce par les agriculteurs. Même si ce culte a été conservé par Rome, il s'est plus ou moins confondu avec celui de Jupiter Optimus Maximus et le temple a été choisi pour accueillir en temps de malheur la triade capitoline.

Culte public, culte privé

Le prestige de Jupiter Optimus Maximus est tel que, dans une dédicace, il est associé à *Venus fisica* [28] et par décret des décurions! Ce culte officiel — les édiles s'occupant des édifices sacrés — est servi par des pontifes[29] et par des augures[30], mais la triade — ou du moins Jupiter et Minerve — est également présente au cœur de la religion privée, sur ou dans les laraires. Dans une maison (V, 4, 3)[31], Minerve, vêtue d'un long chiton rouge violet bordé de vert et d'un manteau jaune, porte sur la poitrine le *gorgoneion* et sur la tête le casque à triple cimier. De la main gauche elle s'appuie sur une longue lance et de la main droite, tenant une patère, fait une libation sur un autel. Jupiter est assis sur un trône où est jeté un manteau vert, les pieds reposant sur un tabouret. Le haut du corps est nu, le bas de sa personne est drapé dans une étoffe rouge; il appuie sa tête sur son bras gauche et regarde vers la gauche; le sceptre est appuyé à son épaule gauche, et dans la main droite, il tient le foudre. Dans un laraire de jardin (VII, 2, 14)[32], Jupiter est debout, portant une chlamyde rouge sur l'épaule, il s'appuie à droite sur un sceptre et tient à gauche un aigle. Minerve porte un chiton brodé, l'égide sur la poitrine et un casque sur la tête; à droite elle tient une lance, à gauche un bouclier. Cette imagerie habituelle montre bien que les Pompéiens avaient adopté la tradition romaine et que, comme N. Popidius Florus, ils pouvaient honorer d'un même cœur la triade naturiste et la triade capitoline symbolisée par Jupiter Optimus Maximus[33]

Origine du culte d'Isis

La vogue de la triade isiaque[34] à Pompéi paraît à priori plus étrange. Les cultes orientaux sont des cultes étrangers. Mais la religion romaine s'est toujours montrée accueillante aux divinités venues d'ailleurs, quand les Romains eux-mêmes, dans une période de crise, n'ont pas volontairement cherché à élargir leur horizon religieux. Cybèle, la première, avait été introduite à Rome en 205 avant Jésus-Christ. Qui pourrait dire que son culte ait désormais été étranger à la sensibilité italienne? Sérapis[35], dès 105 avant Jésus-Christ, possède un temple à Pouzzoles, ce grand port international où les Égyptiens apportèrent en même temps que leurs marchandises quelques-unes de leurs croyances. L'introduction du dieu alexandrin avait pu être favorisée par le syncrétisme gréco-égyptien qui tendait à l'assimiler à Bacchus. Mais les Pompéiens ont pu découvrir les divinités alexandrines dans les ports siciliens et aussi à Délos où nous trouvons, en même temps qu'un temple des divinités d'Alexandrie, les traces du négoce campanien [36].

Les dévots, classes inférieures... — La vogue des divinités alexandrines a été considérable à Pompéi. Elles avaient pour elles le petit peuple, parlant latin [37] ou grec [38], les esclaves et les familles d'affranchis qui formaient la clientèle des grandes maisons. Même devenus libres, descendants d'affranchis et anciens esclaves continuent à leur manifester une dévotion qui finit par atteindre l'aristocratie.

... et supérieures — Le culte, en gagnant peu à peu les couches supérieures de la population pompéienne, devient comme un culte officiel de la cité. Alors que le capitole ne sera pas reconstruit entre 62 et 79, il est piquant d'apprendre qu'un descendant d'une vieille famille samnite, N. Popidius Celsinus, fils de N. Popidius Ampliatus et de Corelia Celsa [39], relève de ses ruines le temple d'Isis entièrement rasé par le tremblement de terre de 62 [40]. Ce fils d'affranchi [41] n'a que six ans et le geste généreux de son père lui ouvre les portes du sénat municipal: une telle admission prouve l'enthousiasme de l'aristocratie municipale pour Isis, servie fidèlement par la *gens Popidia.*

La gens Popidia et les Isiaci — N. Popidius Natalis, le prêtre de la déesse et chef de ses dévots, — les isiaques — occupait un logement modeste dans le périmètre du temple d'Isis: une chambre, une salle à manger, une petite cuisine [42]; six hydries — contenant de l'eau sacrée? — portaient son nom [43]. En 79, la même association des initiés aux mystères d'Isis soutenait les candidatures de Cn. Helvius Sabinus [44] et de Cuspius Pansa [45], en faveur de qui se prononce aussi N. Popidius Natalis.

Loreius Tiburtinus — Une autre famille, originaire de Tivoli (Tibur), se signale par sa dévotion aux divinités égyptiennes: celle de Loreius Tiburtinus, où se recrutaient aussi depuis longtemps des prêtres d'Isis [46]. L'ancêtre est d'ailleurs représenté sur la peinture qui orne le sanctuaire isiaque de la maison (II, 2, 2); il est chauve, et a revêtu la tunique de lin traditionnelle; dans la main droite il porte le sistre, à l'avant-bras gauche est passé le seau d'eau sacré. Le jardin était décoré de neuf statuettes de pharaons et de divinités égyptiennes. Une dixième représentait un ibis luttant contre un serpent. Vingt lampes, ayant sur l'anse l'une le buste de Zeus Ammon, l'autre une fleur de lotus, servaient aux cérémonies nocturnes des isiaques. Le canal d'eau — l'euripe — permettait de réaliser une inondation artificielle, rappelant aux dévots la prospérité qu'apportaient les débordements du Nil.

Julia Felix — Plus «parlantes» sont les peintures des «sacraria»[47] de la maison de Julia Felix et de la maison des Amours dorés. Chez Julia Felix (II, 4, 3), le sanctuaire est placé sous le portique qui encadre le jardin, et il est dédié à Isis et aux principales divinités de l'Égypte. On avait peint sur les murs des serpents et la triade isiaque: Isis, Sérapis et Anubis. Isis est assise sur un trône, le front surmonté de la fleur de lotus et du croissant de lune; Anubis, en vêtement noir et sandales, une palme dans la main droite, regarde Isis. Sur une table de marbre disposée le long des parois du sanctuaire, on a trouvé un croissant de lune en argent et une statuette en argent représentant Harpocrates.

Cn. Poppaeus Habitus — Dans l'angle sud-est du péristyle de la maison des Amours dorés (VI, 16, 7)[48], une balustrade de bois isolait du portique voisin le petit sanctuaire. Des peintures, sur fond jaune encadré de rouge, représentaient Anubis revêtu d'une chlamyde, Harpocrates, Isis, une fleur de lotus sur le front, le sistre dans la main droite, et Sérapis portant les mêmes attributs, deux sistres et un serpent cobra; la décoration est complétée par une statue en albâtre d'Horus, par un personnage féminin tenant une corne d'abondance — cette dernière statue en marbre — et par une grande lampe en terre cuite ornée d'un bas-relief présentant la triade égyptienne. Nous en tirons la certitude que les Poppaei — nous sommes dans la maison de Cn. Poppaeus Habitus[49] — étaient de fervents dévots isiaques, sans négliger pour cela de rendre à la triade capitoline, vénérée dans un petit sanctuaire proche, les hommages qui lui étaient dus.

D'autres laraires accueillent les divinités égyptiennes; par exemple, dans la maison des Amazones (VI, 2, 14), le mur du petit jardin portait une décoration florale; au milieu du feuillage, une niche peinte contenait des dieux égyptiens: une Isityche, un Osiris et deux Harpocrates[50]. A trois reprises, Isis *Fortuna*[51], est reconnaissable à la fleur de lotus ou au croissant de lune qui orne son front ou au sistre qu'elle agite dans l'une de ses mains.

Voici donc tous les témoignages qui permettent de mesurer de quelle faveur jouissait Isis à Pompéi, dans le culte privé, et quel accueil lui avait réservé la classe dirigeante. Le temple, élevé en son honneur, atteste la place que tenait le culte dans la cité.

Le temple d'Isis (fig. 35) — Le temple primitif[52], qui disparut dans la tourmente de 62, fut construit ou pour le moins commencé, sans doute avant la fondation de la colonie syllanienne, dès que le temple de Sérapis, élevé en 105 à Pouzzoles, signifia qu'étaient venus les temps de la liberté religieuse. On en respecta le plan quand on reconstruisit l'édifice après 62: cependant la vogue croissante de la religion isiaque rendit nécessaire l'adjonction de deux pièces aux dépens de la palestre samnite voisine.

On entre, depuis la rue du temple d'Isis, dans une cour à colonnade au milieu de laquelle se dresse l'édifice. La cour était occupée par le jardin sacré, et la colonnade s'interrompt et fait place à deux gros pilastres pour ménager une entrée monumentale aux dévots qui vont honorer les dieux. La *cella* oblongue est précédée d'une façade faite d'un portique à six colonnes. Une fosse sacrificielle, couverte et pleine de fruits, occupe un coin de la cour proche de l'entrée; dans l'autre coin, un édifice ressemble à un petit temple, deux autels en sont proches, un troisième est voisin du temple et cinq autres, plus petits, sont disposés entre les colonnes. Sur le côté sud, entre la colonnade et le Grand théâtre, s'alignent les pièces d'une modeste habitation.

Sans doute l'architecture n'a rien de typiquement égyptien, mais l'architecte a souhaité donner une impression exotique et bizarre; à droite et à gauche de la façade de la *cella*, deux niches sont projetées en avant sans être liées organiquement au corps du temple. La décoration abuse du stuc. Outre le large escalier de façade, un second, plus étroit à l'arrière, conduit directement à la *cella* où deux piédestaux supportaient les statues d'Isis et d'Osiris. Dans les niches se dressaient Anubis et Harpocrates. Celui-ci était honoré également à l'autel placé sur le côté oriental de la cour, face au temple. La peinture[53] qui l'ornait représente un garçon avec le doigt sur la bouche, tenant une corne d'abondance, une fleur de lotus sur le front; devant lui, un prêtre en longue robe blanche brandit un chandelier à chaque main tandis que, à l'arrière-plan, est représenté le temple même d'Isis.

Les murs de la colonnade sont peints de couleurs claires sur un fond rouge foncé. Au-dessus d'une partie inférieure rouge, les colonnes blanches, tout comme le temple, ont l'éclat du marbre. Chacun des panneaux qui divisent les murs de la colonnade est occupé par un prêtre d'Isis, tandis que des motifs marins décorent les parties inférieures, rappelant qu'Isis était la patronne des matelots.

L'autel principal, où l'on offrait aux dieux les sacrifices, est proche des marches de l'escalier de façade; l'officiant, debout sur une pierre voisine, avait le temple à droite; c'est ainsi que nous pouvons l'imaginer au matin de la catastrophe de 79, procédant aux sacrifices rituels pour la dernière fois: des cendres et des os calcinés furent trouvés là. Les deux autres petits autels étaient consacrés aux deux divinités des niches.

Deux piliers plaqués contre la façade de part et d'autre de l'escalier portaient un mince revêtement de pierre, partiellement couvert d'hiéroglyphes. Il s'agit d'une pierre du souvenir, que Hat, «écrivain sacré» — *hierogrammateus* — a dressée en l'honneur de ses parents et grands-parents selon trois registres. En haut, Hat, son frère et collègue Meran, leur père et leur grand-père, prient Osiris, «Seigneur du royaume des Morts»; au-dessous, Hat apporte à ses parents et grands-parents les offrandes aux morts; tandis qu'en bas, Meran et ses deux sœurs s'unissent à Osiris par leurs prières.

Un dévot isiaque, C. Norbanus Sorex — La présence d'une statue de Bacchus, offerte par N. Popidius Ampliatus, ne doit pas étonner; le dieu était identifié à Osiris. Sur le mur, deux oreilles modelées dans le stuc attestent l'attention qu'il portait aux prières de ses dévots. Contre le mur ouest de la colonnade, près des angles, deux piédestaux portaient les statues de divinités féminines, demi-grandeur nature. A droite Isis, en costume grec archaïque, dédiée par L. Caecilius Phoebus [54] à la suite d'un décret des décurions, nouvelle preuve de l'intervention officielle, à gauche Vénus, séchant sa chevelure après le bain, et s'identifiant aussi à Isis. Tout proche de cette dernière statue, l'hermès de C. Norbanus Sorex, dont la tête de bronze est montée sur un pilier de marbre, désigne un dévot particulièrement généreux. Acteur jouant les seconds rôles, *magister* du *Pagus Augustus Felix* [55], il témoigne de la vogue des cultes égyptiens parmi les affranchis. Il ne saurait être confondu avec l'archimime Sorex, ami de Sylla, car sa qualité de *magister* d'un faubourg appelé *Augustus* le place après 27 avant Jésus-Christ; le traitement de la chevelure, minutieux, sans stylisation monotone, le visage fortement construit sous la saillie des arcades sourcilières, des pommettes marquées et un menton en galoche, un nez aux ailes épaisses, une bouche bien dessinée et volontaire, lui donnent une forte personnalité, dont les traits s'animent au jeu des ombres et des lumières sur des volumes bien individualisés. Ce portrait appartient à un courant artistique local faisant éclater une sève campanienne, intacte dans la fin du dernier siècle avant Jésus-Christ. Les divinités de l'Égypte enchaînaient les âmes de ces solides affranchis, sensibles au prestige de l'Orient.

Clergé — Le culte était assuré par un clergé représenté sur les panneaux de la colonnade de la cour [56]. Le scribe sacré — *hierogrammateus* — porte deux plumes d'épervier aux tempes rappelant qu'un jour un épervier porta aux prêtres de Thèbes un livre relié par un ruban rouge où étaient inscrits les préceptes du culte. Un deuxième prêtre, coiffé d'un masque en forme de tête de chien, prend la ressemblance du dieu Anubis. Le troisième, porteur de palmes et de verges, est un astrologue, si nous en croyons Clément d'Alexandrie. Le quatrième porte une lampe en forme de navicelle [57], symbole d'Isis, patronne de la navigation. Faut-il voir dans le prêtre, tenant la couronne de roses et l'*uraeus* (cobra), le prophète ou grand prêtre? Il ne le semble pas. Suit un jeune myste, portant une situle qui contenait le lait de la libation sacrée. Puis le grand prêtre tient le vase sacré, *hydreion*, qui renfermait l'eau sacrée du Nil, émanation d'Osiris. Enfin, une prêtresse agite le sistre.

Tous les prêtres ont la tête et la face bien rasées, des vêtements de lin et des chaussons de palmier ou de papyrus et leur nombre dit assez la vogue des religions alexandrines.

Service du culte — Le culte isiaque exigeait plusieurs cérémonies quotidiennes. Avant le lever du soleil[58], le prêtre entrait dans l'édifice par la porte de service et ouvrait toute grande la porte sur la façade du temple; des rideaux de lin étaient tendus dans le passage pour cacher l'intérieur du temple. Alors la porte du sanctuaire sur la rue était ouverte, les dévots entraient et prenaient place devant le temple. Les rideaux étaient tirés et l'image de la divinité présentée à l'adoration des croyants qui la remerciaient dans leurs prières et agitaient en son honneur le sistre, cet instrument de musique employé dans le culte des divinités égyptiennes. Puis ils restaient assis, abîmés dans la prière et la contemplation. Une heure après le lever du soleil, le service se terminait par une invocation au soleil nouveau.

A deux heures de l'après-midi, un deuxième service permettait l'adoration de l'eau sacrée[59]. A l'intérieur du portique du temple, en haut des marches, se tiennent l'officiant et ses deux acolytes. Le prêtre élève à hauteur de son visage le vase d'eau sacrée[60], puisée au Nil; ses deux assistants secouent le sistre. Au bas des marches, sur un autel, brûle un feu que ravive un prêtre; à droite et à gauche, les fidèles entourent d'autres prêtres, tandis qu'un joueur de flûte est placé au premier plan à droite.

Fêtes — Outre le culte journalier, le clergé servait des fêtes somptueuses dont la plus importante était le *Navigium Isidis,* en l'honneur d'Isis, patronne des marins, célébrée le 5 mars, quand reprenait la navigation. Cette «Navigation d'Isis» est évoquée sur les murs du péribole du temple par des scènes de parade maritime et par divers animaux marins.

La seconde solennité —*Isia* — se déroulait du 13 au 16 novembre, pour commémorer la découverte du corps d'Osiris par Isis. Cette joie publique s'exprimait aussi par des danses sacrées: un homme au visage foncé, portant une couronne, danse sous les yeux des fidèles. Derrière lui, dans le temple dont les portes sont ouvertes, des musiciens: une femme frappe des cymbales, une autre un tambourin; sur les marches, prêtres et croyants; au premier plan, un autel, dont la flamme brûle.

Le temple d'Isis possédait des braseros de bronze pour faire brûler l'encens; la réserve d'eau sacrée, nécessaire aux ablutions était enfermée dans la petite construction placée au sud-ouest de la cour; les reliefs de stuc qui la décorent ne laissent aucun doute sur la destination de cette eau: un vase est encadré par des personnages agenouillés, des prêtres et prêtresses, dont le visage est tourné vers l'eau sacrée; sur les panneaux flanquant l'entrée, Isis surmonte un autel et les murs latéraux sont décorés de thèmes gréco-romains: Amours, dont l'un tient une boîte à encens, Mars et Vénus, Persée secourant Andromède.

Initiation isiaque — Une grande pièce, à l'ouest, était décorée de paysages sacrés égyptiens et de scènes représentant Io surveillée par Argus et délivrée par Hermès, et Io en Égypte, reçue par Isis. Elle servait à la fois de salle à manger pour les fidèles et de salle de spectacle pour les représentations sacrées. Une salle plus petite qui la jouxte servait aux cérémonies secrètes. Les murs étaient décorés de peintures représentant Isis, Osiris, le bœuf Apis, Typhon et Hator, de quatre statues de bois avec pieds, mains et tête de marbre, d'une autre en pierre verte couverte de hiéroglyphes, de terres cuites de divinités égyptiennes. Le dépôt de cinquante-huit lampes à anneau de fer suggère que là se déroulaient de nuit les rites secrets d'initiation des serviteurs d'Isis, qui renonçaient à leur vie passée et par cette «renaissance» s'engageaient à mener une vie plus pure.

Zeus Phrygien

Les divinités alexandrines avaient perdu ainsi leur caractère strictement national et dominaient la sensibilité religieuse campanienne. Au contraire, la communauté phrygienne honorait un Jupiter Phrygien et ainsi, en avril 3 avant Jésus-Christ, le prêtre C. Iulius Ephestion, un Alexandrin sans doute, faisait au temple de Jupiter capitolin une dédicace en grec à cette divinité ethnique[61], attestant le libéralisme de

Rome, qui respectait autant les croyances que les calendriers nationaux[62].

Pierre noire — Plus surprenante est la présence d'un bloc de lave noire, informe, dans une niche (II, 2, 5) ménagée dans un pilastre de briques rouges qui termine vers l'est l'*insula* I, 12[63]. Proche de l'entrée d'un *thermopolium,* cette niche abrite donc un objet magique, prophylactique, protégeant le commerce, tout comme les emblèmes phalliques. On devait croire cette pierre tombée du ciel, mais ce bétyle ne pouvait avoir de signification que pour un Oriental. Or, l'onomastique[64] atteste la présence de Syriens dans le port du Sarno, en relations d'ailleurs avec le grand *emporium* maritime de Pouzzoles; aussi pouvons-nous imaginer avec vraisemblance quelque commerçant syrien assurant un trafic avec l'Égypte, puisqu'un autre pilier proche porte, à côté d'un Mercure à la bourse, un buste féminin de face personnifiant Alexandrie ou même l'Afrique, en raison de la dépouille d'éléphant placée sur sa tête.

Vases magiques, mains panthées — Dans la maison (II, 1, 12), on a trouvé des vases sacrés et des mains panthées[65]. Les vases présentent sur leur panse une série d'objets dont le rapprochement est étrange: une flûte de Pan, un pain, un lézard, un bucrane, une feuille de palmier, un serpent, une tortue, une échelle, une grosse grappe de raisin. Ces vases servaient aussi bien comme vases à sortilèges que comme vases d'offrandes aux divinités agraires; ils restent un document unique, révélant un aspect mystérieux de la sensibilité religieuse des Pompéiens.

Les mains panthées — c'est-à-dire qui groupent plusieurs signes religieux — se ressemblent à quelques détails près. Il s'agit d'une main droite, la paume tournée vers l'extérieur; les trois premiers doigts dressés, l'annulaire et le petit doigt repliés, dans le geste de la bénédiction latine. D'une structure fine et nerveuse, elles ont reçu les attributs divins d'inspiration égypto-orientale. A l'intérieur de la main, vers le bas, dans un arc elliptique, une femme allaite un bébé; se tient auprès d'elle un gros oiseau. Au-dessus, une table recouverte d'un coussin supporte une pomme de pin. Puis, un calice près d'un autel allumé; sur le pouce se dresse une pomme de pin, tandis que sur ce même doigt s'avance une tortue. A l'extérieur de la main, dans la zone du bas, apparaît un scarabée, et au-dessous une table puis une paire de cymbales.

Sur le dos d'une autre main, un caducée ailé, une double flûte, un *flagellum*, une balance, une civette, un long serpent barbu et ailé ; dans la paume, est assis un personnage masculin, vêtu d'une tunique courte, avec des caleçons longs (*anaxyrides*) et des chaussures hautes. La main droite fait le geste de la bénédiction latine : on reconnaît Jupiter Sabazios, dont le culte thraco-phrygien, en relation avec celui du Dionysos thrace, a fini par être toléré à Rome. Les mains panthées ont ici une valeur essentiellement apotropaïque (écartant le « mauvais œil ») pour les fidèles de Sabazios qui se réunissaient dans cette maison appartenant à Sextilius Pyrricus. Ainsi, au courant des échanges, les influences orientales, que Rome ne pouvait pas naturaliser, pénétraient à Pompéi et y trouvaient droit d'asile.

* * *

Doit-on enfin, dans cette revue des religions orientales, qui ouvraient leur paradis à chaque fidèle, faire une place au christianisme ? Le débat reste ouvert et le restera longtemps encore, soulevant des polémiques passionnées.

Crypto-chrétiens ?

Il ne faut pas s'attendre à découvrir d'indubitables témoignages du christianisme dans ce court laps de temps qui sépare l'enseignement des disciples du Christ de la catastrophe finale. Les chrétiens dans l'Empire devaient chercher à se soustraire aux coups de leurs persécuteurs, car au lendemain de l'incendie de Rome en 64, ils ont été mis hors la loi et le seul nom de chrétien valait une condamnation à mort. Cette perpétuelle menace suspendue sur leurs têtes les invitait au demi-effacement et aux demi-aveux. Ils se comportèrent donc dans le siècle en crypto-chrétiens, cachant les vérités essentielles de leur foi dans des cryptogrammes que la sagacité des érudits a parfois du mal à percer.

Carré magique — C'est ainsi que le 12 novembre 1936, Matteo della Corte crut reconnaître, sur le stuc revêtant une des colonnes de la Grande palestre, le fameux carré magique[66].

R	O	T	A	S
O	P	E	R	A
T	E	N	E	T
A	R	E	P	O
S	A	T	O	R

Déjà F. Grosser l'avait développé en lisant, sur deux lignes perpendiculaires, *Pater noster* encadré par deux A et Ω ; ainsi ces cinq lignes professaient, sans la dévoiler, une foi *fondée sur la croix et exprimée dans le Pater*.

D'autre part, dans les cinq lignes du cryptogramme, *tenet* répété dessinait une croix, dont les branches en leurs extrémités étaient accostées d'A — Ω, et utilisait quatre fois le T, image tronquée de la croix.

Dans la maison de Paquius Proculus (I, 7, 1), un graffite, découvert en 1926 et mal compris, répétait le fameux carré magique. Ces deux témoignages parurent indubitables à leur savant découvreur et à A. Maiuri[67], qui aussitôt assurèrent qu'avant la catastrophe de 62, vivait à Pompéi une colonie chrétienne.

Non-présence chrétienne — Or, une telle présence est plus que douteuse. Les *Actes des Apôtres*[68] ont beau nous assurer que

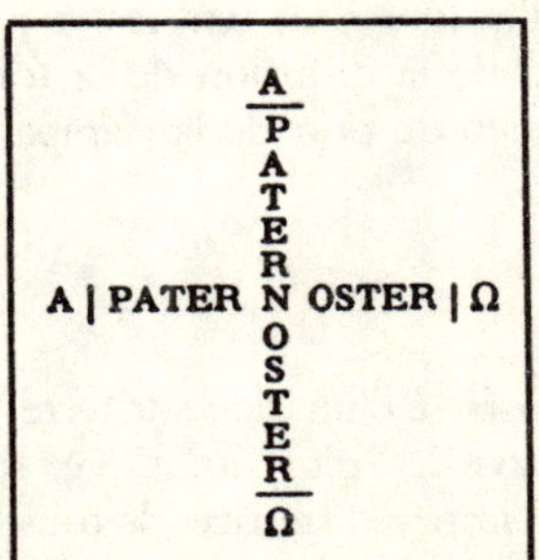

saint Paul fut accueilli à Pouzzoles par des «frères», on ne peut comparer ce grand port international et la petite ville provinciale de Campanie. Mais surtout Tertullien [69], à la fin du IIe siècle, s'écriait que «ni la Toscane ni la Campanie ne se sont plaintes des chrétiens lorsque le feu du ciel a incendié Volsinies et que Pompéi fut submergé par les flammes descendues de sa montagne». Même si, malgré Tertullien, on voulait croire à l'existence de chrétiens isolés, ils n'auraient jamais eu l'idée d'inscrire ces carrés magiques — auxquels auraient manqué des lecteurs initiés. Surtout ces chrétiens, qui, au milieu du Ier siècle, ne pouvaient que prier en grec, ignoraient le symbole du tau et celui de l'alpha et de l'oméga que seule l'*Apocalypse* définira vers la fin du siècle. Ces contradictions font s'évanouir la prétendue communauté chrétienne de Pompéi.

De quelle main seraient alors les carrés magiques? Ils sont certainement le fait des visiteurs clandestins qui, à la fin du IIe siècle ou dans le courant du IIIe siècle, après l'ensevelissement de 79, revinrent piller les trésors des maisons [70] — et ainsi tous les efforts pour vieillir les graffites et donc pour établir la présence des chrétiens à Pompéi sont vains [71].

Dans la maison de Vénus (II, 3, 3), une amphore découverte en 1952 présenterait un chrisme. Or, cette combinaison d'un P et d'un X, loin d'avoir une signification chrétienne, ferait allusion au poids (P = *Pondo*) de 10 livres du contenu, dénoterait une marque de fabrique ou de contrôle ou indiquerait les initiales du nom du fabricant ou du contrôleur [72].

Il ne reste rien de la communauté chrétienne à Pompéi, mais les pieuses illusions sont tenaces et pendant longtemps encore on parlera de la diffusion de la foi nouvelle dans le milieu judéo-chrétien du port de la Campanie [73].

Culte impérial

Le Pompéien dispose d'un dieu sur terre — et c'est l'empereur à qui il réserve les plus nombreux témoignages de sa dévotion. Le culte impérial transcende tous les autres cultes et rien de ce qui est divin n'est étranger à l'empereur.

Les grands ancêtres — Il est vrai que Vénus pompéienne, avec le renfort de la Vénus syllanienne, a conduit directement à l'exaltation de l'ancêtre des Jules et de la légende de la fondation de Rome. Sur le forum, le Pompéien pouvait lire les éloges d'Énée et de Romulus[74], tout comme les contemplait à Rome le promeneur qui se rendait au forum d'Auguste. Il y apprenait son catéchisme politico-religieux: *Romulus, fils de Mars, fonda la ville de Rome, régna trente-huit ans. Il fut le premier général, après avoir tué Acron, roi des Caeniniens et général ennemi, à consacrer à Jupiter Feretrius les dépouilles opimes; il a été reçu au nombre des dieux et a été appelé Quirinus.* Justement, sur le pilastre externe d'une maison, rue de l'Abondance, Romulus triomphant armé, chargé des dépouilles du roi Acron, illustre cette notice[75], ainsi que dans une autre peinture qui orne le péristyle de la prétendue maison de Romulus et Remus[76].

Orbite impériale — Se donnant pour ancêtre Vénus, amante d'ailleurs de ce Mars, père de Romulus, l'empereur ne peut qu'entraîner toutes les triades dans son orbite. On invoque en 57 Jupiter Optimus Maximus, mais c'est pour le salut de Caligula[77]. Isis est dite Augusta[78] par Manilia Chrysa qui, au travers de la déesse égyptienne, honore l'impératrice. Mais le cas le plus typique est fourni par le culte de Mercure et de Maia absorbé par le culte impérial. Un collège d'esclaves et d'affranchis honore Mercure et Maia[79]: d'abord *ministri Mercuri et Maiae* avant 14 avant Jésus-Christ, ils deviennent *ministri augusti Mercuri et Maiae* de 14 à 2 avant Jésus-Christ[80], et après 2 avant Jésus-Christ, *ministri Augusti*[81] tout simplement. La transformation est achevée.

Rôle des affranchis — Assumant tout le divin, l'empereur offre à tous la possibilité de l'honorer et son culte transcende les différences sociales ou les différences ethniques. Affranchis et esclaves se retrouvent dans les collèges qui honorent la Fortune Auguste, Mercure et Maia. Les affranchis — qui jouent dans la vie économique le rôle important que nous leur avons reconnu[82] — forment les collèges des *augustales* et la colonie unanime récompense leurs mérites en accordant à certains l'honneur du *bisellium*[83]. Ils s'occupent des Lares des carrefours, des *Lares compitales* devenus Lares augustes et accomplissent les mêmes cérémonies que les vicomagistri de Rome.

La vie de quartier, si riche en inscriptions électorales, vibrait de façon particulière quand il s'agissait d'apporter les guirlandes de fleurs au carrefour *(compitum)* et d'y faire les libations de vin et d'encens pour le salut de l'empereur et la prospérité de l'Empire.

Ainsi toute une hiérarchie de prêtres et de prêtresses[84] — citoyens et citoyennes — d'*augustales* et de *ministri*, se dévouait à l'empereur et à la maison impériale. En acclamant leurs empereurs, les Pompéiens les parent de toutes les qualités, car l'univers moral, fait de concorde et de piété, ne saurait rester étranger à la divinité de l'empereur. Dans cette ville où la religion domestique apparaît si vivante, si fidèlement respectée, les âmes ont accepté que les Lares d'Auguste deviennent les Lares augustes, et que l'Apollon d'Auguste se transforme en Apollon auguste. Le Pompéien, comme tout sujet de l'empereur, renforce par cet adjectif le *numen,* la force divine des dieux, et y abrite tout le panthéon.

Culte impérial au forum — Pour lui dévouement et dévotion se confondent. Le forum chante la gloire impériale et l'on peut dire que la reconstruction de 62 à 79 a veillé à accentuer cette omniprésence du culte impérial (fig. 7).

Tout le côté sud de la place était occupé par des statues équestres aujourd'hui disparues et dont seuls les piédestaux restent; au milieu, une statue colossale d'Auguste, encadrée d'une statue équestre d'aussi grandes dimensions de Claude et d'une statue d'Agrippine; en avant, une petite statue équestre de Néron; en avant du temple de Jupiter, sur le côté septentrional, un autre piédestal supportait une statue équestre du jeune Drusus peut-être, le fils de Tibère, ou de Germanicus; si l'on pense à un empereur, il s'agirait de Caligula.

Sur la paroi sud de l'arc, dans le coin nord-est du forum, deux niches abritaient les statues des deux fils de Germanicus, Néron et Drusus, qui furent victimes des machinations de Séjan, favori de Tibère.

Celui-ci, à cheval, couronnait cet arc, comme, plus au nord, une statue de Néron se dressait, tout au-dessus de l'attique d'un autre arc, à l'intersection de la rue de Mercure et de la rue de Nole.

Ainsi, tout en laissant une place aux notabilités locales, le forum exaltait la majesté impériale, accumulait les témoignages du loyalisme des Pompéiens. Il est encore plus remarquable de relever la place faite au culte impérial dans tous les monuments de la partie occidentale du forum.

... au macellum — Au *macellum* — au marché — dans l'axe du monument, une chapelle était consacrée à la vénération des empereurs. On montait cinq marches pour arriver dans une salle qui abritait dans des niches latérales quatre statues dont deux seulement ont été retrouvées; l'une représente Octavie, la sœur d'Auguste, qui fait une libation et des offrandes, comme une flaminique. L'autre a les traits de Marcellus, son fils, l'espoir d'Auguste et de Rome, dont le destin funeste a été pleuré par Virgile. Le piédestal, face à l'entrée, devait supporter la statue d'un empereur. Il n'en reste plus qu'un bras tenant un globe, mais on a tout lieu de penser que l'empereur honoré était Claude et que les deux autres niches accueillaient les statues d'Agrippine, son épouse, et de Néron, son fils adoptif. Il ne faut pas s'étonner de la présence d'Octavie et de Marcellus, car l'empereur Claude était par sa mère Antonia le petit-fils d'Octavie et d'elle aussi descendaient Agrippine et Néron. Comme l'avait souhaité Auguste, la lignée d'Octavie est désormais sur le trône et Néron est l'orgueil et l'espoir de Rome, comme dans le passé le fut le malheureux Marcellus. Sur une peinture, Néron tient un trophée à longue hampe; assis sur un monceau d'armes et couronné par la victoire, et chargé des dépouilles opimes, se proclame nouveau Romulus[84 bis]. A côté de cette chapelle, un local, avec un autel destiné à recevoir les offrandes liquides, abritait un collège religieux qui y prenait ses repas rituels: on ne peut savoir s'il s'agit des *Seviri augustales*, affranchis, ou d'un collège aristocratique, imité des *Sodales Augustales* de Rome.

... au sanctuaire des Lares — Le sanctuaire des Lares rappelle la volonté de la cité d'apaiser les dieux après le tremblement de terre de 62, mais aussi le désir d'y associer la divinité impériale. Tout concourt à faire de ce monument quelque chose d'extraordinaire, d'insolite dans une ville si attachée au passé et à la tradition: l'audace du plan — une cour spacieuse encadrée de murs à niche et d'une vaste abside — la richesse de la décoration tout en marbre.

Dans l'abside un piédestal pouvait porter trois statues de grandeur nature; sur chaque côté, une petite salle abritait une statue de dimension plus grande et ainsi ce sanctuaire, plus qu'à un temple, fait songer à un forum impérial de modèle réduit, ou aux laraires privés, caractérisés essentiellement par leur niche. Le *Genius Augusti,* un pan de la toge passé sur la tête dans l'attitude familière du *Pontifex Maximus,* était encadré des deux lares, sous l'abside; comme dans les laraires privés, les statues de *Venus Pompeiana* et de Cérès, de Bacchus, d'Hercule, de Mercure et de *Fortuna* étaient associées au culte des Lares augustes. Vespasien, sous le règne de qui ce sanctuaire fut sans doute inauguré, et qui prêta peut-être ses traits au *Genius Augusti,* reçut un hommage exemplaire dans ce qui était un vrai temple de culte impérial et qui fait suite au sanctuaire des Lares.

... au temple de Vespasien — Là, encore, c'est au fond d'une cour que se dresse sur un haut podium le temple qui abrite sur un piédestal élevé la statue du dieu. Au milieu de la cour, un autel de marbre blanc attire les regards. Une scène de sacrifice orne le côté qui fait face à l'entrée. Un prêtre, la tête couverte de la toge, fait une libation avec la patère sur un autel tripode. A gauche, deux licteurs, un joueur de flûte, deux garçons *(camilli)* qui apportent les instruments du sacrifice, un aide; à droite, le taureau destiné au sacrifice conduit par le bourreau *(victimarius)* et son aide. Dans le fond, un temple tétrastyle localise bien la scène devant le temple de Vespasien. Sur les petits côtés de l'autel, sont rappelés les instruments du sacrifice: à gauche la serviette *(mantele)*, le bâton d'augure *(lituus)*, la boîte à encens *(acerra)*, à droite la patère *(patera)*, la louche *(simpulum)* et un pichet *(praefericulum)*. Sur la grande face arrière, une couronne de feuilles de chêne avec de chaque côté une branche de laurier rappelle à la fois la décision du Sénat qui le 13 janvier 27 avant Jésus-Christ décida qu'une telle couronne civique serait placée au-dessus de la porte de la maison où Auguste vivait, en même temps que la volonté de Vespasien de se conduire à l'image du premier empereur, lui l'empereur de la paix, de la concorde, à qui l'on va sacrifier un taureau vivant.

... à l'édifice d'Eumachia (fig. 15) — Enfin, clôturant cette

série de grands bâtiments, l'édifice d'Eumachia, nous l'avons vu[85], est dédié à la *Concordia Augusta,* la *Pietas Augusta* et par ce biais à Tibère et à Livie.

... à la Grande palestre — Ainsi le Pompéien n'avait pas besoin de pénétrer dans un édifice « spécialisé » pour faire ses dévotions à l'empereur. Qu'il vaque à ses affaires dans une bourse lainière ou qu'il aille marchander du poisson sous la *tholos* du *macellum,* il n'échappait pas à la présence tutélaire des empereurs et de leur famille : le culte impérial réalise bien cette omniprésence du sacré qui peut nous étonner, mais qui est un aliment nécessaire des sensibilités antiques. Les garçons de la *juventus* (jeunesse) pompéienne, qui s'exerçaient dans la Grande palestre, ne devaient pas manquer d'accomplir quelque cérémonie propitiatoire dans la « chapelle » qui interrompt la colonnade occidentale dans l'axe de la porte médiane et de la piscine *(natatio)* creusée au milieu de la cour. Si les Samnites avaient honoré Hermès[86], les Pompéiens de l'Empire adressaient leurs hommages à Mercure Auguste, le dieu tant honoré à Pompéi dans les laraires privés par une population commerçante. Ainsi peu à peu dès le premier siècle, les Pompéiens étaient conduits à l'idée que tous les dieux mènent à l'empereur : le syncrétisme mettait les Pompéiens sur le chemin d'un dieu unique que, par un sort funeste, ils ne connurent pas.

Rien mieux que le temple d'Apollon ne rend sensible cette cohabitation divine, ces relations de bon voisinage qui rendent le divin encore plus diffus.

Syncrétisme au temple d'Apollon (fig. 7) — C'est l'un des édifices les plus vénérables de Pompéi. Fondé par les Grecs, adopté par les Étrusques[87], il a commandé les lignes maîtresses du premier forum samnite et le mur d'enceinte du sanctuaire a été régularisé lorsque le deuxième forum samnite a donné au temple de Jupiter capitolin la primauté religieuse.

Un questeur samnite, Oppius Campanus, sur l'ordre de l'assemblée populaire, avec l'argent appartenant à Apollon, avait restauré le sol de la *cella* du temple. L'omphalos, sous l'apparence d'une moitié d'œuf en tuf, présent dans la *cella*, ne laisse aucun doute sur la divinité honorée ; pas plus que les griffons qui décorent le stuc de l'entablement du péristyle. Le temple primitif y fut reconstruit au moment où V. Popidius élevait la colonnade de tuf du forum vers le milieu du IIe siècle. Ce fut le seul des grands édifices du forum à être presque entièrement restauré et à recevoir une décoration complète et nouvelle.

Alors que les Pompéiens jusqu'en 79 pénétraient dans la cour du temple par des passages aujourd'hui murés, le long du forum, nous entrons aujourd'hui par une porte secondaire légèrement décentrée par rapport à l'axe du temple. Une colonnade, qui eut jusqu'au tremblement de terre un étage, détermina dans la cour oblongue un quadruple portique. Le temple sur un haut *podium*, précédé de larges escaliers, n'abritait qu'une statue de culte dans une *cella* étroite, complètement entourée d'une colonnade corinthienne, suivant le plan étrusque.

La colonnade de la cour avait été construite en tuf et stuquée, et elle présente ce mélange de styles qui plaisait tant aux Pompéiens: un entablement dorique à triglyphe était porté par des colonnes ioniques. Dans la restauration qui suivit la catastrophe de 62, on abandonna les formes simples de l'architecture grecque, on aimait alors les couleurs vives, les dessins gais et fantastiques.

On refit les chapiteaux en stuc, d'allure corinthienne mais peints en rouge, bleu et jaune. La partie inférieure du fût était jaune également. L'entablement était recouvert de stuc. Les murs du temple imitèrent, avec du stuc, le marbre. Les murs de la colonnade furent peints dans le quatrième style et représentaient des épisodes du cycle troyen.

Un autel, en avant des marches du temple, avait été placé par le collège des magistrats municipaux, sans doute sous Auguste[88]; deux autres duumvirs firent la dédicace d'un cadran solaire porté par une colonne ionique[89]. Les magistrats organisaient les jeux en l'honneur d'Apollon dont la célébration du 6 au 13 juillet suivait leur entrée en charge[90].

Sur le côté droit de la cour, devant la troisième colonne, se dressait la statue du dieu: Artémis lui faisait face, sur le côté gauche. Les deux statues étaient armées de l'arc et avaient pu appartenir à l'origine à un groupe de Niobides. Bien d'autres divinités étaient présentes dans ce sanctuaire sur des piédestaux placés devant la colonnade: Vénus, déesse de l'amour, et un hermaphrodite en marbre, qui avec ses oreilles pointues de satyre appartient plutôt à la religion de Bacchus, et leur double présence n'est pas faite pour nous étonner. A la hauteur de la cinquième colonne, deux hermès représentent Mercure et Maia. Mercure est figuré sous les traits doux et placides d'un jeune homme, le dieu de la palestre, tel qu'il apparaît aussi aux thermes de Stabies. Maia, la mère d'Hermès, était la fille d'Atlas. Elle fut assimilée à la Maia italique, la déesse printanière. Les Pompéiens unissaient, nous le savons, Mercure et Maia jusqu'en 14 avant Jésus-Christ pour ensuite les oublier au profit d'Auguste, qui avait su entrer dans la famille d'Apollon, de Vénus et de Mercure. Syncrétisme donc et victoire du culte impérial: les Pompéiens avaient bien répondu — sans originalité ni empressement trop flatteur — à la propagande impériale. Les triades perdaient de leur faveur et la monade impériale s'imposait partout.

La villa des Mystères n'est pas le local d'une secte

Mais tout n'est pas clair dans les âmes. Le goût du secret et du mystère fait déserter les lieux ouverts aux regards indiscrets et il est des dialogues mystiques dont on perçoit quelques échos à Pompéi.

C'est à la villa Item, nommée ainsi d'après le propriétaire du terrain, et baptisée ensuite villa des Mystères, dès que fut découverte la très belle peinture à thèmes dionysiaques, qu'il faut aller interroger les croyances secrètes, la foi et l'espérance qui animaient l'âme pompéienne. Mystérieuses par définition et destination, ces représentations, exécutées vers 60 avant Jésus-Christ, ne pouvaient que soulever des discussions passionnées et conduire à des conclusions contradictoires. Cependant quelques certitudes peuvent être aujourd'hui considérées comme acquises. La salle décorée de cette «mégalographie» n'est pas le local sacré d'une secte. Il est contraire à l'essence d'un mystère d'en peindre sur les murs le déroulement, car ce serait au sens plein du terme le profaner. De plus, cette salle jouxte des chambres à coucher dans la partie la plus reculée de la maison ; il semble qu'on aurait choisi une pièce plus directement accessible pour les réunions de sectateurs de la religion dionysiaque. Le propriétaire ne faisait donc pas profession de foi dionysiaque mais il avait accepté que soit évoqué, dans la décoration de sa demeure, un monde supérieur, auquel seule une initiation permettait d'accéder, selon les enseignements du mouvement néo-pythagoricien qui fit de nombreux adeptes dès le Ier siècle avant Jésus-Christ (fig. 22).

Le couple Dionysos-Ariane — Essayons tout d'abord de décrire les scènes qui se déroulent à nos yeux dès que nous pénétrons dans la salle, par la petite porte de communication isolant la chambre à double alcôve. Au fond de la salle, sur le petit côté, l'œil est attiré par le groupe central de Dionysos et d'Ariane. Dionysos ivre repose sur le giron d'Ariane qui amoureusement l'enlace ; le dieu, couronné de lierre, demi-nu, le *thyrsolonchos* enrubanné dessinant une diagonale symétrique à la ligne du corps qui s'abandonne, un pied dénudé, regarde sa compagne, les yeux éperdus de bonheur et pleins d'une révélation intérieure, la bouche ouverte d'extase. Cette présence divine domine sur la paroi et donne son sens à la décoration car, par le vin et par l'amour, Dionysos et Ariane sont élevés vers cette « connaissance » ineffable, vers la possession d'une vérité divine. Il s'agissait pour le peintre — une fois symbolisée par l'épiphanie nuptiale l'entrée dans le monde supérieur de la connaissance — de traduire plastiquement les modalités initiatiques.

L'initiation par le phallus — De chaque côté du couple, se déroulent deux rites d'initiation. A droite, une jeune servante agenouillée va enlever le lin qui recouvre le symbole phallique, dressé dans le van mystique. Un tel geste, destiné à dévoiler l'instrument de l'initiation, provoque aussitôt une attitude de répulsion chez une ménade ailée, la poitrine nue, un vêtement court à la manière d'une jupe lui couvrant les cuisses, et chaussée de bottines à haute tige. Elle détourne le visage d'un spectacle qu'elle refuse de contempler ; affolée par cette « découverte » du phallus, elle saisit de sa main droite levée une badine dont elle se dispose à frapper, de toutes ses forces, sur le mur de droite, le dos nu d'une jeune fille agenouillée, reposant sa tête aux yeux clos et sa poitrine dans le giron d'une femme assise; celle-ci regarde avec colère la ménade déchaînée, tandis que d'un bras maternel, elle s'apprête à protéger la nudité bientôt martyrisée de la jeune fille qui attend un réconfort de celle qui l'accueille.

Le démon ailé est le même que celui qu'on découvre sur des terres cuites de Paris, sur une mosaïque de Djemila[91]. On ne savait quel nom lui donner quand une peinture de Hermoupolis en Égypte est venue nous tirer d'embarras[92]. Découverte dans une tombe d'époque hadrienne, elle représente Œdipe tuant Laios, en présence d'un démon ailé habillé; la scène se déroule dans un sanctuaire de Dionysos et le démon est accompagné de l'inscription grecque ΑΓΝΥΑ = Ἄγνοια, soit l'Ignorance. L'Ignorance, démon tragique, responsable du péché, demande à Œdipe de ne pas accomplir son crime. A la villa des Mystères, elle est l'Ignorance aux ailes noires repoussant le savoir. Mais l'artiste l'a chargée d'une nouvelle signification en lui faisant tenir la badine. Il ne s'agit pas d'une flagellation rituelle[93], ni d'un symbole de purification ou de punition, ni d'une allégorie de la souffrance féminine. C'est la traduction picturale d'une idée, soulignant que la jeune fille agenouillée est tourmentée par le manque de connaissance.

Au contraire, la femme pleine de colère contre le démon ailé s'identifie à la femme assise à droite dans la mosaïque de Djemila, qui tient la ciste mystique, contenant les *mysteria* de l'initiation. Elle personnifie donc l'Initiation — Μύησις — et la jeune fille, parce qu'elle souffre de sa non-connaissance, va se réfugier dans le giron de l'Initiation: elle est une myste, car elle a les yeux clos, attitude rituelle qui répond au sens primitif de μύεσθαι. Ainsi donc, à droite du couple des initiés, se déroulent les scènes qui paraphrasent la fuite, loin de l'ignorance qui tourmente les non-initiés. Du côté d'Ariane, ce ne pouvait être que des personnages féminins qui, grâce à la révélation du phallus, accèdent à la connaissance; la femme initiée, les yeux ouverts sur des réalités supraterrestres, porte la même robe violette que la myste et s'identifie à elle; elle tient sous les bras le *thyrsolonchos* et, nue, frappant des cymbales comme une ménade du thiase bachique, elle témoigne de l'extase que provoque la connaissance d'une vie divine.

L'initiation par le masque — A gauche — du côté de Dionysos — on peut s'attendre à la même progression des personnages masculins vers une existence heureuse. Un vieux silène barbu, la poitrine nue, une couronne de lierre posée sur sa chevelure blanche et clairsemée, présente un vase (λέκανη), coupe métallique apode[94], à un satyre qui se penche sur ce vase mais n'y boit pas; il regarde au fond se refléter magiquement sur la surface du vin le masque farouche d'un vieux silène qu'il surveille, apeuré. Il ne sait pas que ce masque est brandi dans son dos par un jeune Pan aux oreilles pointues, aux cornes naissantes, qui dissimule le bas de son corps dans un vêtement ocre. Le vieux silène assis regarde avec colère une fille qui s'enfuit sur le mur de gauche, les yeux emplis d'effroi. La composition à droite et à gauche est parfaitement symétrique et l'explication doit être parallèle.

C'est le masque qui est l'instrument de la révélation, comme le présente un camée de Paris. L'Ignorance s'enfuit encore, elle refuse de connaître la vérité: elle représente la servante humaine de l'ignorance par opposition à la jeune fille qui, elle, souffrait en raison de son ignorance. Le vieux silène est, au contraire, le maître des initiations bachiques, pendant de la Μυήσις féminine. Il tend la *lékané* de l'initiation au jeune initié — le jeune satyre — ce qui correspond à l'initiation de la jeune fille.

Le reflet du masque dans du vin appartient à la série des oracles de miroir. Le masque n'est pas un masque de théâtre[95], il est le symbole de la révélation bachique, d'une révélation progressive au fur et à mesure que, grâce au reflet, se précise l'image, et cette révélation progressive conduit au savoir bienheureux. A Hermoupolis, Œdipe, interrogé par la Sphinge, est le héros qui symbolise la recherche pour la vérité à travers les erreurs, car seul le péché est amené par l'Ignorance. Cette recherche peut être aussi illustrée par Narcisse qui regarde se réfléchir sa propre image, et la vision d'une image, dans un contexte néo-platonicien, symbolise la quête de la vérité que l'on ne connaît qu'après la révélation du hiérophante. Ainsi, le jeune myste va se charger d'une vérité qui le vieillit, qui le fait passer d'une classe d'âge à une autre et c'est dans l'œil du vieillard que luit la sagesse, la connaissance de la vérité suprême. Aussi un vieux Pappo-Silène barbu, nu, le visage extatique tourné vers le couple divin, une couronne de laurier dans la chevelure, chante sur sa lyre le bonheur que donne cette révélation tandis que lui et la jeune fille affolée encadrent une scène, au premier abord pastorale : un jeune satyre joue de la flûte tandis qu'une panisque allaite un chevreau et qu'un bouc occupe le premier plan. Malgré l'atmosphère idyllique et pastorale de ce tableau, on ne peut oublier le formulaire, assurément ésotérique[96], du chevreau tombé dans du lait. Tel est le premier ensemble de scènes qui développent, du refus de l'initiation à l'extase, en passant par les deux révélations, le thiase bachique.

Scène liturgique — Le deuxième groupe comprend les sept personnages, placés sur la paroi de gauche immédiatement après la porte. Une femme debout est vêtue à la mode ancienne du péplos classique, à double pli creux, la tête couverte d'un voile qu'elle fait gonfler devant sa poitrine en le tenant de sa main gauche ornée d'une bague. Le bras droit posé sur sa hanche, elle marche et son regard est tourné vers le jeune enfant nu, dans lequel on pourrait reconnaître un Dionysos-païs ; il lit sur un *volumen* un texte sacré, composé par le personnage féminin qui tient un stylet dans sa main droite posée sur l'épaule du jeune garçon, et qu'il faut donc identifier à l'auteur du rituel sacré. Ensuite, une jeune servante, couronnée de feuilles d'olivier, portant un plat d'offrandes sacrées, se dirige vers un groupe de trois femmes, une prêtresse entourée de deux servantes. Elle assure la liaison entre cette « ouverture » sacrée et la suite des préparatifs religieux. Une matrone, une couronne d'olivier posée sur son voile de tête, est assise sur un tabouret recouvert d'un tapis safran à bande violette. Elle est vue de dos, le visage tourné à droite vers une aide couronnée aussi d'olivier, qui lui verse au-dessus d'une cuvette de l'eau sur sa main droite. Elle vient de dévoiler la table du dieu, qui porte des objets sacrés que seuls les initiés peuvent contempler ; avant d'en débarrasser la table, de la main gauche, elle soulève le tissu qui recouvre une corbeille qui paraît vide et qui est tenue avec précaution par une acolyte. Elle devait pourtant être remplie de quelque objet mystérieux mais qui n'a rien à voir avec le *phallus* du van, représenté sur le mur du fond. La gravité du visage de l'aide dit assez l'attention qu'elle porte au service du culte.

Toilette de mariée — Enfin, sur la paroi de droite, un troisième groupe présente une toilette de mariée. Sur un tabouret, aux pieds ornés de pièces métalliques, est assise une jeune femme. Elle contemple dans un miroir, que lui présente un petit Amour ailé, sa belle et longue chevelure qu'elle peigne avec l'aide d'une chambrière qui se tient derrière elle; sur le retour du mur, mitoyen du portique, un autre Éros ailé contemple la scène en tenant de sa main droite l'arc fatal. Cette toilette attire enfin les regards de la *domina* qui, assise sur un lit *(kliné)*, richement décoré, les pieds posés sur un tabouret, s'appuie sur son bras droit calé par des coussins et tourne le buste vers une scène où elle retrouve, semble-t-il, ses propres souvenirs. Son regard serein est trahi par la bouche entr'ouverte comme pour rappeler une extase ancienne; les chairs sont d'une maturité éclatante, le bras gauche porte un bracelet et l'annulaire une bague de mariage. Vêtue d'un *chiton* sans manches qui cache un de ses pieds, et sur lequel elle a passé un manteau ocre et violet, elle a un air de dignité et de plénitude qui impose le respect, et parfait l'atmosphère de gravité de toute la peinture.

Ainsi, au travers d'un mélange subtil de sacré et de profane, au milieu de noces divines et de préparatifs de noces terrestres, court la même certitude qui dispose avec ces deux registres de deux portées de musique: l'initiation à une connaissance supérieure où l'être humain peut se souvenir qu'il est bien un ange déchu tombé des cieux, et qu'initié, il peut retrouver le paradis des bienheureux.

Une ville pieuse

On ne peut donc oublier dans la vie quotidienne cette présence du sacré, puisque le bonheur terrestre dans le mariage est une des voies qui conduisent au divin. Au-delà de toutes les formes officielles des cultes, qu'ils s'attachent à l'une des trois triades ou aux trois à la fois; au-delà des sanctuaires qui font l'orgueil de la ville, la religion personnelle des Pompéiens a le plus compté. Chaque matin, devant le laraire familial, le maître de maison honore de libations et de fleurs les ancêtres et les dieux qu'il aime et qui assurent son salut. Il ne suit guère les indications d'un catéchisme rigoriste ou les sollicitations d'un clergé tatillon. A chaque événement heureux de la vie de la *gens*, naissance, prise de la toge virile, noces, il laisse parler son cœur généreux et sensible. Le nombre des laraires, leur décoration parfois somptueuse, le nombre des statues de divinités ou les peintures les rendant présentes, témoignent de la vitalité de cette religion privée, que l'empereur, il est vrai, avait su élargir aux dimensions d'un culte public. N'est-ce pas aux Lares que la cité pense, tout comme Caecilius Jucundus, tout heureux d'avoir échappé à la catastrophe de 62 ? Le soin avec lequel dans les maisons reconstruites les laraires furent restaurés et embellis marque bien que le respect du sacré faisait partie des soucis les plus quotidiens des Pompéiens. Ils n'hésitaient pas non plus à ménager des sanctuaires secrets [97] où se tient le *genius* en toge, couronné de laurier, la corne d'abondance dans la main gauche tandis que de la droite il fait des libations sur le foyer de l'autel, entouré de deux Lares tenant situle et rhyton. Parfois, le Pompéien y honorait aussi une déesse mystérieuse, assise ou étendue sur une *kliné*. Quoi qu'il en soit, il priait et ce ne fut pas une ville impie, quelque Sodome ou Gomorrhe, que les dieux de l'Olympe ou le Dieu des chrétiens voulurent punir en 79.

LIVRE III

DES PLAISIRS ET DES JEUX

CHAPITRE PREMIER

MAISONS ET JARDINS

La maison pompéienne apparaît tout entière consacrée à l'agrément et au loisir. Bien adaptée à des nécessités diverses, elle contente, à la ville comme à la campagne, le sens du « fonctionnel » d'un propriétaire fidèle à la tradition rustique d'une race de paysans. Elle n'est pas un monde clos, elle accueille la nature en faisant une place toujours plus grande au jardin. Ainsi, dans un cadre tout pénétré d'hellénisme, en contact étroit avec la nature, le Pompéien reste fidèle au naturalisme romain, dont il tire une esthétique en même temps qu'une religion et une philosophie.

* * *

I. LES ÉLÉMENTS DE LA MAISON POMPÉIENNE [1] (fig. 23)

Le Pompéien qui vit sous l'empereur Vespasien a oublié — et même souvent ignoré — que sa maison est l'héritière de la maison étrusque et que le passé pèse, là aussi, de tout son poids sur l'architecture domestique. Cet ensemble harmonieux qui juxtapose une maison italique autour de l'*atrium* et une maison hellénistique autour d'un péristyle s'est constitué — presque figé — à l'époque samnite, au moment où la construction utilise le tuf de Nocera pour édifier les façades majestueuses des maisons patriciennes. Le Pompéien est resté attaché à cette formule qui créait — en apparence — deux centres équilibrés à sa demeure et peu d'éléments nouveaux sont perceptibles dans l'architecture privée au dernier siècle de la ville. Certes, les dispositions des pièces autour d'atriums ou de péristyles sont multiples, mais, malgré cette apparente diversité, nous pouvons analyser les éléments de la maison pompéienne que Vitruve nous fait également connaître et avec lesquels nous devons nous familiariser avant de saisir la pensée de l'architecte qui les combine.

Vestibules, fauces et porte d'entrée — Le vestibule désigne l'espace entre la rue et la porte de façade. En général modeste, un seul ressemble à un portique, à la maison des Vestales (VI, 7, 1).

La grande porte d'entrée, ou une petite porte voisine, commande les *fauces*, couloir étroit menant à l'*atrium.* La porte

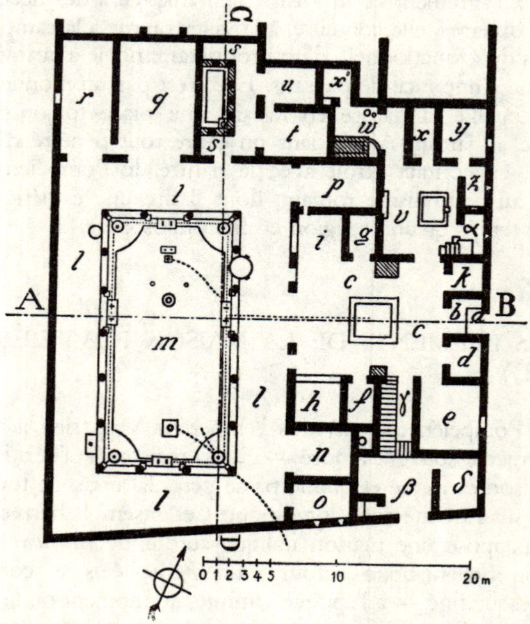

Fig. 23. — Plan de la maison des Vettii (d'après Mau-Kelsey).

a: *Vestibulum.* b: *Fauces.* c: *Atrium.* h, i: *Alae.* l: Portiques du péristyle. m: Jardin. n, p: Salles à manger. q: Salle aux Amours. s: Petit péristyle. t: Salle à manger. u: Chambre à coucher. v: *Atrium* secondaire. w: Cuisine. x': Chambre du cuisinier. γ: Corridor menant aux pièces secondaires (β, δ) et à la porte de derrière.

d'entrée, encadrée de pilastres à chapiteaux corinthiens ou cubiques [2], est de proportions imposantes; ses doubles battants de bois protégés par des plaques métalliques butent sur une pierre de seuil en saillie. La fermeture est très solide; des serrures savantes et un jeu de barres de fer et de bois assuraient, surtout la nuit, la sécurité des maisons riches.

Atrium — L'*atrium* est le cœur de la maison italique primitive. A la période étrusque, c'était une cour en avant de la pièce principale ou *tablinum*. Il est devenu une pièce, qui garde la marque de sa fonction primitive, puisqu'il possède une ouverture — ou *compluvium* — vers laquelle descendent les versants du toit; au niveau du sol et sous le *compluvium*, l'*impluvium* recevait l'eau de pluie; deux canalisations en partaient; l'une vers la citerne dont l'orifice était orné d'une margelle ronde — ou *puteal* — l'autre vers la rue où se déversait le trop-plein.

Des cinq types d'atriums signalés par Vitruve, trois sont présents à Pompéi. L'*atrium* toscan — donc emprunté aux Étrusques — représente la forme italique primitive. En faisant croiser deux à deux quatre poutres, l'architecte dessinait le *compluvium*; il suffisait de relier les angles de la pièce à ceux du *compluvium* pour poser ensuite les voliges et leur faire soutenir les tuiles: chaque versant du toit était incliné vers le *compluvium*. Le bord de celui-ci était souvent orné de gargouilles en terre cuite présentant des protomés d'animaux: chiens et lions séparés par des palmettes de feuilles d'acanthe.

Dans l'*atrium tétrastyle*, le toit est porté par quatre colonnes qui renforcent la solidité de l'ensemble. L'*atrium corinthien* dispose d'un *compluvium* plus vaste, puisque le nombre de colonnes est plus élevé; on en compte seize dans la maison d'Epidius Rufus (IX, 1, 22).

D'une façon générale, à Pompéi, les dimensions des atriums sont supérieures à celles que Vitruve indique. Cette ville provinciale a vu grand pour ses constructions privées. C'est dans l'*atrium* que pendant longtemps s'est tenue la maisonnée pour les repas, le travail et le repos. Très tôt, le foyer qui noircissait les murs de cette pièce, justifiant ainsi son nom d'*atrium* (de *ater*, noir), a été transporté dans la cuisine; la large ouverture du *compluvium* rendait inconfortables les repas autant que le repos, si bien que l'*atrium* a été rendu à sa seule fonction de puits de jour et d'aération. Mais de sa destination primitive, restaient plusieurs vestiges: derrière l'*impluvium*, se dresse une table, *cartibulum*, souvent de marbre, portée par des pattes léonines, véritable objet d'art que l'on acquérait aux enchères, comme celle de P. Casca Longus, un des meurtriers de César (I, 6, 11), vendue à l'encan après sa proscription. Couverte de vaisselle de bronze, elle rappelait la table de cuisine; d'un piédestal de marbre proche du trapézophore, jaillit de l'eau — cette eau nécessaire à la préparation des mets et à la vaisselle. C'est dans l'*atrium* que les coffres — souvent forts — du maîtres de maison sont disposés, bardés de plaques de fer, chargés de serrures. Sur eux, veillait l'hermès du propriétaire, qui accueillait les visiteurs.

Tablinum et *alae* — La grande pièce, ouverte de toute sa largeur sur l'*atrium*, se nomme le *tablinum.* Des portes — et plus souvent des rideaux — le fermaient aux regards indiscrets et une autre porte le mettait à l'arrière en communication avec une véranda, ou un portique ouvrant sur le jardin. L'été, la famille y prenait ses repas. Le *lectus adversus* ou *lectus genialis* de cette salle à manger occasionnelle témoigne qu'autrefois le lit du maître de maison y était installé. Mais tout a changé avec la construction du péristyle et de salles à manger qui l'entourent. Désormais, le maître de maison reçoit dans le *tablinum* ses clients et ceux qu'il veut écarter de l'intimité de sa maison.

Les *alae* sont deux pièces — deux recoins profonds — sur les côtés; on y plaçait les images des ancêtres entre autres; elles servaient de salle à manger, de garde-robe, de débarras sans destination bien définie.

Pièces autour de l'atrium — En façade, des boutiques où les affranchis du propriétaire vendaient les produits de ses terres, vin et huile essentiellement, deux chambres sur les côtés précédaient les *alae* et, de même profondeur que le *tablinum*, une pièce servait de salle à manger, tandis que l'autre assurait la communication avec la deuxième partie de la maison, organisée autour du péristyle; et ce simple corridor correspondait à l'*andron* de la maison hellénistique.

Jardin-péristyle — Comme à l'ancien temps, quelques maisons sont dépourvues de péristyle; seule une colonnade, simple, fait face au jardin, dans les maisons du Chirurgien (VI, 1, 9-10), de Salluste (VI, 2, 4) et d'Epidius Rufus (IX, 1, 22). Sous l'influence de l'architecture hellénistique et d'idées que nous examinerons plus loin, le péristyle enfermant un jardin s'impose à Pompéi et développe un quadruple portique, ou une colonnade sur deux ou trois côtés. Quand un côté est plus élevé que les trois autres, comme dans la maison des Noces d'argent (V, 2), le péristyle est appelé rhodien, et il comporte parfois un ordre supérieur pour les pièces de l'étage.

Chambres — Les pièces situées autour du péristyle ont reçu une destination plus précise que celles qui entourent l'*atrium.* Elles sont d'ailleurs moins hautes que les premières qui atteignaient en général 4,50 mètres sous plafond. Suivant leur exposition, le maître de maison dispose de chambres d'hiver et de chambres d'été; la place du lit est souvent indiquée par une légère surélévation du sol et par la voûte du plafond au-dessus de cette surface, comme dans la maison du Centaure (VI, 9, 3). L'alcôve peut être seulement réservée par une surface de cubes blancs sur un sol mosaïqué.

Salle à manger — Comme se répandait l'usage grec de s'allonger pour manger, l'architecte a dû prévoir une pièce spéciale, adaptée à la présence de trois lits *(kliné)*, soit un *triclinium.* Pour faciliter le service, le *triclinium* ouvre par une grande porte sur le péristyle, et deux autres portes communiquent avec des couloirs de service. Les lits disposés en U reçoivent chacun trois convives qui appuient leur bras gauche sur un coussin; la place d'honneur est occupée par le premier invité du lit du haut; après 62, quelques salles à manger de grandes dimensions furent construites dans la maison de Pansa (VI, 6, 1), dans celle de Castor et Pollux (VI, 9, 6) et dans celle du Cithariste (I, 4, 5).

Triclinia en plein air — L'été, les Pompéiens, comme aujourd'hui, dînaient en plein air — *in propatulo* — et l'on tirait les lits sous le péristyle ou dans le jardin. Mais, pour éviter la peine de transporter un lourd mobilier, des *triclinia* maçonnés étaient dressés dans les jardins autour d'une table également maçonnée[3] (fig. 24). Leur simplicité convient mieux aux repas familiaux qu'aux repas d'apparat; même si la maison dispose d'un *triclinium* de luxe, les *triclinia* en plein air restent rustiques

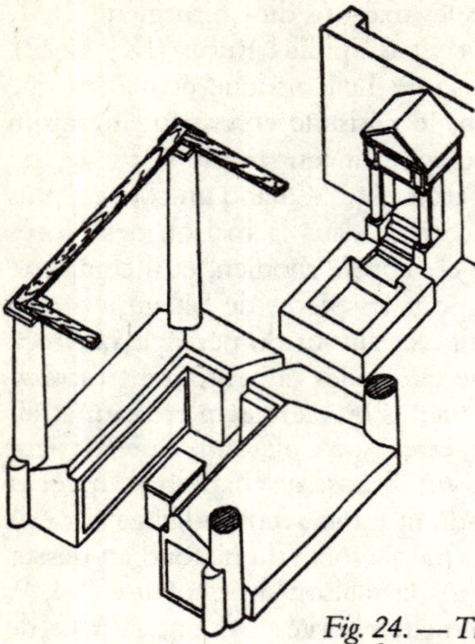

Fig. 24. — Triclinium en plein air de la Maison de l'Éphèbe (d'après Pompeiana*).*

comme dans la maison des Noces d'argent (V, 2), ou la maison de Ménandre (I, 10, 4). A proximité, un petit autel servait à faire les libations nécessaires à chaque plat. Pour se défendre contre le soleil, autant que pour le plaisir des yeux, pergolas et fontaines apportaient ombre et fraîcheur, et le soir l'illumination était dispensée par de grands lampadaires, ou des statues, comme l'Éphèbe lampadophore de la maison à l'Éphèbe (I, 7, 10-12). Cette maison seigneuriale possède le plus grand *triclinium* en plein air, sur les quarante que nous connaissons à Pompéi. A l'arrière (fig. 24), un petit nymphée dispense de l'eau recueillie par un canal qui divise le lit du milieu en deux parties; cette eau arrive à la fontaine placée au centre de l'U, dessiné par les lits dont les plans sont inclinés. Aux quatre angles, quatre colonnes soutiennent la pergola faite de lattis de bois et deux petits pilastres circulaires devaient supporter des statues décoratives.

Oeci — Revenons à l'intérieur du péristyle pour noter que dans beaucoup de maisons on trouve une belle pièce du nom grec d'*oecus*, souvent utilisée comme salle à manger. L'*oecus* corinthien est particulièrement élégant; une ligne de colonnes s'élève à peu de distance des murs des longs côtés et délimite ainsi un couloir à plafond plat qu'empruntent les convives pour gagner leurs places; les colonnes soutiennent un plafond voûté, à caissons, du plus bel effet dans les maisons de Méléagre (VI, 9, 2) et du Labyrinthe (VI, 11, 9-10). A la limite, chez les prétentieux comme Trimalcion [3 bis], chaque saison exigeait une salle à manger; à Pompéi, on ne connaît que des salles à manger d'hiver, exposées au sud, et des salles à manger d'été tournées vers le nord. Le reste n'est qu'ostentation ou imagination burlesque.

Exèdre — Au-delà du péristyle, correspondant au *tablinum*, et située dans l'axe de la demeure, l'exèdre — tantôt rectangulaire, tantôt circulaire — est un salon d'apparat qui peut jouer aussi le rôle de salon de repos ou de détente pour un propriétaire connaissant les vertus de l'*otium*.

Cuisine, bains et débarras — L'influence de la maison hellénistique a permis une spécialisation plus rationnelle et plus esthétique des pièces. Les «services» à leur tour émigrent loin des pièces nobles, sans qu'une place fixe puisse leur être assignée.

La cuisine présente un foyer maçonné dans un coin de pièce; les marmites et les casseroles sont posées sur des trépieds de fer ou sur de petites protubérances de la maçonnerie entre lesquelles brûle le charbon de bois; un petit four uniquement pour la pâtisserie, car d'une façon générale on achète le pain chez le boulanger; au-dessus du foyer, une fenêtre sert à l'évacuation de la fumée. La médiocrité des cuisines laisse croire que le luxe de la table n'a pas fait de progrès considérables à Pompéi, petite ville provinciale. Peu de maisons ont des celliers, certaines en possèdent en sous-sol, comme la maison du Centenaire (IX, 8, 3) et celle de Caecilius Jucundus (V, 1, 26).

Les latrines sont proches de la cuisine et situées sur le parcours du conduit des eaux usées.

Le bain est en général petit, et se compose d'un *tepidarium*, salle tiède et d'un *caldarium*, salle chaude où la baignoire est individuelle. Le bain froid se prend dans un simple bassin. Le système de chauffage ressemble à celui des bains publics [4] et s'est compliqué au fur et à mesure des progrès de leur technique.

Les débarras enfin sont reconnaissables à leurs étagères, à leurs armoires.

Étage — La plupart des maisons de Pompéi ignorent l'étage, mais l'accroissement de la population l'a rendu nécessaire au-dessus du rez-de-chaussée que l'on construit moins haut. Les chambres ont souvent émigré à l'étage qui, parfois, dans certaines maisons, est desservi par un escalier indépendant ouvrant sur la rue. Ces appartements individuels — sortes de mansardes — prennent le nom de *cenacula*, mais leur développement est moins important à Pompéi qu'à Herculanum.

Tels sont donc les éléments de la maison pompéienne, de la *domus* traditionnelle, qui dessinent trois secteurs, ceux de l'*atrium*, du péristyle et des pièces de service. Nous allons les reconnaître, dans leur individualité, à la maison de Ménandre, que nous prendrons pour type de maison de ville.

II. UNE MAISON DE VILLE: LA MAISON DE MÉNANDRE[5] (I, 10, 4) (fig. 25)

Cette belle demeure patricienne appartient à une personnalité en vue des milieux riches de la cité, à un homme de goût qui possède une vaisselle d'argent hellénistique aussi exceptionnelle que celle de Boscoreale, à un homme cultivé qui dispose d'une bibliothèque et qui tient à garder sous les yeux les portraits de ses trois auteurs dramatiques préférés. Cette maison d'un Q. Poppaeus, dont la *gens* possède aussi la maison des Amours dorés (VI, 16, 7), n'a pas connu un développement harmonieux et organique comme tant d'autres habitations nobles et riches: le quartier de l'*atrium* est modeste à le comparer au quartier du péristyle; l'axe du péristyle est déplacé sensiblement par rapport à celui de l'*atrium*. Elle a donc connu des périodes de transformation et d'agrandissement, ce qui fait l'un de ses intérêts. Du noyau primitif constitué par une maison à *atrium* de type toscan de la fin de l'époque où, pour bâtir, on employait le calcaire — 250-200 avant Jésus-

Christ — on passe à une maison patricienne avec péristyle, un siècle plus tard; à l'époque augustéenne, la maison s'agrandit à l'est et au sud, et le bain privé est ajouté au sud-ouest. Aux époques claudienne et néronienne, la maison connaît sa pleine extension; et sa décoration sera refaite après 62.

Le quartier seigneurial autour de l'atrium... — L'entrée frappe, comme dans toutes les maisons en tuf d'époque samnite, par ses dimensions imposantes. Les pilastres, couronnés de chapiteaux corinthiens, encadrent l'habituelle porte à double battant. Un corridor étroit conduit à l'*atrium* rectangulaire (9,80 m × 7,20 m) qui conserve les caractères d'un *atrium* toscan d'époque calcaire entouré de pièces à portes hautes, mais les pièces 5, 6, 7 ont été abaissées quand fut construit un étage. Le pavement en simple *signinum* (pavement fait de briques cassées) s'enrichit d'un *impluvium* à dalles de marbre; au *compluvium*, les têtes de dauphin alternent avec des palmettes. Le laraire placé dans le coin nord-ouest est fait d'un petit temple à fronton élevé sur un haut *podium* et deux grilles défendent des voleurs les statuettes cultuelles.

Autour de l'*atrium*, prennent jour: la loge du concierge *(cella atriensis)* (1), la cage d'escalier (2) qui conduit à l'étage, la chambre (3) avec une voûte et une corniche en stuc; l'exèdre (4), la pièce la plus noble de cette partie de la maison, décorée de scènes de la prise de Troie; à l'ouest, (5) est une resserre *(apotheca)*, (6) une chambre pour le concierge, (7) une chambre; l'entrée du *tablinum* (8) est ornée de deux belles colonnes en tuf, d'ordre corinthien, stuquées et peintes après le tremblement de terre de 62. Un grand rideau tendu dans l'entrecolonnement interdisait les regards indiscrets vers le péristyle. En (11) et (12), on reconnaît deux *oeci* destinés, suivant les saisons, à être des salles de repos ou des salles à manger. Dans l'*oecus* (11), une des rares pièces peintes en vert à Pompéi, les cubes de mosaïque blancs, bleus et noirs enferment un *emblema* qui représente un paysage nilotique.

... autour du péristyle — Le péristyle présente une colonnade irrégulière, dont les entrecolonnements sont commandés par la largeur des pièces qu'elle dessert; au nord par exemple, les cinq entrecolonnements différents dépendent de l'ouverture du *tablinum*. Le canon hellénistique est modifié pour répondre

à des exigences nouvelles: présence du jardin, exigences de l'ensoleillement à l'époque romaine; un mur bas unit les colonnes et ne s'interrompt qu'en face du *tablinum*, tandis qu'un chancel le remplace devant l'entrée du grand *triclinium* (18). Tout autour des portiques, ouvrent les pièces du

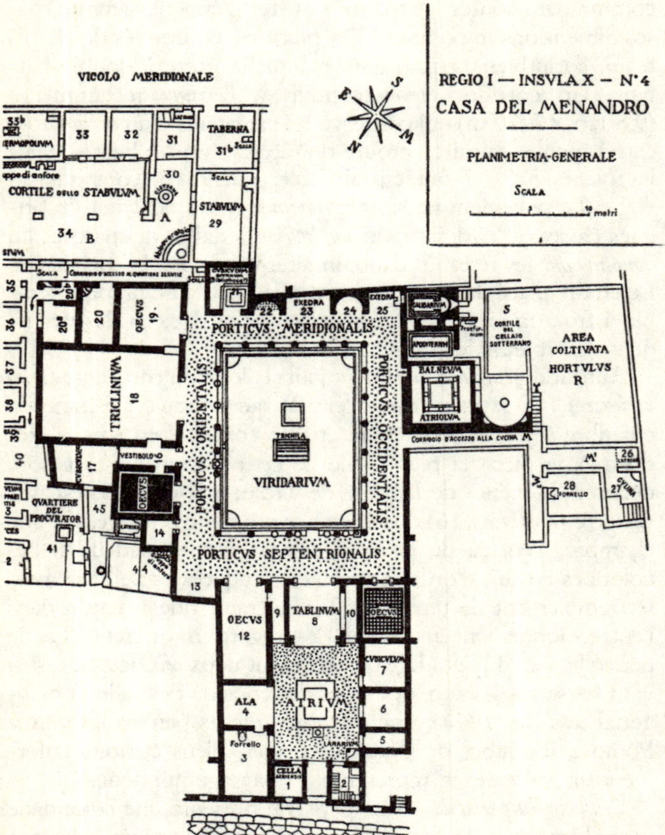

Fig. 25. — Plan de la maison de Ménandre
(d'après A. Maiuri, Casa del Menandro, *tav. I).*

quartier seigneurial: au nord, le *tablinum* (8) et les *oeci* (11 et 12); à l'ouest, prend le corridor d'accès à la cuisine et à l'entrée du quartier du bain; au sud, la présence d'une maison voisine interdisait tout développement: le mur est alors traité comme une *frons scenae*: une exèdre rectangulaire (23) y est encadrée par deux exèdres semi-circulaires (22 et 24).

Les colonnes blanches du péristyle, cannelées et stuquées, portent un chapiteau dorique tardif, et le mur bas est décoré de bouquets de plantes fleuries, d'oiseaux et de scènes de chasse pour perpétuer l'illusion de la nature dans un jardin miniature.

Au sud-est, la chambre à double alcôve (21) a subi à la dernière époque des transformations; des étagères laisseraient volontiers penser qu'il s'agit de la bibliothèque de l'ultime propriétaire qui aurait disposé les manuscrits — *volumina* — comme les Pison, propriétaires d'une magnifique villa à Herculanum. Le maître de maison y lisait et méditait allongé sur un lit.

Dans une des deux exèdres rectangulaires (25), une niche avait été creusée en forme d'*arcosolium*; autour d'un petit autel maçonné étaient disposées les images des ancêtres, les *imagines maiorum*, qui figuraient dans le cortège des funérailles; en temps ordinaire, elles étaient cachées derrière un volet de bois.

C'est dans l'exèdre rectangulaire (23) que deux groupes de masques de théâtre, posés sur des tables, encadrent les portraits des auteurs dramatiques; on n'a conservé que celui de l'auteur comique Ménandre, qui devait être accompagné au moins de celui d'Euripide.

Le quartier Est, au contraire du quartier Sud, est très étendu, car le propriétaire a pu acheter d'autres maisons; elles étaient à un niveau plus bas que celui du périsytle et il fallut remblayer. Une antichambre (16) conduit à une chambre (17); deux *oeci* (15 et 19) accompagnent le grand *triclinium* (18) (11, 50 m × 7,60 m), un des plus vastes de Pompéi, les murs atteignant près de 8 mètres de hauteur; la porte d'entrée mesure 3,70 mètres de largeur et deux portes latérales aident au service; air et lumière pénètrent par une fenêtre à fronton, aménagée dans l'axe de la pièce, au-dessus de la porte d'entrée.

Bain — La construction du bain appartient à la fin de l'époque républicaine ou à la première époque augustéenne; et en 79 le bain était en pleine réfection. On n'avait achevé que le *caldarium*, dont le système de chauffe avait été bouleversé, le fourneau qui se trouvait dans les sous-sols avait été remplacé par un fourneau à l'étage. Le bain, disposé sur trois pièces, était bien ensoleillé et assaini par la présence de souterrains voûtés qui l'isolaient de l'humidité du sous-sol. Un *atriolum* bien fermé, porté par huit colonnes de briques stuquées et peintes, posées sur la margelle de l'*impluvium*, servait de vestibule au bain; on y entrait depuis le péristyle par une porte basse et étroite pour l'abriter des vents. La décoration de l'*impluvium* et des murs est des plus belles; sur le côté ouest, un passage permettait d'entrer dans l'*apodyterium* ou déshabilloir sans *suspensura* (pavement posé sur les pilettes de briques de l'hypocauste), puis dans le *caldarium* avec *suspensura* (2,30 m × 3,75 m); une absidiole éclairée par un œil-de-bœuf contenait la fontaine à vasque circulaire (le *labrum*), tandis que la baignoire d'eau chaude *(alveus)* occupait un emplacement au nord. Au bain proprement dit était attenante une terrasse *(solarium)* où l'on pouvait prendre des bains de soleil, à l'abri des vents du nord. Cet ensemble, remarquable pour une installation privée, donne une idée de la richesse et du raffinement de son propriétaire.

Quartier rustique et servile... — Non moins significative et étonnante est la place occupée par le quartier rustique et servile. Les logements des esclaves, les celliers, entrepôts, cuisine, moulin à grain, étable pour les bêtes de somme, remise pour les voitures qui chaque jour transportent les céréales, les légumes et les fruits nécessaires à l'économie domestique, témoignent de l'importance de cette maison. Replacés dans le cadre de l'économie pompéienne telle que nous l'avons définie, ils évoquent tout l'arrière-plan « campagnard » d'une maison de ville.

Ce quartier rustique et servile se développe surtout au sud et à l'est du péristyle, sur les arrières du grand *triclinium* (18).

AU SUD — En raison de la différence de niveau, un escalier aboutissait à un corridor dont le sol en rampe douce s'abaissait jusqu'à 20 *b*. 20 et 20 *b* étaient des magasins; de ce corridor, on pénétrait par une porte basse dans la petite cour (34) entourée sur trois côtés d'un portique; c'est le quartier de l'écurie, des bêtes de somme et de trait, de la remise des chars. Une large porte cochère faisait communiquer la cour avec la venelle orientale; dans la cour, on a découvert un *cisium*, une calèche de campagne, dont les roues et la caisse étaient ferrées et dont le timon se terminait par un ornement de bronze; quarante-trois amphores vides, entassées le long d'une paroi, attendaient d'être chargées pour la campagne; le portique, rustique, était fait de pilastres en *opus mixtum*; le sol battu était creusé d'un puits de décantation qui alimentait une citerne pour l'écurie *(stabulum)* et un abreuvoir semi-circulaire occupait le coin sud-ouest de la cour. L'écurie disposait, sur un podium de 0,60-0,70 mètre de hauteur, de mangeoires de bois; quatre bêtes pouvaient y loger et un escalier de bois menait aux pièces de l'étage, resserre à foin et pièces utilisées par les palefreniers et cochers; au sud, on reconnaît une boutique en 31 *b*, une latrine pour le personnel en 31 et des pièces (32,33) sans affectation précise.

A L'EST — Le quartier servile à l'est est relié au quartier seigneurial par le long corridor du sud et ouvre directement sur la venelle orientale. L'entrée est surveillée par un second concierge: ainsi tout le trafic s'effectuait loin du quartier seigneurial et ne pouvait troubler le repos ou l'étude du maître de maison; les pièces 35-38 sont semblables: ce sont des chambres d'esclaves éclairées par une petite fenêtre; 40 est plus grand et dispose d'une latrine (39). Ensuite de 41 à 45 s'étend le logement du procurateur Q. Poppaeus Eros, petite habitation, autrefois indépendante, ensuite annexée à la maison seigneuriale. 43 était la chambre de l'homme de confiance qui avait la responsabilité des outils agricoles et de la vaisselle de bronze. Ces pièces reçoivent le jour d'un *atrium* qu'on a remanié pour y installer un toit à un seul versant incliné vers 44.

A L'OUEST, CUISINE ET MAGASINS — A l'ouest du bain, un couloir mène à la cuisine (27) équipée d'un fourneau monté sur arcs de brique, et d'un réservoir d'eau; le cuisinier Crescens y avait travaillé; en 26, une latrine fermait le couloir M′ et en 28 était installé un fourneau de secours.

En arrière du couloir M, un escalier T permettait de descendre dans un jardin potager où étaient cultivés des légumes pour l'usage quotidien; une partie de la surface S, en terre battue, servait d'entrée aux magasins souterrains où l'on a fait l'extraordinaire découverte d'argenterie. Ces souterrains datent de la construction du bain puisque, sous le *cellarium*, le même four servait à cuire le pain et à produire l'air chaud qui passait dans la *suspensura* et les murs à double paroi. C'est là que, dans une caisse, était enfermé le trésor des cent dix-huit pièces d'argenterie, dont les maîtres ne se servaient pas à l'époque où leur maison était en pleine réfection.

Telle est la maison de Ménandre, où tout semble prévu pour les plaisirs du maître; pièces vastes et bien éclairées invitant à l'étude ou aux réunions d'amis choisis, aux banquets préparés dans la cuisine lointaine, dont les odeurs ne parviennent pas jusqu'aux convives, servis par une armée d'esclaves qui glissent silencieusement dans d'interminables couloirs; l'intendant, un affranchi, a la haute main sur tout ce personnel, prévoit les allées et venues quotidiennes des voitures de ravitaillement et protège la tranquillité du maître qui, après un délicieux bain chaud, peut se bronzer au soleil en lisant du Ménandre...

Il est légitime de se demander si cette architecture domestique traditionnelle s'est maintenue dans les villas suburbaines, car ces constructions échappent aux servitudes de l'urbanisme, au poids de l'histoire d'une cité. Cette liberté se retrouve-t-elle dans l'agencement de leurs pièces, se traduit-elle par une révolution architecturale? Nous allons le vérifier en examinant de près la villa des Mystères[6].

III. LA VILLA DES MYSTÈRES, TYPE DE LA VILLA SUBURBAINE (fig. 28)

Une villa suburbaine doit répondre aux exigences d'une exploitation agricole et loger somptueusement le propriétaire. Celui de la villa des Mystères était un Istacidius, au moment de l'éruption de 79, puisque le procurateur L. Istacidius Zozimus surveillait les travaux de restauration: c'est déjà une première ressemblance avec le destin de la maison de Ménandre (I, 10, 4).

Implantation

La villa des Mystères est comprise entre deux routes; l'une, qui est un embranchement de la rue des Sépulcres, conduisait aux localités et aux habitats dispersés et disposés à mi-côte sur les pentes du Vésuve, l'autre est la route même de Pompéi à Herculanum et à Naples, que rencontrait autrefcis d'une façon capricieuse et cahoteuse la route qui menait à la villa des Mystères. Entre ces deux voies, la déclivité est forte en raison de la présence du banc de lave primitif; la villa, installée à mi-côte et orientée suivant son axe principal de l'est vers l'ouest, soit vers la ligne du littoral et vers le golfe, exige un terre-plein vers le haut, et, vers le bas, réclame une terrasse suspendue sur un cryptoportique pour disposer d'une aire vaste de même niveau, regardant vers la mer. Quels travaux d'infrastructure furent nécessaires, alors que les agrandissements empiriques de la maison de Ménandre n'avaient exigé que de légers aménagements!

Plan général

Sur une superficie de 1820 m², la distribution des pièces suit un plan clair et logique. Un ensemble de pièces grandes et spacieuses se développe autour d'un grand *atrium* toscan et de son triple portique; entre la porte d'entrée et l'*atrium*, se placent un péristyle et d'autres pièces d'habitation et d'apparat. Au sud, un *atriolum* tétrastyle se transforme en cour de bain privé; derrière le bain, s'étendent le quartier de la cuisine, le laraire et les pièces des esclaves. Postérieurement, tout un nouvel ensemble à usage agricole a été installé à l'est, en même temps qu'une nouvelle entrée, et désormais la villa a sa double fonction d'habitation suburbaine et d'exploitation agricole. Visitons cette villa de quatre-vingt-dix pièces, qui, sous les Flaviens, a une histoire vieille de deux siècles et demi.

Pièces de l'atrium — Dès l'entrée, se juxtaposent deux portes, qui marquent les étapes mêmes du développement de la villa: la véritable entrée sous arcs en plein cintre, une entrée primitive flanquée de bancs dans le mur, à l'instar des entrées des maisons patriciennes de la ville.

C'est ce caractère urbain qui triomphe avec l'*atrium* rectangulaire toscan (11, 5 m × 8 m), l'*impluvium* ressemble par sa faible profondeur et son large bandeau à ceux des maisons les plus anciennes: maison du Chirurgien (VI, 1, 9-10), de Salluste (VI, 2,4), des Noces d'argent (V, 2), d'Obellius Firmus (III, angle n° 1-4).

A l'origine (fig. 27), treize grandes portes (1,10-1,20 × 3,20-3,25) ouvraient sur l'*atrium*, qui représente un type de transition et d'adaptation de la maison urbaine à l'habitation suburbaine. Les *alae* manquent, deux portes ouvrent sur la terrasse couverte, deux portes latérales donnent accès au *tablinum* d'où l'on gagne le portique occidental.

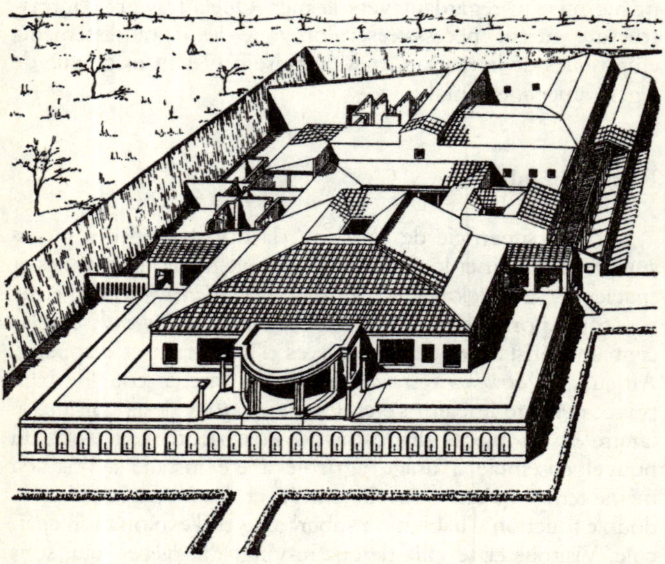

Fig. 26. — Reconstitution de la villa des Mystères (d'après A. Maiuri).

6 est un salon très vaste qui communiquait primitivement seulement avec l'*atrium*, et ouvrait sur la terrasse P 1 (fig. 28) par une fenêtre; le corridor 7 et l'alcôve 8, qui ensuite se tournèrent vers le péristyle, formaient une seule pièce avec une entrée sur l'*atrium*; au nord, il en allait de même pour 19-20-21 et pour 16 et 18 (fig. 28).

Mais, sous l'influence de l'architecture hellénistique en tuf et de la décoration du IIe style, l'*atrium* perd de son importance au profit du péristyle: on bouche quelques passages qui y conduisaient, seules cinq portes restent ouvertes; le *tablinum* en est isolé, comme il l'est de la galerie.

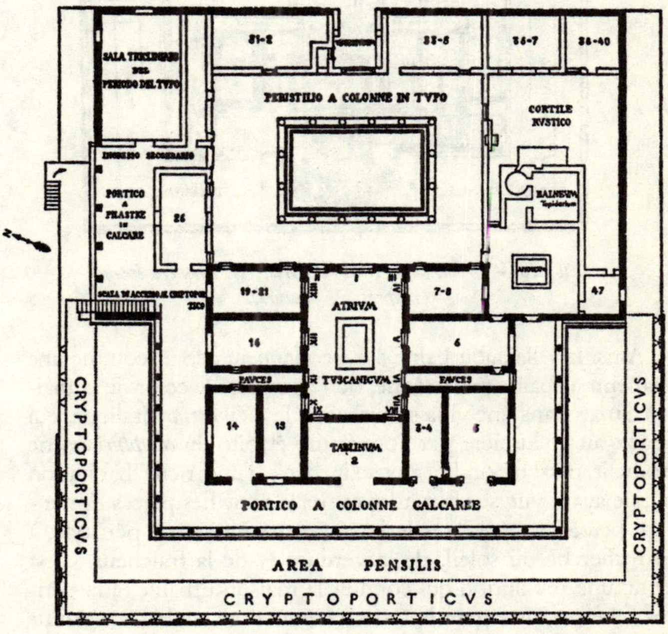

Fig. 27. — Plan de la villa des Mystères: première époque (d'après A. Maiuri).

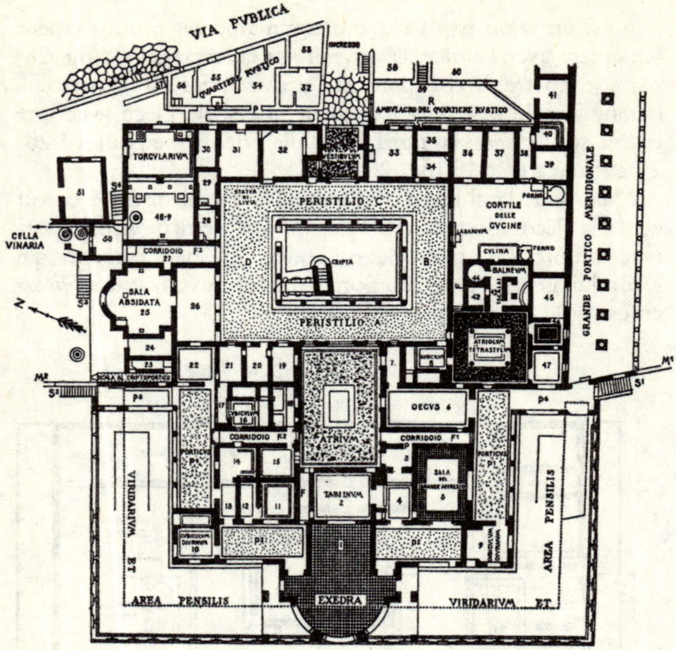

Fig. 28. — Plan de la villa des Mystères: dernière époque (d'après A. Maiuri).

Ainsi la villa suburbaine a été conçue au départ comme une demeure urbaine patricienne, où l'*atrium* est le cœur de la maison; mais dans une villa suburbaine, le vieil *atrium* italique, qui reçoit air et lumière par l'ouverture étroite du *compluvium*, ne pouvait plus répondre aux exigences d'une riche habitation rurale ayant vue sur la nature et sur la mer. Les pièces s'orientent peu à peu vers la galerie extérieure ou vers le péristyle, à la recherche du soleil, de la verdure et de la fraîcheur. C'est donc une révolution qui conduit la maison urbaine, aux petites fenêtres, aux grands murs extérieurs aveugles, à s'ouvrir sur les terrasses et les jardins suspendus. Ainsi la nature n'est plus captive: au contraire, la villa est conçue pour que le propriétaire jouisse librement de la salubrité de l'air, de l'ensoleillement et de la sereine beauté des lieux ; à la pénombre de l'*atrium*, où la famille goûtait de longues heures de repos, les nouveaux seigneurs préfèrent l'exèdre-véranda, toute baignée de lumière grâce à ses trois vastes ouvertures (deux fois 3,10 et 2,80 mètres), et d'où l'on peut contempler le Vésuve, les monts Lattari ou la mer.

A l'époque préromaine et républicaine (fig. 27), un portique faisait le tour de la villa en dessinant un U du côté du rivage, mais battu par trop de vent et inondé par trop de soleil, on le ferma par des portes et des fenêtres (fig. 28). Aux deux angles des extrémités, on ménagea les chambres 9 et 10 pour la sieste et pour jouir de la vue, grâce à des fenêtres très basses ; au centre on construisit la grande véranda en hémicycle qui sert de belvédère à la villa. Mais ce n'est pas ce portique qui constitue la révolution architecturale puisqu'un portique à pilastres calcaires entourait déjà, dans un état primitif de la construction, la pièce 26 (fig. 27) un demi-siècle avant l'introduction de la colonne en tuf qui devait supporter tout le développement du péristyle de type hellénistique.

La partie seigneuriale autour de l'atrium — Telle a été la révolution architecturale qu'atteste le plan de cette maison suburbaine. Malgré les modifications subies, nous pouvons affirmer que les pièces ordonnées autour de l'*atrium*, le long des trois ailes du portique et sur les terrasses cultivées en roseraies, restent les mieux distribuées (fig. 28).

Le *tablinum* (2), fermé vers l'*atrium* et vers l'exèdre, est ouvert seulement vers 4. L'exèdre-véranda accueille aujourd'hui le touriste par son portique convexe qui déborde sur la façade occidentale la villa (fig. 26).

L'aile sud-ouest comprend une chambre à un seul lit (3) et une chambre à double alcôve (4), transformées, l'une après bien des avatars en antichambre du *tablinum* devenu salon, l'autre en passage vers le portique. Le *triclinium* (5) est la pièce noble entre toutes, puisqu'il était décoré par la fameuse peinture qui a valu son nom[7] à la villa. Il était bien ensoleillé et avait vue sur la campagne et sur le golfe. L'*oecus* 6 ouvre sur le portique fermé.

L'aile nord-ouest se compose d'antichambres et de chambres (11-15) découpées dans deux pièces primitives. Une chambre à double alcôve (16), pourvue d'une armoire, est précédée d'une antichambre (17) qui sert de couloir de communication à 21; en 18, une latrine recevait la lumière d'un soupirail ouvert sur l'*atrium*. Ce *cubiculum* à double alcôve exposé au nord devait être la chambre préférée durant les chaleurs de l'été.

L'atrium tétrastyle et le bain — Entre le portique de la terrasse et la cour rustique de la cuisine, s'ouvre un gracieux *atrium* tétrastyle parfaitement carré. A l'origine, simple cour d'aération et de repos pour le bain, il devait être toscan, sans colonnes de briques; quand le bain ne fut plus utilisé, l'*atrium* subit une transformation radicale et devint tétrastyle pour supporter un balcon qui mettait en communication les pièces élevées au-dessus du bain. 42 est une exèdre qui a servi d'*apodyterium*; en 43, il faut reconnaître le *tepidarium* et en 44, pièce circulaire, un *laconicum*; le bain fut désaffecté parce qu'en 43 il fallut construire un escalier d'accès aux pièces d'étage. Ce bain modeste appartient à une époque qui n'avait pas encore découvert le système de la *suspensura* et le *laconicum* à coupole hémisphérique était chauffé par un brasero: l'architecture thermale ne fait ici que balbutier.

Pièces seigneuriales autour du péristyle — Entre l'entrée et l'*atrium*, à l'endroit où primitivement s'étendait l'aire d'une cour, se place un péristyle rectangulaire comportant six colonnes sur les longs côtés, quatre sur les courts. Les colonnes, en beau tuf de Nocera (3, 10 *b*), sont du type dorique toscan avec un chapiteau à lignes géométriques; un mur de 1,50 mètre a transformé ce péristyle, autrefois ouvert, en portique à demi fermé, disposant donc de simples fenêtres. Cette transformation n'a rien d'étonnant, nous l'avons vue dans la maison de Ménandre: car les Romains marquaient un penchant pour le cryptoportique où l'on pouvait se promener à l'abri des courants d'air et du soleil. L'adjonction de ce péristyle permettait une augmentation appréciable des pièces d'habitation, d'autant plus que jusqu'en 62 une galerie supérieure existait dans cette partie de la maison.

A l'ouest, 7 mettait l'*oecus* 6 en relation avec le péristyle. 8 fut d'abord une chambre, puis un simple passage vers l'*atrium* tétrastyle. 19 et 20 sont deux chambres et 21 est un simple couloir entre P4 et le péristyle, et même en 79, on était en train de revenir à la pièce unique qu'elles avaient été.

Au nord, 26 servait de vestibule à la salle à abside 25. A l'emplacement du portique à pilastre calcaire, l'architecte flavien avait installé une salle quadrilobée et pourvue d'une abside, percée d'une grande fenêtre. Le corridor 27 qui autrefois mettait en relation le salon 48-49 et le péristyle était un passage aveugle qui servait de dépôt de matériel. Les chambres 28 et 29, modestes, et 30 donnaient sur le quartier rustique, 31 et 32, qui formèrent un salon unique ouvrant sur le péristyle, communiquaient désormais avec le corridor du quartier rustique. Les pièces 33-35 étaient modestes; en 33, on a installé une cuisine.

La cour des cuisines — Au sud, la cuisine était installée dans une courette, sous un abri de fortune; les deux fours qu'on y a découverts, l'un pour le pain, l'autre pour la pâtisserie, appartiennent à la dernière période de la construction de la villa. Un laraire rustique est utilisé par les esclaves du service. Au fond, les pièces ont un usage domestique au rez-de-chaussée et servent de chambres d'esclaves, à l'étage. On note une vaste latrine en 40, éloignée de façon habituelle de la cuisine.

Plus au sud, existait primitivement une simple terrasse d'usage rustique. Une double colonnade fut construite à l'époque de Tibère et, sous les Flaviens, elle fut couverte d'un toit à double pente: l'eau du versant intérieur était conduite dans la citerne du cryptoportique.

Une construction de cette sorte permettait d'avoir de vastes et commodes souterrains où l'on pouvait entreposer des produits agricoles: c'était une nécessité pour une villa suburbaine; aussi quand le cryptoportique n'a pas la noblesse d'un portique ouvert à fenêtres ou à soupiraux, comme il le deviendra dans les villas de simple résidence, reste-t-il un dépôt souterrain, de caractère utilitaire.

Le cryptoportique — Celui-ci, qui est une des particularités de la villa, se développe sur trois côtés pendant 95 mètres. Il soutient la terrasse où furent installés les portiques en pierre calcaire.

Moins grandiose que celui de la villa de Diomède, sa galerie est large de 2,65 mètres, la hauteur à l'extrados de la voûte fait

2,60 mètres. En 79, le procurateur de la villa faisait démolir la citerne du bras méridional pour le destiner à son usage exclusif de cryptoportique.

Le quartier rustique et servile — On a noté les ultimes transformations, avant la catastrophe, des pièces 31-32 et 33-35 en pièces rustiques habitées par les intendants et par les esclaves qui travaillent dans l'exploitation agricole. Mais le vrai quartier rustique dut être, pendant un temps, très bien délimité et séparé du péristyle. Il était formé de l'espace triangulaire dessiné entre l'ancien et le nouveau mur périphérique: le couloir P le limitait à l'ouest. Ce quartier servile comprend les pièces 52-56, et 58-60, un étage réservé au procurateur, moins bien logé que celui de la maison de Ménandre (I, 10, 4), mais bien placé, comme lui, pour surveiller tout son monde.

Les établissements agricoles — La fouille n'étant pas terminée de ce côté, au nord, à l'est et au sud, il est difficile de se rendre compte des implantations agricoles ajoutées à la villa primitive. On y accédait par le portail et la rampe secondaire (57).

Le *torcularium*, où l'on pressait les raisins, est installé dans un ancien *triclinium* d'été; dans un premier temps, le moût, après avoir fermenté dans des *dolia* encastrés dans le sol du *torcularium*, était transvasé dans des amphores vinaires, et de là, transporté dans les souterrains du cryptoportique. La production vinaire était limitée aux besoins du propriétaire et de sa *familia*. Puis l'établissement est devenu industriel et le *torcularium* fait corps unique avec le cellier *(cella vinaria)*. Le canal qui amenait le moût passe en 50 et aboutit à une citerne *(lacus)*; de là, il était transvasé dans des *dolia* fichés en terre. Nous ne nous étendrons pas davantage sur *torcularium* et *cella vinaria* décrits plus haut[8]; au-dessus de 50, une pièce était réservée à un gardien qui protégeait la récolte contre les voleurs.

Ainsi, la villa suburbaine des Mystères illustre les ressemblances et les différences avec la maison de ville. Au départ, il existait une opposition entre une maison à *atrium* toscan, aux pièces tournées toutes vers l'intérieur, et le portique à colonnes de calcaire qui dessinait, face à la mer, la façade de la villa. En construisant ce portique, l'architecte avait senti le besoin de ménager une vue vers l'extérieur. Le caractère urbain de la villa se renforce par l'adjonction d'un péristyle et de pièces — moins grandes, il est vrai — qui doublent les possibilités de logement. Autour d'un *atrium* toscan s'ordonne le bain. A l'époque augustéenne, se place la révolution décisive: l'*atrium* perd sa fonction et sa dignité; les pièces ouvrent sur le péristyle en tuf dont les entrecolonnements se ferment. Jusqu'en 62, la villa assume sa double fonction de résidence seigneuriale et de villa rustique. Toute la façade sud reçoit un nouveau style: portiques-promenoirs à fenêtres, chambres de repos et surtout belvédère.

Tandis qu'esclaves et affranchis travaillent dans le nouveau quartier servile, le maître de maison peut jouir de sa maison, surélevée par endroits d'un étage, sans être troublé par les travaux agricoles pourtant si proches. Il a réalisé l'union entre sa richesse économique servie par un établissement industriel et sa vision esthétique d'une nature accueillante et belle. Après 62, le dernier propriétaire songe à restaurer sa fortune plutôt qu'à remettre en usage toutes les pièces nobles; il semble surtout multiplier les passages vers les locaux aérés et ensoleillés, proches des portiques-promenoirs et des jardins suspendus.

IV. LES RÉVOLUTIONS ARCHITECTURALES

Révolution architecturale en ville — Cette tendance révolutionnaire s'est-elle fait sentir à la ville? Malgré le conservatisme des nobles Pompéiens, on peut penser que la vieille conception italique de l'*atrium*, même améliorée par le péristyle hellénistique, ne devait plus satisfaire certains propriétaires audacieux. Déjà la colonie avait mis en vente quelques emplacements proches de la muraille, et la muraille elle-même, comme dans la Région VIII. La nature du terrain invitait à quelque solution ingénieuse, d'autant plus que l'abrupt du relief volcanique exigeait de grands travaux de soutènement pour jouir d'une vue imprenable. Ces maisons sont en effet dans la même situation vis-à-vis du littoral et de la mer que la villa des Mystères; ainsi, seules des terrasses offraient, au même niveau, assez de surface pour l'implantation de maisons. Le dégagement d'anciens déblais fait aujourd'hui découvrir les voûtes et les piliers de ces terrasses. Les pièces, même si l'on retrouve le traditionnel *atrium*, s'alignent sur ces terrasses et leurs larges fenêtres permettent de jouir du paysage. Un système savant d'escaliers permet d'utiliser plusieurs niveaux, comme dans la maison de l'empereur Joseph II (VIII, 2,39) (fig. 29) qui dispose de trois plateaux. Ainsi, si la maison urbaine s'était au début transportée à la campagne, la villa et ses terrasses suspendues venaient à la ville. Le désir d'air et de lumière, le goût de la nature avaient fait des progrès et, malgré le coût élevé des travaux de substructions, on comprend que le flanc sud de la muraille ait été le premier désaffecté et rendu à un habitat patricien, et qu'ici nous trouvions la dernière manifestation de l'architecture pompéienne d'avant-garde.

Il est vrai aussi qu'à Pompéi, sous les Flaviens, apparaissent des maisons sans *atrium* et sans péristyle; elles adoptent la cour portiquée, qui représente une variante du péristyle hellénistique. Tel est le cas de la maison IX, 5, 18-21[9]; mais ce modernisme est relatif et la vie reste tournée vers l'intérieur; les fenêtres perçant les murs extérieurs sont petites et peu nombreuses.

La vraie révolution, favorisée d'ailleurs par l'architecture de briques, reste donc la nouvelle orientation des pièces à larges fenêtres ouvrant sur des portiques et des jardins, bien plus encore que l'introduction du péristyle dont il s'agit maintenant de bien comprendre la fonction[10].

Rôle du péristyle — En effet, le péristyle joue dans la maison hellénistique le même rôle que l'*atrium* dans la maison italique. Si la maison pompéienne n'était que la juxtaposition d'une maison italique et d'une maison hellénistique, il y aurait non pas innovation et transformation, mais double emploi et manque total d'imagination créatrice. Or, dans les maisons pompéiennes, les péristyles ne sont pas des cours, mais des jardins, et donc le péristyle est d'une autre nature que l'*atrium*. Celui-ci, il est vrai, subit l'influence du péristyle hellénistique puisque apparaît l'*atrium* tétrastyle, puis l'*atrium* corinthien, que nous avons déjà notés. Ces deux types d'*atria* sont de véritables péristyles et ils créent à côté de l'*atrium* toscan traditionnel un nouveau puits de jour pour un ensemble de pièces, comme dans les maisons du Faune (VI, 12, 2-5), du Centaure (VI, 9,3-5), d'Epidius Rufus (IX, 1, 22)...

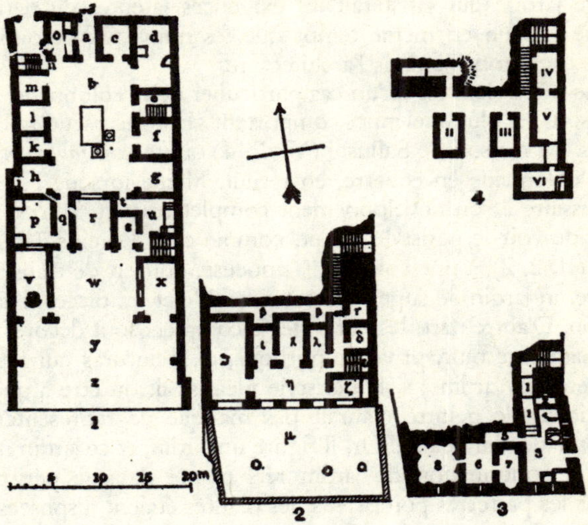

Fig. 29. — Plan de la maison de l'empereur Joseph II (d'après Mau-Kelsey).

1	TERRASSE SUPÉRIEURE AU NIVEAU DE LA RUE:	ε	escalier conduisant à la terrasse inférieure
a	vestibule	η	pièce centrale
b	atrium	Θ	salle à manger
c	laraire	ϰ	petite salle à manger
g, h	ailes	ι,λ,ζ	chambres
u	double escalier conduisant à l'étage et à la terrasse moyenne	3	TERRASSE INFÉRIEURE:
		1	corridor
w	salon ouvrant sur la colonnade y et l'arrière de la terrasse z	3-4	boulangerie
		6-8	bain
x, v	salles à manger	4	PIÈCES SUPÉRIEURES DE LA TERRASSE MOYENNE:
2	TERRASSE MOYENNE:		
α	corridor correspondant à l'escalier de u	I	cellier
		II, III,	pièces au-dessus de ι et de λ
β	corridor		
γ,δ	pièces basses voûtées	VI	pièces au-dessus de ζ.

Donc la véritable transformation de la vieille maison italique n'est pas née de l'adjonction d'un péristyle, mais de son ouverture sur la nature et de la pénétration du jardin. Le jardin potager était tombé dans le discrédit, laissant la place à un autre jardin, qui satisferait les exigences latentes du naturalisme romain en même temps que les nouveaux besoins de luxe et d'exotisme dans l'architecture.

Le péristyle n'est qu'un cas particulier de la colonnade. Les maisons les plus anciennes comportent ainsi des pseudo-péristyles. La maison de Salluste (VI, 2, 4) ouvre son *tablinum* sur une colonnade en équerre, en retrait. Même lorsque l'espace nécessaire à son développement complet existait, il n'est pas rare de voir le péristyle réduit, comme chez Loreius Tiburtinus (II, 2, 2), à une colonnade sinueuse, qui sert de transition entre un jardin de superficie considérable et les pièces d'habitation. D'autre part, les péristyles incomplets sont décorés sur le quatrième mur, privé de portique, de peintures qui représentent des jardins; si le péristyle idéal avait dû être à quatre portiques, le peintre n'aurait pas manqué de représenter la colonnade manquante. Or, il figure un jardin, et ce jardin n'est pas la continuation du jardin réel planté dans le péristyle. Dans les parterres pompéiens, les plantes étaient disposées en touffes, en buissons bas, et n'ont ni l'exubérance ni la continuité qui sont de règle sur les peintures; souvent le jardin réel est constitué par des jardinières en maçonnerie disposées le long des portiques, dans les entrecolonnements. Donc, c'est sur un autre jardin que s'ouvre le péristyle qui n'est qu'un promenoir bordant le parc véritable, tantôt réel, tantôt peint sur le mur du fond.

Le péristyle a ainsi une double nature: il est un *atrium* plus vaste et d'autre part il est l'héritier des portiques grecs, eux-mêmes continuateurs des «paradis» orientaux, perses ou syriens. Ainsi, il est moins le signe de la maison privée hellénistique que la reproduction des parcs royaux des diadoques et de certains jardins publics de villes hellénistiques. Faut-il rappeler les grands péristyles de la maison du Faune (VI, 12, 2-5) et toute l'atmosphère orientale et hellénistique qu'aide à créer la grande mosaïque d'Alexandre, placée précisément dans l'exèdre séparant — ou unissant — les deux péristyles? Ainsi, le péristyle vise à introduire le jardin dans la demeure pompéienne, et il se perpétuera dans la villa, autant que dans la maison de ville. Les façades bordées de portiques ne révèlent pas un type de villa différent de la villa à péristyle, car le péristyle, nous l'avons vu, n'est qu'une forme particulière du portique.

V. JARDINS ET FONTAINES

Signification du jardin — Jardin et maison évoluent donc en rapport étroit. La place grandissante du jardin dans la maison correspond à la profondeur du goût des Romains pour la nature et les éclaire sur les besoins de leur âme. Certes, ce n'est pas un luxe gratuit, car le climat campanien exige un asile contre la lumière et la chaleur; il est la «pièce» verte supplémentaire où l'on aime vivre comme dans un salon. Chargé d'histoire, il emprunte au passé prestige et grandeur et donne à ces nobles terriens l'illusion de s'égaler aux princes hellénistiques. Enfin, les progrès de l'*atrium* entraînent les progrès du jardin, cadre de la méditation et de l'étude. Les salles à manger en plein air, nous l'avons vu, manifestent ce mélange intime de la vie avec la nature, et les *diaetae* — petits pavillons circulaires ou carrés perdus au milieu du feuillage — rappellent les tours égyptiennes, perses ou palestiniennes, et satisfont ce besoin d'exotisme qui accompagne le goût de la nature.

Plantes de jardin — Dans ces jardins, le jardinier-paysagiste plantait acanthe, lierre, narcisse, laurier-rose, smilax; il utilisait les *herbae topiariae* de Pline l'Ancien, c'est-à-dire les plantes qui permettent de suggérer un paysage, myrte, pervenches, capillaire, cyprès, platanes. Il est vrai que les représentations peintes fournissent d'autres renseignements: buis, iris, fragon, rose, violette, vigne; grâce à l'emplacement des racines, nous pouvons reconstituer certains jardins: ceux de la maison du Centenaire (IX, 8, 3), de la maison des Vettii (VI, 15, 1); on s'aperçoit que fleurs et plantes ne sont pas recherchées pour leur beauté propre, qu'elles ne sont pas cultivées pour leur grâce particulière. L'horticulture est pauvre et ne produit que des roses. Les fleurs sont essentiellement des fleurs des champs; la décoration se fait surtout avec des feuillages, des espèces naines d'arbres. Justement, platanes et cyprès, lierre, laurier et laurier-rose permettaient des effets dignes d'un grand parc.

Les massifs circulaires étaient composés de lauriers, les fleurs des champs dessinant les bordures extérieures; les jardinières les accueillaient aussi en désordre, ou bien abritaient des plantes à feuilles persistantes. De toute façon, le jardin échappait aux saisons et l'homme y recherchait le cadre immuable de sa vie quotidienne, un cadre dépourvu de couleur, mais où le fond végétal permettait la fantaisie des compositions, comme celle des guirlandes, originaires d'Égypte et d'Alexandrie. Le jardin prenait ainsi une fixité qui le rapprochait de l'architecture.

Architecture des jardins — Les décors des IIIe et IVe styles nous donnent des schémas de jardins. On y sent dès rythmes d'architecture semblables à ceux des édifices qui les bordent. Certains sont très simples, se réduisant à une tonnelle faite d'un quadrilatère de lattis, d'autres, plus complexes, présentent des absides, des pergolas, des fontaines.

Les plus compliqués offrent de petites salles reliées entre elles par des allées couvertes en treille: maison du Centenaire (IX, 8, 3), de Loreius Tiburtinus (II, 2, 2). Parfois ce sont des *frontes scenae* où se succèdent exèdres semi-circulaires et niches rectilignes. Donc le jardin est conçu comme une véritable architecture et c'est l'architecture qui impose au jardin d'être un décor, au service des hommes, et le jardin, comme la maison, devient un instrument de la joie quotidienne.

Eau — Pour ces jardins, l'eau est une nécessité, car d'elle dépend leur fécondité, leur exubérance. L'eau fraîche, toujours disponible, fait aussi partie de la joie de vivre du Méditerranéen; le jardin n'est que jets d'eau, sources, cascades, rivières et bassins. Chez Loreius Tiburtinus (II, 2, 2) une rivière artificielle — un euripe — se compose de deux branches en T: sur dix mètres, l'une longe le portique et la terrasse de la maison; l'autre, sur vingt-cinq, suit l'axe du jardin; le canal a deux mètres de largeur. L'eau, courante, tombait en cascade d'une grotte artificielle aménagée sous la terrasse au point de jonction des deux canaux. Une autre fontaine était aménagée sur la branche principale et plus loin se dressait une construction en forme de temple miniature. Ce goût de l'exotisme et de l'eau explique la fréquence des nymphées, des grottes artificielles, des chapelles, des temples, ou d'édifices plus compliqués, et surtout la vogue des fontaines[11].

Fontaines — Les fontaines sont parfois l'élément décoratif le plus précieux et donnent ainsi leur nom à la maison: maison de la Grande Fontaine (VI, 8, 22), maison de la Petite Fontaine (VI, 8, 23-24), toutes deux jumelles. Attachons-nous à la grande fontaine. Elle est précédée d'un bassins à la façade concave, l'ensemble est revêtu de marbre et, au milieu, le jet d'eau jaillit d'un enfant au poisson; deux masques dionysiaques en marbre marquent le départ des piédroits de la fontaine proprement dite; sa façade à fronton est décorée de mosaïques de couleurs et les motifs sont encadrés, comme d'habitude, de coquillages. On reconnaît sur les piédroits, dans un cartouche, deux oiseaux affrontés, dans les écoinçons un cygne aux ailes étendues; la niche en cul-de-four combine rocaille, mosaïque, marbre et lignes de coquillages pour dessiner des festons avec au fond un canthare stylisé; la partie verticale, semi-circulaire, est faite de panneaux à losanges entourant une tête de divinité fluviale; l'eau s'écoulait de sa barbe et descendait en cascade sur cinq petits degrés de marbre. Alors que, dans la fontaine de la maison des Savants, la dominante est le bleu, ici la polychromie met en valeur le vert, le jaune, le rouge et se marie avec l'impression générale de rococo.

La petite fontaine (VI, 8, 23-24) est d'architecture moins compliquée, mais le charme du bassin réside pour une bonne part dans la disposition des statues: au centre du bassin, une statue de bronze, l'Enfant à l'oie, à droite le Pêcheur, à la base de la fontaine, un masque de Silène d'où s'écoule — par dérision — l'eau, un enfant encapuchonné: donc ici les jets d'eau ont été multipliés et jaillissent d'autant de statuettes, dans l'esprit narratif hellénistique.

D'une certaine façon — et l'étude exhaustive des fontaines le montrerait bien — le Pompéien cherche à capter l'eau dans le jardin, en même temps que la nature. Il veut se donner un univers complet et le jardin de la maison des Vettii (VI, 15, 1), dans un style architectural, offre des fontaines circulaires à chaque coin du péristyle, et un bassin oblong sur chaque long côté. Les jets d'eau tombent de statuettes montées sur piédestaux, un pour chaque bassin circulaire, deux pour ceux des longs côtés.

Animaux — Ce jardin n'est ni silencieux — l'eau y bruit harmonieusement — ni désert, car un monde réel d'animaux ou irréel de statues le peuplent. Sur les peintures les oiseaux animaient les bosquets, surtout les paons, si décoratifs, y étalaient leurs queues majestueuses (maison des Amazones). Les colombes apprivoisées venaient boire au bord d'une vasque, des volières accueillaient ibis, faisans, passereaux et parfois le serpent venait mourir sous le bec de l'ibis. Les animaux de marbre rappellent que le jardin est aussi un paysage sacré [12].

Au moment de la catastrophe de 79, il semble bien que les architectes de jardins tentent de rivaliser avec les architectes de maisons; les monuments envahissent le jardin et la plante y est soumise à un ordre géométrique. Il a donc une valeur ornementale et assure par un art plastique une transition entre l'architecture et la nature; outre des joies esthétiques, ce jardin apporte au citadin des satisfactions sensuelles: chacun y devient épicurien, et par le jardin, la nature pénètre dans la vie quotidienne et renforce le naturalisme profond d'une race paysanne.

VI. MOBILIER ET VAISSELLE

Rareté du mobilier

A la différence de nos maisons modernes, le mobilier d'une maison pompéienne est réduit au minimum indispensable. Ayant transporté sur la paroi des murs tout l'effort de décoration, les Pompéiens peuvent se contenter de peu de meubles.

Il faut avouer aussi que les lits servent à plusieurs usages: lits pour les repas dans les *triclinia*, lits dans les chambres pour le repos de la nuit, lits pour le repos et les siestes du jour, lits de conversation dans les salons, lits pour la lecture dans les bibliothèques. Ajoutons des tables de marbre ou de bronze, des tabourets à pieds de bronze, pour s'éclairer, des candélabres à tige très longue, pour se chauffer, des braseros: nous avons vite fait le tour des meubles; le mobilier le plus précieux était conservé dans des coffres de bois bardés de fer, qui restaient exposés dans les *atria*; dans des armoires murales fermées à clef étaient rangées la vaisselle ordinaire et la vaisselle de bronze.

Nous présenterons le mobilier de la maison de Ménandre, maison patricienne dont les propriétaires conservaient par tradition familiale des pièces de toreutique hellénistique et italiote dont les plus grands centres de production furent Tarente et Capoue.

Lits — Deux lits découverts dans le *tablinum* ont des montants et des dosserets en bois. Leurs dimensions — longueur 2,07 mètres, largeur 0,90, hauteur 0,33 — n'ont rien d'exceptionnel, mais le bronze qui recouvre les montants *(fulcra)* est incrusté de méandres d'argent et de feuilles d'acanthe, les *fulcra* du côté du mur ne présentent qu'une rosette et une tête d'oie, tandis que ceux de devant sont ornés de bustes de Silènes, d'Éros couchés et d'Hercules debout: c'est la première fois que se rencontre cette triple association et l'exécution doit remonter à l'époque augustéenne-claudienne.

Labrum — Au sud-ouest de l'*atrium,* près du *tablinum*, un *labrum* de bronze servait de fontaine pour l'*atrium*, depuis l'époque augustéenne. Large de 1 mètre, il présente une bordure d'oves et, suivant la technique des phiales à omphalos, le centre en est orné d'une rose à quatre bandes concentriques.

Tables — Une table en marbre (0,83 × 0,46) est soutenue par un pied de bronze, terminé par des pattes de félin; la colonne lisse porte un pupitre fait de quatre bras se terminant par une dent d'encastrement. La tablette de marbre a sa bordure protégée par une corniche où sont gravés deux lions accroupis endormis.

Une autre table de marbre, découverte dans la chambre de l'intendant (0,92 × 0,58), est portée par un pied de marbre orné d'une tête de bacchante, une guirlande de laurier posée sur la tête.

Braseros — Dans le péristyle, un brasero a conservé de la cendre. Circulaire, il présente le type habituel, soutenu par trois robustes pattes de lion posées sur de petites bases et ornées vers le haut d'un élégant motif à palmette et à spirale et d'un protomé léonin; à trois petites têtes de lion, sont accrochés les anneaux de préhension.

Candélabres et lampes — Ce sont des candélabres simples en bronze, posés par exemple sur trois pattes de félin et trois feuilles de platane. On leur accrochait des lampes en bronze à un ou deux becs.

Ce mobilier, simple mais de choix, est largement dépassé par la vaisselle d'argent qui fait la célébrité de la maison de Ménandre.

Vaisselle d'argent — Elle l'emporte même sur la découverte de Boscoreale qui n'avait donné que 108 pièces (dont 102 léguées au musée du Louvre par Ed. de Rothschild). Chez Ménandre, la fameuse caisse dissimulée dans un des souterrains sous le bain, contenait enfermées, dans un tissu de laine grossière, cent dix-huit pièces, admirablement conservées. Le service de table est en argent massif, tandis que le service à boire est en argent laminé et lanté. Les pièces de ce service vont par couples, tandis que la vaisselle moins précieuse compte pour les plats et les cuillers quatre ou huit pièces semblables. Voici l'inventaire de ces 24 kilogrammes d'argent, dont L. Poppaeus devait souvent vérifier avec soin le détail.

Inventaire

SERVICE A BOIRE

Nombre	*Nature*	*Décoration*
		(les nos ici ceux de l'inventaire)
2	tasses à pied bas, corps cylindrique (*scyphi*).	Paysages: 1) rameur, berger et bélier, voyageur et sanctuaire; 2) bétail au pâturage et au repos, voyageur et sorcière.

Nombre	*Nature*	*Décoration*
2	tasses à pied bas, corps cylindrique (*scyphi*).	Travaux d'Hercule: 3) Antée, biche cerynite, lion de Némée, Géryon, l'Amazone Hippolyte, hydre de Lerne; 4) sanglier d'Érymanthe, centaure Pholcs, oiseaux du lac Stymphale, pommes des Hespérides, cavales de Diomède, le chien Cerbère.
2	tasses à pied haut, corps ovoïde (*canthari*).	Noces de Vénus et de Mars, sous des guirlandes de pampres et de fleurs de lotus (5-6).
2	tasses à pied haut, corps ovoïde (*canthari*).	Rameaux d'olivier (7-8).
2	petites tasses, corps cylindrique (*scyphi*).	Sujets miniatures dionysiaques: mort de Sémélé, naissance de Dionysos (9-10).
2	verres à anse.	Scènes d'Amours et de Victoires aux jeux du cirque (11-12).
1	verre à anse.	Scènes animales: cigognes et serpent dans un champ de blé (13).
1	phiale avec *emblema* doré.	Tychè de ville (14).
1	grande aiguière à anse.	(20).
1	petite aiguière.	tête de Négroïde portant des pendentifs sur l'anse (21).
2	petits brocs à bec trilobé (œnochoés).	(23-24).
1	amphore à deux anses.	(22).
2	verres à paroi très fine.	(25-26).

SERVICE DE TABLE

Nombre	*Nature*	*Décoration*
1	grande casserole (*patera*).	Manche décoré d'une scène de chasse (17).
2	petites casseroles.	8 oves en relief (18-19).
1	grand plateau (*lanx*).	(27).

Nombre	*Nature*	*Décoration*
16	plats et assiettes de quatre types: 4 exemplaires de chaque.	type léger (28-43).
12	plats et coupes de trois types: 4 exemplaires de chaque.	type lourd (44-55).
8	tablettes, 4 de type lourd, 4 de type léger.	(56-63).
1	grande cuiller.	(64).
6	cuillers à soupe.	(65-70).
8	cuillers lourdes.	(71-78).
4	petites cuillers légères.	(79-82).
1	grand plat en forme de coquille.	(83).
2	petits plats en forme de coquille.	(84-85).
2	louches *(simpula)*.	(86-87).
2	écuelles.	(88-89).
4	petites tasses.	(90-93).
4	petites coupes à calice.	(94-97).
8	petites coupes à calice.	(98-105).
4	petits moules à pâtisserie.	(106-109).
4	coquetiers (?).	(110-113).
2	poivrières.	(114-115).
1	pipette.	(116).
1	soutien de phiale.	(117).
1	table portative en bois recouverte de lamelles d'argent.	(118).
Pour avoir le compte total des 118 pièces, nous ajouterons:		
1	grand miroir.	(15) tête d'Apollon (?).
1	petit miroir circulaire avec manche et anneau.	(16).

Goût d'un collectionneur — Il s'agit d'une collection de choix, réunie par un amateur éclairé séduit par la variété de l'art des ciseleurs. Une telle collection n'a pas été le souci d'une seule génération. L'argenterie de famille est représentée par l'ensemble des six *scyphi* (1-4; 9-10). Ils sont les produits de la toreutique — l'art des ciseleurs — hellénistique de la fin du IIe siècle avant Jésus-Christ, au moment où le commerce de l'argenterie se répand entre Rome et l'Orient, alors que les toreuticiens les plus fameux de Rhodes, Pergame et des autres villes asiatiques émigrent à Rome. Appartiennent plutôt à l'époque augustéenne les canthares ovoïdes décorés de rameaux d'olivier, et ceux qu'illustrent les amours de Mars et de Vénus. Plus tardifs semblent être les deux verres (11-12).

Donc les deux grandes époques de l'argenterie sont bien représentées et, à l'instar de la maison, l'argenterie connaît le poids du passé.

Inventaire de la vaisselle de bronze

La vaisselle de bronze était sous le contrôle direct de l'intendant qui la conservait dans une armoire de sa chambre. Elle comporte de belles pièces :

Nombre	*Nature*	*Décoration*
1	grande situle en bronze.	Frise de palmettes et de fleurs de lotus, *emblema* décoré à l'attache des anses (fig. 1).
1	grand vase.	Attache des anses en forme de mains ouvertes.
1	broc (h. 0,30).	L'anse se termine en haut par une feuille recourbée ; vers le bas par des acanthes et des feuilles acanthiformes ; un Amour en ronde bosse porte sur ses épaules une bête de somme.
1	petit broc.	
1	petite amphore.	
Plusieurs	patères, type phiale sans manche. Patères, type casserole.	Manches terminés par une tête de bélier ; fabriqués par O. Fabius Secundus.
Plusieurs	olpés pansues montées sur trépied.	Femme nue, dans l'attitude de l'Aphrodite phénicienne et chypriote, tenant dans ses mains ses seins, Europe sur le taureau. Femme nue couchée sur le bord du vase ; gorgoneion (tête de Gorgone).
Plusieurs	œnochoés (h : 0,20) bec trilobé.	Anse terminée par protomé de bacchante ; en bas par une sphinge. Patte de lion et protomé léonin.

2	vases-paniers pour la vente de mollusques et des fruits de mer.	Amour pugilliste, motifs marins.
Plusieurs	marmites.	
Plusieurs	chaudrons.	
Plusieurs	louches.	
Plusieurs	tasses.	

Histoire — Cette vaisselle de bronze, elle aussi, a une histoire, car la situle 1 rappelle l'art orientalisant et ne peut venir que de Tarente où elle a été décorée au IIe siècle avant Jésus-Christ. Le grand vase avec attache des anses en forme de mains ouvertes, d'origine italiote, date au contraire du Ier siècle. Les autres pièces ont été faites sur place et les dinandiers n'ont pas manqué de travail à Pompéi, sans toutefois tomber dans l'article de bazar.

Vaisselle de terre cuite et verre

Dans une armoire du *tablinum* était rangé un service d'imitation arétine composé de plats, coupes, patères, verres. Deux caisses contenaient: l'une, six bocaux de verre et quatre bouteilles carrées à col étroit et à anse, l'autre, quatre vases de verre.

Ainsi trouvons-nous dans la maison de Ménandre, à côté des humbles ustensiles de la vie quotidienne, une argenterie exceptionnelle, une belle vaisselle de bronze, authentiques et antiques, qui révèlent les goûts éclairés de propriétaires connaisseurs et jouisseurs. Même rare, le mobilier était à l'unisson du cadre choisi par le riche et délicat Poppaeus.

Une maison, un jardin, un mobilier éclairent l'âme du Pompéien, dans ce qu'elle a de plus délicat et de plus solide. Épris d'ordre, il choisit un plan de maison qui permette une division des pièces au gré de ses besoins: pour recevoir les clients ou les personnages officiels, il dispose de l'*atrium* et du *tablinum*; pour accueillir ses invités, il aménage les salles de réception autour d'un péristyle. Cuisine et bain sont cachés à la vue, même des intimes, à plus forte raison le quartier servile se fait oublier, à peine le devine-t-on au détour d'un corridor. Sa vie quotidienne se déroule à l'aise dans les nombreuses pièces d'une vaste maison. Mais surtout ce citadin, grâce au jardin, vit proche de la nature, et quand il dispose d'une vue imprenable, il sait en jouir par des portiques judicieusement aménagés; il communie avec cette nature allongé sur un lit où il peut s'adonner au plaisir de la lecture; campagnard, il sait rester l'homme policé de la ville et ne renonce à aucun avantage de la civilisation. Il s'entoure des images des dieux qu'il fait ainsi descendre sur terre, et le riche Pompéien coule des jours merveilleux face à la mer ou devant les pentes du Vésuve.

Ces plaisirs et ce confort s'étendent à toute sa famille, aux femmes qui disposent de pièces spécialement destinées à leur sexe, sur le modèle hellénistique; mais elles avaient aussi libre accès aux portiques des péristyles et partageaient cette vie enchanteresse; affranchis, esclaves participent à un degré moindre à ce luxe. Mais que dire du boutiquier qui loge au-dessus de son officine, qu'imaginer du locataire de quelques pièces situées à l'étage? On ne peut guère ici parler de maison. Son jardin se réduit à quelque jardinière, que le soleil grille trop vite. Il est vrai que la rue lui appartient [13]. Mais, dans cette allégresse qui nous saisit, quand nous pénétrons dans la maison du Faune (VI, 12, 2-5), ou chez Loreius Tiburtinus (II, 2, 2), dans cette admiration devant tant d'intelligence, d'ingéniosité et de goût, ayons une pensée pour celui qui étouffait dans son *cenaculum*, qui couchait à même le sol sur une natte grossière: il s'endormait au bruit de la fontaine publique et n'avait que son cœur pour abriter ses dieux.

CHAPITRE II

L'UNIVERS DE LA PEINTURE POMPÉIENNE

Le Pompéien, qui s'est donné une belle demeure, accroît son plaisir en transformant sa maison en musée « imaginaire ». Ce plaisir, nous pouvons aujourd'hui encore en apprécier la qualité, car les décorations pariétales, qui, dès leur découverte, ont attiré l'attention des savants et des profanes, nous sont parvenues sans altération, splendides de facture et de couleur, vivantes au sortir d'une si longue nuit. Mais cet art n'est pas gratuit ; il est profondément lié à l'évolution de la mentalité romaine, si bien que la peinture nous aide à pénétrer dans l'univers spirituel des Pompéiens.

Technique de la peinture

Très vite, l'état exceptionnel de conservation a incité les chercheurs à analyser la technique de ces peintures ; aux problèmes qu'elle pose, ils ont apporté des solutions diverses exprimées en un vocabulaire varié[1].

Fresque ou peinture à l'encaustique ?

R. Mengs[2] y voit des fresques exécutées « au frais » par des peintres doués d'une adresse singulière et d'une extraordinaire rapidité. A. Requeno[3] penchait plutôt pour l'opinion qu'elles étaient à l'encaustique. Les savants se sont depuis partagés entre ces deux thèses, non sans avoir parlé aussi de peinture *a tempera*, au lait et à la cire, à l'huile, etc. Il fallait sortir de ces affirmations incertaines, incomplètes et souvent contradictoires. A la demande du regretté A. Maiuri, Selim Augusti, en

1947 et 1948, a procédé à une série d'analyses de laboratoire qui permettent d'avoir aujourd'hui une claire vision de la technique picturale à Pompéi.

La vraie technique: chaux saponifiée

Tout d'abord, celle-ci exige la préparation minutieuse du support de la peinture[4]. Il s'agit en premier lieu d'une couche épaisse de chaux et de sable (3 à 5 cm) et d'une seconde, plus fine, de chaux et de calcite (0,5 à 0,7 cm), les matériaux employés étant de premier choix. Pour passer cette deuxième couche, on attendait que la première fût bien sèche. Sur ce support sec, on appliquait une dernière couche, faite d'une pellicule (0,05 à 0,1 cm) d'un mélange aqueux de chaux et de savon, parfaitement dosé et additionné à chaud de cire et contenant de la craie en suspension. Cette préparation était polie par des moyens mécaniques (truelle de fer, cylindre de marbre ou de verre, pierre à polir) et lustrée avec un linge bien propre. Sur l'enduit ainsi préparé, on peignait à sec. La peinture était obtenue en mélangeant les couleurs à une solution aqueuse de chaux et de savon, additionnée de cire. Elle était alors polie et lustrée de la même manière que le support.

Avantages — Telle était la technique des peintres pompéiens. Les avantages sont immédiats et multiples. La fluidité de la solution savonneuse permettait de travailler à l'aise, avec des pinceaux extrêmement fins et très rapidement. Les peintres avaient acquis une telle maîtrise dans l'exécution, qu'ils peignaient directement sans avoir besoin de préparer ou de reporter un dessin, comme en témoigne l'absence de tout contour gravé. De plus, le fait de travailler sur un support déjà sec leur permettait de peindre à n'importe quel moment. Le travail se faisait du haut vers le bas: on exécutait d'abord les corniches, puis les fonds et les personnages des panneaux, enfin la plinthe. Les ouvriers passaient la couleur des fonds, les artistes se réservaient les personnages et les ornements; il leur arrivait même parfois de mettre en place la couche d'impression, faite de craie plus blanche que celle que les ouvriers employaient. Souvent aussi, pour mieux mettre en valeur leur peinture, ils reprenaient et ravivaient la couleur du fond dans les zones proches de leur travail. Cette technique reste merveilleuse de simplicité. Le secret de la perfection et de la résistance des peintures pompéiennes réside dans le soin avec lequel était préparé l'enduit préalable que la chaux et le calcite rendaient très dur et avec lequel étaient choisis et dosés les matériaux de la couche à impression: la chaux qui, avec le temps, forme une couche dure de carbonate de chaux; le savon qui, par ses acides gras, neutralise la causticité de la chaux; la cire qui donne du poli et du brillant à la peinture et qui l'imperméabilise; la craie, qui en augmente la solidité, éclaire le fond et facilite le polissage et le lustrage. Si l'on veut donc définir le procédé de la peinture pompéienne, nous pouvons dire qu'il est un procédé spécial *a tempera*, fondé sur l'emploi de chaux saponifiée. Les différents produits sont dosés avec une précision et une exactitude dignes des meilleurs chimistes modernes et cette perfection est une leçon que nous transmet ici encore l'Antiquité.

Couleurs — Voici la composition chimique des couleurs[5] chaudes qui ont mérité le qualificatif de pompéiennes: rouge à base d'oxyde de fer, naturel (sinope, ocre) ou artificiel (ocre brûlé); le rouge brillant est constitué de cinabre (sulfure de mercure, le *minium* des Anciens); le jaune est à base d'oxyde de fer hydraté, le bleu à base de cuivre, de silex; le noir est fait de matières carbonisées.

Chronologie de la peinture

Mau...

Mais, si la technique picturale nous offre une merveilleuse simplicité, il n'en va pas de même pour la chronologie qui embrasse plusieurs siècles, du IVe-IIIe siècle avant Jésus-Christ à 79 après Jésus-Christ. Il semble donc naturel qu'on ait voulu distinguer plusieurs périodes dans la décoration pariétale à Pompéi. L'œuvre maîtresse en ce domaine reste celle de l'Allemand A. Mau[6] qui a cru pouvoir distribuer toute la peinture pompéienne entre des schèmes formels et chronologiques. Malgré sa belle construction, nous ne pouvons plus nous contenter de cette trame et nous devons faire un nouvel effort critique.

... et sa grammaire des styles

Mau distingue quatre phases dont chacune assume une synthèse d'expression à laquelle il a donné le nom de style; il essaie également d'établir, au travers d'une même évolution formelle, une filiation et une interdépendance entre ces phases. Examinons donc sa grammaire des styles[7].

Le premier style est essentiellement structural et architectonique; dépourvu d'éléments figuratifs, il est dit *style à incrustations.* Sur une paroi divisée en trois parties, il met en évidence le relief des corniches toujours ioniques, la saillie des pilastres, le bossage et la polychromie des marbres rares, enfin la plinthe d'une couleur jaune foncé, imitant le bois. Dans ce style, où se marque une influence de la Méditerranée orientale, la paroi, fermée, a simplement un rôle chromatique et plastique. Ainsi, sont décorés la nef de la Basilique, le premier péristyle de la maison du Faune (VI, 12, 2-5), la maison du Centaure (VI, 9, 3-5), le mur de l'*atrium* de la maison de Salluste (VI, 2, 4). Un tel style aurait fleuri à la fin de la période calcaire et pendant la période du tuf jusqu'à la guerre sociale: il est essentiellement préromain.

Le deuxième style — ou *style architectural* — s'applique à une paroi qui connaît toujours la tripartition mais dont la partie supérieure subit un traitement spécial. Le mur n'a plus de relief, sa surface plane laisse à la couleur le rôle de donner l'illusion des masses, d'évoquer les profondeurs irréelles d'une perspective architecturale. La peinture suggère l'espace audelà de la paroi et abolit par là même la paroi, pour introduire les architectures hellénistiques. C'est entre la guerre sociale et la période augustéenne que la peinture pompéienne conquiert l'espace, et la villa des Mystères en offre un excellent exemple dans le *cubiculum*, chambre à coucher à double alcôve, mais les dernières manifestations du deuxième style tendent à enjoliver la paroi plutôt qu'à lui donner de la profondeur.

D'Auguste à la période claudienne, règne le troisième style dit *ornemental*, d'influence égyptisante. La paroi est à nouveau fermée et l'espace est divisé par des colonnes minces, par des candélabres qui s'épanouissent en tiges fleuries. La partie supérieure présente des formes architecturales et des ornements variés sur fond blanc mais demeure sans liaison avec le reste de la décoration. Les panneaux sur fond rouge ont l'air de tableaux accrochés au mur et la décoration des corniches et des frises est fine comme de la dentelle. Au milieu de cette grâce minutieuse, les paysages maritimes et champêtres mettent une note de fraîcheur et de naturalisme et tendent à animer la paroi, que les tons froids de l'accord chromatique font souvent paraître encore plus plate.

De l'époque claudienne à 79, le quatrième style revient à la paroi ouverte et lumineuse avec plus de profondeur, et aux pavillons aériens. Mais le goût de l'ornement subsiste et le quatrième style allie composition décorative et composition spatiale. Le goût est plus libre: on abandonne la tripartition traditionnelle, puisque les architectures irréelles de la frise se transportent au panneau central et s'intègrent mieux dans l'ensemble de la décoration. Ces architectures fantastiques sont les transpositions de scènes de théâtre: le quatrième style mériterait d'être appelé «scénographique»; déjà les peintres de décors de théâtre avaient eu de l'influence sur la peinture du deuxième style[8]. Par ailleurs, l'artiste s'abandonne à son imagination décorative, utilisant à profusion arabesques, dorures, ciselures, médaillons, candélabres, habile à illuminer fortement les perspectives et à répartir savamment les tonalités.

Critiques — Une telle théorie, commode à vrai dire et devenue classique, a soulevé pourtant bien des objections et le besoin de la renouveler a animé bien des successeurs de Mau[9]. Il faut avouer que la notion même de style n'est guère satisfaisante dans la mesure où l'on est contraint d'admettre de nombreuses phases intermédiaires d'un style à l'autre. Par ailleurs, les coupures chronologiques continuent à être autant de sujets de discordes. Passe-t-on du deuxième au troisième style aux environs de l'ère chrétienne, ou aux environs de la mort d'Auguste en 14? Faut-il dater de la fin de Tibère ou du tremblement de terre de 62 les débuts du quatrième style? Ne vaudrait-il pas mieux rechercher les certitudes que peuvent donner les textes anciens et les résultats de l'archéologie ?

Vitruve et l'imitation du réel

Il faut partir de Vitruve qui a dédié son *De architectura* à l'empereur Auguste et qui nous donne au livre VII un état de la décoration à son époque, soit vers 30 avant Jésus-Christ. Il n'hésite même pas à faire un historique de la peinture qui fonde ses trois grands moments et qui donne raison à la théorie des styles.

La peinture[10] est l'image de ce qui est ou de ce qui peut être, par exemple des hommes, des édifices, des navires et toutes choses dont on peut tirer des représentations ressemblantes en figurant l'apparence de corps définis et précis. D'où les Anciens, qui les premiers utilisèrent du stuc poli, imitèrent d'abord la diversité et la disposition de plaques de marbres, puis les multiples combinaisons de festons, de fougères et de triangles.

Ne reconnaît-on pas là le premier style dont les types se rencontrent en Grèce, par exemple à Délos, et à propos duquel on ne peut guère parler de peinture pariétale puisque la couleur a la fonction simple et secondaire d'accentuer le relief des masses architecturales ? C'est déjà une vision architecturale de détail, pourrait-on dire, sans recul, l'imitation d'une paroi pleine.

Puis ils [les Anciens] se mirent à imiter les silhouettes des édifices, les surplombs des colonnes et des frontons ; pour les espaces découverts, par exemple les exèdres, ils peignaient, en raison de la dimension des panneaux, des architectures de scène de type tragique, comique ou satirique ; pour les promenades couvertes, au contraire, en raison de la longueur des murs, ils utilisaient comme décoration les variétés de paysages *(topia)* représentant des images tirées des caractères propres et bien définis de certains sites[11] : ils peignirent ainsi ports, promontoires, rivages, rivières, sources, euripes, temples, bois sacrés, montagnes, troupeaux et bergers...

La vision architecturale est, dans une deuxième période,

devenue plus complexe. Mais le lien avec le premier style est bien établi; n'existe-t-il pas une paroi à incrustation, avec un mur bas et une vision de colonnade au premier plan dans la grande peinture — mégalographie — de la villa des Mystères? Désormais, la colonnade qui se détache du fond et qui donne de la profondeur au tableau est interrompue par des vues d'extérieur ou, si elle reste continue, elle est coupée dans sa partie haute pour laisser apparaître des plans plus intérieurs. Ce type, comme le dit aussi Vitruve, est scénographique; il introduit la nature dans le sujet, mais une nature typique, bientôt abstraite, occupe tout le panneau. Ce second style ainsi défini avait les faveurs de Vitruve et de certains contemporains d'Auguste, laudateurs du temps passé. Écoutons-les tonner contre la «nouvelle peinture[12]».

Le goût perverti

Mais ces thèmes, qui étaient tirés de la réalité, sont aujourd'hui condamnés par un goût absurde. On peint en effet sur les murs des monstres au lieu d'images précises de choses définies; en guise de colonnes, on bâtit des roseaux cannelés, au lieu de frontons, des enjolivures avec des feuilles enroulées et des rinceaux, des candélabres qui soutiennent l'image de petits temples; sur leurs frontons, des bouquets jaillissant en rinceaux de racines et contenant sans raison des figurines assises, et également des tiges portant des demi-figures, les unes à tête humaine, les autres à tête animale. Tout cela n'existe pas, ne peut exister ou n'a jamais existé.

Vitruve condamne ainsi la transformation des formes d'inspiration architecturale dans le sens décoratif; la paroi jusqu'alors servait à capter intégralement le monde, et à transmettre une vision personnelle fondée sur une synthèse visuelle. Cet impressionnisme caractérisait les tendances doctrinales et intellectuelles de l'hellénisme tardif. Nous retiendrons surtout du passage de Vitruve qu'il ne fait aucune allusion au tableau peint, considéré comme tel et centre de la décoration pariétale. Il faut en conclure que jusqu'à l'époque d'Auguste, dans les types de la décoration pariétale, les thèmes d'inspiration architecturale, les scénographies, les mégalographies constituèrent les seules formes théoriquement admises et que les tableautins, les scènes figurées de poésie cyclique ou religieuse n'eurent d'autre fonction que de compléter l'ensemble décoratif. Mais qu'il s'agisse d'une mégalographie ou d'un paysage, nous avons toujours affaire à une composition continue.

La vraie révolution: le tableau

Plus que la perversion du goût dénoncée par Vitruve — et qui vise la phase finale du deuxième style — c'est l'introduction du tableau, de la *tabula* comme centre de la composition qui apporte à la peinture pompéienne sa vraie révolution, sinon son véritable acte de naissance. L'artiste arrive pour la première fois à transposer sur un mur un tableau de chevalet; il copie les *pinakes* qui étaient protégés par une sorte d'armoire à volet de bois et qui faisaient l'objet d'un commerce artistique à Délos, Alexandrie, Rhodes et Rome, à l'instar des *emblemata* (sujets centraux) en *opus vermiculatum* destinés à orner le centre des pavements à mosaïques. Ainsi de 20 à 79 se développe la peinture pompéienne, de caractère décoratif qui, à la différence de la peinture à perspective, ne doit rien à l'influence hellénistique; il faut la replacer dans le milieu artisanal campanien, très habile, ayant conservé les traditions des peintres céramistes d'Apulie, de Lucanie et de la Campanie même. Elle a pu répondre à la demande d'une aristocratie terrienne de marchands, riche et cultivée, et produire une masse incroyable de tableautins.

Les deux phases de la peinture décorative

Après cette révolution, méconnue par un Pline par exemple[13], la peinture pariétale connaît deux phases: l'une, qui correspond à un système rigide — type du style III de Mau — est caractérisée par le pavillon ou édicule, porteur du tableau, comme au *tablinum* de la maison de Lucretius Fronto; une place est faite à des tableautins mineurs avec des paysages de villas. Ce premier moment est caractérisé en outre par la richesse et l'importance des motifs ornementaux: le motif du candélabre et les vues en miniature du décor des jardins. La variété des combinaisons décoratives, toutes au service du tableau central, dépend de la fécondité d'inspiration des ateliers: les sujets sont en accord avec les tendances classiques de l'ordre augustéen et même si on suit une évolution dans la technique d'Auguste à Claude — du tableau rectangulaire allongé en hauteur entre deux bandes neutres, au tableau carré où les personnages, traités plastiquement, ne sont accompagnés que de quelques accessoires — la spiritualité de la peinture est identique[14].

L'autre type de décoration présente des caractères notablement opposés: ici triomphe la liberté de composition architecturale, avec autour du tableau central des centres ornementaux mineurs, tableautins à paysages ou à scènes figurées. Les derniers constituent l'encadrement le plus somptueux aux plus beaux tableaux des maisons du Poète, de Siricus, d'Holconius, de M. Lucretius, des Vettii et du temple d'Apollon. On peut les dater avec précision, car ils sont à mettre en parallèle avec les grandioses compositions de l'Ecclesiasterion du temple d'Isis reconstruit après 62: ce type de décoration remonte à l'époque néronienne, qui voit se produire une révolution spirituelle où triomphe l'« exubérance baroque » d'un univers fantastique et merveilleux dont témoigne la Maison Dorée. C'est un souffle nouveau qui emporte les amants du grand salon de la maison des Vettii; les architectures du péristyle suggèrent de nouveau l'évasion vers un monde mystérieux et dans l'*atrium* une architecture baroque, tourmentée et surchargée, fait penser aux décors de théâtre du XVIIIe siècle italien. L'époque des Flaviens verrait une nouvelle transformation: la paroi ne s'ouvrirait plus et le maniérisme décoratif du troisième style réapparaîtrait sur les champs blancs et bleu clair, élégants et raffinés: les tapisseries ou les bandes chargées de candélabres séparent les tableaux.

Primauté de l'archéologie

De toute façon, ces ultimes tendances de la technique picturale n'ont guère eu le temps de se développer, alors que nous disposons d'un nombre considérable de peintures du quatrième style. Avant l'esthéticien et le critique d'art, c'est l'archéologue qu'il nous faut écouter. Il paraît impossible de ne pas envisager de façon nouvelle la peinture pompéienne après le livre que Maiuri a consacré à la dernière phase de l'édilité pompéienne. Tout, sans doute, n'était pas à reconstruire à Pompéi après le tremblement de terre, néanmoins dans bien des cas les très nombreuses réparations et transformations ont dû faire table rase du passé. On ne doit qu'à un miracle de goût la sauvegarde de la grande composition du second style de la villa des Mystères. Par ailleurs, bien des pièces n'avaient pas encore reçu leur décoration en 79 et, entre 62 et 79, il est bien délicat de préciser avec rigueur quand débute la peinture flavienne. Un large courant se dessine dont les débuts doivent remonter à une dizaine d'années avant la catastrophe et il continue, après 62, pendant une autre décennie, ce qui nous conduit à la catastrophe finale. Trop d'esprits restent séduits par le schéma chronologique de Mau, oubliant la présence massive d'une peinture concentrée sur dix-sept années.

Erreur de Mau...

Nous en donnerons pour exemple la maison des Vettii [15]. Du long rapport analytique de Mau [16], on retient que les peintures, toutes du quatrième style, ont été exécutées avant 62 dans l'*atrium*, dans les deux ailes et dans la grande salle à manger, et, après 62, dans les pièces qui ouvrent sur l'*atrium*, dans le péristyle et dans les deux *oeci* avec les peintures d'Ixion et de Penthée, dans le petit portique, les salles du nord et dans le laraire de l'*atriolum* secondaire. A la diversité des structures murales, correspondrait une opposition de style, de conception, de composition et d'exécution. Les peintures les plus anciennes, d'une grande richesse dans le fini, manifesteraient un goût exquis et délicat, les plus récentes, de l'habileté et du savoir-faire, mais seraient d'un goût plus vulgaire et sans finesse de détails. Ce contraste viendrait de ce que jusqu'au milieu du Ier siècle la maison avait appartenu à une famille cultivée, qui avait appelé des peintres de Rome ou de quelque ville grecque, tandis qu'après le tremblement de terre, elle était tombée aux mains des Vettii, affranchis enrichis, qui se contentaient d'artistes locaux.

Qui ne voit le danger de tels jugements fondés sur des critères esthétiques? comment estimer grossières les peintures de l'*oecus* où se trouve le tableau d'Ixion, qui passe au contraire pour l'une des œuvres les plus belles et les plus fines de la peinture pompéienne? La classification de Mau est erronée, car elle repose sur une analyse inexacte des structures murales. La façade principale autant que les façades qui donnent sur les venelles méridionale et occidentale présentent les signes évidents des réparations exécutées après le tremblement de terre de 62. Les mêmes réfections se rencontrent à l'intérieur de la maison, dans l'*atrium* et le grand *triclinium*, que Mau assignait à une période antérieure à 62, autant que dans les chambres, les *oeci.*

... et de Maiuri

Pour Maiuri, les seuls morceaux de la décoration qui soient antérieurs au tremblement de terre restent essentiellement ceux de deux *alae.* A cette conclusion si nette, s'oppose Schefold pour qui la peinture des deux *alae* date de l'époque de Vespasien[17]. Elle serait postérieure à une réparation tardive, à la suite d'un tremblement de terre autre que celui de 62, qui aurait précédé la catastrophe de 79. Le quatrième style règne donc sur toutes les peintures de la maison des Vettii et seules les tendances néroniennes et flaviennes doivent y être distinguées.

D'autre part, le pastiche est de tous les temps et sous les Flaviens on peut déceler des tendances archaïsantes[18]. On imite par exemple, après 70, le premier style, dans la maison des Savants et il faut éviter d'ordonner dans une suite chronologique ce qui est au contraire contemporain, mais de mains et de manières diverses.

Les peintres de Pompéi

C'est ce qu'a bien vu Ragghianti [19], et qui donne du prix à sa tentative. Le critique d'art croit à l'originalité de la peinture pompéienne. Un véritable artiste, même s'il s'inspire d'un modèle, transfigure son sujet. Là où d'aucuns ne veulent voir qu'imitation servile de modèles grecs, l'œil exercé du critique discerne les manières de différents « maîtres », ayant chacun sa personnalité et son langage propre.

L'essai de Ragghianti est d'autant plus légitime que, selon lui, la plupart des peintures ayant été exécutées dans le court intervalle des années 62 à 79, la coexistence des manières, donc des artistes, s'impose.

C'est ainsi que Ragghianti distingue un Maître de la Poétesse [20] qui aurait exécuté les tableaux de *Dédale* et *Pasiphaé*, le *Supplice d'Ixion* et *Thétis chez Vulcain.* Sa peinture moelleuse recourt à un modelé pâteux, aux ombres estompées. Les touches sont fluides, les rehauts de couleur rares et les visages sont souvent encadrés de bouclettes en virgule, comme celui de « Sapho » la Poétesse. La tragédie est absente de cette élégance un peu précieuse, de cette affabilité légère, qui évoque les conventions policées de la conversation.

Le Maître de l'Ombre [21], qui n'est peut-être qu'une « manière » du Maître de la Poétesse, est responsable de la *Mort de Penthée* et de *Ciparissos.*

Avec le Maître Aulique [22], qui « signe » chez les Vettii la *Léda* et les architectures d'une chambre, les couples en vol et les fresques de la salle à manger, la salle des petits Amours et d'autres décorations figurées, nous connaissons le peintre le plus riche, le plus varié, le plus habile, le plus spectaculaire de Pompéi. Il manifeste un goût pour la mise en pages franche, une imagination fantastique et une extraordinaire habileté dans les architectures pariétales et les ornements monochromes.

Le Maître des Raccourcis [23], qui pourrait se confondre avec le Maître Aulique, mais qui se distingue par de très énergiques raccourcis, peint le *Supplice de Dircé.*

Le Maître de la Fable[24] possède une veine dramatique et un talent riche en mouvement qui animent *Hercule enfant* et la *Lutte entre Éros et Pan.*

Trois ou cinq mains se laissent reconnaître dans l'ensemble d'une imposante décoration pariétale; une telle simultanéité ne peut étonner et Maiuri lui-même y inclinait[25]. En groupant, pour des raisons de composition et de style, les tableaux peints dans diverses maisons et en définissant plusieurs «manières», Ragghianti a rendu à la peinture pompéienne sa dignité. On ne saurait qualifier un peintre de «populaire», car même la peinture d'enseigne appelle de grands talents, comme le montrent la *procession de Cybèle* ou la *Vénus pompéienne.* Il a heureusement corrigé la rigidité du cadre chronologique de Mau. Toutefois, il tombe dans un pluralisme très éclectique[26] et lui-même doute — nous l'avons remarqué — de certaines de ses appellations[27]. Un artiste peut avoir plusieurs manières; son talent peut évoluer entre 62 et 79. Il est difficile d'imaginer une vingtaine d'artistes de qualité concentrés à Pompéi et y travaillant chacun pendant dix-sept ans. Les personnalités véritables sont moins nombreuses. En fait, d'excellents artisans devaient travailler dans les ateliers sous la direction d'un maître sensible lui-même à certains courants: le courant archaïsant et néo-attique amène le Maître du *Sacrifice d'Iphigénie* à des archaïsmes voulus de composition. Le talent scénique de l'artiste est mis en valeur par des oppositions contrastées d'ombre et de lumière. La peinture pompéienne nous est rendue dans la diversité humaine de ses auteurs et cette diversité est à l'image de l'univers de signification auquel s'attachaient les usagers et dont leur âme est tout illuminée.

Illusion du réel

Ce que demandent en premier lieu les Pompéiens à la peinture, c'est l'illusion du réel. Cet illusionnisme de la peinture ne vise pas à des représentations extraordinaires et fantasmagoriques, mais au contraire à ajouter la nature à une architecture.

Ce goût du trompe-l'œil est parfois amusant. Qui ne se souvient de ce chien peint sur un mur de couloir[28], si vrai que le visiteur est effrayé par l'aspect rébarbatif du molosse? Qui n'a vu les plinthes d'un *atrium* fleurir de bordures végétales peintes? Qui n'a admiré ailleurs comment l'artiste suggérait un grand parc en représentant sur un mur aveugle une perspective d'arbres et de bosquets fleuris?

Déjà dans le premier style — style d'incrustations — éclatait ce goût pour le réel, car chaque zone et chaque assise étaient soulignées par la peinture et ce procédé n'a pas disparu dans le deuxième style[29]. Dans la villa des Mystères, les murs présentent leurs assises de pierres et la grande mégalographie se déroule devant un tel mur; et lorsque ce mur s'ouvre à mi-hauteur pour laisser le regard entrevoir des colonnades s'élevant dans le ciel, c'est une nouvelle réalité qui s'impose à l'œil du spectateur. Le mur, plat et massif, gagne de la profondeur. Il est projeté dans un espace à trois dimensions; c'est donc la conquête d'une réalité plus complète et plus riche que traduit cette évolution de la peinture. La réalité est ainsi à deux degrés: dans une salle à manger, dans une chambre, il est bien évident que le Pompéien ne sort pas d'une réalité architecturale, mais il a l'illusion de contempler un parc, ou de se promener sous un portique ombragé.

Choix dans le réel, les «topia» (fig. 30)

Se donner l'illusion du réel, s'offrir en peinture le jardin qu'on aurait voulu posséder, ne veut pas dire que l'on demande à l'artiste de reproduire exactement, d'après nature, tel ou tel jardin. Là encore la réalité est à deux degrés. Le peintre s'attache à reproduire les éléments typiques des lieux, ce que l'on appelle les *topia.*

C'est ainsi que l'on retrouve toujours les mêmes détails qui reviennent inlassablement dans les paysages pompéiens: le promontoire, le canal, le bois sacré, le petit sanctuaire, le troupeau de vaches, le berger et le bélier: c'est le genre qu'on pourrait appeler sacro-idyllique. Dans le premier style de ces jardins peints, il s'intègre à des ensembles architecturaux imi-

Fig. 30. — Topia. *Maison de la Petite fontaine (d'après P. Grimal,* Les jardins romains*).*

tés directement des monuments de l'hellénisme. On rencontre portiques et annexes disséminés dans la verdure; les façades se présentent de façon frappante, se coupant tantôt à angle droit, tantôt à angle aigu, d'autres sont semi-circulaires. L'artiste, en recréant ces paysages, les revêt d'une couleur douce et romantique; parfois il les voit à contre-jour, dans une opposition d'ombre et de lumière quelque peu irréelle, surnaturelle.

Dans le deuxième style des jardins, la nature est développée aux dépens de l'architecture; le paysage devient un décor qui accompagne les sujets littéraires, les scènes de genre, de style néo-classique — Taureau Farnèse, représentant le châtiment de Dircé, groupe des Niobides, chasse de Méléagre, Orphée sur son rocher — la représentation fait place au symbole, mais symbole d'une réalité qu'on veut communiquer.

Enfin, le symbolique se dégrade en ornemental au moment où triomphe le baroque ornemental flavien. Un motif particulier du jardin est choisi et traité pour lui-même, sans souci de la vraisemblance générale: dans la maison des Vettii, de fausses fenêtres font apparaître des pergolas vues sous un angle irréel, décorées de vignes grimpantes. Cette stylisation du décor aboutit à une interprétation romanesque et impressionniste de thèmes architecturaux anciens. Mais ce qui n'est souvent qu'une nouvelle technique, a pour effet de créer une illusion plus personnelle d'une réalité où, loin de tout poncif classique, elle réintroduit le temps, en montrant par exemple des maisons écrasées de soleil à midi.

Exotisme

Le Nil et l'Euripe étaient des thèmes, des *topia*. La mosaïque de Palestrina avait magnifiquement illustré le genre pictural qui a pour thème essentiel le Nil, avec ses fêtes nautiques, ses pêches et ses chasses. On sait l'influence de l'Égypte sur l'art romain et pompéien. Bien des riches propriétaires voulurent imiter les nobles maisons au bord du Nil, leur bassin et leur canal, où s'épanouissaient des fleurs d'eau. Les scènes nilotiques ne manquent pas, avec leurs Pygmées grotesques s'attaquant aux monstrueux hippopotames ou pêchant au milieu de ces immenses fleurs d'eau. Le succès de la religion isiaque favorise la multiplication des sujets égyptiens ; c'est une autre nature, où les bœufs sont sacrés et où le héron combat le cobra *(uraeus)*, un monde qui enchante et fascine les Pompéiens.

Mélange de l'humain et du divin

Enfin, l'illusionisme de la peinture pompéienne permet aux humains de vivre au milieu des divinités. La mégalographie de la villa des Mystères en est un exemple parfait. Certes, les prêtresses sont les médiatrices naturelles entre le monde des humains et le monde des dieux. La présence de la maîtresse de maison, la scène des préparatifs de l'hyménée, indiquent comment les humains peuvent s'élever à cette immortalité que donne la religion bachique. L'illusion est d'autant plus forte — ne l'oublions pas — que la peinture pompéienne est faite pour qui pénètre dans la pièce qu'elle décore. Le visiteur, aujourd'hui encore, est tout saisi par ce monde de personnages grandeur naturelle, qui échangent leurs regards d'un mur à l'autre, il est pris par le thiase bienheureux et participe aux cérémonies dans cette enceinte irréelle, qui recule même les limites de la pièce[30].

Ainsi, par une suprême habileté, l'artiste qui par cette illusion devrait nous faire échapper à l'espace et au temps, nous fait participer à une cérémonie qui pour se dérouler a besoin du temps.

Le portrait...

Un deuxième pôle de la peinture pompéienne est son attachement au quotidien. L'illusion s'adresse aux âmes insatisfaites, éprises d'idéal. Le solide quotidien contente davantage ceux qui vivent au contact de leurs semblables et de l'actualité.

... académique

L'art du portrait se partage entre un faible courant académique et un goût profond pour la réalité. Sans parler des portraits idéalisés de philosophes, d'orateurs et de poètes chers à la société cultivée de Rome, il faut noter par exemple que le portrait de la jeune Pompéienne, surprise dans un moment de méditation, est compassé. Le style sur les lèvres, les tablettes de cire ouvertes dans la paume de la main, elle «pose». Son visage est encadré de bouclettes, un détail que l'on retrouve sur beaucoup d'autres portraits pompéiens et qui permet de définir la manière du «Maître de la Poétesse».

... et vrai

Voici au contraire une noble Pompéienne, aux traits nettement campaniens. Le visage plein, le teint naturel, le cou charnu, sont mis en valeur par les cheveux noirs et lisses partagés sur le front. L'expression est sérieuse, presque mélancolique, des yeux lourds au regard profond accompagnent une bouche sensuelle, aux lèvres épaisses; le mosaïste a su éclairer par de légères intonations lumineuses ce portrait d'une de ces femmes de tête qui, comme Eumachia, surent administrer leur fortune.

Le vérisme du portrait éclate aussi chez ceux du boulanger, Terentius Neo, et de sa femme. Lui, reste un paysan, hirsute, au visage dur et aux pommettes saillantes; elle est rusée, malicieuse et coquette, et le coup de pinceau riche et dense donne aux attitudes leur pleine vérité, même si ces commerçants enrichis veulent faire illusion et «poser» pour l'éternité.

Nature morte

A cette race de paysans, la nature morte[31] devait plaire, encore que sa vogue vînt de la peinture hellénistique. Les natures mortes campaniennes prennent très souvent comme thème les produits de la terre campanienne. Fruits, gibier, poissons, fromages ou gallinacés peuplent les tableaux miniatures du troisième style. Au travers d'un goût sensuel, on découvre le Pompéien attiré par le marché du forum ou les éventaires de marchands ambulants. Il s'attarde devant les paniers pleins de raisins et de pêches qui éclatent de toutes leurs couleurs, devant les poissons encore frétillants, tombés de paniers renversés. Le peintre recherche alors, à partir de ces objets isolés, une vision d'ensemble, échelonnée sur plusieurs plans et où la lumière met encore mieux en valeur les richesses de la nature. Ces «bodegons» sont admirables de style. En voici un dans la salle à manger-nymphée de Julia Felix (II, 4, 3), donnant sur le jardin. Des fruits dans une coupe de cristal: pommes, poires, abricots, grenades, offrent leurs formes pleines et savoureuses, une grappe de raisin, ses petits grains violacés. Une pomme est tombée, une grenade s'est entrouverte; plus bas, un pot rempli de raisins et une amphore, dont le couvercle est retenu par des cordelettes, attendent le bon plaisir des convives. Quelle joie de manger devant une si belle composition, si vraie et si intelligemment organisée! Voici un autre tableau très harmonieux: sur une étagère sont rangés un mortier en bronze accompagné d'une grande cuiller, un plat de gros œufs, une œnochoé trilobée, à la paroi sont accrochées quatre grives, une serviette à franges; une petite amphore, remplie d'un précieux vin vieux, est installée en oblique au pied de l'étagère. Il n'y a ici aucune recherche d'illusionnisme mais y éclate un goût de l'objet élégant, du fruit savoureux, chantant les gloires de l'agriculture pompéienne.

Scènes de la vie quotidienne

La peinture s'attache aussi au monde de la vie quotidienne, des coutumes, des croyances de la petite bourgeoisie, du marchand, de l'artisan, du petit peuple. Ce monde revit dans ce qu'on a appelé, avec parfois une nuance péjorative imméritée, la peinture d'enseigne ou la peinture d'affiche. Son expression franche et libre, pleine de spontanéité, affirme une sève campanienne qui va jusqu'à la caricature.

Cette peinture est un commentaire de l'actualité: des cavaliers arrivent à Pompéi, tandis qu'un mulet bâté est traîné par un long licou; un mendiant rencontre une dame de charité, ce sont les scènes colorées du forum dont nous avons déjà parlé [32], c'est la distribution du pain, la scène d'auberge où le dessin nerveux souligne les gestes des joueurs de dés, la peinture publicitaire gagne ses lettres de noblesse en présentant au-dessous de la Vénus pompéienne la prédelle du travail de la laine.

Le peintre pompéien, qui savait simplifier les paysages, a représenté avec humour les scènes classiques les plus respectables et n'a pas hésité à caricaturer les dieux de l'Olympe autant que ses semblables.

Sur la frise de l'*atriolum* du bain, dans la maison de Ménandre (I, 10, 4), les dieux sont représentés par des nains aux têtes énormes, aux gestes de fantoches. Jupiter, aux longs cheveux en désordre, est pris entre la peur de Junon, terriblement jalouse, et de Vénus, qui, déguisée en sorcière, invite Cupidon à lancer contre lui ses flèches. La légende d'Énée devient une fable de La Fontaine: Énée s'est transformé en gros ours, portant Anchise, vieux singe, tandis que le jeune Ascagne-ourson a de la peine à suivre les enjambées de son père. Le «jugement de Salomon» met en scène des acteurs nains, aux allures de Pygmées. Les scènes nilotiques excitent la verve des peintres: les Pygmées aux tailles minuscules s'attaquent à des bêtes monstrueuses; l'un d'eux chevauche un crocodile, qu'il a pris au lasso, un compère taillade le dos d'un hippopotame, tandis que la bête, placide, avale un malheureux petit nain.

L'esprit caustique du peuple s'amusait des chiens retenus par un collier à grosse laisse, prêts à fondre sur le visiteur mal intentionné, griffes, crocs et langue en bataille; une autre mosaïque présente un vieux Silène, gonflé de vin, qui s'est laissé choir sur un âne qu'il écrase de son poids, deux jeunes gens charitables essaient de relever la bête infortunée, en la tirant par ses longues oreilles et par la queue. Ce comique de farce populaire répond aux goûts d'un public ami des pantomimes théâtrales et qui, sans complication, cherchait sa joie de vivre. Pour d'autres, plus exigeants, la peinture définit un idéal de civilisation.

Éducation de prince

Le Pompéien avait introduit dans sa maison le portique royal et les parcs hellénistiques; il pouvait se donner l'illusion d'une culture princière en s'entourant de tableaux évoquant l'histoire hellénistique récente où Rome avait eu le beau rôle. C'est ainsi qu'au *triclinium* d'été de la villa dite de P. Fannius Synistor, près de Boscoreale[33], un bouclier blason macédonien évoque la cour de Pella et plus précisément la salle du palais où avait vécu jadis Alexandre. On y a représenté Antigonos Gonatas, sa mère Phila et son illustre maître Ménédémos d'Érétrie; sur une autre peinture, Ch. Picard reconnaîtrait le père d'Antigonos Gonatas, Demetrios Poliorcétès, se reposant dans une quasi-nudité héroïque, près de sa belle-sœur Eurydice, épouse infortunée du premier Ptolémée, et sa fille Ptolemaïs. Cette vision glorieuse et heureuse d'une cour princière de la Grèce du Nord plaisait au propriétaire de la villa qui a tenu à évoquer l'*épistémé basiliké*, l'éducation des jeunes Antigonides et leurs divertissements littéraire et musical.

Éducation classique

Plus quotidiennes sont les scènes d'initiation à la musique d'un jeune éphèbe entre un pédagogue barbu et une femme incarnant la Muse du chant, ou une scène de lecture de papyrus faite par un vieillard barbu en présence d'une matrone et d'une petite fille. De telles scènes symbolisaient pour le propriétaire de la villa impériale près de la porte de la Mer ce goût de la culture, dont témoignent les représentations de poètes — comme Ménandre — ou de philosophes comme Ménédémos: la philosophie épicurienne, autant que la comédie nouvelle, avait des adeptes dans la cité campanienne: un squelette brandissant un rhyton dans chaque main orne une mosaïque de *triclinium.* Il rappelle le petit squelette en argent que montre Trimalcion ou le squelette qui décore un des gobelets de Boscoreale:

Nous serons tous ainsi, quand la mort nous aura pris. Vivons donc, tant qu'il en est temps — et vivons bien [34].

Théâtre

Le théâtre [35], si goûté des Pompéiens, a inspiré les artistes. Le masque de théâtre revient sur les panneaux comme un thème obsédant; il se prête à toutes les combinaisons décoratives; il peut prendre aussi valeur symbolique et donner toute sa signification à un paysage et le masque grimaçant est lié à la religion dionysiaque qui imprègne toute la nature chère aux peintres pompéiens, ou aussi bien évoquer les enfances dionysiaques, l'éducation du jeune dieu.

Le cycle homérique

Mais l'enseignement autant que la culture restent attachés à Homère et à ses poèmes que dans une ville bilingue on savait par cœur et dont les scènes les plus célèbres étaient volontiers illustrées par les peintres: à la maison du Poète tragique (VI, 5, 8), le sacrifice d'Iphigénie, le départ de Chryséis, la dispute d'Agamemnon, la colère d'Achille et le renvoi de Briséis; à la maison des Dioscures (VI, 9, 6), Achille à Skyros, chez Siricus (VII, 1, 47), Thétis chez Héphaistos; dans la maison du Laraire (I, 6, 4), le duel mortel d'Hector et d'Achille, la dramatique entrevue de Priam et d'Achille pour le rachat du corps d'Hector; la maison du Cryptoportique (I, 6, 2) présentait cinquante épisodes de l'*Iliade*; dans la maison de Ménandre (I, 10, 4), la mort de Laocoon, la ruse du cheval, l'incendie du palais de Priam baignent dans cette lumière irréelle qui transfigure en fête ces instants si dramatiques et si cruels.

Religion

Cette culture littéraire restait inséparable d'un idéal moral et d'un idéal religieux. Là encore, le Pompéien se donne l'illusion de vivre familièrement avec les dieux. Pour le plaisir sensuel qu'il en tire, mais aussi pour la satisfaction de son esprit malicieux, il aime voir multiplié les tableaux des amours de Mars et de Vénus, tandis que les Amours jouent avec le casque ou le glaive abandonnés par le dieu. Tout le panthéon est présent, et Vénus, patronne de la ville, l'emporte sur les autres divinités. Les demi-dieux — Hercule — les libérateurs — Persée — ont leur place; la peinture exalte non seulement le conformisme religieux mais le succès de l'intelligence sur la brutalité, du bien sur le mal. Les prêtres de toutes les religions, les cérémonies isiaques[36] en particulier, aident à cette glorification des valeurs morales qui garantissent la conservation du corps social.

Politique et morale

La peinture pompéienne n'est donc pas un art gratuit; sans se mettre au service d'une idéologie politique précise, elle illustre des thèmes chers à la propagande impériale. Par exemple, la mosaïque de la bataille d'Issos ou de Gaugamèles — où le duel personnel entre Alexandre et Darius remplace l'affrontement collectif des deux armées — représente un moment décisif pour l'histoire de l'humanité; et sur le fond de lances dressées qui préfigurent curieusement celles de Bréda, c'est le sort de l'hellénisme qui s'est joué contre la barbarie.

La victoire de l'Occident sur l'Orient, à Actium, et ailleurs — les Flaviens se feront les champions de la civilisation contre la barbarie — est à la fois historique et morale. Aussi, mobilise-t-on au service du droit tous les thèmes héroïques, dût-on les transformer: contrairement à la tradition, Hercule saisit violemment Nessus aux cheveux, dans la maison des Amours fatales (IX, 5, 18), et cela sous l'influence des idées des philosophes cyniques et des stoïciens; à la maison des Vettii (VI, 15, 1), on célèbre, avec le supplice d'Ixion, la victoire, sur les géants, des dieux et de la force disciplinée. De même les peintres opposent-ils aux amours illégitimes et malheureuses les noces de Thétis et de Pélée: les thèmes picturaux rejoignent les intentions d'un Catulle[37]. Que la peinture pompéienne soit dans l'ensemble si moralisatrice on ne s'en étonnera pas puisque, sous les traits d'Héraklès, elle veut faire penser à Vespasien.

La peinture pompéienne s'adresse à un spectateur, à un homme qui sait voir, et parfois avec malice, à un homme qui appartient à la civilisation de l'*otium*. Ce qu'il aime, il veut le retrouver chez lui et en orner le cadre de sa vie quotidienne: une nature ordonnée et fraîche, les fruits et les fleurs, des dieux qui sont sa bonne conscience; dans le calme de ses vastes pièces, faites pour la conversation ou la méditation, il ne répugne pas à rappeler tout ce qu'il a laissé au-dehors: le forum écrasé de soleil, la foule bruyante, les animaux importuns. Il garde le souci de sa *dignitas*; il veut s'entourer de tous les symboles de cette culture en laquelle il a placé son idéal, qu'il désire peut-être plus qu'il ne l'acquiert. Il retrouve ainsi cette mesure hellénique, faite de l'harmonie des couleurs et des formes, et d'une certaine croyance en la supériorité de l'esprit. S'il aime la nature, c'est pour l'intellectualiser. Il veut à chaque instant avoir l'illusion: illusion du réel, illusion de l'homme qu'il voudrait être — roi, poète ou dramaturge — il se confond avec tous les héros qui l'entourent et il vit au milieu d'eux une existence inimitable. La vie n'est pas pour lui un songe: elle est représentation; il ne vit pas réellement sa vie, il la joue, à Pompéi, où le goût du théâtre est si prononcé, où l'on acclame Néron, empereur histrion, dans une joie perpétuelle des yeux et dans le contentement de l'âme.

CHAPITRE III

RUES DES VIVANTS, RUES DES MORTS

Pour un homme du Midi, la rue n'offre pas seulement un moyen de communication. Elle est cette pièce supplémentaire qui appartient à tous; dès que le soleil est tombé, elle invite à la promenade, à la flânerie. Ceux qui étouffent sous un toit surchauffé, y trouvent la fraîcheur; assis sur le trottoir, ils bavardent avec leurs voisins; ils interpellent, pour le plaisir, les passants. Pompéi a connu cette gaieté méridionale, cette atmosphère de fête populaire qui règne aujourd'hui encore dans les cités de Campanie. Le Pompéien vivait à l'extérieur: au-delà de l'urbanisme et du commerce, il a su donner à la rue des vivants une signification culturelle et religieuse. Il n'oubliait pas pour autant ses morts, qui, depuis la loi des XII Tables, étaient rejetés au-delà du périmètre urbain. Les défunts accueillaient, sur les routes qui conduisent à Pompéi, tous ceux qui se rendaient au port de Sarno: à chacune des portes, ils montaient une éternelle garde, comme pour rappeler qu'une cité est aussi faite du prestige passé de ses grands défunts. Rue des vivants, rue des morts, double et quotidien visage de notre Pompéi.

Le réseau de rues

On peut affirmer, sans paradoxe, que, pour le Romain et pour l'Étrusque qui le lui a enseigné, la rue préexiste à la ville. Elle naît du croisement de ces deux lignes idéales, déterminées par la course du soleil, le *decumanus* qui va de l'est à l'ouest, le *cardo* qui suit la direction nord-sud. Ces lignes, en traversant la muraille qui clôture la ville, fixent aussi l'emplacement des portes. Mais ce schéma rituel se plie aux nécessités du terrain et au legs du passé: à Pompéi, la coulée volcanique avait laissé un sol accidenté, en forte pente du nord vers le sud; le rebord abrupt des laves formait un obstacle aux liaisons méridionales vers le rivage et vers le Sarno. Le réseau routier a respecté aussi l'origine et le développement de la cité. Et le passé pèse sur le dessin des rues, avec le noyau osco-étrusque au tracé capricieux, tandis que l'urbanisme rectiligne est l'héritage des Hellènes et des Samnites. Il est naturel que les grands axes, en se déplaçant, aient suivi en quatre siècles la croissance de la ville. Le *cardo* primitif de la ville se confondait avec la rue de Mercure et déterminait l'emplacement du forum en croisant le *decumanus*, constitué par la rue de la Mer et un morceau de la rue de l'Abondance. Avec l'occupation romaine, ce *decumanus* demeure l'artère maîtresse de la ville, et unit la porte de la Mer à celle du Sarno. La rue de Nole, articulée à l'ouest par la bretelle de la rue Consulaire avec la porte d'Herculanum, double le *decumanus* et débouche à l'est sur la porte de Nole. A la même période, la nouvelle artère maîtresse nord-sud *(cardo)* est la rue de Stabies, de la porte du Vésuve à la porte de Stabies, qui permet aux convois de franchir le rebord abrupt de lave que l'on a entaillé. La porte de Nocera, également au sud, permet la liaison avec la Campanie méridionale, tandis que la porte de Capoue l'assure avec la Campanie septentrionale. Le réseau routier, d'inspiration hippodaméenne, est bien dessiné et assure des communications rapides entre les places périphériques du forum civil, du forum triangulaire et de l'amphithéâtre. Aux croisements des grandes voies, les artères s'élargissent pour faciliter la circulation de ceux qui, en grand nombre, fréquentent les thermes, implantés judicieusement à ces carrefours [1]. Enfin, tout cet ensemble de voies est lié à la circonvallation qui court au pied des murailles, à l'intérieur, tout comme elle se retrouve à l'extérieur.

Rues et trottoirs

A l'intelligence grecque de leur dessin, les rues joignent l'excellence de la technique des Romains, les meilleurs ingénieurs des ponts et chaussées [2]. Ils ont distingué deux circulations, celle des voitures dans la rue et celle des piétons sur les trottoirs. La chaussée a reçu un pavement de calcaire ou de trachyte, fait de blocs polygonaux, soigneusement jointoyés. Les trottoirs sont pavés de petites pierres, ou ont reçu un revêtement de béton et parfois même sont simplement en terre battue. La date de pose des pavements est parfois indiquée; selon que le mois de juillet est appelé *Quinctilis* ou *Julius*, nous serons entre 80 et 44, ou après 44, date de la mort de Jules César que l'on veut honorer en lui consacrant un mois de l'année.

Dimensions

Les dimensions des rues étonnent. Le *decumanus maximus* — la rue de l'Abondance — a une largeur de 8,47 à 8,53 mètres et ses trottoirs ont de 3,96 à 4,30 mètres; la rue de Nole: 7,26 à 8,36 mètres avec des trottoirs de 3,54 mètres. Le *cardo maximus*, la rue de Stabies, atteint 7,15 à 7,47 mètres. Ses trottoirs ont 3,98 mètres de large et la largeur des autres rues varie entre 3 et 5 mètres.

Dénominations

Comment les reconnaissait-on? Aujourd'hui, leur désignation vient des fouilles; elles prennent le nom de la maison la plus importante qu'elles bordent: venelle des Vettii, de Lucretius Fronto; d'une fontaine: rue de l'Abondance; d'une découverte: venelle des Squelettes; d'une particularité architecturale: rue du Balcon en surplomb; ou d'une visite illustre: rue de la Reine. N'allons pas croire que dans l'Antiquité ces rues étaient anonymes[3]. A défaut de graffites, nous disposons de quelques indications. Il s'agit de carreaux de céramique surmontés ou non de frontons, où un dessin géométrique, des objets ou des êtres étaient représentés pour permettre de se repérer. En VIII, 4, sur le mur de brique est insérée une rosace où le tuf noir, opposé à la céramique brun rouge, attire l'œil; sur un des pilastres du portique des Tullii, proche du temple de la Fortune Auguste, quatre pétales violets en diagonale s'ornent en leur cœur d'un motif de tuf noir. En VII, 5, au coin de la rue, exactement à la place de nos modernes plaques signalisatrices, un âne montre la voie ; en VII, 4, la rue des Augustales est signalée par deux colporteurs qui transportent une amphore pesante ; ils l'ont arrimée par le col à un pieu qui repose sur leurs épaules gauches et s'aident pour cheminer d'un haut bâton ; la charge fait plier le bois et ralentit leur marche. En III, 4, c'est un phallus monté sur deux pattes et surmonté d'une rosace qui fait reconnaître la rue, tandis que dans la rue de Mercure quatre phallus, encadrant un cornet à dés, désignent plutôt une maison de jeux que la rue.

La rue et l'eau

Aqueduc et castellum aquae — C'est dans les rues, territoire municipal, que les édiles peuvent, par un réseau de canalisations, amener l'eau fraîche ou évacuer les eaux usées. La technique a été poussée très loin pour assurer le bine-être et le confort des Pompéiens [4]. L'époque où les Samnites creusaient des puits, amenaient l'eau dans des citernes grâce à des treuils que tournaient des esclaves [5], est révolue. Désormais un aqueduc en charge amène l'eau à Pompéi d'une source qu'on n'a pas encore découverte. Cet aqueduc, branche de l'aqueduc augustéen du Serino, devait être capable de faire monter l'eau sous pression à plus de 45 mètres. Il devait venir de loin, sans doute comme celui qui alimentait Naples, Pouzzoles, Baïes et Misène et qui prenait l'eau près d'Avellino, à 18 kilomètres à l'est de Nole. L'aqueduc pénétrait dans la ville près de la porte du Vésuve, et le château d'eau *(castellum aquae)*, qui, à l'extérieur, ressemble à un cube de murs de briques renforcés de pilastres, assurait une tripartition de l'eau entre les fontaines publiques, les thermes et les maisons privées, c'est-à-dire entre plusieurs secteurs de la ville. Pour ce faire, l'eau de l'aqueduc était recueillie à l'intérieur du château d'eau dans un bassin circulaire, percé de trois conduits et un système de vannes à glissières permettait de diriger le flot dans telle ou telle direction, suivant les besoins.

Châteaux d'eau des rues — A partir du grand château d'eau, répartiteur initial, partaient des conduites vers des châteaux d'eau particuliers, que l'on rencontre dans les rues, de préférence aux carrefours, comme à celui des Holconii. Ce sont des piliers de maçonnerie, conservés ordinairement jusqu'à 6 mètres. Sur un des côtés, une profonde rainure recevait le tuyau conduisant l'eau vers le haut, dans un petit réservoir en métal sans doute, et d'où partaient des tuyaux de section plus petite qui alimentaient les fontaines et les maisons des particuliers[6]. Au coin nord-est de VI, 13, on a retrouvé les tuyaux; il y avait même un réservoir, placé sur le dessus de l'arc qui se dressait au bas de la rue de Mercure, portant la statue de bronze de Caligula ou de Néron; la trace des tuyaux qui en partaient est parfaitement visible sur la surface de l'arc.

Fontaines — Le flot était réglé par des robinets et vraisemblablement l'eau tombait sans arrêt des bouches des fontaines. Le Méditerranéen a besoin d'ombre et de fraîcheur. Tout le charme des villes du Midi tient à cette présence de l'eau vivante, toujours renouvelée, qui apaise la soif et emplit les rues et les places d'un plaisant gazouillis. C'est vers ces fontaines que vont les femmes, portant avec une grâce altière l'amphore sur une épaule ou sur une hanche. C'est autour d'elles qu'elles bavardent, tandis que les enfants à demi nus font mille facéties et profitent de l'inattention pour s'ébattre dans leur bassin. Nombreuses, placées au moins à chaque carrefour, ces fontaines sont de construction simple: quatre larges plaques de basalte, assemblées par des tenons de fer, dessinent un bassin rectangulaire. Au milieu d'un long côté, une plaque est percée pour l'arrivée de l'eau; en face, une rigole évacue le trop-plein. L'arrivée d'eau est ornée d'un relief, plus souvent gravé que sculpté; l'eau jaillit d'une bouche humaine ou d'une amphore. Remontons les rues de Nole et de Stabies et soyons sensibles à la diversité de ces reliefs de fontaine, qui pouvaient aider aussi à se repérer dans la ville. En IX, 10, nous trouvons un simple écu, rond, percé en son milieu, comme sur la rue de l'Abondance en face de I,7/I,6 ou entre I,9 et I,8; en IX, 8, une rosace; rue de Stabies, c'est une femme à l'oiseau, au coin de la rue de Stabies et de la rue de Nole, un Silène à l'outre; toujours rue de Stabies, au coin de

VI, 14 et de VI, 11, une tête de chien-loup, une gourde, une femme coiffée d'une ruche au carrefour de la rue de l'Abondance ; un mufle de lion dans la venelle des Vettii ; rue de Mercure le visage de Mercure, un peu empâté. Parfois, un matériau plus fin était utilisé : la fontaine qui est ornée de la Concorde Auguste portant la corne d'abondance, et qui a servi à dénommer aujourd'hui la rue, est en travertin, comme une autre, décorée d'un aigle aux ailes éployées : il s'agit d'offrandes de riches citoyens et Eumachia ne doit pas être étrangère à l'installation de la première.

Égouts — Le trop-plein des fontaines allait dans les égouts qui courent au-dessous du pavage des rues, suivant les pentes naturelles du terrain. L'évacuation se faisait du forum vers le sud, vers la porte Marine et vers la rue des Écoles, de la rue de l'Abondance vers le sud. Les grands collecteurs recevaient les eaux usées des Thermes et des maisons privées, et, souvent, nettoyaient les latrines publiques. Ce réseau d'égouts n'a pas été encore parfaitement exploré.

Rues et trafic

Bien pavée, bien drainée, la rue est destinée à assurer la circulation des hommes et des marchandises, qui lui donne sa physionomie propre[7]. Les rues commerçantes, de grand trafic, sont animées par les boutiques, les « bistrots », les industries et se croisent à de beaux carrefours ; mais à côté de ces artères larges et bruyantes, colorées et inondées de soleil, existent des venelles silencieuses et désertes, étroites et fraîches comme celles des cités médiévales. Certaines rues, sur une partie de leur parcours, étaient interdites à la circulation des chars, au bruit des roues : la rue de Mercure en était une, depuis qu'elle avait perdu la dignité bruyante de *cardo maximus* et que la muraille samnite avait fait disparaître la porte qu'elle ouvrait dans le mur grec. C'était une rue aristocratique, large et plane, bordée de toute une série de belles demeures jusqu'à la tour dite de Mercure. Elle a retrouvé aujourd'hui le silence reposant et quasi suburbain qu'elle connaissait et que ne réussissaient pas à troubler quelques chansons ou altercations de buveurs attardés dans l'unique auberge, située à l'angle de la venelle de la maison du Labyrinthe (VI, 11,9-10).

Si l'entretien de la rue appartenait aux édiles, celui des trottoirs incombait aux particuliers. Pour le propriétaire d'une belle maison, le trottoir, protégé par les avant-toits ou les balcons en surplomb, muni de sièges réservés aux clients et aux voyageurs, faisait partie du vestibule d'entrée, si bien que le noble propriétaire de la maison du Faune (VI, 12,2-5) n'avait pas hésité à inscrire, sur le trottoir, en lettres de mosaïque: *Have*, Salut! accueillant son visiteur avant même qu'il n'ait franchi le seuil de la maison. Pour faciliter la montée sur le trottoir, le rebord est parfois entaillé d'une marche au droit d'un seuil de maison, comme devant la maison de Pansa (VI, 6,1). Il peut être au contraire surélevé et un escalier de pierre conduit à une plate-forme au niveau de l'entrée par exemple de la maison de M. Epidius Rufus (IX, 1,22). Ou bien, le rebord surélevé d'un trottoir en pente permettait de descendre directement de char, comme devant la caserne des gladiateurs (V, 5,3).

Les propriétaires d'auberges, de boutiques, de magasins, n'avaient pas un moindre souci des trottoirs pour inviter les passants, surtout étrangers, à admirer les produits exposés, à goûter sur le «marbre» boissons chaudes ou froides, brochettes qui grillent sur le charbon de bois ou morceaux de pastèques rafraîchies, à pénétrer dans le magasin aux odeurs fortes et à la fraîcheur reposante. Les trous que l'on voit dans les rebords de trottoir servaient moins à lier les bêtes de somme, qu'à fixer les cordes qui arrimaient un éventaire provisoire, fait de toiles tendues sur des pieux: les jours de marché ou de braderie, la marchandise était sur le trottoir, les camelots s'égosillaient à en vanter les mérites. Ces jours-là, les rues marchandes devaient être interdites à la circulation des chars, pour éviter tout accident. En temps ordinaire, les piétons pouvaient passer d'un trottoir à l'autre sur de grosses pierres qui surprennent toujours aujourd'hui le touriste. On les trouve surtout aux carrefours, comme à celui des rues de Stabies et de l'Abondance, où elles ont joué, dans ces points névralgiques du trafic, le rôle de nos modernes passages cloutés[8]. Dans les rues larges, on compte trois ou quatre de ces grosses pierres de basalte, une seule, dans les rues secondaires; de hauteur égale, elles laissent entre elles l'espace nécessaire au passage des roues des chars et ne peuvent être plus longues que la distance de moyeu à moyeu. En cas de pluie d'orage, drue et subite comme d'habitude en pays méditerranéen, les égouts n'arrivaient pas à drainer assez vite les rues transformées en autant de rivières temporaires et chacun était bien heureux de pouvoir les traverser à pied sec.

A juger d'après l'empreinte profonde que les roues ont creusée dans le pavement de certaines rues où il est impossible que les véhicules aient pu se croiser, il faut conclure à un nécessaire sens unique et à l'existence de chars ayant tous la même largeur d'axe, car les roues empruntaient toujours le même sillon qui les guidait.

Les sillons sont surtout marqués là où la circulation était la plus intense. La rue Consulaire porte la trace du trafic venu de la porte d'Herculanum, mais c'est la porte de Stabies qui semble un des points névralgiques du trafic. De fait, c'est à cette porte qu'affluaient les transports et les marchandises du bourg marin de Pompéi et du port sur le Sarno; et de là, elles partaient par les portes septentrionales du Vésuve et d'Herculanum vers les faubourgs, les villas et les fermes de la montagne et du littoral. N'est-ce pas déjà de cette porte que des magistrats samnites avaient aménagé la *via pumpaiina*, qui sera ensuite la rue de Stabies[9]? N'est-ce pas encore à cette porte que deux duumvirs, L. Avianius Flaccus Pontianus et Q. Spedius Firmus, rappellent qu'ils ont chargé une route qui en partait sans doute pour gagner le Sarno[10] et rejoindre la route Naples-Nocera à un mille de là? Une agence de transports — de *cisia* (calèche à deux roues) — installée à la porte de Stabies est une preuve supplémentaire de l'importance de la circulation. Outre les «poids lourds», il faut en effet des moyens plus rapides pour assurer les liaisons entre les demeures urbaines et les fermes des campagnes et aider aux communications intra-urbaines. Un *cisium* a été découvert dans la maison de Ménandre (I, 10,4), le timon en équilibre, les roues calées par deux morceaux de tuile, comme on le ferait aujourd'hui. A la porte de la remise privée, des amphores attendaient d'être chargées. Pour abriter les transports lourds, des remises *(sta-*

bula) existaient près des portes. Les *muliones*, muletiers, charretiers, y faisaient halte, comme à la porte d'Herculanum, où la corporation des *muliones* manifeste son intérêt pour les élections[11]. Ces routiers avaient un faible pour les remises abritées par les auberges, et les muletiers de la porte d'Herculanum discutaient des candidatures aux élections, chez Albinus, le tavernier[12].

Circulation restreinte — Mais on imposait aussi, à l'occasion des jeux, des fêtes ou des illuminations, des restrictions à la circulation urbaine: des pilastres et des grilles, que l'on voit à l'entrée des rues de traverse, conduisant de la rue de l'Abondance à l'amphithéâtre et à la Grande palestre, servaient à régler et à canaliser la grande masse du public qui allait assister aux jeux des gladiateurs, à une chasse dans l'arène ou à des concours de lutte dans la palestre. C'étaient les moments où la place de l'Amphithéâtre, couverte d'herbe et ombragée de grands platanes, se transformait en une place de marché comme dans une fête paysanne, avec des revendeurs de boissons, de pâtisserie, logés sous les arcades de l'amphithéâtre s'ils avaient une permission régulière des édiles, ou présentant leur marchandise sur des éventaires improvisés à l'ombre des arbres.

Circulation interdite — La place du Forum reste exclue à jamais du trafic charretier: de hautes marches, des bornes en interdisaient l'accès à chacun de ses débouchés: la rue de l'Abondance est ainsi obstruée par trois pierres levées et solidement ancrées dans le pavage. On faisait donc difficilement le tour du forum et il fallait emprunter des dérivations étroites et mal commodes. En un mot, les Pompéiens avaient réussi ce qu'il est impossible de réaliser aujourd'hui pour le centre des villes modernes: une zone interdite aux voitures et qui invite les citadins au respect de leurs dieux, de leurs magistrats et de leurs juges[13].

Badauds et mendiants

Il est vrai que le forum bruit de la foule des citoyens qui viennent discuter des affaires de la cité, honorer la divinité de l'empereur ou faire le marché. Suivis de leurs esclaves, ils vont de *taberna* en *taberna*, du *macellum* au marché de la laine, ou s'arrêtent pour lire les édits des duumvirs ou des édiles, les divers avis officiels affichés au forum sur des panneaux mobiles, devant des statues équestres d'empereurs[14] (fig. 31). Le Pompéien fait volontiers la charité aux nombreux mendiants qui hantent les rues; nous en connaissons un, vieillard barbu,

Fig. 31. — Avis officiels affichés au Forum (d'après Mau-Kelsey).

voûté, s'appuyant sur sa canne et tenant en laisse un chien famélique[15]. Il reçoit d'une magicienne accroupie un plat qui apaisera sa faim et qui peut aussi contenir quelque breuvage propitiatoire. Sous les portiques du forum, près des étals de vente et des marchands ambulants, un être pitoyable, aveugle, guidé par son chien, s'avance péniblement, tandis qu'une dame, prise de commisération, s'approche et lui tend une pièce de monnaie[16]. Parmi les morts de la porte de Nocera, on reconnaît un vieux aux jambes débiles, à l'échine courbée: on imagine sa respiration saccadée. Il est tombé en essayant de couvrir son visage avec un manteau qu'il portait court; ses pieds étaient chaussés de belles et solides sandales, son bien le plus précieux, à lui qui marchait tellement pour la quête de son viatique; une écuelle, un bâton, une besace, telle était toute sa fortune.

Musiciens ambulants

Mais la rue n'offrait pas que ce spectacle attristant. Elle retentissait des harmonies de musiciens ambulants: ils avaient vite fait de monter une scène rudimentaire, de tendre une toile de fond devant un mur aveugle et de faire la parade comme des saltimbanques et des jongleurs[15]. Quatre personnages captivent les badauds nombreux qui sont venus les applaudir: l'un agite un *cymbalum* en esquissant un mouvement de danse, il joue, chante et danse à la fois; un autre personnage plus vulgaire et plus lourd danse au son du tambourin; une femme joue de la double flûte et, par-derrière, un nain moustachu attend d'entrer en scène. La scène est grotesque, les personnages ayant des manteaux trop grands pour leur taille et des rires devaient fuser devant leurs bouffonneries.

Autres types de rues

Ce ne sont que les grandes artères qui ont le privilège d'une intense circulation humaine, animale et marchande. Les venelles accueillent les voyageurs étrangers dans des auberges discrètes, parfois à quatre pas du forum. Le noyau de l'ancienne ville osco-étrusque, avec ses rues tortueuses, ses maisons accueillantes, est fréquentée par une population de filles et d'entremetteuses qui guettent les clients populaires d'un soir. Ailleurs, vers la porte de Nocera, et dans le quartier oriental, les rues sont bordées de hauts murs de propriétés qui leur donnent un aspect suburbain. Elles sont sévères et tristes, percées d'une petite porte étroite, sur un jardin où est installée une salle à manger en plein air et où, dans la ville, le maître de céans goûte les joies de la campagne, cultive ses fleurs ou devise avec ses amis.

Rue et politique

Il faut revenir aux rues de grand trafic pour en définir et comprendre le « message ».

Il est d'abord politique en un certain sens, puisque la rue exalte les gloires municipales locales autant qu'elle vénère la majesté impériale. Au carrefour de la rue de l'Abondance et de la rue de Stabies, se dresse la base en travertin qui portait la statue de M. Holconius Rufus [16], tribun militaire désigné par le peuple, cinq fois duumvir, deux fois quinquennal, prêtre d'Auguste et patron de la colonie. Est-il besoin de rappeler aussi que la rue est le support idéal des affiches électorales [17] et qu'elles s'étalent sans restriction sur toutes les maisons qui bordent les rues passantes ?

Rue et religion

Mais la rue n'est pas simplement un moyen de propagande. Elle appartient aux dieux [18] et, là encore, il y a une présence du sacré. En effet, des autels y sont dédiés aux *Lares compitales*, aux Lares de carrefours ; ce culte du *Genius* et des Lares de l'empereur, organisé sous Auguste, est confié aux *vicorum magistri*, aux magistrats des quartiers. A Pompéi, les sanctuaires des rues diffèrent beaucoup les uns des autres en taille et en caractère. Un petit autel s'appuie à la paroi d'une maison, et, sur l'autel, sont peints deux grands serpents, le mâle, reconnaissable à sa crête, et la femelle; les Lares sont peints sur le mur au-dessus. Un bon exemple se trouve au coin nord-est des rues de Stabies et de Nola, entre la fontaine et le château d'eau. L'arrière de l'autel est en forme de fronton; quatre adorants en toge sont accompagnés, selon le rite, d'un joueur de flûte; sur les côtés, les deux Lares ont les traits de deux jeunes gens, vêtus de tuniques amples retenues par une ceinture et levant bien haut la corne à boire (*rhyton*) d'où un jet de vin tombe dans un seau (*situla*) que tient l'autre main. Une chapelle existe sur le côté occidental de la rue de Stabies près de la rue de l'Abondance; à l'entrée à gauche, un banc accueillait les fidèles; au fond un grand autel, à droite une niche pour abriter les statues en bronze ou en terre cuite des Lares et du *Genius*. Une chapelle de même type se rencontre rue de Mercure (VI, 8, 14).

D'autres divinités sont également honorées: près de la rue de Nole, sur le côté oriental de l'insula IX, 7, Salus reçoit une dédicace, au nord de VII, 7, un autel est consacré à Jupiter. D'autres dieux sont peints sur les murs extérieurs des maisons: rue de l'Abondance, les douze dieux, Vesta, Diane, Apollon, Cérès, Minerve, Jupiter, Junon, Vulcain, Vénus *Pompeiana*, Mars, Neptune et Mercure sont accompagnés des deux serpents.

A la propagande politique répond donc la propagande religieuse. Fièvre électorale et fièvre religieuse se rejoignent à certaines fêtes, mais la rue fait entendre par les graffites un message plus continu et plus populaire[19].

La rue messagère d'amour

Ces graffites, disséminés sur les murs de façade des maisons, des boutiques et des édifices publics, nous font entendre en quelque sorte la voix du peuple joyeux; ils nous transmettent l'écho de la vie saine, bruyante, trépidante d'un peuple qui dialogue dans la rue à voix haute, transformant par ses confidences un quartier et même la ville entière en une seule et immense maison où chaque voisin est une connaissance.

La rue est ainsi messagère d'amour; oh! certes, les propos sont bien souvent obscènes: Vénus terrestre exerce son empire dans les quartiers mal famés des maisons équivoques, des lupanars et des chambres douteuses. Ce sont mots salaces, expressions grossières d'admiration pour des prouesses amoureuses, injonctions de filles connaissant leur métier, rappel des deux ou cinq as laissés sur la tablette près de la lampe au motif érotique, noms et petits noms d'entremetteurs, d'entremetteuses, de filles et de garçons qui se prostituent aux passants. Les épigrammes de Catulle et de Martial sont griffonnées, mais les Pompéiens leur ôtent tout vêtement poétique.

Dans le domaine artistique, à un Priape irrévérencieux ou à un accouplement bestial répondent les images d'un amour idyllique et romantique: Hylas assailli par les nymphes, Narcisse à la fontaine, Héro et Léandre. Il en va de même pour cette littérature pariétale. Malgré une situation scabreuse, le vers du Pompéien sait être discret et charmant. Écoutons la plainte de l'amoureux, pressé de retrouver son amant et qui s'impatiente de la halte que lui a imposée la soif du muletier [20]:

> Si tu ressentais les feux de l'amour, muletier, tu te hâterais davantage pour voir Vénus. Je chéris un jeune et beau garçon; je t'en prie, aiguillonne ton attelage, allons. Tu as fini de boire, allons, prends les rênes et secoue-les. Conduis-moi à Pompéi, là où est mon doux amour.

On retrouve l'esprit des Pompéiens, fait de cette sensualité et de cette malice qui animent encore aujourd'hui la chanson napolitaine. On invoque Vénus pour qu'elle favorise les amours, qu'elle soit propice [21]. «Ne m'oublie pas, chère maîtresse, je t'en prie, par *Venus fisica* [22].» Ou alors qu'elle permette une vengeance mortelle: «Je te le demande, que mon rival périsse [23].» Mais l'amoureux déçu se retourne contre la déesse qui lui a envoyé la souffrance: il veut rompre les côtes et les reins de la perfide déesse et rendre coup pour coup [24].

D'une façon générale, le Pompéien est plus doux, plus calme et réclame seulement le droit d'aimer. «Les amants à l'instar des abeilles exigent une vie sucrée comme le miel [25].» «Vive celui qui aime. Périsse celui qui ne sait pas aimer [26].»

«Périsse doublement celui qui empêche d'aimer[27].» Que d'émotion contenue, que de philosophie résignée, et que de charme amoureux résident en ces vers[28]:

Oh! que je voudrais tenir tes bras chéris accrochés à mon cou et baiser tes tendres lèvres. Va, maintenant, petite poupée, crois-moi, légère est la nature de l'homme, et, souvent au milieu d'une nuit de veille qui était pour moi une nuit perdue, je me disais en moi-même: Nombre de ceux que la Fortune a portés au pinacle, elle les jette à bas subitement et les précipite; de même que Vénus a uni les corps des amants, la lumière du jour les divise.

Cette douceur sentimentale nous éloigne des violences d'esclaves se moquant de leurs infortunes ou des vulgarités de celui qui qualifie un voisin de «charogne»[29]. Le maniérisme, la préciosité alexandrine guérissent de la luxure, ou de la corruption. Les classes riches, à la recherche d'un équilibre spirituel et d'une règle de vie, passaient aisément de l'un à l'autre et chez les Vettii le lupanar domestique existe non loin de la salle à manger, si merveilleusement décorée. Un tel désarroi traduit le déséquilibre d'une société en proie au scepticisme. Mais même si elle manque d'une éthique religieuse, elle respecte ses défunts et dresse avec ostentation leurs mausolées le long des «rues des morts».

La mort à Pompéi n'offre aucun spectacle désolant. S'il n'y avait pas eu la cérémonie funèbre, l'hommage poignant des parents et amis au défunt, si la sérénité d'un bel après-midi n'avait été troublée par les gémissements et les plaintes d'une famille éplorée, rien ne rappellerait la tristesse le long de ces rues qui, aujourd'hui encore, ont quelque chose d'intime, invitant le passant à se souvenir et à méditer.

Tombes et jardins

Le mort — plutôt incinéré qu'inhumé — est abrité dans une maison ou dans un monument qui perpétue sa mémoire: sépultures de marbre, cippes, autels, édicules, enceintes funèbres s'alignent à perte de vue le long des rues pavées de lave noire du Vésuve et disposent les esprits au recueillement, puisque le bruit des chars a cessé et que la joyeuse animation des abords de la ville a disparu. Mais l'ombre de la mort entre ces tombes et ces cyprès n'est pas glacée [30]. Les vergers funèbres refleurissent, les inscriptions et les reliefs chantent au soleil la gloire des magistrats et des citadins. Boutiques, auberges, entrées somptueuses de maisons de campagne se mêlent aux tombes et la vie semble jouer avec la mort, ou plutôt ces morts dans l'au-delà retrouvent la vie et ses douceurs.

> Je veux, dit Trimalcion ivre [31], qu'il y ait toutes sortes de fruits autour de mes cendres, et des vignes en abondance. Rien n'est plus absurde que d'avoir de son vivant des maisons bien garnies et de ne pas soigner celles où nous devons demeurer bien plus longtemps.

La tombe, comme la maison du vivant, exige un jardin avec un verger, un puits où l'on va puiser l'eau pour l'arroser, le *triclinium* où, au jour anniversaire du défunt, les parents et amis banquettent, protégés par un *velum.* Le banc, semi-circulaire (*schola*), facilite le repos de ceux qui viennent honorer les morts.

Tombes et vie sociale

C'est donc la société des vivants que l'on retrouve, avec sa riche classe aristocratique qui perpétue la mémoire de ses hautes charges et de ses occupations. Mais le patricien accueille dans son enceinte sépulcrale les humbles qu'il a nourris et élevés, et qui partagèrent avec lui les joies et les peines de la famille. Une amphore, une urne modeste suffisaient à abriter les restes des esclaves ou des affranchis; une brique, percée d'un trou circulaire à l'aplomb de l'ouverture de l'amphore ou de l'urne, permettait les libations, et une stèle, parfois de marbre, taillée en forme de visage, accompagnée de tresses pour une esclave de Livie (fig. 33) rappelle le nom du serviteur — esclave ou affranchi. La paix règne parmi les morts comme parmi les vivants et la mort ignore, dans une société esclavagiste, la division des classes: le paternalisme étend ses bienfaits sur le royaume des ombres.

Allons à notre tour visiter ces tombes dans les deux plus grandes nécropoles découvertes, celle de la porte d'Herculanum, la plus ancienne mise au jour, et la plus récente, celle de la porte de Nocera.

La nécropole de la porte d'Herculanum (fig. 32)

Après avoir franchi la porte à trois baies d'Herculanum [32], la rue descend légèrement et, à gauche, le premier tombeau, en forme de niche basse et voûtée, est celui de M. Cerrinius Restitutus [33], un augustale appartenant au riche milieu des affranchis; sur le mur du fond, était posée la pierre tombale en marbre, et il y avait place pour un portrait sculpté.

La *schola* en tuf qui suit a six mètres de diamètre et le banc est supporté, aux extrémités, par des pattes de lion, détail ornemental qui rappelle celui du théâtre couvert [34]. C'était la tombe d'Aulus Veius [35], duumvir deux fois, quinquennal et tribun militaire élu par le peuple.

C'est un décret des décurions qui a donné le lieu de sa sépulture à la prêtresse publique Mamia [36]: la *schola* est ici un peu plus tardive et date de l'époque d'Auguste ou de Tibère. Entre ces deux dernières tombes, celle de Marcus Porcius [37], un fils du fondateur de l'Odéon et de l'amphithéâtre, a la forme d'un autel, les volutes de la partie supérieure étant en travertin; la chambre sépulcrale manque.

En arrière de la *schola* de Mamia, s'élève le beau monument des Istacidii [38] sur une petite terrasse entourée d'une balustrade maçonnée. Il a l'aspect d'un temple circulaire avec des demicolonnes sur les côtés; sur le corps du rez-de-chaussée, une *tholos*, composée de colonnes ioniques, abritait sous son toit les statues des membres de la famille, comme à Saint-Rémy-de-Provence le monument des Jules. La chambre sépulcrale du rez-de-chaussée comportait sur un côté une niche destinée au maître et à son épouse, et, sur les autres, dix niches plus petites accueillaient les autres membres de la famille. Le chef de cette famille alliée aux plus grands noms de Pompéi était Numerius Istacidius, dont la fille, Istacidia Rufilla, était prêtresse de la ville.

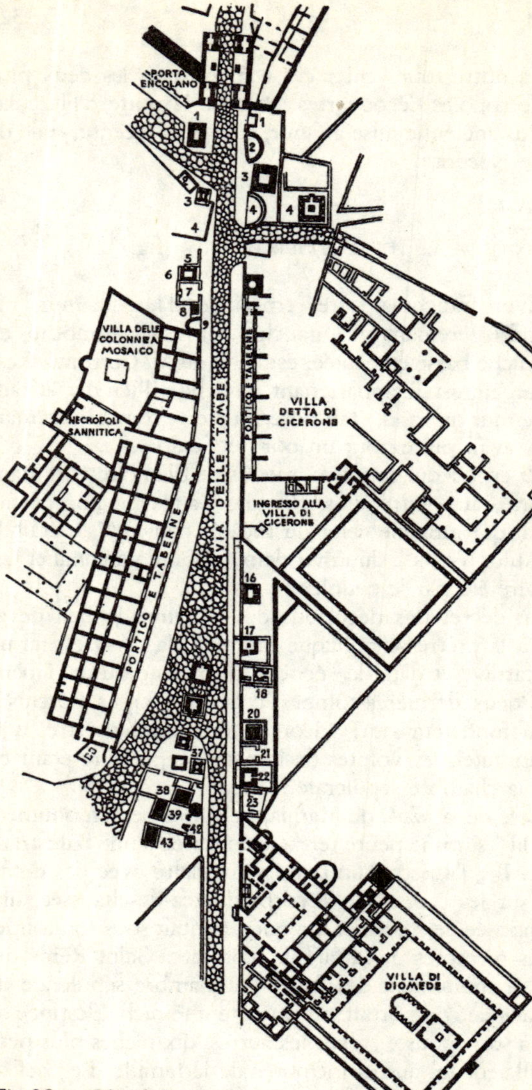

Fig. 32. — Plan de la nécropole de la porte d'Herculanum (d'après A. Maiuri, Pompéi*).*

A droite, en repartant de la porte d'Herculanum, une tombe imposante, en forme d'autel, renfermait, dans sa chambre sépulcrale, deux urnes, et une monnaie d'Auguste a été retrouvée parmi les ossements ; un peu plus loin, apparaît un type de tombeau que nous n'avons pas encore rencontré, l'enclos funéraire avec porte d'entrée. Il s'agit de celui de T. Terentius Major[39] à qui la colonie avait offert l'emplacement et 2000 sesterces. Une urne de verre était protégée par une caissette de plomb, enfermée dans une jarre, elle-même enterrée ; deux monnaies, d'Auguste et de Claude, ont été découvertes ; d'autres urnes contenaient les ossements des membres de la famille ; des écailles d'huîtres sont les restes d'un repas funèbre.

La « tombe des guirlandes » a la forme d'un temple où les pilastres remplacent des colonnes ; de ces pilastres pendent des festons de fleurs et de fruits.

La tombe du « vase bleu » n'a conservé que la chambre sépulcrale munie à l'arrière d'une porte. Elle renfermait trois urnes, deux de verre, une de terre cuite. L'une, de verre bleu qui lui a donné son nom, peut rivaliser avec les plus beaux vases de verre et n'est inférieure qu'au Portland Vase. En forme d'amphore, elle est décorée de reliefs blancs sur fond bleu noir : dans le bas, une scène pastorale présente chèvres et moutons paissants ; sur les côtés, deux scènes bachiques sont séparées par les arabesques élégantes et gracieuses des vignes et dominées par des festons de fruits et de fleurs. Il s'agit de scènes de vendanges ; en voici une, par exemple : sur des sièges élevés se tiennent deux garçons, l'un joue de la double flûte, l'autre, tenant dans ses mains une flûte de Pan, est prêt à prendre la suite ; un Amour presse les grappes dans une cuve et brandit un thyrse en l'honneur du dieu du vin, tandis qu'un acolyte apporte de nouvelles grappes au pressoir : le Pompéien avait choisi, pour sa vie de l'au-delà, une image du vin, breuvage d'immortalité.

Une tombe, recouverte d'un toit en forme de demi-dôme, donne sur la rue par une large ouverture surmontée d'un fronton décoré de stuc ; le mur intérieur de l'exèdre était peint en rouge et noir.

Après le carrefour dont une voie conduit à la villa des Mystères, commence à gauche un nouveau groupe de tombes, qui, à la différence des précédentes, appartiennent à la dernière période de la ville. Elles présentent le type en vogue au moment de la destruction de la ville: une base haute avec des marches de marbre, menant à une superstructure massive en forme d'autel, plaquée de marbre; l'aire funéraire est entourée d'un mur bas et la chambre sépulcrale a une porte d'accès à l'arrière ou sur le côté.

Le premier tombeau n'était pas terminé en 79 et il manquait les urnes cinéraires; mais dans l'aire, une stèle était dédiée à la Junon de Tychè, esclave de Julia Augusta[40]. Lui faisait suite la tombe d'Umbricius Scaurus[41], l'opulent fabricant et marchand de *garum*, remarquable par ses dimensions et par sa décoration: des jeux cruels et pitoyables des gladiateurs et des animaux de *venatio*: ours, verrat, lion, taureau.

Un mausolée ensuite offre un simple cylindre de maçonnerie. La façade de brique a reçu un placage de stuc pour imiter le marbre, et la chambre sépulcrale, ménagée dans la superstructure, comporte trois niches.

Le cénotaphe de l'augustale C. Calventius Quietus[42], en forme d'autel, était orné d'une couronne civique et d'un *bisel-*

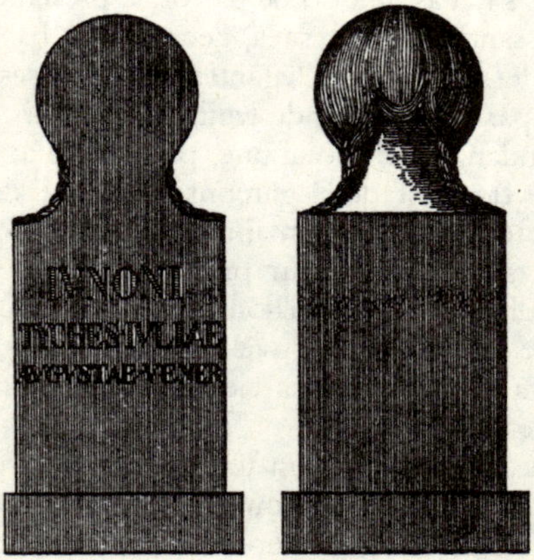

Fig. 33. — Stèle funéraire de Tychè, esclave de Julia Augusta (d'après Mau-Kelsey).

lium, honneur insigne, que lui avait décerné la colonie. De même apparence, le tombeau, élevé par Naevoleia Tychè à son mari C. Munatius Faustus[43], est encadré de riches rinceaux, orné en façade d'un portrait de Tychè, d'un bas-relief représentant une cérémonie funèbre; sur les côtés, d'un *bisellium* et d'un navire qui entre dans un port; on va ranger les voiles: est-ce une allusion à la fonction commerciale assumée par Munatius Faustus ou le symbole de la mort? La chambre sépulcrale contenait dans une grande urne les restes de Naevoleia Tychè; d'autres urnes de verre étaient protégées par une caisse de plomb; sur un banc, des lampes brûlaient près de chaque urne, d'autres lampes étaient suspendues à chaque coin de la chambre que l'on illuminait pour les anniversaires.

Dans l'enclos funèbre de Cn. Vibrius Saturninus[44] et de son affranchi Callistus, un *triclinium* et une petite table pour les libations étaient réservés à l'usage des vivants.

Le dernier groupe des tombeaux n'offre rien de spécial: deux tombeaux étaient en construction au moment de l'éruption; un autre avait dû être abandonné, car les héritiers n'avaient pas pu faire face aux dépenses trop importantes. Deux monuments, construits avec de petites niches où l'on enterrait l'urne sous une petite tuile percée pour les libations, étaient destinés à des enfants: M. Velasius Gratus[45], âgé de douze ans, Salvius[46], de six ans.

On peut admirer la tombe en travertin de M. Alleius Luccius Libella, en forme d'autel, élevée par sa veuve Alleia Decimilla, prêtresse de Cérès, en mémoire de son époux, duumvir en 26 après Jésus-Christ, et d'un fils du même nom[47], membre du conseil municipal et mort à dix-sept ans.

Enfin, quatre tombes du même type, avec des pilastres plus ou moins proéminents, évoquent un temple: celle de L. Ceius Labeo, deux fois duumvir et quinquennal, et de sa famille[48], de la *gens* Arria et d'un affranchi de la *gens* Arria, M. Arrius Diomedes[49], magistrat du faubourg *Pagus Augustus Felix* de Pompéi, ce qui explique la présence des faisceaux sans haches, et qui a fait par erreur donner à la villa voisine le nom de villa de Diomède. Est-ce Arria qu'il faut reconnaître dans cette femme, drapée, sévère, veillant jalousement à la porte de la tombe ou attendant de l'au-delà on ne sait quelle révélation, triste et puissante?

La nécropole de la porte de Nocera

La même variété et les mêmes types de tombeaux se retrouvent à la nécropole de la porte de Nocera [50], qui ouvre son arc, haut et étroit sur la pente de la colline, à l'endroit où l'on commence à descendre rapidement sur la vallée. La rue de Nocera arrive à un carrefour où se dresse le cippe rappelant, une nouvelle fois, la mission délicate et impérative remplie par T. Suedius Clemens, sous Vespasien. La route suburbaine, parallèle à la ligne de la muraille, est perpendiculaire à ce tronçon et nous décrirons les tombeaux en commençant à gauche, du côté le plus proche de la sortie de l'amphithéâtre [51] et en descendant vers l'ouest.

La façade du premier tombeau anonyme est construite sur un rythme ternaire: entre des colonnes engagées, deux éléments surmontés d'un arc encadrent une porte dominée par un fronton triangulaire.

Le tombeau des affranchis C. Cuspius Cyrus et C. Cuspius Salvius voit triompher la brique: la chambre sépulcrale très haute présente une façade entre deux colonnes; la porte aux linteau et piédroits de travertin est ouverte dans une large arcature; des *loculi* (niches à urnes) tapissent les murs intérieurs. Un élément circulaire en réticulé de tuf surmonte l'imposante construction du rez-de-chaussée.

La façade de la tombe de L. Barbidius Communis rappelle celle du premier tombeau, mais ici le fronton triangulaire est remplacé par un linteau droit. Il n'y a pas de chambre funéraire, mais dans l'aire tombale, les habituelles stèles portent les inscriptions des défunts.

La même habitude se remarque dans la tombe de A. Veius Atticus, dont la façade à large fronton triangulaire a reçu une décoration peinte très simple et des moulures stuquées. Tout à côté, la tombe jumelle de C. Munatius Faustus abrite les stèles de petites filles et même de bébés.

La tombe suivante offre une particularité rare: elle est entièrement close de murs, et des marches de lave, fichées dans le mur de la façade, permettent seules d'y accéder. La chambre funéraire est surcreusée: à côté d'un *arcosolium* (arcature basse où se loge un sarcophage), la table (*mensa*) en U est prête pour les repas funèbres.

Dans une grande enceinte, se dresse le mausolée qu'une femme, Veia Barchilla, fit élever pour son mari, N. Agrestinus Equitius Pulcher. Les Flavii, à côté, ont disposé urnes et bustes dans quatorze niches.

Plus loin, une niche avec deux colonnes d'antes, et montée sur un haut *podium*, abrite deux statues en tuf représentant le propriétaire du tombeau et son épouse, pleins de dignité.

L'édifice le plus grandiose de tout le secteur reste celui d'Eumachia, la prêtresse publique de Cérès qui, de son argent, a élevé la bourse de la laine. On y remarque une terrasse assez haute, percée d'une porte dont le battant de tuf a gardé son anneau, et pivotant sur un gond de bronze; cette porte conduit à une terrasse sur laquelle s'élève une exèdre grandiose: derrière, s'ouvre la chambre funéraire, malheureusement vide lorsqu'on y pénétra.

Toute proche, se dresse sur un haut *podium* la tombe en forme de petit temple à quatre colonnes enfermant trois statues de tuf: deux personnages en toge, un en costume militaire. M. Octavius et l'affranchie Vertia Philumene, son épouse, étaient les propriétaires du monument.

Le tombeau des Tillii, gros cube dont les pierres de tuf présentent un bossage régulier, vante un C. Tillius, duumvir à Pompéi et tribun militaire, un C. Tillius *pater*, duumvir pour la deuxième fois, édile à Arpinum et augure à Veroli, un C. Tillius *frater*, duumvir à Pompéi, tribun militaire et augure à Veroli. Une niche, surmontée d'un fronton triangulaire, abrite les *Vesonii* et essentiellement l'affranchi P. Vesonius Phileros, augustale qui, ayant à se plaindre d'un ami qui l'avait injustement accusé, le voue à la malédiction des dieux pénates et des enfers. Deux lions funéraires enfin gardent la tombe en forme d'autel carré des *Stronnii*.

Au sud du carrefour, dans une enceinte, Helvia, femme du banquier L. Ceius Serapion, lui a dédié un mausolée circulaire monté sur une base carrée; l'ensemble est de belles proportions.

En remontant vers l'est, à droite cette fois, une pyramide funéraire à degrés se termine par une sorte d'œuf de pierre; sur son sommet est fiché un trident de bronze où l'on accrochait sans doute des torches.

La tombe à chambre du duumvir L. Cellius, tribun militaire nommé par le peuple, est décorée de panneaux stuqués, tandis que d'autres tombes du même type portent des inscriptions relatives aux jeux de gladiateurs à Pompéi et à Nocera.

En avant d'une de ces tombes, une belle statue féminine en marbre, descendue de son piédestal, garde, comme sa compagne de la nécropole de la porte d'Herculanum, un je ne sais quoi de compassé et d'osseux qui devait être séant aux dames de la bonne société pompéienne.

Extraordinaire est la construction tétrastyle dominant un *podium*. Chaque pile, faite d'*opus listatum* dessinant quatre colonnes d'angle engagées, est couronnée de chapiteaux corinthiens de travertin. Était-elle terminée en 79?

Il faudrait enfin parler de la tombe surmontée d'une sorte de temple miniature présentant deux colonnes d'antes, de hauteur fort réduite et donnant à l'ensemble une allure de monument surbaissé. Dans une de ces chambres funéraires, un peintre — et c'est fort rare — a représenté un jeune homme vêtu d'une tunique courte et de jambières qui affronte, l'épée courte à la main, un sanglier dont il vient de clouer le front de son long javelot. C'est un jeune Pompéien, victime ou héros d'une aventure de chasse que ses parents ont voulu de cette façon immortaliser, tel qu'au petit matin il était parti, javelot pointu en bandoulière, affronter la bête parmi les bosquets des monts Lattari.

C'est la chance autant que les possibilités de fouilles qui ont permis de découvrir et de présenter les deux grandes nécropoles des portes d'Herculanum et de Nocera. Pour être beaucoup plus modestes, les nécropoles des autres portes ne manquent pas d'intérêt.

Autres nécropoles

Porte du Vésuve — A la porte du Vésuve, le monument le plus notable est celui de l'édile C. Vestorius Priscus mort à vingt-deux ans et que sa mère Mulvia Prisca lui dédia; à l'intérieur, les parois sont décorées de scènes de gladiateurs [52] et des épisodes de la vie du défunt. Il s'agit d'une chambre sépulcrale en forme de temple aux détails architecturaux soulignés de stuc. Il existe d'autres tombes: une *schola* du type ordinaire, d'où jaillit une colonne coiffée d'un chapiteau dorique. La tombe de Septumia dresse une colonne sur une chambre sépulcrale parallélépipédique très simple, tandis que celle de M. Veius Marcellus est surmontée d'un fronton triangulaire.

Porte de Nole — En 1854, porte de Nole, on a fouillé à peu de distance du mur d'enceinte, et trente-six urnes cinéraires y furent découvertes; de petits vases à parfums y étaient contenus: les pauvres pouvaient enterrer leurs morts dans le *pomerium* sans qu'il ne leur en coûte rien. Des tubes de terre cuite conduisaient les libations de la surface aux urnes, l'orifice était, en temps ordinaire, couvert d'une pierre plate sur laquelle était disposée une pellicule de terre.

La tombe la plus importante est celle qu'un Pompéien, N. Herennius Celsus, deux fois duumvir, chef de cabinet d'un sénateur, a élevée, sur un emplacement donné par la colonie de Nocera, à son épouse Aesquillia Polla, morte à vingt-deux ans [53]. La *schola* de tuf repose sur des pattes de lion, comme celles de la nécropole de la porte d'Herculanum. Interrompant le banc et le dossier, un autel supporte une colonne couronnée d'un chapiteau ionique. Au-dessus, l'urne cinéraire est surmontée du trident porte-luminaire.

Une autre *schola* [54] est toute proche. L'autel ici, simplement en arrière du banc-exèdre, est décoré d'une ciste d'où sort un serpent.

Porte de Stabies — Le type de *schola* est encore plus simple à la porte de Stabies. Il en existe deux, l'une dédiée à M. Tullius [55], fondateur du temple de la Fortune Auguste, sur décret des décurions, l'autre à M. Alleius Minius [56] dont l'inscription en grandes lettres emplit toute la surface du siège: l'emplacement de sa sépulture a été donné aux frais de la colonie sur décret des décurions. Ces deux citoyens importants avaient bien mérité de la colonie.

Toutes ces amorces de nécropoles promettent des découvertes de nouveaux grands ensembles: la route si fréquentée de Pompéi à Stabies qui passait par le quartier du port invitait à installer une vaste nécropole où les tombes publiques le disputaient ainsi aux tombes privées.

Dans les rues des vivants, nous avons surtout retrouvé la foule du «popolino», les humbles qui ont besoin du monde extérieur pour avoir un univers. Les auberges autant que les tavernes sont fréquentées par le petit peuple, citadins, ou gens de passage; les clients attendent sur le trottoir, au matin, que s'ouvrent les portes des demeures hautaines. Mais les gens de qualité roulent en *cisium,* pressés de fuir au fond de leurs jardins les bruits et l'agitation de la rue qu'ils réservent à leurs affranchis. Rue des vivants, oui, de ceux qui le plus ont le sens du mouvement et de la couleur, qui vont applaudir l'archimime Pylade autant que le gladiateur Céladon et aux entractes prennent d'assaut les *thermopolia*: le peuple qui peine et qui aime, capable à la fois de poésie et de grossièreté, mais apportant tout son sel à cette terre campanienne. Quand il ensevelit ses morts, il les porte dans la terre publique et anonyme du *pomerium*; si le défunt appartient à une maison noble, il a droit à son nom sur une stèle qui imite grossièrement le profil de la tête humaine. La rue des morts reste le grandiose conservatoire des gloires municipales. Les générations passées pèsent ainsi encore davantage sur le Pompéien qui, même devenu affranchi, ne se libère pas des *obsequia,* de ses devoirs à l'égard de son maître, et qui, même enrichi, ne reçoit de son vivant que des honneurs mineurs. Son argent permet du moins à ses héritiers de lui élever un tombeau qui par sa splendeur le dispute à ceux des familles de l'aristocratie traditionnelle. Et dans cette éternité figée du sépulcre, il rejoint ceux qui, de tout temps, eurent le *jus imaginum*, le droit au portrait des ancêtres. C'est après la mort de son père que le visage de ce nouveau citoyen pompéien prend du relief et qu'il rejoint ses aristocratiques modèles dans ce dialogue toujours recommencé de la vie et de la mort. Mais les vivants des tavernes et des boutiques autant que des *villae* viennent affirmer leurs droits dans une joyeuse et bruyante animation. Gœthe pouvait ici s'asseoir avec sérénité sur l'exèdre funèbre de la prêtresse Mamia et, regardant la mer, le ciel et le Vésuve fumant, célébrer la vie [57].

CHAPITRE IV

ÉDUCATION ET CULTURE

Le Pompéien, au moins dans les classes riches, nous apparaît épris d'art et de culture. Sa maison, nous l'avons vu[1], est décorée de tableaux qui la transforment en musée. Il commande aux peintres des portraits qui illustrent ce goût des lettres. Voici une jeune fille surprise dans un moment de méditation; elle va confier, aux tablettes de cire qu'elle tient ouvertes dans la paume de sa main, ses pensées les plus intimes et elle approche de ses lèvres le style qui y transcrira les rêves d'une Sapho romantique[2] ou les réflexions d'une femme savante. Et que dire de la femme du boulanger Terentius Neo, malicieuse et coquette, qui, elle aussi, veut faire illusion? Le style à la main, elle s'apprête à inscrire sur un triptyque, ouvert devant elle, autre chose que les comptes de son négoce; le rouleau de papyrus que tient son époux souligne encore la volonté délibérée du couple de prendre une «pose» de gens cultivés. Sans doute avons-nous ce sentiment que chacun assume un rôle, mais cette attitude empruntée définit une psychologie: celle de bourgeois voulant jouer aux intellectuels. Comment cette culture s'est-elle répandue? Est-elle le simple fruit d'un enseignement scolaire, n'est-elle pas aussi une culture vécue, grâce au théâtre qui, le 24 août 79 au matin, juste avant la catastrophe, avait attiré la foule sur ses gradins?

Le bilinguisme à Pompéi

Une langue a deux fonctions: véhicule de civilisation, elle assure aussi la cohésion du groupe politique. Celui-ci est-il défait par un adversaire militairement plus puissant, il se trouve dans l'obligation d'apprendre la langue du vainqueur, la langue d'origine tombe au rang d'un patois. Ainsi Pompéi samnite renonce à l'osque et se met au latin, seule langue officielle. La disparition de l'osque est un fait politique, ce qui ne veut pas dire qu'au marché, dans les campagnes, l'osque n'ait pas continué à être employé. Trois siècles d'habitudes linguistiques ne s'abolissent pas d'un seul décret. Mais la situation à Pompéi, comme dans les autres villes de la Campanie, n'est pas aussi simple. En effet, par deux fois, nous l'avons vu, Pompéi a été grecque. Ce lointain passé hellénique tient à la position de la ville, port sur une côte où relâchent les bateaux grecs, où les esclaves grecs ont continué à débarquer pendant la période samnite, au moment où les riches familles du patriciat indigène s'enrichissaient dans le commerce à Délos. Pompéi n'est pas une ville purement samnite: dans son bariolage ethnique, la couleur grecque reste très soutenue et Rome s'est trouvée en présence d'un bilinguisme osco-grec. Certes, avant l'assaut final, les inscriptions des carrefours sont bien en osque et Rome, en bannissant la langue des vaincus, démantelait leur résistance; elle n'en respectait pas moins la langue

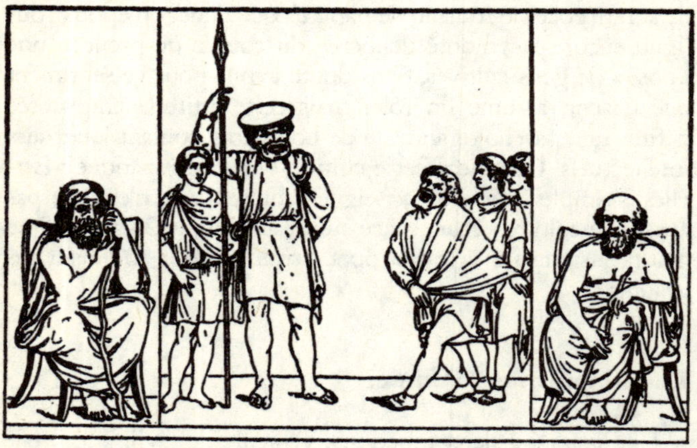

Fig. 34. — Scène de théâtre
(d'après H. Tanzer, The common people of Pompei*).*

grecque et la Grèce vaincue, à Pompéi aussi, savait séduire son vainqueur.

Rome n'a jamais oublié sa dette envers l'hellénisme et lui a fait la plus grande part dans ses légendes autant que dans le gouvernement du monde. L'Empire romain est bilingue, les bureaux du Palatin sont gérés par un monde de secrétaires qui connaissent le latin et le grec; les gouverneurs provinciaux, les hauts fonctionnaires, par leur éducation autant que par leur charge, entendent les deux langues officielles, même si les Occidentaux sont plutôt nommés dans la partie latine, tandis que les Orientaux se partagent l'« hémisphère » grec, la ligne de démarcation passant par le centre de la Dalmatie. Rome n'a ni intérêt ni vocation à contrarier le bilinguisme pompéien. Les esclaves grecs n'y arrivent-ils pas toujours en masse? Une communauté phrygienne n'eut-elle pas un prêtre spécial? Les commerçants grecs et juifs n'y sont-ils pas toujours bien accueillis? Ne nous étonnons donc pas de trouver sur les murs de la ville, sur ceux des maisons et de la palestre des alphabets latins et grecs[3], de lire tant de noms grecs sur les amphores, de rencontrer des épigrammes en vers grecs[4] et même de lire dans les *apochae* de Caecilius Jucundus des mots latins transcrits en lettres grecques[5]. Pompéi est installé à partir de 80 avant Jésus-Christ à la confluence de deux cultures, la grecque et la latine, et l'enseignement contribuait d'ailleurs à fortifier cette double culture.

Écoles et maîtres d'école

Dans les familles de l'aristocratie municipale, il était de bon ton de confier l'enfant, dès ses plus tendres années, à une nourrice ou à un pédagogue grec. La première langue du petit Pompéien était le grec; il était bilingue par la force des choses et, parvenu à l'âge scolaire, il pouvait aborder lecture et écriture dans les deux langues, en commençant d'ailleurs par le grec. Le jeune aristocrate était donc favorisé. Comment peut-on parler d'égalité scolaire si on oublie volontairement tout ce qu'apporte de tradition et de culture la famille? Dans la maison des Noces d'argent (V, 2) qui appartint à L. Albicius Celsus, candidat à l'édilité en 79, les enfants du maître de maison recevaient dans l'exèdre centrale jaune, au sud du péristyle, l'enseignement d'un pédagogue particulier, C. Iulius Helenus[6]. Sévère, il savait distribuer les coups quand l'attention de ses élèves se relâchait. Ce n'était donc pas seulement en public et dans les écoles primaires que la férule frappait les paresseux. Ceux-ci se vengeaient de leur maître en confiant aux murs leurs insultes obscènes dont « Iulius, tu es un mignon » reste la plus convenable.

L'école publique à Pompéi mérite bien son nom: c'est en public, sous le portique du forum, que le précepteur Sema, un maître besogneux, initiait de jeunes élèves *(pueri)* aux mystères de l'alphabet et, auréolé de sa gloire scolaire, les associait à une affiche électorale[7]. D'autres écoles élémentaires se tenaient sous le portique méridional de la Grande palestre[8]; les *ludi magistri*, rétribués par leurs élèves, y exercent leurs talents et encouragent de vœux pieux le paiement régulier de leurs honoraires. « Que celui qui m'a payé les honoraires dus à mon enseignement, obtienne ce qu'il demande aux dieux d'en haut[9] ». Saint Augustin saura plus tard rappeler que, à Rome, pour ne pas payer à un maître le prix de son enseignement, les étudiants s'entendent entre eux et passent en masse chez un autre maître, au mépris de toute bonne foi et de toute équité, par amour de l'argent[10].

Les garçons d'un Sema étaient trop jeunes pour inventer pareilles « collusions ». Et la rude poigne de cet esclave grec y aurait mis bon ordre. Les installations scolaires sont des plus minces, mobiles et provisoires: des bancs pour les auditeurs, à moins qu'un seul siège ait servi au maître, faisant, dans ce cas, la leçon à ses disciples assis à même le sol du portique du forum ou de la Grande palestre et munis d'une tablette. Il s'agissait d'apprendre à lire et à écrire dans les deux langues. Le maître, même s'il était rébarbatif, s'ingéniait à faciliter le passage d'une langue à l'autre en faisant lui-même des traductions parallèles, du mot à mot sur deux colonnes, comme le présenteront au début du IIIe siècle les manuels bilingues. Est-ce que cette méthode qui rappelle, au moins pour la conversation courante, les méthodes modernes qui prétendent faire apprendre une langue étrangère sans peine, permettait d'enseigner dans la joie? Il ne le semble pas: les punitions, à

Pompéi, sanctionnaient durement les défaillances, et les promeneurs qui flânaient sous les portiques du forum ont assisté, plus d'une fois, à la fouettée sur les fesses dénudées d'un garçon, maintenu, dans son humiliante position, par deux condisciples, lui comprimant bras et jambes[11].

Discentes

D'un niveau de culture plus élevé étaient les maîtres qui enseignaient des *discentes,* des étudiants, dans ce que nous pouvons appeler des écoles secondaires. Nous en connaissons trois, Saturninus[12], Valentinus[13] et Verna[14], grâce aux programmes électoraux. Sous le simple surnom de Saturninus, se cache un homme considérable, Cassius Saturninus, propriétaire de la maison du Faune (VI, 12, 2-5). On peut s'étonner de rencontrer, sous les traits d'un enseignant, un riche aristocrate, qui possède une des plus belles demeures de la ville. Mais pourquoi un notable se serait-il désintéressé de l'instruction supérieure de ses compatriotes, quand on sait l'intérêt que les Pompéiens manifestaient pour la culture? Valentinus et Verna seraient des affranchis ou des ingénus de fraîche date. Ces maîtres disposent de salles de cours construites «en dur»; elles ressemblent extérieurement à une boutique. Le seuil franchi, l'élève découvrait une vaste pièce dont la partie antérieure donnait l'illusion d'un jardin *(hortulus)* éclairé par le haut vasistas de la porte[15]: des plantes poussaient dans des pots, au sol, ou des peintures en trompe-l'œil présentaient fruits, végétaux et fleurs. A l'arrière, une pergola, qui pouvait recevoir sur des bancs quinze élèves et leur maître, dominait le petit jardin; on y accédait par un escalier de bois, bloqué par une marche bâtie qui subsiste. Sous la pergola, étaient installées les latrines, la garde-robe, les armoires-bibliothèques, contenant les coffrets de papyrus. Les architectes pompéiens avaient ainsi «normalisé» les constructions scolaires. C'est là que les maîtres enseignaient la rhétorique, qu'ils lisaient et commentaient les textes fondamentaux de la littérature grecque et latine. Mais à Pompéi comme ailleurs, un changement était sensible et le modernisme pénétrait l'enseignement: en effet, la connaissance du grec n'offre plus, dans le Pompéi flavien, le même attrait qu'à l'époque de Cicéron, au lendemain de la déduction de la colonie syllanienne. La littérature latine a gagné avec Cicéron et Virgile ses lettres de noblesse. Le bilinguisme total n'était possible et aisé que pour une élite et la masse ne pouvait qu'y gaspiller ses médiocres moyens. Seuls, les plus intelligents des esclaves ou des affranchis orientaux, en apprenant le latin, restaient à la charnière de deux éducations. Certainement, les connaissances d'histoire, de géographie étaient complétées par des notions de droit et les maîtres de ces « écoles secondaires » devaient être des juristes (*iurisperiti*), enseignant ce qu'il faut de procédure judiciaire, faisant partager leur expérience des affaires politiques et administratives de la colonie. L'école est dans ce sens une propédeutique civique.

École technique

Il y aurait même à Pompéi une « école technique[16] », si les dessins découverts chez les Cornelii Amandus et Proculus (VII, 12, 14) proposaient aux treize élèves qui pouvaient tenir sous la « pergola », des modèles de pièces à exécuter. Il s'agit d'un escalier de sept marches, d'une rosace tracée au compas, préparée pour un pavement en *opus sectile* ou un motif géométrique de mosaïque, de deux cercles concentriques représentant soit une tour circulaire, soit un puits. Un maître d'œuvre enseignait ainsi aux charpentiers, mosaïstes et maçons les éléments fondamentaux de leur futur métier. Grâce à un tel enseignement technique, on comprend mieux comment les tailleurs de pierre de Capoue dessinaient tout d'abord au sol les claveaux des voûtes qui devaient ensuite prendre place dans la façade de l'amphithéâtre[17].

Pas d'enseignement supérieur

Pour couronner le tout, faut-il croire à l'existence d'un enseignement supérieur pompéien? Le savant italien Della Corte[18] l'a pensé, en raison d'une peinture découverte dans un local (IX, 8, 2) aménagé suivant le modèle que nous avons décrit ci-dessus. Le maître est ici Potitus, procurateur de Poppaeus Sabinus. La peinture, qui devait présenter une quarantaine de personnages, n'est conservée que pour douze: ce sont des philosophes barbus, pensifs, s'appuyant sur leur traditionnel bâton ou portant des rouleaux de papyrus. Au milieu de ces hommes qui conversent entre eux ou sont isolés, trône le maître d'École — cette fois-ci avec un É; décharné, la barbe inculte, dans l'attitude du Ménandre de Pompéi ou du Virgile de Sousse. L'École est réunie dans un jardin où l'on reconnaît des arbres, des colonnes, des sièges rustiques. Ce serait la représentation du jardin athénien d'Épicure. Deux vues d'Athènes confirmeraient cette identification: l'une avec le Barathron au pied du Lycabette, l'autre avec, sur un fond représentant l'Acropole et le Lycabette, un édifice à portique, une tour circulaire, une statue de Déméter et une banquette semi-circulaire de marbre. Potitus assurerait ainsi la diffusion de la philosophie épicurienne. Mais ces représentations ont-elles une valeur de document, n'avons-nous pas plutôt affaire à des scènes de genre, sans lien avec la réalité et qui nous éclairent seulement sur le goût du maître de maison? Il est difficile de croire, en vérité, à la présence d'un enseignement supérieur à Pompéi, dans une ville si peu éloignée de Rome et de Naples. Même si l'épicurisme a droit de cité à Pompéi et dans la Campanie[19], les études n'allaient pas au-delà de ces notions de droit, apprises à l'école secondaire et indispensables à ceux qui auraient plus tard la charge de gouverner la colonie.

Écrivain public

L'obligation scolaire n'existait pas dans l'Antiquité; la fréquentation scolaire se relâchait au moment des travaux des champs, et les cancres autant que les sots recouraient plus tard à l'écrivain public[20] qui se tenait sur le forum, à son petit éventaire. L'éducation des filles paraît particulièrement négligée, même dans un milieu social élevé: certaines dames de la bonne société de Pompéi sont obligées de recourir à leur esclave grec pour signer les *apochae* du banquier L. Caecilius Jucundus. Elles peuvent se livrer à des transactions commerciales, mais — revanche de l'instruction — elles doivent à leur homme de confiance la conclusion heureuse de leurs opérations. Au total, l'école pompéienne a exercé la mémoire des *pueri* et des *discentes* qui connaissent d'ailleurs plus de latin que de grec.

Le latin de Pompéi

Sans doute, ce n'est pas un latin cicéronien que parlent les Pompéiens, mais c'est un latin vivant que l'on appréhende [21] dans son évolution et qu'on serait tenté d'appeler barbare. Dans la prononciation, le timbre l'emporte sur la quantité; la syncope se développe singulièrement, les voyelles atones ont un timbre indécis et ce double phénomène trahit l'effet de l'accent d'intensité. Le puriste constate avec stupeur et peine la syncope du *i* posttonique, *domina* devient *domna* [22]; le *m* tombe à l'accusatif: *quisquis amat nigra* = qui aime une fille à la peau noire [23]. Un *habeat* [24] comminatoire se transforme en *abiat*, annonçant le bas latin. Le style de la conversation permet la juxtaposition de deux compléments directs, dont l'un devrait être le complément de nom de l'autre: *Da fridam* (mis pour *frigidam*) *pusillum* = donne un peu d'eau froide [25]. Ce ne sont là que particularités locales d'une langue en évolution dont le vocabulaire se distingue par nombre de termes éminemment populaires ou vulgaires et par des emprunts grecs d'aspect technique ou familier. Les cas sont en train de se réduire au nominatif et à l'accusatif, qui tend à devenir le cas oblique par excellence. On comprend maintenant les coups de férule ou de verge de maîtres qui restaient fidèles au langage académique des grands auteurs de la République ou de l'Empire luttant contre l'invasion de formes et de tournures barbares, qui, toutefois, n'étaient pas dues à quelques résurgences osques: à Pompéi, avant 79, était parlé et écrit un latin vulgaire, fondement des langues romanes.

Mais le Pompéien ne reste pas seulement attaché à des souvenirs scolaires, une fois oubliés les coups de verge ou de férule. Il continue à se cultiver en allant au théâtre applaudir les pièces du répertoire et ses acteurs préférés. Là, également, tant dans la structure architecturale de ses deux théâtres que dans les sujets des pièces et les acteurs, Pompéi fait une place plus grande aux influences latines.

Grand théâtre (fig. 35)

Édifice grec — Le théâtre pompéien le plus ancien, et aussi le plus vaste, est le Grand théâtre[26]. Les Samnites ont construit vers 200 avant Jésus-Christ sur le flanc de la colline un théâtre

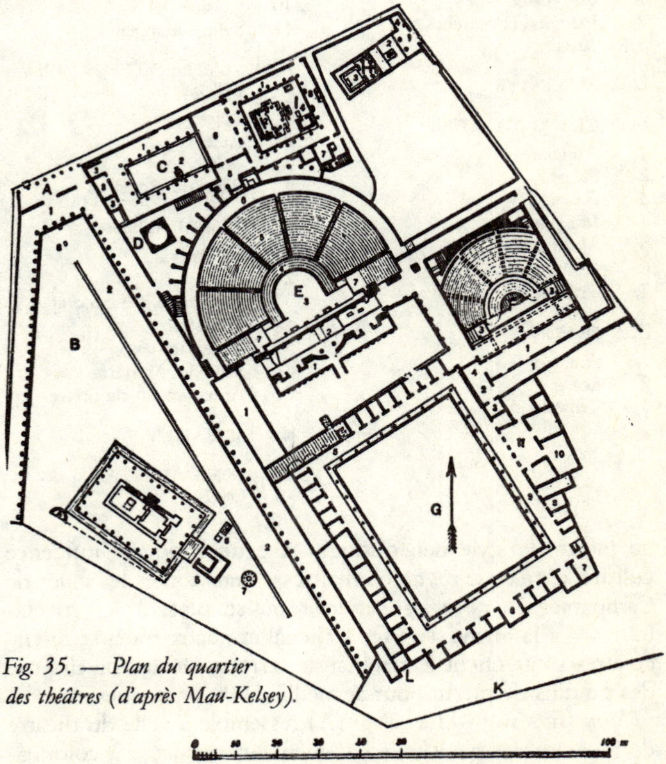

Fig. 35. — Plan du quartier des théâtres (d'après Mau-Kelsey).

A PORTIQUE À L'ENTRÉE DU FORUM TRIANGULAIRE

B FORUM TRIANGULAIRE:
1,1 Colonnade
2 Promenoir
3 Temple dorique
4 *Schola* avec horloge solaire
5 Enclos funéraire
6 Autels
7 Puits
8 Piédestal de la statue de Marcellus

C PALESTRE SAMNITE:
1 Colonnade
2 Piédestal et marches
3,3 Annexes

D RÉSERVOIR

E GRAND THÉÂTRE:
1 Annexe
2 Scène
3 *Orchestra*
4 *Ima Cavea*
5 *Media Cavea*
6 *Summa Cavea*
7,7 Tribunes

F ODÉON:
1 Annexe
2 Scène
3,3 Tribunes

G CASERNE DE GLADIATEURS:
1 Passage vers la rue de Stabies
2 Entrée
3 Loge du gardien
4 Passage fermé vers le Grand théâtre
5 Escalier allant au forum triangulaire
6 Exèdre
7 Pièce où l'on a trouvé des armes
8 Salle de garde
9 Escalier vers l'étage
10 Cuisine
11 Salle à manger

H TEMPLE DE ZEUS MEILICHIOS:
1 Colonnade
2 Autel
3 *Cella*
4 Pièce du sacristain

I TEMPLE D'ISIS:
1 Colonnade
2 Cella
3 Sanctuaire d'Harpocratès
4 Purgatoire
5 Salle d'initiation
6 Salle des Mystères
7 Appartement du prêtre

K MURAILLE

L FONDATION DES MARCHES

de pierre de style hellénistique. A cette époque, l'influence culturelle grecque règne en maîtresse dans toutes les villes de Campanie. La *cavea* — l'endroit où se placent les spectateurs — a la forme d'un fer à cheval et quatre murs semi-circulaires soutiennent le remblai de terre sur lequel on dispose des gradins de pierre pour accueillir 5000 personnes.

Scène (fig. 36) — La scène (A) ressemble à celle du théâtre de Ségeste: des *paraskenia* flanquent un *proskenion* à colonnades. Les murs des *paraskenia* sont obliques: cinq portes donnent accès à la scène, trois dans le mur arrière et une sur chaque côté, les *parodoi* à l'air libre conduisent à l'*orchestra*. Comme dans les grandes villes hellénistiques [27], le Grand théâtre dispose d'un jardin-promenoir entouré d'une colonnade de soixante-quatorze colonnes ioniques. Elle délimite un vaste espace et enferme d'agréables et utiles portiques, reliés, par une des deux *parodoi*, à la rue de Stabies, et, par un large escalier, au forum triangulaire. Par deux fois, ce théâtre d'inspiration grecque va être transformé pour devenir romain.

Quand, après 80, les vainqueurs construisirent le petit théâtre couvert à la façon romaine, un premier remodelage intéressa la scène (B). Les *paraskenia* furent reculés et les *parodoi* voûtées; ces dernières conduisent désormais à la scène qui est abaissée; le mur arrière est percé de cinq portes, flanquées chacune de deux paires de colonnes sur des piédestaux, soit un total de vingt colonnes qui décorent somptueusement le mur de la scène.

Cavea — Dans les dernières années du Ier siècle, deux *duumviri* de l'époque augustéenne, les frères Holconii, Rufus et Celer, ont refait, modifié et agrandi le Grand théâtre [28]. L'architecte M. Artorius Primus est responsable de cette modernisation. Il construisit une *crypta*, c'est-à-dire un couloir souterrain entre la *media cavea* et la *summa cavea* qui a pu s'ados-

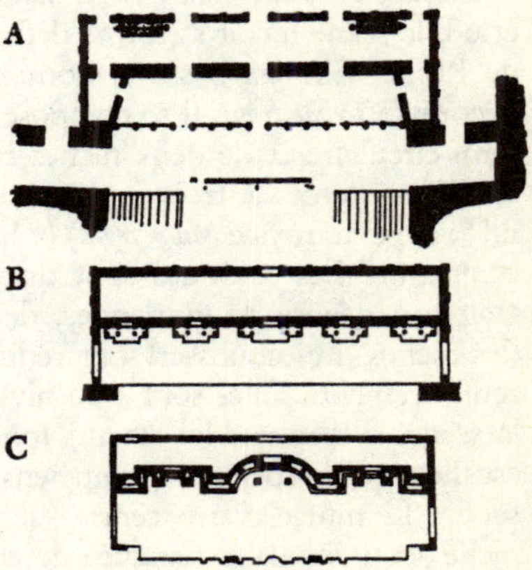

Fig. 36. — Les transformations de la scène du Grand théâtre (d'après M. Bieber, The History of Greek and Roman theater).

ser à ce couloir semi-circulaire : un plus grand nombre de gradins était ainsi à la disposition des spectateurs. Il installa des *tribunalia*, loges d'honneur, au-dessus des *parodoi* voûtées, réservées à celui qui offre les jeux et à l'empereur ou à son représentant éventuel. La capacité du Grand théâtre était largement accrue. La *cavea* se découpait en trois secteurs : l'*ima cavea* utilisait l'*orchestra* hellénistique, inutile pour les spectacles romains ; quatre larges gradins recevaient les sièges des personnages importants de la colonie, les *bisellia* dont sur leurs tombeaux s'enorgueillissaient les augustales ! La *media cavea*, avec ses vingt gradins plus élevés, était divisée en cinq *cunei* par six escaliers, et deux autres *cunei* étaient ménagés sur les *parodoi* couvertes. La *summa cavea*, construite sur la *crypta*, était faite de quatre ou cinq gradins ; et le mur périphérique, qui s'élevait au-dessus du dernier gradin, comprenait vers l'extérieur des consoles de lave où étaient fichés les pieux de fixage et de levage du vélum, cette grande toile qui ménageait de l'ombre. L'accès à la *summa cavea* se faisait aisément depuis le forum triangulaire. Artorius remplaça enfin les gradins faits d'un conglomérat de travertin [29] par des gradins de travertin, couronnant, par ce détail somptueux, un projet ingénieux qui visait à accroître la capacité du théâtre, ce qui témoigne en faveur de la vogue croissante des jeux scéniques et aussi peut-être du développement démographique de Pompéi.

La scène et sa deuxième transformation — Sous Néron, entre 63 et 68, la scène reçoit sa forme définitive à l'imitation de celles de Rome. Elle est basse et dominée par un mur richement décoré, le *scenae frons*. Il se compose d'une vaste niche centrale semi-circulaire et de deux niches rectangulaires aux extrémités. Il est percé de trois portes, suivant le canon architectural [30] : la porte royale (*aula regia*) et les *hospitalia*, côté ville, côté campagne. Les colonnes sont disposées sur un piédestal. Il était fort décoré de guirlandes, de masques, de statues dans des niches. Les coulisses sont réduites par les courbes et les renfoncements. Elles sont à un niveau plus élevé que celui de la scène, si bien que les acteurs font leur entrée par de courts escaliers que les peintres pompéiens n'oublieront pas de représenter. Le mur d'avant-scène — le *proscenium* — présente une niche semi-circulaire flanquée de chaque côté de deux niches rectangulaires entre lesquelles deux petits escaliers permettaient de descendre à l'*orchestra*.

En arrière, est creusée la tranchée pour le rideau; des pierres de lave, en surface et souterraines, étaient percées d'un trou où étaient fixés les pieux qui tenaient le rideau; celui-ci était abaissé au début de la pièce, à la grande différence de ce qui se passe dans nos théâtres modernes: à Pompéi, le lever de rideau signifiait la fin de la représentation.

En deux siècles, les Pompéiens sont passés d'un théâtre purement hellénistique à un théâtre parfaitement romain, privé de *porticus post scaenam* transformé en caserne de gladiateurs.

Odéon ou théâtre couvert (fig. 35)

Il est vrai que les Romains avaient installé à Pompéi le modèle sur lequel le théâtre hellénistique ne pouvait que s'aligner. Au temps de Sylla, les deux duumvirs C. Quinctius Valgus et M. Porcius[31], que nous connaissons comme riches propriétaires de vignobles[32], ont élevé un *theatrum tectum*[33], un théâtre couvert, nommé également Odéon.

Couverture — Pourquoi un théâtre couvert était-il nécessaire à Pompéi? Pour des raisons d'acoustique, car cet édifice était destiné à abriter des manifestations musicales et des déclamations isolées. La couverture[34] exigeait la solution de problèmes techniques délicats. L'édifice, rectangulaire, mesure 28,60 mètres sur 34,80 mètres; le mur de scène atteint 6 mètres de hauteur, le corridor le plus haut est à 8,60 mètres du niveau de l'orchestre. Ce type d'édifice, élevé mais de surface réduite, est apte à recevoir une couverture dans sa totalité. Le toit n'est ni à double pente, ni pyramidal, mais à quatre pans, appuyé sur le mur extérieur du rectangle. Un toit spécial couvrait le *postscaenium* relié au portique sur la rue de Stabies. Le poids de la toiture est supportable par les murs extérieurs qui ne sont pas soumis à une poussée excessive. Naturellement des fenêtres, percées dans les murs latéraux, illuminaient gradins et scène.

Cavea — La couverture explique la raideur de la pente de la *cavea* strictement semi-circulaire. L'*ima cavea* est bien soignée; quatre larges gradins de tuf recevaient les sièges mobiles *(bisellia)* des décurions et des hôtes d'honneur; un parapet — autre trait bien romain — sépare l'*ima cavea* de la *media*; trente-cinq gradins sont divisés en cinq *cunei* radiaux par six escaliers. Au total, 1300 spectateurs [35] prenaient place dans cet Odéon, où leur circulation avait été soigneusement facilitée. On allait aux sièges de l'*ima cavea* depuis l'orchestre, à ceux de la *media cavea* par des marches semi-circulaires; les gradins supérieurs étaient accessibles par une entrée latérale depuis la rue de Stabies. Les deux *tribunalia*, loges d'honneur, étaient installés sur les deux voûtes d'entrée; on y montait depuis la *cavea* et par deux petits escaliers. Cette simplicité de conception n'exclut pas une décoration élégante qui, par sa saveur d'hellénisme, tempère la rigueur des lignes romaines. Deux atlantes ou télamons en tuf semblent soutenir les extrémités du mur qui limite la *cavea* comme en Sicile ou en Grèce. Le parapet de la précinction entre *ima* et *media cavea* est agrémenté de deux pattes de griffon vigoureusement sculptées dans le tuf. La scène très simple a reçu une décoration du deuxième style, sans doute au cours d'une réfection; dans son ensemble, l'Odéon pompéien ressemble à celui de *Bovianum vetus* (Pietrabbondante).

Pièces de théâtre

Disposant de deux scènes pour une population de ville provinciale modeste, la saison théâtrale devait être particulièrement riche. Savoir quelles pièces tenaient l'affiche nous révèle le goût, les curiosités et les enthousiasmes du public.

Bien des peintures de Pompéi représentent des scènes théâtrales. Sont-elles empruntées à la vie réelle du théâtre pompéien contemporain, ou sont-elles de simples copies de peintures grecques ou hellénistiques plus anciennes? Même dans cette hypothèse, elles présentent des détails qui sont l'image de la réalité que l'artiste avait sous les yeux, tant pour l'architecture théâtrale que pour les costumes de scène et les décors de paysage. Les compositions du deuxième style donnent raison à

Vitruve[36], pour qui il existe trois genres de décor scénique: le décor tragique: palais royaux, temples, sanctuaires à colonnes, bases, statues; le décor comique, représentant des maisons privées, des maisons à balcons et à fenêtres, des vues de la ville; enfin le décor satirique, fait de paysages, de campagnes avec des arbres, de cavernes, de jardins, de montagnes ou d'un bord de mer.

Mélange des genres

En opposition à cette théorie, il est frappant de constater que Pompéi pratique parfois le mélange des genres, essentiellement de la comédie et de la tragédie; ce mélange est attesté par celui des masques. Les masques comiques ou tragiques sont placés sur les peintures en haut de petits escaliers: les uns viennent de la farce populaire, les autres avec la chevelure peignée haute *(onkos)* désignent la tragédie. Ces masques étaient réellement utilisés: l'un représente Andromède et ressemble beaucoup à la peinture d'Andromède et de Persée dans une maison de la rue de Stabies proche des théâtres. Un masque comique représente un père à longue barbe, un autre, un jeune homme à la chevelure en rouleau *(speira)*, portant sa boîte circulaire à *volumina (capsa)*, suivant un type utilisé dans la Nouvelle Comédie.

De ce mélange, Pompéi offre trois exemples, dans les maisons du Centenaire (IX, 8, 3), de Casca Longus (I, 6, 11) et des Dioscures (VI, 9, 6). Dans deux de ces maisons existe une peinture représentant Lykos, Mégare et Amphitryon, auxquels s'ajoute Héraklès dans la maison du Centenaire. Il semble qu'on ait affaire à une reprise de la *Folie d'Héraklès* d'Euripide, revue par Accius, qui en fit un *Amphitryon,* du nom du vieux père d'Héraklès. Dans les deux peintures, il se tient près de Mégare, l'épouse d'Héraklès. Le mauvais tyran, Lykos, s'appuie à droite à un autel, tremblant de peur à l'annonce de l'arrivée d'Héraklès. Amphitryon jouait donc sur la scène latine un rôle plus grand que chez Euripide.

La maison du Centenaire présente d'autres scènes tragiques: Priam assis en conversation avec Hécube, Priam s'agenouillant devant Achille pour lui réclamer le corps d'Hector: ces deux peintures illustrent une pièce latine racontant l'épopée de Troie. Sur un autre panneau, Médée pointe son épée vers ses enfants que lui amène leur tuteur. Une telle scène n'existe pas dans la *Médée* d'Euripide où les enfants sont tués dans la maison. Chez Sénèque, Médée tue les enfants devant le public, et ainsi le *pathos* rhétorique emplit la scène. Dans la maison des Dioscures, l'héroïne tient un bébé et est suivie de la nourrice; on pourrait reconnaître Augée et Télèphe et l'héroïne tragique se remarque à son *onkos* exagéré et à ses hautes semelles de bois.

Voici les scènes comiques associées à ces tragédies: dans la maison de Casca (I, 6, 11), un vieil esclave insulte une femme et un jeune homme. Dans la maison du Centenaire, un jeune homme arrive, accompagné par un esclave porteur de torche, et par un petit garçon, sur la tête de qui il pose la main, tandis qu'un serviteur regarde la scène à travers une porte; ailleurs un vieillard suivi par un esclave se tient près d'un autel sur lequel une oie est étendue, tuée par une flèche, à gauche une prêtresse, couronnée et enrubannée, tient une autre couronne à la main. On ignore à quelles pièces font allusion ces scènes. Dans la maison des Dioscures (VI, 9, 6), une femme et un vieil homme rappellent des personnages de Ménandre.

Les Pompéiens, s'ils ne détestent donc pas passer du rire aux larmes et vice versa, dans un spectacle, dosé comme autrefois au Grand-Guignol, n'en goûtent pas moins soit la tragédie, soit la comédie.

Tragédie — Certaines peintures représentent le Grand théâtre de Pompéi occupé par des personnages tragiques. Chez l'orfèvre Pinarius Cerealis, au milieu d'un *scenae frons* somptueux, Iphigénie apparaît en haut d'un petit escalier, à la porte royale richement décorée de colonnes et d'acrotères; elle est encadrée de Thoas assis devant un garde du corps, et du couple inséparable Oreste et Pylade. Il s'agit d'une scène tirée de l'*Iphigénie* de Naevius, qui s'inspira de l'*Iphigénie en Tauride* d'Euripide; sur cette peinture, les personnages évoluent dans le décor réel de la scène du Grand théâtre, dont on retrouve tous les détails.

Naevius (235-204), né en Campanie, fournissait d'ailleurs

neuf tragédies où les éléments latins tempéraient l'imitation des pièces grecques. Livius Andronicus devait également être joué à Pompéi, mais celui qui emportait certainement les suffrages, c'était Sénèque. Ses neuf tragédies — *Hercule furieux, Les Troyennes, Les Phéniciennes, Médée, Phèdre, Œdipe, Agamemnon, Thyeste, Hercule sur l'Œta* — ont été écrites de 41 à 49 ou de 49 à 59. C'est l'époque des peintures qui illustrent les scènes de tragédie, témoignant de l'influence de Sénèque. Il a imité librement Euripide: dans *Hercule furieux*, il donne, nous l'avons vu, un rôle important à Amphitryon; dans *Les Troyennes*, il amalgame *Les Troyennes* et *Hécube* du tragique grec; *Les Phéniciennes* proviennent de la contamination de deux autres pièces du même auteur, *Œdipe* et *Les Phéniciennes.* Sa *Médée* tue ses enfants, face au public. Sa *Phèdre* est assez éloignée de l'*Hippolyte porte-couronne* d'Euripide et il a dessiné un caractère plus audacieux dans son réalisme. *Œdipe* vient de l'*Œdipe-roi* de Sophocle, *Agamemnon* de celui de Sophocle, mais Sénèque a imaginé un drame sombre et mouvementé. Pour *Thyeste,* les sources sont difficiles à déterminer (Ennius ou Varius) et l'auteur a voulu provoquer l'horreur et l'effroi. Dans *Hercule sur* l'*Œta*, inspiré des *Trachiniennes* de Sophocle, Hercule est un sage stoïcien. L'oreille du Pompéien se laissait prendre à l'emphase oratoire, chère aussi à Néron, l'empereur histrion, au luxe descriptif qui suppléait à l'absence de mise en scène. Son œil se satisfaisait de scènes sanglantes, de sacrifices magiques et d'évocations des morts. Pathos et rhétorique, lyrisme et violences dominèrent la tragédie sur la scène du Grand théâtre de Pompéi de 50 à 79.

Comédie — Le Pompéien goûte la Nouvelle Comédie de Ménandre, célèbre à Pompéi. Le poète est représenté à Pompéi dans la maison qui porte son nom (I, 10, 4), assis sur un fauteuil attique, couronné de laurier. Il tient un rouleau de papyrus où on lit: *Ménandre fut le premier à écrire la Nouvelle Comédie en quatre livres.* Il est présent sur les gobelets de Boscoreale, tenant une torche et un masque de courtisan; proche de lui, un squelette joue de la flûte et le poète Archiloque de Myrina pince la lyre. Une inscription le désigne: *« Ménandre d'Athènes ».*

Avec lui, la comédie est devenue une comédie de mœurs

(fig. 34), un miroir de la vie quotidienne de la riche bourgeoisie contemporaine. Le costume adopté par les acteurs est celui de tous les jours et les intermèdes musicaux jouent un grand rôle dans la représentation comique. Nous en connaissons un grâce à une mosaïque de Dioscoridès de Samos, retrouvée dans la prétendue villa de Cicéron. Une femme, suivie d'un misérable nain, rythme sur la flûte la danse médiocre de deux hommes, un cymbaliste et un joueur de tambourin (tympanon). Le même mosaïste permet, grâce à une autre scène, d'entrer dans l'intimité des femmes des comédies de Ménandre: une vieille et deux jeunes femmes sont assises autour d'une table où sont posés une couronne de laurier et de l'encens. Il semble que la vieille va préparer un charme; interrogée, elle gesticule beaucoup et boit du vin; une jeune femme se tord les mains de désespoir, tandis que la jeune servante garde une attitude modeste. L'esclave prend une place de plus en plus importante, ce qui est un signe des temps. Chez Casca Longus, l'esclave insulte un jeune couple en lui faisant les cornes. La jeune femme et son amant semblent terrorisés et l'homme protège la femme. L'esclave a les cheveux gris, et porte un large manteau drapé, comme le ferait un bourgeois, et même ce manteau est décoré de franges, signe de luxe. Plutôt qu'un esclave, le personnage serait un affranchi, ou Pappos. Les affranchis, autant que les esclaves de la *familia urbana*, devaient beaucoup s'amuser aux aventures des héros de Ménandre, ou de ceux des comédies de Plaute et de Térence, dont les adaptations eurent aussi du succès.

Atellane — Mais il ne faut pas oublier que la Campanie est la patrie de l'atellane, une farce populaire qui utilise des types mis en scène par Naevius: le politicien *(agitatoria)*, le diseur de bonne aventure *(ariolus)*, la charbonnière *(carbonaria)*, la marchande de fleurs *(corollaria)*, la femme à la tunique courte *(tunicularia)*, le potier *(figulus)*, autant de caractères empruntés à la vie quotidienne, qu'illustrent des terres cuites de l'Italie du Sud. On connaît d'autres types traités littérairement par Novius et Pomponius vers 89, *Maccus*, aux grosses mâchoires, est soldat, *Bucco*, le goinfre et bavard, est gladiateur, *Pappus*, le vieillard, est fermier, les deux *Dosseni* sont bossus. Les sujets sont empruntés à la vie rustique: *Rusticus, Agricola, Vacca,*

Asina, Maialis: le Rustre, le Paysan, la Vache, l'Ânesse, le Porc, qui contentaient la sève paysanne pompéienne. On s'amusait de sujets empruntés à la vie familiale: l'oncle *(Patruus)*, le chasseur d'héritage *(Heres, Petitor)*, les jumeaux *(Gemini)*, les noces *(Nuptiae)*. Les professions étaient mises en scène: l'haruspice, l'augure, le médecin, le cithariste, les peintres, les pêcheurs, les foulons. Intérêt donc manifesté pour la vie quotidienne que l'on caricature sur la scène du théâtre, goût de la farce, de la «Commedia dell'Arte», et de la «revue» qui allait faire naître de nouvelles formes de spectacle.

Le mime — Le mime cherche à imiter la vie par les expressions du visage, et bannit le masque; le costume est aussi celui de tous les jours. L'acteur exécute des danses et acrobaties d'origine sicilienne, souvent indécentes mais courtes. Les sujets sont burlesques et tournent inlassablement autour du même thème: l'adultère — assuré des faveurs du public. Peu à peu, les mimes ont remplacé les atellanes et se jouent sur la scène du Grand théâtre: une peinture nous montre un jeune homme vêtu d'une chlamyde debout dans la *regia*, deux autres guerriers occupent les *hospitalia* — par-derrière, deux esclaves tiennent l'un une amphore de vin, l'autre une torche et semblent préparer un banquet.

La pantomime — La pantomime, avec ses danses et ses gestes dans une production muette, n'a pas été jugée indigne de la scène du Grand théâtre; nous en connaissons une dont le sujet est la lutte d'Apollon et de Marsyas. Dans l'*hospitalium* de gauche, Athéna essaie les flûtes qu'elle a inventées; dans celui de droite, Marsyas a pris les flûtes d'Athéna; dans la porte royale, Apollon victorieux joue de la lyre, tandis que par-derrière quatre membres du chœur simulent le complot.

Jeux athlétiques — Même les jeux athlétiques pénètrent sur la scène du théâtre; ils y semblent tard venus, sans doute quand l'amphithéâtre, après la rixe avec les Nucériens, a été fermé; les Pompéiens, au moins pendant quelques années, ont dû se contenter de combats mimés, comme le montre une peinture: dans la porte centrale, un athlète tient, à la fin de l'épreuve qu'il a gagnée, une palme qui lui est apportée par une Victoire, tandis que le second et le troisième l'encadrent dans les autres portes, tout comme, sur le *podium* olympique, les médailles d'argent et de bronze escortent la médaille d'or.

L'Odéon restait spécialisé dans la récitation musicale ou poétique: un poète couronné, au masque tragique, y déclame des vers [37] de sa composition.

Acteurs

Un autre témoignage des goûts des Pompéiens est la faveur dont jouissent les acteurs. Ils aiment leur sérieux, leur capacité de changer de voix suivant le rôle masculin ou féminin qui leur échoit; l'acteur étudie son masque et devant lui médite son rôle. Malheureusement, les noms des grands tragédiens et des comédiens nous échappent. Il est révélateur que nous ne connaissions que celui d'un archimime, Pâris [38], qui apparaît dans l'annonce des spectacles [39]. Il est applaudi comme l'unique seigneur de la scène [40]. Une inscription grecque le salue comme étant le beau Pâris [41]. Il pourrait être l'archimime de l'époque de Domitien, qui, amant de l'impératrice, sera exécuté en 84 sur la voie publique [42] et enterré ensuite via Flaminia [43]. Norbanus Sorex jouait les deuxièmes rôles dans les mimes; il était assez riche pour immortaliser ses traits dans un buste et était un adepte de la religion isiaque [44]. A Pompéi, les acteurs ne sont nullement frappés d'indignité et même ceux qui interprètent des spectacles d'un niveau intellectuel bien inférieur aux vraies pièces de théâtre reçoivent droit de cité et honneurs.

On ne peut se défendre de quelque inquiétude devant la vogue des mimes et pantomimes, devant l'admiration portée aux archimimes: le mime Marceau, malgré son immense talent, ne peut remplacer les pièces classiques, ou même celles des boulevards. Une culture s'exprime non par gestes mais par une langue, par une écriture. Les graffites heureusement sont là pour apaiser nos craintes. Les Pompéiens n'ont pas oublié les leçons du *ludi magister*; ils ont continué à lire surtout des vers, ils en ont fabriqué quelques-uns, souvent de mirliton, mais parfois leur cœur a trouvé des accents qui nous touchent encore.

Limites de la culture littéraire

On peut donc se faire une idée précise de la culture littéraire à Pompéi[45]. Il est difficile de parler d'une pensée et d'une philosophie pompéiennes. Il n'existe pas, comme à Herculanum, de villa des Papyri; on ne découvre pas la trace de cercles littéraires ou philosophiques et, au sens propre du mot, nous ne pouvons pas affirmer que Pompéi fut un centre de culture. Dans la maison de Ménandre, la bibliothèque contenait seulement des œuvres dramatiques.

Les inscriptions, les graffites témoignent de la civilisation et des goûts des Pompéiens, plutôt que d'une culture désintéressée. L'esprit campanien repense et recrée la grande poésie romaine, la goûtant en elle-même, ou la modifiant pour la parodie, ou l'adaptant à ses propres inclinations. Tout en «nationalisant» une poésie grecque et hellénistique, il puise dans la tradition alexandrine les épigrammes érotiques; ce faisant, Pompéi une fois de plus est au croisement de la romanité et de l'hellénisme. Un des aspects les plus typiques de la vie littéraire est offert par les épigrammes amoureuses — qui transmettent l'amour des conversations obscènes des lupanars, de la vulgarité des carrefours — autant que par les conversations tendres ou les âpres et éphémères dialogues. Il s'agit en somme d'une culture provinciale, comme dans les autres centres de la Campanie et de l'Italie, limitée, mais qui a une couleur et une saveur originales.

L'expression du sentiment de l'amour domine. La *Colonia* est, depuis Sylla, *Veneria*; elle est le séjour de Vénus *(Veneris sedes)*[46]; un club s'y est implanté: *Iuvenes Venerii* dits aussi *Veneriosi* qui voyaient dans la *Venus fisica* la divinité suprême. Pompéi reste dans l'imagination de nos contemporains la cité des libres amours et l'élégie y fut plus spécialement cultivée.

Les poètes cités

Quels sont les poètes que l'on connaît, que l'on imite? Un vers d'Ennius, premier chantre de la grandeur romaine, accompagne la représentation de la montée au ciel de Romulus. Les peintures pompéiennes sur la légende des origines de Rome sont nombreuses, et l'édifice d'Eumachia abritait l'*elogium* d'Énée et de Romulus[46 bis].

De Lucrèce, on répète cinq fois son invocation à Vénus: *Aeneadum genetrix*, mère des descendants d'Énée, qui transfigure le symbole d'amour par le sentiment de la lignée romaine. Le mythe douloureux d'Iphigénie, illustré par une peinture restée célèbre, a été chanté aussi par Lucrèce.

De Virgile, on ne retrouve qu'une seule citation des *Géorgiques*[47], quelques-unes des *Bucoliques*[48], mais les premiers vers des livres I et II de l'*Énéide* sont bien connus, parfois travestis dans une parodie burlesque et parfois empreints seulement d'un certain humour[49]. Parmi les poètes épiques admirés à Pompéi, Virgile occupait une place prééminente autant pour la douce harmonie du vers que pour le pathétique constant de sa poésie.

Ne nous étonnons pas du succès d'Ovide dont les *Amores* sont lus[50] ainsi que les *Héroïdes*[51], les *Métamorphoses*[52] et l'*Art d'aimer*[53]. Le Pompéien sait rapprocher Properce[54] et les *Amores*[55].

Candida me docuit nigras odisse puellas.
Odero si potero: si non invitus amabo.

(Une fille à peau blanche m'a appris à haïr les filles à peau noire. Je les haïrai, si je le puis; sinon, je les aimerai malgré moi.)

Properce parlait seulement de *castas puellas*: des filles chastes.

Properce[56] et Ovide reproduisent souvent les lieux communs de la poésie alexandrine et attestent que l'expérience poétique pompéienne a été alimentée par des thèmes communs à la sensibilité des époques hellénistique et romaine. Pompéi reste la cité de l'épigramme et de l'élégie, où l'on garde quelque souvenir d'Horace[57] et de Catulle[58]. L'inspiration épigrammatique anime les trois distiques illustrant la *graeca pietas* d'une peinture de la maison de M. Lucretius Fronto (V, 4, 10), où Pero allaite son vieux père Micon. En grec, deux vers reproduisent une épigramme de Léonidas de Tarente, connue par Diogène Laërce[59].

Conclusion

Ces souvenirs poétiques nous font connaître une humanité faite d'ironie gentille et de violence plébéienne, d'un priapisme conscient et de molles passions, de candeur et de turpitudes. La culture ne paraît pas avoir été recherchée pour elle-même mais pour les services qu'elle peut rendre; à l'école les notions de droit pratique, les éléments de la technique couronnent les années d'enseignement. Pompéi, à la confluence des deux cultures hellénistique et romaine, fait triompher peu à peu le courant romain, comme nous l'avons vu dans les formes architecturales et dans l'évolution des spectacles. Mais ce triomphe est peut-être la fin de la culture désintéressée, du raffinement hellénique des sentiments; avec l'atellane, la sève paysanne l'emporte chez les Pompéiens et libère des instincts primitifs. L'éruption du 24 août 79 trouvait donc cette culture en pleine crise: ce matin-là, au théâtre, le grondement du Vésuve a-t-il couvert la voix d'acteurs «classiques» ou a-t-il surpris une pantomime burlesque à grand spectacle? Dion Cassius ne nous a pas transmis ce détail; mais déjà nous savons que la culture, sinon la civilisation pompéienne, était mortelle et nous pouvons dire avec le poète inconnu:

Rien ne peut éternellement durer.
Quand le soleil a donné toute sa lumière, l'océan le reprend,
Phœbe diminue après la pleine lune,
Les vents farouches se transforment en brise légère[60].

CHAPITRE V

SPORT ET LOISIR

L'HOMME de l'Antiquité n'a jamais conçu d'éducation complète sans développement harmonieux de son corps. L'éducation physique figure en bonne place dans tout programme scolaire: la palestre est le prolongement et le complément de l'école. Le jeune citoyen met son point d'honneur à conserver force et adresse et tous les Pompéiens entretiennent aux thermes l'hygiène de leur corps. Mais ce souci n'est pas le seul auquel répondent ces établissements de bains, caractéristiques de la civilisation romaine: ils satisfont aussi le besoin d'*otium*[1], de loisir, fait de conversations savantes, de repos où la culture garde sa place et où les plaisirs de l'esprit font l'âme paisible. Il est vrai aussi que la foule emplit l'amphithéâtre où elle se libère d'un certain nombre d'instincts en applaudissant un spectacle sanglant. Là encore, le Pompéien est infidèle à un pur héritage grec qui, à l'époque samnite, avait pénétré dans son univers quotidien. Quand il construit la palestre et les thermes, il s'écarte des modèles helléniques; il implante, pour la première fois dans le monde, un amphithéâtre, et dans ses instants quotidiens de détente, il fait donc triompher l'ordre romain.

Les palestres

Palestre samnite (fig. 35)

Une cour oblongue, située au nord du Grand théâtre, entre le temple d'Isis et l'entrée du forum triangulaire, désigne la palestre samnite[2]. A l'origine, la cour était entièrement entourée par une colonnade de six colonnes sur les longs côtés et de cinq sur les petits. Plus tard, sans doute après le tremblement de terre de 62, les colonnes de l'est furent supprimées et l'espace gagné au profit du temple d'Isis. Celles qui restent appartiennent à l'ordre dorique, et elles sont d'une taille réduite. On peut penser que le toit des portiques reposait directement sur une architrave de bois.

En face de l'entrée, placée au nord, se dresse, devant la colonnade méridionale, un piédestal de tuf devant lequel est installée une table de même matériau. Le piédestal, auquel on accédait par des marches étroites, portait la statue du dieu, patron du monument. Sur la table, était posée, les jours de compétition, la couronne destinée au vainqueur; celui-ci montait les marches pour couronner la divinité de la palestre, qui, un instant, s'était incarnée en lui. De la statue du dieu qu'on a restaurée on a fait par erreur un Hermès *doryphore*, soit porte-lance. A l'est, des locaux où les athlètes étaient frottés d'huile, frictionnés au strigile; un bassin d'eau courante permettait les ablutions.

La construction de cet édifice remonte à l'époque préromaine, comme nous l'apprend une inscription osque: il fut élevé par le questeur Vibius Vinicius, avec l'argent que Vibius Adiranus avait laissé par testament à la jeunesse pompéienne. Il s'agit donc bien d'un gymnase à l'air libre où les garçons s'exerçaient, comme dans les gymnases[3] primitifs de la Grèce, à la course, au saut et surtout[4] à la lutte, au pugilat et au pancrace. Ce monument modeste convenait à la société aristocratique samnite, mais il apparut aux Romains insuffisant pour d'importants exercices athlétiques, au moment où les palestres des thermes n'étaient plus adaptées à l'esprit du temps.

Grande palestre

Ils édifièrent alors la Grande palestre dont la fouille a duré de 1935 à 1939. C'est un vaste *campus* qui a été découvert, aux fonctions multiples, à la fois lieu d'enseignement, but de promenade, cour de caserne, marché d'esclaves et champ clos pour des combats de coqs[5]. Il se peut que les Romains aient décidé d'implanter un champ de Mars à l'échelle d'une ville provinciale dans le secteur de l'amphithéâtre: les spectateurs des jeux, chassés par la pluie, pouvaient trouver rapidement refuge sous ses portiques.

La Grande palestre présente un type architectonique nouveau. L'ample place rectangulaire de plus de quinze mille mètres carrés est enfermée dans une grande enceinte rectangulaire, orientée selon les axes du *decumanus* et des *cardines*: deux larges rues l'isolent des *insulae* voisines au nord et à l'ouest; au sud, un mur la sépare de la fortification. Les dimensions en sont à l'est de 141,30 mètres, à l'ouest de 142,20, 107,80 au nord et 107 au sud, ce qui représente une superficie supérieure à celle de six *insulae.* Le terrain offre une pente légère vers le sud et le sud-est.

Le mur d'enceinte ressemble à la muraille d'un *castrum*; il est percé de dix portails d'entrée; cinq à l'est, deux au nord correspondant aux venelles des *insulae*, trois à l'ouest, aucun au sud. A l'intérieur, trois longues colonnades constituent trois portiques surélevés sur un haut *podium*, le quatrième côté restant simplement formé du mur d'enceinte. En définitive, cette palestre se présente comme une grande place portiquée sur trois côtés, la colonnade faite de cent dix-huit colonnes développe 357 mètres; au milieu de la cour, a été creusée une piscine *(natatio)*; le bassin, mesurant 34,55 mètres sur 22,25 — soit 744 m^2 — avait une contenance de 1340 m^3; le fond descend, comme dans les piscines modernes, jusqu'à 2,60 mètres. Un tuyau de plomb amenait l'eau du château d'eau de la ruelle de Loreius Tiburtinus. La vidange et le nettoiement étaient prévus; les eaux usées empruntaient un égout destiné au lavage de la grande latrine, annexée à la palestre, au sud-est.

Au milieu du portique occidental, une exèdre rectangulaire était, comme nous l'avons vu, consacrée au culte de la divinité de la palestre ou même de l'empereur[6] et au sud, dans un certain nombre de pièces, les athlètes pouvaient se préparer pour les jeux et se nettoyer avant de se baigner dans la piscine. Leur peau suante était décrassée au strigile. De jeunes esclaves les assistaient, portant huile et serviette.

La cour, autour de la piscine, était décorée de platanes plantés sur deux files, à 7,50 mètres l'un de l'autre. Pompéi possède de cette façon le premier exemple d'architecture arbustive. On a pris les empreintes de leurs racines et de leurs troncs calcinés: certains en 79 étaient centenaires, et leur plantation, donc la palestre, remonterait aux premières années du règne de l'empereur Auguste, soit 27-25 avant Jésus-Christ. On sait que l'empereur a réorganisé la *iuventus* (jeunesse); ses petits-fils portaient le titre envié de princes de la jeunesse; la palestre servait aussi de champ d'exercice pour l'entraînement militaire des fantassins et des cavaliers.

Le tremblement de terre de 62 bouleversa le *campus.* La colonnade souffrit beaucoup. Les colonnes de brique firent leur apparition, mais la restauration n'était pas terminée en 79. L'alimentation en eau de la *natatio* n'était pas assurée en raison de la rupture du tuyau d'amenée d'eau.

Au total, la Grande palestre pompéienne présente une analogie singulière avec les gymnases grecs primitifs, qui étaient de simples pistes ombragées, et reste ainsi dans la tradition hellénique, mais elle est romaine par l'introduction de la piscine et par cette union entre thermes et palestre.

Cette structure double, qui unit la piste sablée du gymnase et les installations de la palestre, invite à poser la question de la nature des exercices qui s'y déroulaient[7].

Exercices et jeux

Une première précision s'impose: les exercices sont le fait d'individus qui ne songent qu'au développement de leurs aptitudes physiques. Nous ne pouvons ainsi tenir compte de ces pugilistes professionnels qui, isolément ou en groupes, participaient aux jeux donnés sur le forum par Aulus Clodius Flaccus, à l'occasion de son premier duumvirat[8]. Seuls donc nous intéressent les amateurs. L'enquête reste cependant difficile, car nous disposons de peu d'images de ces jeux de la palestre. Trop souvent, les peintures présentent des athlètes isolés, qui deviennent des thèmes décoratifs adaptés à l'architecture. Cependant, la décoration pariétale d'une maison (VIII, 2, 22-24), refaite après le tremblement de terre de 62, présente un schéma scénographique où le fond de scène est fait de figures d'athlètes, ainsi que les bains de la maison de Ménandre (I, 10, 4).

Les exercices les plus fréquents et les mieux prisés étaient le lancer du disque, le saut avec haltères, la lutte, celle-ci très populaire, comme peut l'être de nos jours le catch.

Le vainqueur de ces compétitions était fêté et recevait des récompenses variées: palme, couronne, ruban, vases d'argile et de bronze, grand bassin de bronze sur pied *(labrum)*. Le sport était donc populaire. Cependant, certains exercices ont un caractère plus spécialement militaire. Les graffites de la palestre portent mention d'escadrons et de centuries — l'escadron valant pour les cavaliers, les centuries pour les fantassins. Leurs chefs sont des citoyens. De plus, la course en armes prend place parmi les exercices de la palestre: un coureur armé avec la couronne et la palme tient dans la main droite le grand écu, deux lances dans la main gauche, à ses pieds gisent le petit écu circulaire et une épée. Les jeunes gens à cheval se livraient à de savantes et complexes évolutions, en un jeu qui s'intitulait *Ludus Troiae* ou *Truia*, jeu de Troie. Mais toute la jeunesse de Pompéi se mesurait-elle sur le vaste *campus* et les Romains avaient-ils dépassé l'idéal aristocratique fermé de la palestre samnite?

«Jeunesse» de Pompéi

Tous les régimes forts exaltent la jeunesse. Auguste, nous l'avons dit, a promu la mystique de la *iuventus* et le savant pompéianiste Matteo della Corte a vu la *iuventus* de Pompéi avec les yeux d'un Italien abusé de slogans fascistes: le livre qu'il lui a consacré en 1924 est de ce fait plus que suspect; essayons de revenir, loin de toute passion, à l'analyse de la réalité antique en recherchant des termes de comparaison dans le monde romain. Précisément, à Mactar[9], ville du Centre de la Tunisie, à la limite méridionale du Tell, une inscription (datée de 88 apr. J.-C.) cite la *Iuventus Civitatis Mactaritanae*. En voici la traduction: *La jeunesse de la cité de Mactar, les fidèles de Mars Auguste ont élevé sur le sol public une basilique et deux greniers avec leurs propres revenus et sous la surveillance de deux des leurs, Saturninus, fils d'Arisim, et Fortunatus, fils de Lulhim*. Ceux-ci sont les secrétaires du collège, dont la liste *(album)*, comprenant

69 membres, est ensuite inscrite. Nous savons qu'il existait des collèges de jeunes gens *(iuvenes)* autorisés par la loi. C'est en Italie et dans les provinces les plus romanisées que se seraient développés ces *collegia*, sorte de clubs aristocratiques qui groupaient les fils de la bourgeoisie municipale; «fils à papa», ils devaient essentiellement organiser des jeux, les *lusus iuvenum* ou *iuvenalia*, adorer l'empereur et faire preuve de loyalisme politique. Sur le plan militaire, leur rôle était limité à la parade, au défilé à cheval. Le pouvoir impérial ne se servait donc pas de ces *collegia* comme centres de préparation militaire supérieure pour former les cadres de l'armée.

Cependant, dans l'inscription de Mactar, il n'est pas question de *collegia iuvenum* mais de la jeunesse *(iuventus)*. Au contraire des *collegia*, les *iuventutes* provinciales et dans l'Italie rurale rappelleraient les sociétés suisses de préparation militaire: elles auraient été des sortes de milices, où tous les jeunes gens du canton étaient appelés à servir. Les magistrats avaient ainsi à leur disposition immédiate une force d'intervention dont l'existence n'était pas juridiquement reconnue mais seulement tolérée. Les *iuventutes* jouaient au début un rôle important dans la transmission du courrier officiel. A Mactar, la *iuventus* veille à l'approvisionnement (annone) militaire: elle élève deux greniers pour y recueillir le blé destiné aux troupes romaines d'occupation.

L'opposition entre les deux institutions n'était peut-être pas aussi absolue. A Pompéi, il semble bien qu'on ait affaire à un *collegium iuvenum*: or, certains de ses exercices, nous l'avons vu, ressemblent à ceux de la préparation militaire. Matteo della Corte a vu là les preuves de l'existence de cette société de préparation militaire, qui, selon lui [10], aurait disposé d'un local qu'il a baptisé *Schola Iuventutis* (III, 3, 6). Cette salle imposante, ouvrant sur la rue de l'Abondance sur toute sa largeur, était fermée par une grille; le long des parois, des armoires de bois contenaient armes et armures de parade. La décoration exaltait la gloire militaire: sur les pilastres extérieurs étaient peints de grands trophées d'armes, où l'on reconnaissait les trophées césariens, rappelant les victoires de César aux quatre coins du monde [11]; à l'intérieur, deux palmiers phœnix évoquaient les palmes qui récompensaient les vainqueurs de la palestre; au-dessus des pilastres, les insignes des légions alternaient avec dix génies féminins volants, armés chacun de l'écu et d'une arme.

En face — ou presque — chez Julia Felix (II, 4, 3), les bains, grâce à leur spacieuse palestre, parcourue par un euripe et pourvue d'un gymnase, auraient permis à la jeunesse pompéienne de se réunir. Une inscription de location mentionne un *Balneum venerium et nongentum*, fort délicat à traduire et à interpréter. Pour Matteo della Corte, il n'y a pas de difficulté: les *iuvenes* à Pompéi portent le nom de *Venerii Pompeiani*, à l'image de la colonie; et ces *iuvenes* seraient au nombre de neuf cents; ainsi Julia Felix louerait le bain du club des neuf cents de la jeunesse pompéienne. Pour *Venerii*, nous pouvons, à la rigueur, accepter l'interprétation du savant épigraphiste. Avouons qu'il n'est guère possible de croire que ce bain pouvait appartenir à neuf cents jeunes aristocrates. Mais l'idée du club fermé subsiste si *nongentum* désigne, comme l'a pensé Mommsen, un gentilhomme. Il se pourrait ainsi qu'à Pompéi, il y ait eu, pour la jeunesse dorée, un certain nombre de cercles fermés; à la Grande palestre, elle était également présente, car seul un aussi vaste espace convenait à ses évolutions équestres ou pédestres. La sévérité même du mur d'enceinte ressemblant à celui d'un *castrum* complète cette atmosphère militaire. Ces jeunes gens toutefois n'offraient pas de vraie milice permanente, mais se livraient, en bons sujets de l'Empire, à des exercices qui les préparaient physiquement et moralement à leur rôle de citoyens. Ce ne pouvait être que les fils de la bourgeoisie municipale qui y participaient: il fallait du temps et de l'argent pour monter à cheval ou s'adonner à cette culture physique orientée vers le combat: ainsi, une petite ville provinciale, à l'heure de l'armée de métier permanente, s'offre le luxe d'une société hippique et d'une société de préparation militaire qui renforce, dès les jeunes années, la hiérarchie sociale.

Thermes publics

Leur importance — La palestre grecque, qui se développe autour d'une cour, a été souvent unie à un établissement de bains; et les architectes pompéiens retiendront cette leçon en ne faisant occuper aux bâtiments des thermes qu'un des côtés de la cour-palestre. Toutefois, la part faite aux exercices physiques tend à diminuer, à mesure qu'on avance dans le temps. Ce que les Romains, en effet, ont le moins assimilé des Grecs, c'est la gymnastique[12]; loin de rechercher le développement de tout l'être, ils firent des exercices de la palestre une technique accessoire du bain.

A la différence des Osques de Campanie, les Romains ne se décideront pas à adopter l'athlétisme[13]. La pratique des exercices gymniques entra dans la vie romaine sous la catégorie de l'hygiène et non du sport. La palestre romaine est architecturalement une dépendance des thermes, hypertrophiés par rapport aux aménagements de sport.

Alors que, pour les Grecs, le sport est un acte gratuit, un acte compétitif, il ne sert, selon les Romains, qu'à échauffer le corps pour mieux lui faire goûter le bain.

L'importance des thermes dans la vie pompéienne se mesure à leur nombre — nous comptons trois établissements très importants — et à leur localisation aux lieux les plus fréquentés et les plus accessibles: les thermes de Stabies au carrefour d'Holconius, les thermes du Forum au croisement de la rue du Forum et de la rue de Nole, les thermes centraux, au croisement du *decumanus maximus* et du *cardo maximus.* Les «normes» romaines envahissent progressivement l'architecture thermale et on suit aisément cette transformation des thermes de Stabies, d'époque samnite, aux thermes du Forum, qui remontent aux premiers temps de la colonie romaine, et enfin aux thermes centraux, qui appartiennent à la dernière époque de Pompéi et étaient inachevés au moment de l'éruption.

Thermes de Stabies (fig. 37)

Les thermes de Stabies sont assez grands, ils occupent tout le secteur méridional de VII, 1 et disposent de sept entrées donnant sur trois rues, la rue de Stabies, la rue de l'Abon-

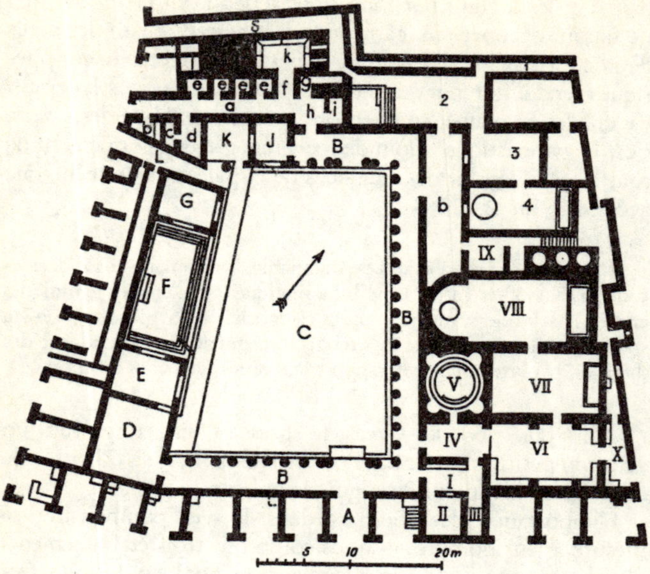

Fig. 37. — Plan des thermes de Stabies (d'après Mau-Kelsey).

A	ENTRÉE PRINCIPALE	VII	tepidarium
B	COLONNADE	VIII	caldarium
C	PALESTRE	IX	FOURNEAU
F	PISCINE	1-6	BAIN DES FEMMES
I-VIII	BAIN DES HOMMES	1-5	*entrées*
IV	*antichambre*	2	apodyterium
V	frigidarium	3	tepidarium
VI	apodyterium	4	caldarium

dance et la ruelle du Lupanar ou des Thermes. La grande entrée se place sur la rue de l'Abondance, deux portes sur la rue de Stabies conduisent aux bains des hommes et des femmes et au four de chauffe; sur la venelle du Lupanar, un passage permet la communication avec la palestre, les cabines de bains particuliers et le bain des femmes.

L'ancienneté de la construction samnite se marque au grand portail de tuf, orné d'une belle moulure, et à l'inscription en osque du questeur Maras Atinius [14], sur un cadran solaire, réglant les heures de service et le tour des baigneurs. L'établissement lui-même se compose de trois parties: dans le secteur est, le bain des hommes, séparé par le fourneau *(praefurnium)* de celui des femmes; au nord, s'alignent une série de chambres isolées comportant chacune une baignoire et une latrine; enfin, au centre, la palestre entourée d'un portique sur trois côtés, et sur le quatrième d'une piscine, flanquée de pièces de service.

Cette architecture a subi des transformations quand eut été découvert un nouveau mode de chauffe adapté aux thermes, et quand on put installer des conduites d'eau dès la construction de l'aqueduc augustéen. Les duumvirs C. Uulius et P. Ancnius[15] mirent alors — on en était à la première période de la colonie romaine, à l'époque cicéronienne — aux enchères la construction du *laconicum* et du *destrictarium*, la réfection des portiques et de la palestre. Le *destrictarium* désigne le local où dans la palestre les athlètes *se detergunt*, se décrassent avec le strigile de la sueur et de l'huile souillée de poussière, après les exercices à l'air libre, ou bien le mot s'applique à la *schola labri*, la pièce où l'on peut faire des ablutions avant de se tremper dans une baignoire ou une piscine. Le *laconicum* véritable, sur lequel nous reviendrons, ne s'y trouverait pas.

Le noyau architectural le plus ancien est indubitablement celui du secteur nord où l'on observe une rangée de salles obscures qu'on atteignait par un couloir d'entrée sur la ruelle des Thermes. Elles ne connurent pas de réfection ultérieure et durent être abandonnées au bénéfice de l'installation thermale du secteur oriental. En voyant ces salles, on se rappellera que Scipion l'Africain, dans sa villa de Liternum, disposait, au début du IIe siècle avant Jésus-Christ, d'un cabinet de bain étroit, ténébreux, selon la coutume du vieux temps, et Sénèque[16], qui nous a rapporté ce détail, ajoutait avec humour et étonnement: « Il fallait l'obscurité à nos ancêtres pour qu'ils se sentissent bien au chaud ».

Le bain primitif était exclusivement alimenté par l'eau d'un grand puits qui se trouve aujourd'hui dans une boutique entre les deux entrées du nord-ouest. L'eau était puisée, comme dans un modeste édifice thermal récemment découvert (VIII, 5, 3-6)[17], par l'intermédiaire d'une roue hydraulique, et garnissait un réservoir situé à la hauteur des terrasses, d'où ensuite elle était redistribuée. Une telle installation a duré jusqu'à la canalisation augustéenne, mais, encore un moment, la roue hydraulique a pu continuer de tourner et servir d'appoint.

Le bain se divise, comme cela sera toujours la coutume, en bain pour les hommes et en bain pour les femmes. La partie accessible depuis la palestre, la plus vaste, était réservée aux hommes. Le tuf et l'*opus incertum* datent la construction de la seconde moitié du IIe siècle avant Jésus-Christ. Dans la disposition des différentes pièces, on découvre le rythme canonique des thermes: *apodyterium* (déshabilloir), *tepidarium* (pièce tiède), *caldarium* (pièce surchauffée), *frigidarium* (piscine d'eau froide).

La véritable entrée se fait par le portique de la palestre. Le vestibule qui précède l'*apodyterium* et le *frigidarium* est très richement orné: son pavement est de marbre, ses parois sont roses. Le plafond à voûte et à caissons octogonaux et circulaires a reçu une décoration de reliefs en stuc dessinant des figures féminines, des Amours, des animaux, sur fond bleu et sur fond noir.

Le *frigidarium* cylindrique, avec une piscine alimentée par une fontaine circulaire installée dans une niche, est une petite construction aérée par un œil de lumière, comme au Panthéon de Rome ou à Baïes, trouant une voûte toute peinte d'azur. Le bain avait une bordure de marbre qui se continuait dans quatre niches. Sur les murs et les niches, était peint, sous un ciel bleu étoilé, un merveilleux jardin avec des arbres, des buissons et des oiseaux. Les baigneurs échappaient à l'exiguïté du lieu et avaient l'illusion de l'espace et de la nature.

L'*apodyterium* est, après le vestibule, la pièce la mieux décorée: sur un *podium* élevé d'une marche, quatre robustes piliers ont dû, après le tremblement de terre de 62, soutenir les murs; ceux-ci sont creusés de sortes de niches où les baigneurs déposaient leurs vêtements; elles sont peintes simplement en rouge et blanc. La voûte à caissons a reçu une très riche décoration, une petite porte communiquait avec le *tepidarium* où régnait une température moyenne.

Le *caldarium* offre une disposition, elle aussi « réglementaire ». Dans un alvéole rectangulaire, proche du fourneau, la baignoire *(alveus)* d'eau chaude faisait face à la partie en abside de la pièce où une fontaine de bronze *(labrum)* facilitait les ablutions et permettait les rafraîchissements bienfaisants dans l'atmosphère surchauffée. En effet, la chaleur est transmise par un pavement suspendu *(suspensura)*, au-dessous duquel circule de l'air chaud, émis par le *praefurnium*. Sergius Orata serait l'inventeur de cet ingénieux dispositif qui remplaçait avantageusement les braseros, nauséabonds et toxiques. Pour assurer le tirage et la chauffe des parois, des tubulatures étaient disposées dans les murs et des *tegulae mammatae* (munies de quatre protubérances en forme de mamelles) soutenaient les doubles parois.

Le *praefurnium* était l'axe de symétrie de tout le secteur oriental, et en poursuivant vers le nord, le bain des femmes égrenait, à l'inverse de celui des hommes, *caldarium, tepidarium, apodyterium* où une fillette, accompagnant sa mère ou sa sœur, trompa son attente en dessinant sur une des parois un navire.

La palestre, héritage gréco-hellénistique, dispose d'une piscine de 22 × 8 × 1,50 mètres : on peut donc y nager et déjà une nouvelle hydrothérapie a sa place dans ces thermes. Dans les pièces qui la flanquent, les athlètes s'enduisaient d'huile, s'appliquaient du sable avant la lutte et le pugilat et se nettoyaient au strigile après l'exercice. Une cuve, alimentée par une bouche située dans une niche, permettait un premier lavage. A l'extérieur, le mur d'une de ces pièces avait reçu une décoration du quatrième style, empruntant au cycle bachique et au cycle olympien les thèmes du Zeus en majesté et le rapt d'Hylas. La date de cette peinture indique une réfection tardive ; mais après 62, ces thermes, malgré les travaux qu'on y avait déjà faits, ne devaient plus être utilisés.

Thermes du Forum (fig. 38)

Les thermes du Forum appartiennent, avec l'Odéon et l'amphithéâtre, à ce groupe d'édifices publics construits aux premiers temps de la colonne syllanienne. Avec les deniers publics, le duumvir L. Caesius et les deux édiles C. Occius et L. Niraemius [18] les firent élever dans un secteur plus central que les thermes de Stabies, en réticulé de lave lié par du bon mortier.

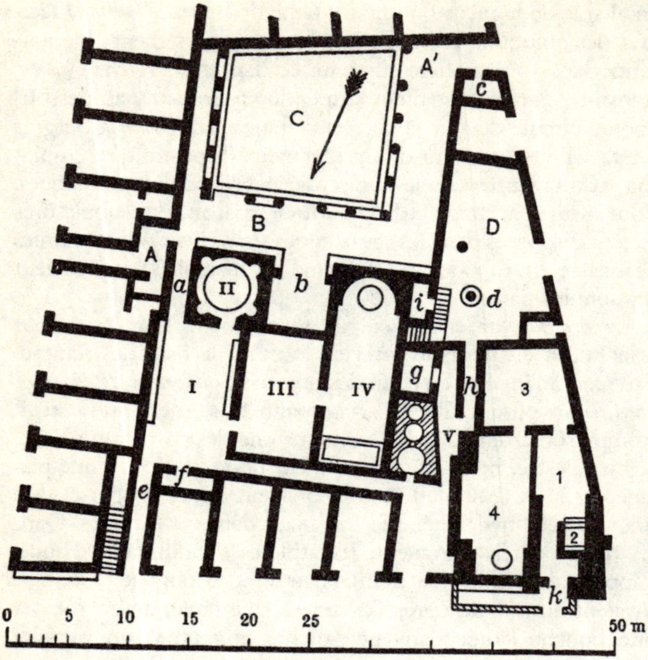

Fig. 38. — Plan des thermes du Forum (d'après Mau-Kelsey).

A, A'	ENTRÉES
B	COLONNADE
C	COUR-PALESTRE
D	ARRIÈRE-COUR DU BASSIN DES FEMMES
I-IV	BAIN DES HOMMES
I	apodyterium
II	frigidarium
III	tepidarium
IV	caldarium
V	FOURNEAU
1-4	BAIN DES FEMMES
1	apodyterium
2	*bassin froid*
3	tepidarium
4	caldarium
	horloge solaire.

En plus petit, ils répètent la disposition des thermes de Stabies et sont faits de deux sections pour les hommes et pour les femmes; au nord une cour non couverte, portiquée, sert de palestre[19], et sa superficie médiocre indique bien que les

Romains s'éloignent résolument de l'idéal grec. Le bain des hommes a trois entrées, sur trois rues, tandis que celui des femmes n'en a qu'une sur la rue de la Fortune; mais un vestibule, qui empiète sur le trottoir, en rend l'accès plus secret.

L'*apodyterium* du bain des hommes, dépourvu de niches, offrait des bancs; les usagers déposaient peut-être leurs vêtements sur des étagères de bois. Il était éclairé au sud par un hublot vitré pivotant sur son armature de bronze.

Le *frigidarium* est de plan circulaire, rythmé par quatre niches comme aux thermes de Stabies; l'*alveus* circulaire à gradins offrait ses marches de marbre au repos des baigneurs. La voûte à coupole était percée d'un œil central pour laisser pénétrer le soleil. Des arbres et des fontaines peints en rouge et blanc la décoraient, et sur la corniche des reliefs de stuc dessinaient une course d'Amours.

Le *tepidarium* n'était pas chauffé ici par l'invention révolutionnaire de Sergius Orata: aucune *suspensura*, aucune paroi à tubulures, mais un vaste brasero de bronze, offert, ainsi que des bancs de bronze, par N. Nigidius Vaccula [20], dont les armes parlantes — une vachette *(vaccula)* — décorent ce don somptueux. Les murs sont creusés de niches, séparées par des atlantes-télamons, musclés et farouches, soutenant la riche corniche faite de rinceaux d'acanthes. Le plafond est décoré de panneaux de stuc à personnages: Ganymède enlevé par l'aigle, Amour à l'arc, Apollon sur un dauphin.

Le *caldarium* est bien conservé avec ses parois jaune d'or et ses élégants pilastres de porphyre rouge. Le chauffage est assuré ici par une *suspensura* et des parois à *tegulae mammatae.* La baignoire offre des marches de marbre à l'agrément des baigneurs, en face une niche *(schola)* est occupée par le *labrum* éclairé, comme le veut Vitruve, par une fenêtre; deux autres s'ouvrent de ce même côté dans la voûte de la pièce au relief de stuc ondulé. Le *labrum* de marbre coûta à la caisse de la colonie 5250 sesterces au moment où, pour la seconde fois, étaient duumvirs Cn. Melissaeus Aper et M. Staius Rufus [21], en charge en 3-4 après Jésus-Christ [22].

Le bain des femmes est plus petit, mais le système de chauffage est plus complet que dans le bain des hommes, puisque toutes les pièces sont construites sur *suspensura.* Elles ont malheureusement beaucoup souffert du tremblement de terre de 62 et étaient, en 79, en pleine restauration.

La chaufferie, commune aux deux parties des bains, disposait de trois citernes alimentées par l'eau de pluie et par l'eau de la ville. Elle communiquait avec une cour où pouvait se dresser, sur un pilier, un cadran solaire qui rythmait le travail du personnel.

Thermes centraux (fig. 39)

Les Romains, aux premiers temps de la colonie syllanienne, avaient donc construit des thermes relativement modestes, et dont l'architecture s'inspirait fortement de celle des thermes de Stabies. Les thermes centraux, conçus après la catastrophe de 62, marquent au contraire une rupture et annoncent une ère nouvelle de l'architecture thermale.

Ils sont le plus grand édifice public construit après 62 et font partie de la rénovation urbanistique voulue par une bourgeoisie audacieuse. Il s'agissait pour elle de doter les quartiers orientaux de la cité de bains publics: l'emplacement choisi était à cet égard excellent.

Pompéi s'ouvre ainsi à la grande architecture thermale qui répond à de nouvelles nécessités et à de nouveaux goûts: goût de la lumière, par opposition à l'obscurité chère, comme l'avons vu, aux ancêtres; nécessité pour beaucoup de Pompéiens de renoncer au luxe qu'étaient les bains privés [23] après le tremblement de terre de 62, en raison des problèmes financiers et économiques que posait la reconstruction. Un effort devait donc être fait pour doter la colonie d'un vaste établissement de bains, qui accueillerait un public nombreux dans de grandes salles éclairées par de larges baies vitrées. L'architecture unissant briques et réticulé de tuf permet toutes les audaces de construction et sert cette volonté de s'affranchir de toutes les limitations matérielles, qui est une des marques de la dynastie flavienne, éprise de colossal.

Les thermes centraux couvrent la superficie d'une *insula* et on a rasé les maisons qui, avant 62, occupaient cet emplacement. Une seule file de boutiques les flanque à l'est et un haut

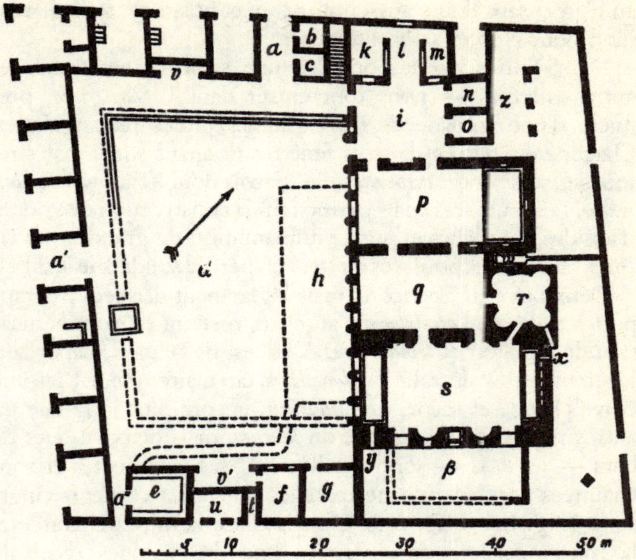

Fig. 39. — Plan des thermes centraux (d'après Mau-Kelsey).

d	*palestre*	q	tepidarium
h	*piscine*	r	laconicum
i, l	*vestibule, cour*	s	caldarium
p	apodyterium	x,y	*fourneaux*

mur d'enceinte leur assure une totale indépendance. Les trois grandes salles regardent vers une vaste cour portiquée sur trois côtés; les larges fenêtres, placées dans des entrecolonnements, occupent le quatrième. Notons une innovation: les thermes centraux ne disposent que d'un seul bain, réservé, naturellement, aux hommes.

On accède à l'établissement par trois entrées: deux sur deux grandes rues, et une secondaire sur une ruelle au sud, réservée au service. Au nord, on pénètre dans une salle qui joue le rôle de vestibule pour trois pièces, communiquant entre elles: salles de vente où l'on pouvait acheter tout ce qui était nécessaire au bain et sans doute aussi nourriture et boissons, salle de réunion pour club et salon littéraire.

Deux portes — et non plus une seule comme dans les autres thermes — nous font entrer dans l'*apodyterium*, première d'une enfilade de trois grandes pièces rectangulaires. Chacune est percée de trois fenêtres donnant sur la palestre; tous les sols sont à *suspensura*, les parois doubles à *tegulae mammatae*. Les murs très épais permettent la construction de voûtes, d'absides, de niches et aussi l'implantation de grandes ouvertures sans que les poussées mettent en péril la solidité de l'édifice.

Deux ouvertures encore, mais légèrement décalées par rapport à celles de l'*apodyterium* au nord, mettent en communication déshabilloir et *tepidarium*. A l'ouest de celui-ci, débordant légèrement, est installé un *laconicum* circulaire, qui est ici une étuve chaude et sèche. Le *caldarium*, encore plus long que les autres pièces, est débarrassé du *labrum*, mais deux vasques de bain — les *alvei* — sont installées sur ses petits côtés et sont chauffées par deux fourneaux: elles pouvaient contenir vingt-six à vingt-huit baigneurs. C'est la pièce la mieux chauffée et la mieux éclairée des thermes: une des vasques reçoit la lumière et la chaleur solaire de la palestre; sur le long côté méridional agrémenté de niches rectangulaires et semi-circulaires comme la paroi d'un nymphée, trois grandes fenêtres et deux petites donnent sur un jardin, isolé par un mur de la vue des préposés au chauffage qui circulent.

Il n'existait pas de *frigidarium*, mais dans la cour portiquée, une piscine était prévue, longeant les grandes fenêtres du *caldarium-tepidarium* et de l'*apodyterium*, laissant seulement un passage au nord pour l'accès à la cour. *Était prévue*, car ces thermes centraux étaient loin d'être terminés en 79: l'eau n'était pas arrivée, la piscine n'était pas creusée, les fourneaux pas construits, les revêtements de marbre pas en place; dans la cour, seule la rigole-gouttière destinée à recueillir l'eau tombant des toitures des portiques était installée et aucune colonne ne s'élevait encore. Mais tel qu'il fut surpris par l'éruption et tel que nous le voyons encore, cet édifice ne manque pas de grandeur, assurant le triomphe des préceptes de Vitruve et faisant passer sur Pompéi le souffle d'une architecture révolutionnaire.

PROGRÈS TECHNIQUES

L'évolution vers des formes de plus en plus romaines permet de constater les progrès de la technique thermale, caractéristique de la civilisation romaine.

Le Laconicum — Dans ces trois édifices, nous avons noté la présence d'une construction circulaire de même type, comportant des niches diamétralement opposées, et couverte d'une voûte. Avons-nous affaire à un *laconicum* ou à un *frigidarium*? L'inscription des thermes de Stabies, qui date de la restauration augustéenne des thermes, parle bien de *laconicum*. A suivre sa définition stricte, nous devons voir, dans le *laconicum*, une étuve sèche empruntée aux Spartiates. La chaleur était produite par un foyer intérieur, ce qui comportait l'inconvénient de dégager de l'oxyde de carbone. Or, dans les thermes de Stabies et du Forum, la voûte est percée d'une ouverture qui n'aurait guère favorisé le chauffage; d'autre part, s'il s'agit d'une étuve sèche, quel aurait été l'usage du bassin? Au contraire, l'arrivée d'eau donne bien la preuve qu'il s'agissait d'une piscine froide. Le mot de *laconicum*[24] désignait donc tout simplement une salle circulaire, à voûte conique, sans rapport avec la fonction primitive du *laconicum*, étuve sèche. Dans les deux premiers établissements de bains de Pompéi, il s'agit du *frigidarium*, de surface réduite. Il en va autrement aux thermes centraux. Ici, le *laconicum* retrouve sa destination d'étuve sèche, chauffée par un fourneau spécial et posée sur *suspensura*. A cette époque, les piscines froides, *frigidaria*, prennent de vastes proportions comme on le voit dans la *natatio* de l'établissement, autant que dans celle de la Grande palestre. Cette réappropriation du vocabulaire témoigne de la révolution dans le mode de chauffage.

Chauffage — Les Pompéiens des temps anciens, qui utilisaient l'eau tirée d'un puits, réchauffaient l'atmosphère avec les braseros[25]; l'eau chaude du bain provenait d'une chaudière en bronze, placée à l'extérieur. Quand la chaleur circule sous le sol, grâce aux hypocaustes seulement, la température ne dépasse pas 30° C; la vapeur d'eau chaude qui s'élève du *labrum* et de l'*alveus* lui fait atteindre 40° C; et il faut l'appoint thermique des braseros. Mais les parois chauffantes verticales portent cette température à plus de 60° C: le *laconicum* mérite bien alors son nom d'étuve. Les socques de bois sont nécessaires pour y pénétrer. La révolution architecturale, en permettant de capter la chaleur solaire, aide à cette recherche de fortes températures, prônée par toute la médecine du temps; le corps chasse les toxines et laisse l'esprit libre de goûter aux joies de la culture.

Personnel — Un personnel de plus en plus nombreux s'employait dans ces édifices de plus en plus grands. Pour la chauffe, il fallait apporter du bois, le scier à la longueur voulue; des esclaves y pourvoyaient et facilitaient la tâche du chauffeur *(fornacator)*[26]. Des aides-baigneurs se préoccupaient du bien-être des usagers, aidant les impotents à gravir les marches des *alvei* ou à descendre celles de la piscine froide, ou bien certains *(perfusores)*[27] douchaient ceux à qui l'immersion était interdite. Après le bain, on pouvait abandonner son corps détendu à une armée d'épilateurs, de parfumeurs et de masseurs[28], où s'employaient quelques Noirs[29], spécialité où aujourd'hui triomphent les Jaunes. Les délices pompéiennes étaient faites de ces moments heureux de détente. On pouvait encore raffiner en prenant des bains de mer dans un établissement spécialisé.

Bains d'eau de mer et d'eau douce

Les promeneurs de la rue des Sépulcres qui conduisait à la porte d'Herculanum avaient l'œil attiré par une inscription-affiche, placée dans une niche de la prétendue villa de Cicéron[30]: « Établissement thermal de M. Crassus Frugi. Bains à l'eau de mer et à l'eau douce. Januarius l'affranchi le recommande ». Della Corte[31] pensait qu'ainsi étaient vantés les bains de Baïes, prônés par Pline l'Ancien[32], et salutaires aux malades. Maiuri[33] ne le croit pas, car cette propagande viserait un établissement trop éloigné de Pompéi. Il vaut mieux penser qu'était rappelée aux voyageurs la présence de ces bains, situés à trois kilomètres sur le lido, et que le chemin de traverse qui prend après le sépulcre des Istacidii y conduisait. Il aboutit au promontoire de l'Uncino, fermant la rade de Torre Annunziata, où se dressaient des thermes romains et où jaillissait une source thermale. Les eaux thermales du sous-sol étaient atteintes par le moyen d'un puits; cet établissement était, d'après la forme de la *suspensura*, d'époque flavienne; précisément nous connaissons un M. Crassus Frugi, consul en 64, qui pourrait bien en être le propriétaire. La thérapeutique des thermes de Baïes était ainsi appliquée à Pompéi.

Au total, raffinement, mais aussi, grâce aux thermes centraux, participation de plus en plus forte de la population en pleine expansion aux bienfaits hygiéniques des bains. Les deux portes que nous avons notées aident à canaliser la circulation à sens unique pour les entrants et les sortants. Un tel souci d'ordre marque bien l'accueil enthousiaste que le populaire réservait à ce genre d'établissement. Heures perdues du farniente — ou plutôt heures de bien-être gagnées — en attendant de participer du geste et de la voix au spectacle de l'amphithéâtre.

L'amphithéâtre et ses jeux

Les jeux de l'amphithéâtre sont authentiquement romains, tout comme l'amphithéâtre relève d'une architecture qui n'a aucun lien avec la Grèce. C'est à Pompéi qu'est né le premier amphithéâtre romain, ce qui souligne sa valeur exemplaire et son importance. La place tenue par les jeux dans les loisirs de sa population se mesure au fait qu'il a été le seul monument complètement et rapidement réparé après le malheur de 62.

Situation — Il est situé au sud-est de la ville dans un endroit réservé par les fondateurs de la colonie à un monument public. Le quartier ne connaît pas la densité habituelle des maisons, il est dépourvu de boutiques; au contraire, les constructions privées disposent de vastes jardins, ce qui leur donne un aspect inhabituel de grandes villas suburbaines, comme chez Julia Felix et chez Loreius Tiburtinus. Les facilités de circulation sont grandes pour les spectateurs, et l'accès de la palestre, située en face, est aisé; l'embouteillage est évité, ce qui montre la sagesse séculaire des architectes romains qui se sont toujours souciés de ne pas accroître les «embarras» de la ville.

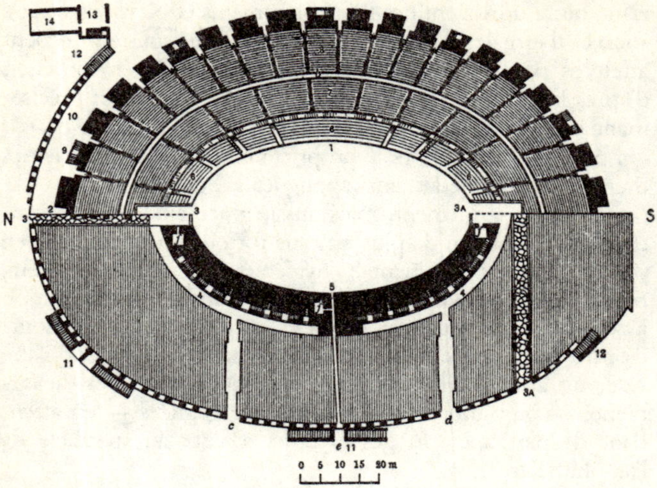

Fig. 40. — Plan de l'amphithéâtre (d'après Mau-Kelsey).

1	*podium*	10	*terrasse*
2	*galerie*	11, 11	*escaliers doubles extérieurs*
3, 3A	*entrées vers l'arène*	12, 12	*escaliers simples extérieurs*
4, 4	*crypta*	13	*tour de la muraille*
5	*passage vers la porte de la Mort* (?)	14	*muraille*
		a	*première* praecinctio
6	ima cavea	b	*deuxième* praecinctio
7	media cavea	c, d	*entrées latérales*
8	summa cavea	e	*porte de la Mort* (?)
9	*escalier des balcons*	f,f,f	carceres

Date — Le monument pompéien homogène est bien daté grâce à une inscription archaïque[34], placée sur une des portes d'entrée: «C. Quinctius Valgus et M. Porcius, duumvirs quinquennaux, en l'honneur de la colonie, en raison de leur magistrature, se sont unis pour faire, à leurs frais, un lieu adapté à des spectacles [*spectacula*] et ont donné aux colons l'emplacement à perpétuité.» Nous connaissons bien les promoteurs de cet édifice. Par deux fois, nous les avons rencontrés tant comme producteurs-exportateurs de vins que comme responsables de la construction de l'Odéon[35] où ils étaient simplement dits *duumviri*; c'est donc à 70 ou à 65 avant Jésus-Christ que nous pouvons faire remonter l'édification de l'amphithéâtre.

Or, il semblerait que le premier édifice portant le nom d'*amphitheatrum* ne daterait que de 53-52, s'il faut croire Pline l'Ancien. A ce moment, à Rome, Curion le Jeune[36], ami de César, voulut éblouir l'imagination des électeurs. Il annonça des jeux scéniques doublés d'un *munus*, d'un combat de gladiateurs. Il eut l'idée de construire deux théâtres de bois, montés sur pivot et accolés tangentiellement par le sommet de leur courbe. Le matin, ils étaient adossés et deux représentations théâtrales simultanées se déroulaient sans se gêner mutuellement. L'après-midi, pour les gladiateurs, il suffisait de faire tourner les deux théâtres, de supprimer les deux scènes: les deux hémicycles en fer à cheval ne formaient plus qu'un ovale unique et n'enfermaient qu'une seule arène. Par ce coup d'audace, l'amphithéâtre — ou plutôt le mot d'*amphitheatra* — était né à Rome; à Pompéi la réalité avait devancé le vocabulaire. Ne sachant comment désigner cet édifice d'un genre nouveau, les duumvirs quinquennaux le nomment gauchement *spectacula*, et les spectateurs vont être les *spectaculi spectantes* dont certains se prononceront en 79 après Jésus-Christ en faveur de la candidature de M. Holconius Priscus[37]. Dans une autre inscription, *in spectaculis* s'oppose à *in foro* et désigne bien à Pompéi une construction. La priorité de l'édifice de Pompéi semble irréfutable[38] et se confirme par l'archaïsme de sa construction et de ses structures.

Construction — Fidèles à un principe d'économie, les architectes de la colonie romaine essaient de découvrir un endroit particulièrement favorable à l'implantation du premier amphithéâtre, ne nécessitant que le strict minimum de terrassement. Ils appuient l'ellipse à un morceau de muraille, ce qui diminue d'autant la longueur de l'anneau architectural, qui va soutenir le sol où prendront place les spectateurs. A l'extérieur, cet anneau est fait d'arcatures aveugles reposant sur des piédroits en moellons de tuf de plusieurs nuances. Un mur oblique clôt l'arcature. Pour éviter aussi le transport de déblais, l'arène est surcreusée, ainsi que l'emplacement des premiers gradins.

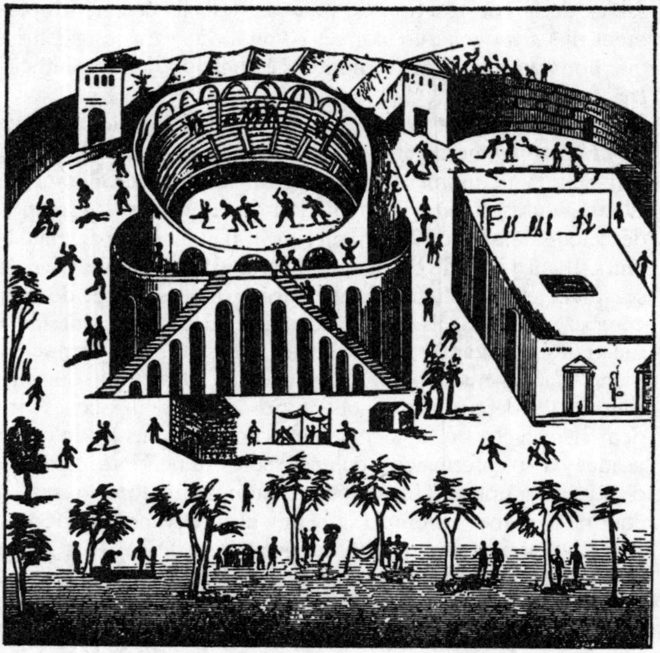

Fig. 41. — La rixe de 59 à l'amphithéâtre (d'après Mau-Kelsey).

Cette terre forme un remblai qui étaie le mur du *podium*; la construction atteint 140 × 105 mètres à l'extérieur, enfermant une arène de 66,80 × 35,40 mètres. Dans un premier temps, il a suffi à C. Quinctius Valgus et à M. Porcius de faire creuser l'arène, d'établir le mur du *podium* haut de 2,50 mètres au-dessus de l'arène, portant un couronnement de calcaire mouluré, de prévoir un remblai en pente entre ce premier mur clôturant l'arène et le mur extérieur, et de percer les accès à l'arène pour que les spectacles puissent commencer. Les gradins en pierre sont venus après. Un M. Cautrius Marcellus [39], duumvir, à la place des jeux et des illuminations qu'il devait offrir au peuple qui l'avait élu, fait construire trois travées *(cunei)* de gradins; les *magistri* du faubourg, d'autres *duumviri* T. Atullius

Celer, L. Saginius, N. Istacidius Cilix, A. Audius Rufus, P. Caesetius Capito[40], l'imitent et habillent le terre-plein. Ainsi, les familles locales collaborent avec les Romains de la colonie à embellir ce monument où se déroulaient des jeux, chers depuis si longtemps aux Campaniens et qui les auraient transmis, par l'intermédiaire des Étrusques, aux Romains.

Mais en 62 le monument tremble sur ses fondations. L'excellence de sa construction fait qu'il ne s'écroule pas; seules des lézardes s'ouvrent dans les passages qui conduisent à l'arène; les magistrats, aussitôt, font renforcer les voûtes par des arcs doubleaux de briques. Dans deux niches ménagées dans les retombées du dernier arc doubleau du passage oriental, et se faisant donc vis-à-vis, deux inscriptions perpétuent les noms de C. Cuspius Pansa père[41] et C. Cuspius Pansa fils[42]. La place de ces deux inscriptions oblige à les dater d'après le tremblement de 62, ce qui n'est pas incompatible avec le fait que C. Cuspius Pansa, candidat à l'édilité en 79, serait le fils du second et le petit-fils du premier[43]. Les deux Cuspii sont les restaurateurs de l'édifice et l'on comprend la vogue du petit-fils, acclamé par tous les passionnés des jeux de l'arène.

Structure (fig. 40 et 41) — Renforcé, l'amphithéâtre ne manquait pas de solidité mais n'avait rien gagné, au contraire, en esthétique. L'inhabileté du maître d'œuvre pompéien à résoudre les problèmes dont sauront se jouer plus tard les architectes flaviens, dénonce l'archaïsme de la construction. Il fallait assurer arrivée et écoulement rapides des spectateurs et une bonne visibilité de toutes les places.

Accolés au mur extérieur, deux escaliers à double rampe et deux à rampe simple, appuyés sur des arcs et des pilastres, conduisent au premier étage: solution de facilité, qui alourdit l'ovale. Les gladiateurs et les cages des bêtes passent par deux portes monumentales pour aller vers l'arène. A l'est, un couloir, pavé de grandes dalles où l'écoulement latéral des eaux est ménagé, est fait d'une voûte de blocage soutenue par six arcs doubleaux postérieurs; un coude à angle droit permet d'atteindre l'arène sur le grand axe, en bordure de laquelle deux *carceres* (pièces spécialisées) accueillaient gladiateurs ou bêtes. En face, toujours sur le grand axe, un couloir, rectiligne cette fois, traverse tout l'anneau architectural, toujours renforcé par des arcs doubleaux et flanqué près de l'arène d'un seul *carcer*. Ce manque de symétrie dans la direction des couloirs, dû à la présence à l'est de l'enceinte de la ville, et dans la disposition des *carceres*, est étonnant. Il n'est pas moins surprenant de découvrir sur le petit axe un couloir, étroit et oblique, qui part entre les piles de l'escalier extérieur à double rampe pour aboutir au *podium* et qui communique avec une pièce ressemblant à un *carcer*. Est-ce la *porta libitinensis* par où s'évacuaient hommes et bêtes tués ? N'est-ce pas plutôt, en raison de son emplacement, le couloir qu'empruntait le magistrat chargé de donner les jeux et qui communiquait avec sa loge [44] ? Enfin, de part et d'autre de ce couloir, deux autres passages, rétrécis à leurs deux extrémités, facilitaient l'accès à une *crypta*, couloir souterrain, fractionné en quatre secteurs discontinus ; les portes les interrompent sur le grand axe et, sur le petit, un massif de maçonnerie les bouche. Ce passage souterrain, qui rappelle celui du Grand théâtre augustéen, par un jeu de couloirs en pente ou d'escaliers, conduit aux gradins du *podium* ou aux premiers rangs de la *media cavea*. Si nous passons sur la lourdeur des escaliers extérieurs, nous devons remarquer une première mise en ordre de la circulation, mais on ne rencontre ni symétrie des couloirs transversaux, ni continuité du corridor annulaire. Les architectes avaient encore bien des progrès à accomplir.

On s'en rend compte quand on monte au premier étage, par les escaliers extérieurs. Un deuxième anneau architectural, en retrait notable sur le premier pour faciliter la circulation, est fait de massifs de maçonnerie percés d'un couloir qui aboutit aux places de la *summa cavea* ; ces caissons de maçonnerie supportent des loges auxquelles un escalier latéral à double rampe conduit depuis la terrasse, tous les trois massifs, tandis que les deux autres sont accessibles par une rampe antérieure (fig. 42).

A l'extérieur de la terrasse du premier étage, faisant saillie sur la façade, des consoles percées de trous étaient destinées à tenir les mâts du *velum* dont la présence change du tout au tout les conditions du spectacle.

Ainsi, dans le sens vertical, on peut distinguer trois *caveae*, et deux *praecinctiones*, qui sont à la fois couloirs de circulation et parapets. Entre l'*ima cavea* et la *media cavea*, la balustrade, continue, haute de 0,78 mètre, interdisait toute confusion entre les spectateurs de marque et les autres. La *praecinctio*, entre la *media cavea* et la *summa cavea*, haute de 0,33 mètre, s'interrompt au croisement d'un escalier sur deux — on compte donc vingt escaliers pour la *media cavea* et quarante pour la *summa* — si bien que les gens les moins fortunés — les plus nombreux — pouvaient sortir, soit par la *crypta*, soit par les escaliers extérieurs. Au total, les trente-cinq gradins elliptiques (cinq pour l'*ima cavea*, douze pour la *media*, dix-huit pour la *summa*) et les loges de la galerie supérieure pouvaient recevoir vingt mille spectateurs : que l'on n'en tire pas des conclusions hâtives sur la population de la ville. Sinon toute la Campanie, au moins les villes autour de Pompéi, se déplaçaient pour les jeux pompéiens, tout comme les Pompéiens allaient envahir les arènes de Nocera, de Nole ou de Pouzzoles.

Si dans la *media* et la *summa cavea* les escaliers dessinaient des *cunei*, dans l'*ima*, les parapets de pierre limitaient six *cunei*, où étaient construits cinq gradins. Mais, en face de la porte étroite, sur le petit axe, quatre gradins seulement occupaient la largeur du *cuneus* pour permettre l'installation de sièges amovibles *(bisellia)*, parfois en marbre, où prenaient place les magistrats, les décurions, les membres des collèges religieux. Au centre du *cuneus*, le gradin s'interrompait pour marquer la place du siège réservé à l'empereur ou à l'un de ses représentants.

Même si nous en sommes au début de la construction des amphithéâtres, même si le monument de Pompéi n'atteint pas la pureté de lignes d'un Colisée, ni ne présente les solutions révolutionnaires de l'époque flavienne pour la circulation des hommes et des bêtes, il est déjà l'image de la hiérarchie sociale et permet aussi la communion de toutes les classes dans un spectacle atroce.

1 *Escaliers*
2 *Loges*

Fig. 42. — Galerie supérieure de l'amphithéâtre (d'après Mau-Kelsey).

Les jeux

Que les Pompéiens en soient follement épris, il n'est que de rappeler les excès auxquels la passion du jeu, l'excitation des combats et des rancœurs plus profondes conduisirent, en 59, ce public de partisans, ignorant le *fair play*. Durement frappé par la catastrophe de 62, il fut autorisé à rouvrir l'arène. Les murs se couvrent alors des « affiches » que les impresarios multiplient pour emplir les gradins.

Organisation — Ces impresarios ne sont pas gens de condition sociale médiocre, dans la mesure où la loi fait obligation aux magistrats de donner des jeux; ceux-ci sont plus ou moins somptueux; certains duumvirs y substituent des dons moins coûteux ou plus durables — comme la construction de gradins, nous venons de le voir — mais il est des Pompéiens magnifiques, comme Cn. Alleius Nigidius Maius, duumvir quinquennal, flamine de Vespasien [45], acclamé comme prince de la colonie [46], et surtout *prince des impresarios* [47] de gladiateurs! Les impresarios recrutaient les gladiateurs formés dans les écoles et avaient des correspondants qui les fournissaient en bêtes sauvages. Par quatre fois, Cn. Alleius Nigidius Maius donna des jeux à ses frais, sans qu'il en coûtât rien à la ville [48]. Parmi les aristocrates, une émulation de mauvais aloi régnait. C'était à qui donnerait le combat le mieux fourni en gladiateurs, la chasse la plus meurtrière contre les bêtes les plus féroces. Aussi voyons-nous rivaliser en ostentation Tiberius Claudius Verus [49], duumvir en 61-62, qui fera parfumer et rafraîchir l'air de l'amphithéâtre, Decimus Lucretius Satrius Valens, flamine perpétuel de Néron, et son fils, qui feront combattre trente paires de gladiateurs [50] pendant cinq jours, Aulus Suettius Certus [51], Numerius Festius Ampliatus [52], Popidus Rufus [53]. Mais aucun ne fera aussi bien que le magistrat de Pouzzoles qui, en quatre jours, en fera combattre quarante paires [54]: le faste a des limites.

Calendrier — Le calendrier des jeux était fort chargé: après un hiver sans arènes, à partir de la fin février les combats se succèdent jusqu'en juillet; les dates retenues sont les 25-26 février [55], 28 mars [56], 4 avril [57], 8-9-10-11-12 avril [58], 20 avril [59], 2 mai [60], 12, 13, 14 mai [61], 16 mai [62], 31 mai [63],

13 juin[64], 4 juillet[65]. Les mois de grosse chaleur sont évités: on ne connaît qu'un seul combat, le 28 août[66]; l'automne ignore les fêtes de vendanges, contrairement à nos habitudes méditerranéennes et il faut attendre la fin de novembre pour avoir, en deux fois, une semaine de jeux, les 24-25-26[67], les 27, 28, 29[68]. Quand on sait qu'à Nole un spectacle est donné les 1er, 2, 3 mai[69], à Nocera les 5, 6, 7, 8 mai[70] et à Pouzzoles les 12, 14, 16 et 18 mai[71], on comprend les tentations continues, et parfois simultanées, qui sollicitent les Pompéiens. Il y avait des festivités régulières — celles qui tombaient le 5 juillet à l'occasion des jeux d'Apollon, *ludi Apollinares:* c'est à ce moment que les magistrats donnaient les jeux que leur imposait la loi; d'ailleurs les jeux de l'amphithéâtre n'étaient pas les seuls donnés par les duumvirs. Qu'on lise la longue inscription[72] que, pour informer la postérité, Aulus Clodius Flaccus, duumvir pour la troisième fois, quinquennal, tribun militaire nommé par le peuple, avait composée avec un souci minutieux du détail:

Pour son premier duumvirat, aux jeux d'Apollon, sur le forum, une parade; des taureaux, les toréadors et leur « cuadrilla », trois paires de clowns, une troupe de pugilistes et des pugilistes isolés; représentations avec toutes sortes de bouffons et de pantomimes, parmi lesquels Pylade, et dix mille sesterces à distribuer au public en l'honneur de son duumvirat.

Pour son deuxième duumvirat quinquennal, aux jeux d'Apollon, sur le forum, une parade, des taureaux, les toréadors et leur cuadrilla, une troupe de pugilistes. Le deuxième jour, à ses seuls frais, à l'amphithéâtre, trente paires d'athlètes, quarante paires de gladiateurs: une chasse, des taureaux, des toréadors, des sangliers, des ours et une deuxième chasse avec divers fauves, à frais communs avec son collègue.

Pour son troisième duumvirat, des représentations au début, puis des bouffons à frais communs avec son collègue.

Mais les événements extraordinaires, comme l'inauguration d'un monument, appelaient aussi des jeux et les affiches en rouge et noir les annonçaient; l'organisateur — toujours un magistrat — songeait au confort de ses concitoyens. Sur la scène de l'Odéon, on put lire[73]: *Pour le salut de l'empereur Vespasien César Auguste et de ses fils, et pour la consécration de l'autel, la compagnie des gladiateurs de Cn. Alleius Nigidus Maius, flamine de l'empereur, combattra à Pompéi, sans aucun ajournement, le 4 juillet. On combattra des fauves. Le velum sera tendu.* Il s'agit de consacrer l'autel du temple de Vespasien. Pour inaugurer les Archives, c'est encore Cn. Alleius Nigidius Maius qui donne le 13 juin un spectacle: *Parade, combat contre les fauves, lutteurs. Le velum sera tendu*[74]. Parfois, l'air était rafraîchi par des pulvérisations d'eau additionnée de safran.

Gladiateurs

Les gladiateurs étaient nombreux pour alimenter des jeux qui duraient parfois trois, quatre et même cinq jours. Vingt, trente et trente-cinq paires semblent courantes. Il faut compter aussi leurs remplaçants, les *suppositicii*, en nombre égal. Or, un gladiateur coûte cher; et s'offrir une *familia*, une troupe de bons gladiateurs, exigeait une solide fortune, qui s'envolait en fumée de gloire. Une maison — dite caserne des gladiateurs — dûment transformée (V, 5, 3), abrita d'abord les *familiae gladiatoriae*; sur les stucs des colonnes, de nombreux graffites ont laissé le souvenir des succès à l'amphithéâtre et des conquêtes amoureuses de leurs occupants. Mais sous les Flaviens, il fallut envisager un local plus important qui méritât bien la dénomination de caserne de gladiateurs: c'est le *ludus gladiatorius*.

Ludus gladiatorius (fig. 35) — Son existence est tardive, ce qui témoigne de l'engouement grandissant pour les jeux de l'amphithéâtre, après 62 — et surtout à la période flavienne. C'est, en effet, après le tremblement de terre, que le quadriportique du Grand théâtre a été transformé en caserne de gladiateurs. L'architecte a utilisé l'*opus mixtum* de la dernière époque pour le parement externe et même la seule brique pour les pilastres intérieurs de la grande salle de réunion ou à manger. Les peintures sont du quatrième style, présentant dans l'exèdre le couple si banal de Mars et Vénus, et dans les chambres, des trophées d'armes de gladiateurs. Ces peintures assurent l'identification de l'édifice, confirmée d'ailleurs par la découverte de quinze casques, de jambières, de ceintures de métal, d'un protège-épaule de rétiaire, d'un squelette de cheval richement harnaché, enfin, dans un cachot, les ceps adhéraient encore aux ossements de deux gladiateurs condamnés pour inconduite.

La transformation du quadriportique a été obtenue par la construction de cellules au rez-de-chaussée et au premier étage sur balcon de bois. Une cuisine comportait une cheminée géante à quatre feux; une salle de réunion était prévue ainsi qu'un appartement pour l'intendant — le *lanista* — au deuxième étage. La cour servait à l'entraînement quotidien des gladiateurs.

Popularité — Même pendant leurs exercices préparatoires, l'affluence devait être grande et, s'il était interdit de s'approcher, les spectateurs lointains ne devaient pas manquer. La popularité des gladiateurs était extraordinaire; la foule connaissait leurs noms, les griffonnait sur les murs, interpellait ses champions. Les dieux du stade disparaissaient devant les dieux de l'arène. On les acclame sur les murs, on les caricature fort avantageusement (fig. 44) et surtout on célèbre leurs exploits amoureux: Crescens est le seigneur des filles [75], il est le médecin tardif des poupées nocturnes, matinales et autres [76], Celadus fait soupirer les filles, il est leur coqueluche [77]. Certains crayonnent des scènes de victoire [78], où le gladiateur descend d'une estrade, couronne en tête et palme à la main; parfois, la scène est plus dramatique [79]: la victoire s'obtient le plus souvent après une mise à mort. Le gladiateur joue chaque jour, à chaque combat, sa vie, et peut-on ignorer la fascination qu'exerce sur les femmes l'homme jeune et fort qui risque de mordre la poussière et de souiller l'arène de son sang? Les amours des toréadors modernes répondent aux passions des Pompéiennes de qualité qui n'hésitaient pas, chargées de bijoux, à braver l'opinion et à partager pour quelques heures la cellule d'un gladiateur: la cendre du 24 août 79 n'y a-t-elle pas uni pour l'éternité un couple d'amants?

Combat — Le combat exige des préparatifs; à Pompéi, les peintures du *podium* nous renseignent sur cette première phase (fig. 43): au milieu de l'arène, l'arbitre marque avec un bâton l'espace au milieu duquel on combattra; à droite, un gladiateur est partiellement armé; deux serviteurs apportent un glaive et un casque; à gauche, un musicien avec sa trompette *(tuba)* recourbée, attend que deux serviteurs agenouillés lui apportent un casque et un petit bouclier rond. Quand la paire de combattants était bien armée, bien harnachée, le combat pouvait commencer.

Nous possédons un carnet de gladiature qui détaille une partie de la rencontre, les 12-15 mai d'une année inconnue [80]. Comme le turfiste ou l'habitué des salles de boxe d'aujourd'hui, un spectateur a annoté le programme en donnant les résultats des rencontres.

	THRACE-MIRMILLON	
Victoire	Pugnax, *de l'école néronienne*	3 victoires
Mort	Murranus, *de l'école néronienne*	3 victoires
	HOPLOMAQUE-THRACE	
Victoire	Cyenus, *de l'école julienne*	8 victoires
Épargné	Atticus, *de l'école julienne*	14 victoires
	ESSÉDAIRES	
Épargné	Publius Ostorius	51 victoires
Victoire	Scylax, *de l'école julienne*	26 victoires

On voit qu'il y avait plusieurs spécialités parmi les gladiateurs: le thrace est armé à la légère du petit bouclier rond, de l'épée courte et courbe. L'hoplomaque est vêtu au contraire d'une lourde armure; les essédaires combattent en char. Certaines catégories ne figurent pas dans cette rencontre: les rétiaires, qui combattent avec un trident et un filet, les cavaliers, qui combattent à cheval.

La plupart des gladiateurs sont des professionnels, formés dans des écoles où la technique du combat leur est apprise. Sans doute les meilleurs de Campanie, sinon de l'Italie, sont à Capoue, où Jules César et Néron ont laissé leur nom à des établissements de ce type. Les écoles vendaient leurs gladiateurs à des impresarios et en tiraient de gros revenus. Ces gladiateurs sont en général des esclaves, mais les affranchis ne sont pas rares [81], et même, dans la rencontre du 12-15 mai, un homme libre, Publius Ostorius, combat — et depuis longtemps — puisqu'il totalise cinquante et une victoires.

Fig. 43. — Préparatifs de combat à l'amphithéâtre (d'après Mau-Kelsey).

Il semble que le cœur du public — et des magistrats — fût particulièrement tendre ce jour-là. Une seule mort, deux vaincus épargnés. La proportion est belle, mais ne cache-t-elle pas des arrière-pensées? Un gladiateur qui n'a obtenu que trois victoires n'offre guère d'intérêt et il risque d'être éliminé à une prochaine rencontre; mais celui qui a vaincu quatorze fois, ou cinquante et une fois, mérite la pitié, si c'est un homme libre, ou est un capital à préserver, s'il est gladiateur de profession.

Venatio — Mais le combat de gladiateurs ne constitue pas le seul spectacle de l'arène. S'y déroule aussi la *venatio*, le combat de l'homme contre des fauves, ou des bêtes sauvages contre des bêtes domestiques, des lions contre les gazelles. Cette dernière variante n'a pas eu sa place à Pompéi, mais on connaît par de nombreux textes la *venatio legitima*, celle qui est régulière, fixée par la loi. La même expression revient à propos des combats de Nole et de Nocera. Ce n'est donc pas quelque chose d'exceptionnel, lié à la fantaisie ou à l'orgueil des magistrats. Les toréadors combattent les taureaux, mais ce sont les gladiateurs qui affrontent les sangliers, les ours et toutes sortes d'autres bêtes. La chasse aux fauves est le second acte de bien des spectacles, après la lutte des paires de gladiateurs. Ces bêtes étaient amenées, enfermées dans des cages et laissées dans les *carceres* proches de l'arène. Une porte à glissière verticale ou latérale permettait de lâcher l'animal. Dans ce premier amphithéâtre du monde romain, aucun souterrain n'avait été prévu pour loger des bêtes, et d'ailleurs le surcreusement de l'arène rendait peut-être hasardeux un nouvel affouillement

Fig. 44. — Caricatures de gladiateurs (d'après C.I.L., IV).

du sol. En tout cas, sous les Flaviens qui ont adapté l'architecture des amphithéâtres à la nécessité de nombreuses et importantes *venationes*, l'amphithéâtre de Pompéi surmonte ses insuffisances et accueille cette forme de spectacle de plus en plus populaire[82].

Dans l'univers quotidien des Pompéiens en 79, il entre un peu plus de sport, d'hygiène et de loisir. Ce ne sont plus quelques familles patriciennes samnites qui font l'exercice dans la palestre ou quelques privilégiés qui usent des salles de bains des thermes de Stabies. Certes, la classe sociale qui profite le mieux de la Grande palestre est celle à laquelle appartient la jeunesse dorée. Mais la Grande palestre n'est pas un club fermé, elle est ouverte à d'autres qu'aux seuls enfants de l'aristocratie. Si ceux-ci peuvent jouir de leurs thermes privés, le peuple a accès aux thermes publics de plus en plus vastes, à la mesure de l'accroissement démographique et de la participation plus large aux exercices physiques et aux nécessités de l'hygiène. Les loisirs peuvent paraître grossiers, inquiétants, exaltant le goût du sang et satisfaisant une cruauté gratuite et malsaine. Nous connaissons tous les reproches faits aux corridas; ils ne convaincront jamais ceux qui saluent la noblesse de la bête, le dur et intelligent travail de l'homme qui la châtie et qui finalement doit triompher d'elle, et l'âme du spectateur se laisse prendre à la tragique grandeur du combat. En condamnant l'atroce combat des gladiateurs, acceptons au moins que le cœur d'une foule vibre au spectacle d'une *venatio* et que les fermiers de la campagne, les maraîchers de la vallée du Sarno, fleurant l'ail et l'oignon, qui avaient, au bistrot de la porte de Nocera ou sous les éventaires des marchands de boisson ambulants, porté force rasades à leurs champions, puissent, tout en se reposant de leurs travaux et de leurs jours, trouver dans l'arène courage et beauté.

CONCLUSION

Pompéi et Rome

On ne vivait pas à Pompéi comme à Rome et il serait absurde de comparer une ville de douze à quinze mille âmes avec une métropole d'un million d'habitants [1], une colonie comme il en existe tant d'autres, avec la capitale d'un Empire. Rome se suffit à elle-même; Pompéi est inséparable de l'arrière-pays qui le prolonge par les villas suburbaines et par un terroir qui le nourrit et l'enrichit. Ajoutons donc à sa population trois à cinq mille habitants disséminés dans une campagne riche, fertilisée par les terrains volcaniques. Plus important que le chiffre de la population est l'attachement à la terre d'une aristocratie qui tire de l'agriculture une fortune bien assise et qui croit avoir vocation d'administrer la colonie. Les affranchis ambitionnent de rejoindre ses rangs et renforcent, malgré l'apport d'un sang neuf, le conservatisme foncier de la classe dirigeante. Si l'on excepte les influences religieuses extérieures, Pompéi reste assez peu perméable aux révolutions, aux changements brusques: une architecture nouvelle modèle un seul quartier, une audace mesurée permet d'entamer l'urbanisme traditionnel, défendu par sa ligne de murailles comme une forteresse imprenable. C'est donc la vie quotidienne d'une petite ville provinciale, assez repliée sur elle-même, qui chaque année pesait à la balance électorale ses gloires de quartiers.

Opposition de classes

Dans ces conditions, la permanence d'un idéal civique et économique maintient les oppositions sociales. On a trop souvent vu dans Pompéi une ville de retraite, de repos, où dans la joie du « farniente » une population d'élite goûtait à tous les plaisirs de la civilisation. Nous avons jeté plus que des ombres sur cette vision idyllique. Ville forte, ville du travail, elle illustre parfaitement l'opposition des mots latins *negotium-otium*. Au début, était le *negotium*, l'activité et le trafic, qui ronge les heures et écourte le sommeil ; ce n'est qu'ensuite que vient l'*otium*. Les *humiliores* — gens de la basse classe — peinent pour que les *honestiores* — gens de la haute classe — élèvent leurs esprits dans de savantes discussions philosophiques ou passent leur temps à lire leurs auteurs favoris. Le travail des uns conditionne la liberté des autres. Est-il rien de plus significatif que ce mois d'août 79, où la plupart des riches propriétaires de villas ou de demeures de ville ont fui la chaleur pour gagner d'autres cités, d'autres campagnes, d'autres rivages, tandis que les armées d'esclaves, sous les ordres d'un intendant affranchi, vaquent aux soins de la maison ou de la propriété, et que les ouvriers du bâtiment poursuivent les réparations des appartements de maîtres absents ? Deux vies quotidiennes, parallèles, qui certes ne s'ignorent pas, mais qu'un immense fossé sépare. Sans doute il y a un espoir pour l'esclave de voir sa condition s'améliorer — nous l'avons dit — mais une fois affranchi, il acquiert à son tour des esclaves, la liberté lui fait sauter le fossé, il ne fait rien pour le combler — et l'histoire est à recommencer.

Pompéi, ville heureuse

Cette ville d'oppositions sociales bien tranchées ne connaît pas cependant les troubles intérieurs, les luttes de classes. Pourquoi ce calme, d'où vient cette absence d'amertume ? Pompéi — *colonia Veneria Felix Pompeianorum* — protégé par Vénus et par Sylla le bienheureux, *felix Sulla*, est placé sous le double signe de l'amour et du bonheur.

Le bonheur éclate partout : « Ici habite le bonheur *(Felicitas)*[2]. » — « Ce lieu est béni[3]. » — « Heureux, Januarius Fuficius qui habite ici[4]. » — « Hommes heureux, portez-vous bien[5]. » L'amour est responsable de ce bonheur, toutes les formes de l'amour depuis l'érotisme exaspéré et violent jusqu'à l'amour romantique et nostalgique, en passant par l'amour malheureux et contrarié. Toutes les classes sociales participent à cette joie amoureuse qui épanouit les corps et les âmes. La culture aide aussi au bonheur, les riches imitent une éducation de prince, les plus humbles peuvent ânonner Homère ou Virgile.

Ostentation et causticité

Très vite, l'homme heureux extériorise sa joie, griffonne sur un mur les vers qu'il aime, en fabrique de nouveaux avec humour en parodiant ceux que sa mémoire fidèle tient à sa disposition. Son écriture[6] est étirée en hauteur, les traits obliques sont prolongés à plaisir au-dessus et au-dessous du corps des lettres (fig. 8) et de ces caractères graphiques on a pu déduire aisément des traits de caractère, la propension à l'emphase, la fantaisie, le goût de l'étrangeté et du mouvement. Pour des graphologues, une telle écriture dénote une vitalité exubérante; elle est écriture de sportifs qui aiment à se donner en spectacle et d'acteurs que séduit la peinture baroque du IVe style. Il y a du matamore dans tout Pompéien, un certain sens de l'ostentation, une inclination à bomber le torse et à faire le fier-à-bras; le citoyen de la petite ville est toujours prêt à en découdre avec le voisin: l'incident de la rixe de 59 après Jésus-Christ relève en partie de ce complexe de supériorité et de l'esprit farouchement particulariste de chacune de ces petites localités de Campanie.

Chacun sait se moquer de son prochain (fig. 45) et tourne en dérision les dieux de l'Olympe. Le Pompéien du peuple est sûr de lui: il gagne par ses dévotions la paix de sa conscience, et veut bien consacrer six heures au travail, le reste au sommeil et à l'*otium*[7]: l'*otium* unifie les destins, que les heures se passent en une bibliothèque ou au *thermopolium*!

Mais surtout Pompéi manifeste, au travers de son destin, une aptitude certaine au bonheur et une exceptionnelle vitalité. Le tremblement de terre n'a pas abattu son énergie, un immense labeur la relève de ses ruines et la souplesse d'adaptation de l'aristocratie n'a d'égal que le dévouement des humbles. On sent toute une ville attelée à une tâche surhumaine, et c'est peut-être un peu de l'orgueil humain (ὕβρις) de chacun, qui fut étouffé sous quatre mètres de cendres, entre 10 et 13 heures, le 24 août 79, sur les rivages de la Campanie.

Fig. 45. — Caricature de Rufus (d'après C.I.L., IV).

NOTES ET APERÇU BIBLIOGRAPHIQUE

Une bibliographie sur Pompéi mériterait un volume. Nous renvoyons plus simplement aux indications des notes, où les livres et articles essentiels sont signalés.

Principales abréviations: *A.I.I.N.:* Annali dell'Istituto italiano di Numismatica. *Annales E.S.C.:* Annales. Economies, Sociétés, Civilisations. *A.E.:* Année Épigraphique. *A.J.Ph.:* American Journal of Philology. *Ath.:* Athenaeum. *B.C.H.:* Bulletin de Correspondance hellénique. *B.E.F.A.R.:* Bibliothèque des Écoles françaises d'Athènes et de Rome. *B.S.A.F.:* Bulletin de la Société nationale des Antiquaires de France. *C.I.L.:* Corpus Inscriptionum latinarum. *D.A.:* DAREMBERG, SAGLIO, POTTIER, Dictionnaire des Antiquités. *F.A.:* Fasti archeologici. *I.I.:* Inscriptiones Italiae. *I.L.S.:* DESSAU, Inscriptiones latinae selectae. *I.G.:* Inscriptiones graecae. *J.R.S.:* Journal of Roman Studies. *J.S.:* Journal des Savants. *M.A.A.R.:* Memoirs of the American Academy in Rome. *M.E.F.R.* Mélanges de l'École française de Rome. *M.S.A.F.:* Mémoires de la Société nationale des Antiquaires de France. *N.S.A.:* Notizie degli Scavi di Antichità. *P.P.:* La Parola del Passato. *R.A.:* Revue archéologique. *R.A.A.N.:* Rendiconti della Accademia di Archeologia, Lettere e Belle Arti di Napoli. *R.E.:* Real-Encyclopädie der klassischen Altertumswissenschaft. *R.E.A.:* Revue des Études anciennes. *R.E.L.:* Revue des Études latines. *R.I.C.:* H. MATTINGLY, E. SYDENHAM, Roman Imperial Coinage. *R.M.:* Römische Mitteilungen. *R.N.:* Revue Numismatique.

LIVRE PREMIER

CHAPITRE PREMIER

1. J. WILLIAMS: *Observations of Comets extracted from the Chinese Annals,* Londres, 1871, pp. 11-12.

2. Sur cette date, longtemps contestée entre 62 et 63, voir R. LECOQ: *Quelle date assigner à la première catastrophe de Campanie, 62 ou 63 P.C.?* dans *Ant. Class.,* t. XVIII, 1949, pp. 85-91 et surtout G.O. ONORATO: *La data del terremoto di Pompéi 5 febbraio 62 d. C.,* dans *Rendiconti, Atti della Acc. naz. dei Lincei,* ser. VIII, t. IV, 1949, pp. 644-661.

3. SENEC.: *Quaest. nat.,* VI, 1-3.

4. Pour Pompéi entre 62 et 79 le meilleur guide est A. MAIURI: *L'ultima fase edilizia di Pompei,* Rome, 1942.

5. Sur les chiffres, qui identifient chaque maison, voir le chapitre suivant.

6. TAC.: *Ann.,* II, 47 et IV, 13.

7. A. BOETHIUS: *The Neronian Nova Urbs...,* dans *Corolla... Gustavo Adolpho dedicata,* 1932, pp. 84-97.

8. *C.I.L.,* X, 1406.

9. *C.I.L.,* X, 846.

10. J. MARQUARDT: *Manuel Antiq. Rom.,* Paris, 1889, VIII, pp. 237-240, et *C.I.L.,* X, 858.

11. Cn. Alleius Nigidus Maius donnera un grand spectacle d'amphithéâtre pour la restauration du *tabularium: C.I.L.,* IV, 7993.

12. *C.I.L.,* X, 1018.

13. PLIN.: *Epist.,* VI, 16 (trad. A.-M. GUILLEMIN avec quelques modifications).

14. Id.: *ibid.,* VI, 20.

15. Nous suivons A. RITTMANN: *L'eruzione vesuviana del 79. Studio magmalogico e vulcanologico,* dans *Pompeiana,* 1950, pp. 456-474.

15 bis. Aux alentours du VIIIe s. av. J.-C., une éruption serait possible. *Greci...,* p. 176.

16. DIO. CASS.: LXVI, 22.

17. Id.: *ibid.,* 23.

18. Voir E.C. comte CORTI: *Vie, mort et résurrection d'Herculanum et Pompéi,* Paris, 1953, pp. 75-84.

CHAPITRE II

1. SUET.: *Titus,* VIII, 9. DIO. CASS.: LXVI, 23.

2. *C.I.L.,* IV, 1227, 2995, 6697, 8114. M. DELLA CORTE: *Esplorazioni di Pompei immediatamente successive alla catastrofe dell'anno 79,* dans *In Memoria Vasile Parvan,* Bucarest, 1934, pp. 96-109.

3. STAT.: *Silv.,* IV, 4, 79-84 (trad. H.-J. IZAAC).

4. MART.: IV, 44 (trad. H.-J. IZAAC).

5. Ce qu'a longuement fait E.C. comte Corti, que nous résumons.

6. Pour tout ce qui suit, J. SEZNEC: *Herculanum and Pompei in French Literature of the eighteenth century,* dans *Archaeology,* t. II, 1949, pp. 150-158. M. PRAZ: *Gusto neoclassico,* 2e éd., Naples, 1950. On peut aussi consulter L. BERTRAND: *La Fin du Classicisme et le Retour à l'Antique dans la seconde moitié du XVIIIe siècle et les premières années du XIXe en France,* Paris, 1897. L. HAUTECŒUR: *Rome et la Renaissance de l'Antique à la fin du XVIIIe s.,* Paris, 1912.

7. T. VIII, pp. 150-154.

8. En 1843, G. de Nerval déclare dans une lettre à son père qu'il est très difficile d'obtenir accès au musée de Portici.

9. *Correspondance de Montesquieu* (F. GEBELIN), Bordeaux, 1914, t. II, pp. 400 et 575.

10. DIDEROT: *Œuvres complètes,* t. VI, pp. 378-379.

11. *Id.: ibid.,* t. X, pp. 177-178.

12. F. KIMBALL: *The reception of the art of Herculanum in France,* dans *Studies Robinson,* t. II, pp. 1254-1256.

13. Pour l'Angleterre, Ch. F. MULLETT: *Englishmen discover Herculanum and Pompei,* dans *Archaeology,* X, 1957, pp. 31-37.

14. F. LATAPIE [P. BARRIÈRE et A. MAIURI]: *Description des fouilles de Pompéi,* dans *R.A.A.N.,* nouv. sér., XXVIII, 1953, pp. 223-248.

15. A. MAIURI: *Fra case ed abitanti,* pp. 3-8.

16. Nous nous inspirons de A. MAIURI: *Gli Scavi di Pompei dal 1879 al 1948,* dans *Pompeiana,* 1950, pp. 9-40.

17. V. SPINAZZOLA: *Pompei alla luce degli scavi nuovi di Via dell'Abbondanza (anni 1910-1923), a cura di S. Aurigemma,* Rome, 1953.

LIVRE II

CHAPITRE PREMIER

1. Voici quelques altitudes: porte du Vésuve: 44 m; porte d'Herculanum: 42,53 m; forum: 33,60 m; carrefour de la voie de Stabies avec la voie de Nole: 32,17 m; carrefour de la même voie avec la rue de l'Abondance: 24,29 m; forum triangulaire: 25 m; arène de l'amphithéâtre: 12,80 m; porte de Stabies: 8 m.

2. PLIN.: *N.H.,* III, 60.

3. STRAB.: V, 242.

4. *Greci e Italici in Magna Grecia,* Tarente, 1962, p. 167.

5. *Greci...,* p. 174: le temple archaïque du VIIe-VIe siècle en calcaire et élévation de bois a été remplacé par un temple en tuf, dans les premières décennies postérieures à la moitié du VIe siècle.

6. *Greci...,* p. 174, ne parlerait que d'un comptoir grec; en tout cas, une fibule à arc décoré de globules a été découverte au forum triangulaire; datant du VIIIe-VIIe siècle, elle assure la chronologie.

7. J. GAGÉ: *Apollon romain,* Paris, 1955, p. 53, fait des réserves.

8. A. MAIURI: *Saggi di varia antichità,* Venise, 1954: *Greci e Etruschi a Pompei,* p. 241-274. Sur les problèmes posés par les dernières découvertes archéologiques en Campanie

et la présence étrusque, voir E. LEPORE, dans *P.P.*, XCV, 1964, p. 143-160.

9. J. HEURGON: *Recherches sur l'histoire, la religion et la civilisation de Capoue préromaine, des origines à la deuxième guerre punique,* Paris, 1942, pp. 62-65. En dernier lieu, voir R. DONCEEL: *Le Texte de Polybe (II, 17, 1) sur la présence des Étrusques en Campanie,* dans *Bull. Inst. hist. belge de Rome,* t. XXXV, 1963, pp. 5-12.

10. Sur le sens de cette révolution, voir R. BLOCH: *Appendice* au livre II de Tite-Live, Coll. «Univ. France», 1961, pp. 101-110.

11. Pour une survie de la langue et de la religion étrusques en pleine époque samnite, voir la thèse outrancière de I. SGOBBO: *Gli Etruschi in Pompei alla luce di un nuovo documento,* dans *Rend. Napoli,* t. XXXI, 1956, pp. 37-76.

12. *N.S.A.*, 1942, p. 285 *sq.*

13. VON GERKAN: *Der Stadtplan von Pompeji,* Berlin, 1940, p. 15 *sq.*

14. A. MAIURI: *Studi e ricerche sulla fortificazione di Pompei,* dans *Monumenti antichi,* XXXIII, 1930, col. 113-286.

15. Aucune structure présamnite n'a été trouvée à la porte de Nole, mais il faut rester prudent à ce sujet, puisqu'on a trouvé entre la Grande palestre et l'amphithéâtre un morceau de fortification précalcaire, construite en blocs de tuf noirâtre, le *pappamonte.* F. CASTAGNOLI: *Ippodameo di Mileto e l'urbanistica a pianta ortogonale,* Rome, 1956, pp. 31-32, pense à tort que le plan de la ville neuve est dû aux seuls Grecs.

16. Nous suivons Maiuri contre Patroni, qui pensait que la région VI était étrusque et qui attribuait l'enceinte également aux Étrusques. CASTAGNOLI, pp. 26-32.

17. Voir J. HEURGON, *Capoue préromain*, p. 81 *sq.*

18. J. HEURGON: *Trois études sur le* ver sacrum, Bruxelles, 1957.

19. XII, 31, 1.

20. XII, 76, 5.

21. IV, 37, 1.

22. IV, 44, 12.

23. V, 4, 12.

24. V, 4, 7.

25. M. SORDI: *I rapporti romano-ceriti e l'origine della* «civitas sine suffragio», Rome, 1960, pp. 118-119.

26. LIV.: IX, 38. POL.: III, 9.

27. F. SARTORI: *Problemi di storia costituzionale italiota,* Rome, 1953, p. 17.

28. Pour tout ceci, voir HEURGON: *Capoue,* p. 243 *sq.*

29. C. NICOLET: *Les* equites campani *et leurs représentations figurées,* dans *M.E.F.R.*, t. LXXIV, 1962, pp. 463-517.

30. XIX, 76, 3.

31. IX, 26, 5 *sq.*

32. LIV.: IX, 30, 4.

33. G.O. ONORATO: *La sistemazione stradale del quartiere del Foro Triangolare di Pompei,* dans *Rend. Lincei,* ser. VIII, t. VI, 1951, pp. 250-264.

34. Pompéi aurait ainsi une étymologie grecque (M. NISSEN: *Pompeianische Studien,* p. 580 *sq.*).

35. CONWAY: n. 42.

36. Nous reprendrons l'ensemble de la question au chap. premier du livre III.

37. J. CARCOPINO: *Des Gracques à Sylla,* 3e éd., 1952, pp. 169-170.

38. Il s'agit des inscriptions en osque, dites de carrefour, *eituns*: ONORATO, 53-57.

39. OVID.: *Fasti,* VI, 567-68.

40. VAN BUREN, dans *M.A.A.R.*, V, p. 110; X, p. 14 *sq.* Ce ne sont pas des marques de pose

mais d'entrepreneurs: *C.I.L.*, IV, p. 604.

41. APPIAN: *B.C.*, I, 50.

42. OROS.: V, 18, 23.

43. G.O. ONORATO: *La partecipazione di Cicerone alla guerra sociale in Campania*, dans *Rend. Napoli*, t. XXIV-XXV, 1949-1950, pp. 415-426.

44. Il y est, par ex., le 19 août 44 (*Att.*, 16, 7).

45. CIC.: *Phil.*, XII, 11, 27.

46. I, 33, 72; II, 30, 65.

47. PLUTARCH.: *Cic.*, 8. CIC.: *Acad.*, 2, 3, 9; *Ad Att.*, 1, 20, 1; 5, 2, 1; 10, 15, 4; *Ep.*, 16, 4; 13, 8. *Ad Fam.*, 7, 3, 1; *Ep.* 4, 12, 20; *Ad Q. fr.*, 2, 14, 1.

J. CARCOPINO: *Les Secrets de la Correspondance de Cicéron*, Paris, 1948, t. I, p. 83.

48. TAC.: *Ann.*, XIV, 17, (trad. H. GOELZER).

49. Au musée de Naples. *Inv.* n°s 112-222.

50. TAC.: *Ann.*, XIII, 31.

51. A. MAIURI: *Pompei e Nocera*, dans *Rend. Napoli*, t. XXXIII, 1958, pp. 35-40.

CHAPITRE II

1. *C.I.L.*, X, 793, 842, 931.

2. *Id.*, 799, = *I.L.S.*, 122.

3. *Id.*, 796.

4. *Id.*, 933.

5. *Id.*, IV, 427, 4260, 4814, 2124.

6. *Id.*, 1545, 1744, 1499, 7625.

7. *Id.*, 7993.

8. *Id.*, X, 832 = *I.L.S.*, 898.

9. *Id.*, 932 = *I.L.S.*, 224.

10. MAIURI: *Fra Case ed abitanti*, pp. 11-12. DE FRANCISCIS: pp. 41-42.

11. MAIURI: *Villa dei Misteri*, p. 223 *sq.* DE FRANCISCIS: p. 55.

12. DE FRANCISCIS: pp. 59-60.

13. *C.I.L.*, X, 830, 837 (*Sacerdos Augusti*); 838, 947, 948 (*Flamen Augusti*).

14. *Id.*, 945-946 (*Sacerdos divi Augusti*).

15. *Id.*, 961.

16. *Id.*, IV, 1185, 3884, 7995.

17. *Id.*, 1180 = DIEHL, 245 = ONORATO, 92.

18. *C.I.L.*, X, 820 = *I.L.S.*, 5398 = ONORATO, 50. Auguste est dit *Parens Patriae* (*C.I.L.*, X, 823 = ONORATO 84).

19. *Id.*, 821.

20. Voir les monnaies dans *R.I.C.*

21. A.W. VAN BUREN: *Gnaeus Alleius Nigidius Maius*, dans *Amer. Journal of Philol.*, LXVIII, 1947, pp. 382-393, contre MAIURI: *Ultima fase*, pp. 19 et 49, qui y voit l'autel du temple des Lares publics.

22. A. MAU - Fr. N. KELSEY: *Pompei its life and art*, New York, 1899, p. 109. MAIURI, *Ultima fase*, p. 43 *sq.*, conclut fortement en faveur d'une construction originale et non de la reprise d'un ancien sanctuaire dédié au Génie d'Auguste.

23. *C.I.L.*, X, 1026 = *I.L.S.*, 6372 = ONORATO, 81.

24. SVET.: *Nero*, XX.

25. TAC.: *Ann.*, XV, XXXIV.

26. A.W.VAN BUREN: *Pompeii, Nero, Poppaea*, dans *Studies Robinson*, II, p. 970-974.

27. *C.I.L.*, IV, 9171, si du moins il faut identifier cette Sabine à Poppée.

28. DELLA CORTE: *Case*[2], I, X; *Insula Poppaeorum Sabinorum,* pp. 243-249. A. MAIURI: *La casa del Menandro e il suo tesoro di argenterie,* 1re éd., Rome, 1933.

29. *C.I.L.*, IV, 3726, 1074, entre autres.

30. *Id.*, 3525 = DIEHL, 97 = ONORATO, 90. L'hypothèse de Sogliano reste douteuse.

31. *Id.*, 7203, 7579, 1059; 768 = DIEHL, 137 = ONORATO, 143.

32. MAIURI: *Ultima fase,* pp. 16 et 53.

33. *C.I.L.*, IV, 8075 = DIEHL, 262 = *A.E.*, 1962, 133. DELLA CORTE: *Case*[2], n. 638, p. 259. J. CARCOPINO: *Un Procurateur méconnu de Néron,* dans *B.S.A.F.*, 1960, pp. 150-158.

34. SVET.: *Nero,* 36.

35. LIV.: X, 38.

36. G.O. ONORATO: *Pompéi municipium e colonia romana,* dans *R.A.A.N.*, XXVI, 1951, pp. 115-156.

37. *C.I.L.*, X, 800, 938, 1075; parmi eux des édiles (*I.L.S.*, 6357 a).

38. On connaît Vibius Popidius, *quaestor: C.I.L.*, X, 794 = *I.L.S.*, 5538 = ONORATO, 42.

39. *C.I.L.*, X, 787.

40. Confirmé par PLIN.: *N.H.*, II, 51, 137; XIV, 3, 38.

41. CIC.: *Pro Sulla,* XXI.

42. Id.: *Ibid.*, XXI, 60-62.

43. *C.I.L.*, X, p. 90. *C.I.L.*, IV, p. 426.

44. On connaît les *quinquennales* de 15-16, 25-26, 40-41, 50-51, 55-56.

45. *C.I.L.*, IV, 3702.

46. *Id.*, X, 787.

47. *Id.*, 793.

48. *Id.*, 800, 802, 804.

49. *Id.*, 884 *sq.*

50. Voir plus loin, livre III, chap. V.

51. Voir par exemple *C.I.L.*, X, 788.

52. Musée de Naples. *Le pitture antiche di Ercolano, Pompei e Stabia,* vol. III, Naples, 1762.

53. MAU-KELSEY: p. 124.

54. *C.I.L.*, X, 6017.

55. Remontant à 140-120 av. J.-C.: A. MAIURI: *Saggi e ricerche intorno alla Basilica,* dans *N.S.A.*, V, 1951, pp. 225-260.

56. *Apocha* CXLIII, du 10 juillet 59.

57. *Id.*, CXLIV.

58. MOMMSEN, dans *C.I.L.*, X, p. 92, *C.I.L.*, IV, p. 427.

59. *Apocha* CXVII, CXXI, CXXII.

60. C. Cuspius Pansa a été *praefectus i.d. ex d* (ecreto) *d* (ecurionum) *Lege Petronia:* préfet rendant la justice en vertu d'un décret des décurions et selon la loi de Petronius. *C.I.L.*, X, 858.

61. *C.I.L.*, X, 901-902.

62. *Id.*, 904.

63. *C.I.L.*, IV, 60 = DIEHL, 112 = ONORATO, 22.

64. *Id.*, 7807.

65. DELLA CORTE, ad *C.I.L.*, IV, 7747, y voit la porte du Sarno; ONORATO, 57, y voit avec plus de raison la porte de Nole.

66. *C.I.L.*, IV, 7425, 7855.

67. *Eph. Epigr.*, VIII, 317 = *I.L.S.*, 6377.

68. *C.I.L.*, X, 924 = *I.L.S.*, 6381 = ONORATO, 16.

69. *C.I.L.*, IV, 814, 853, 1042.

70. Notons un *scriba,* greffier, de ces *magistri: C.I.L.*, X, 1074.

71. *C.I.L.*, IV, 7203, 7576, 7579, 7584.

72. *Id.*, 7605.

73. C'est la formule épigraphique banale: *ex. d. d. (ex decreto decurionum,* par décret des décurions); par exem-

ple *C.I.L.*, X, 787, 789, 790, 791, 793, etc.

74. *C.I.L.*, IV, 7584.

75. P. WILLEMS: *Les Élections municipales à Pompéi*, dans *Bull. Acad. roy. Sciences, Lettres et Beaux-Arts de Belgique*, LVI, 1886, pp. 51-190, à consulter avec prudence, voir A. MAU, dans *Röm. Mitth.*, IV, 1889, p. 289 *sq.*

76. A.E. ASTIN: *Professio in the abortive election of 184 B.C.*, dans *Historia*, XI, 1962, pp. 252-255.

77. *C.I.L.*, IV, 3529.

78. *Id.*, 7621.

79. *Id.*, 3884.

80. *Id.*, IV, 222.

81. *Id.*, 7243, 7464.

82. *Id.*, 7343, 7618, 230.

83. *Id.*, 7418, 7536.

84. *Id.*, 3775, 3884.

85. *Id.*, 175.

86. *Id.*, 7242 = ONORATO, 102.

87. *Id.*, 597, = DIEHL, 157 = ONORATO, 103; IV, 122, 359-360.

88. *Id.*, 222, 660.

89. *Id.*, 1083 = ONORATO, 126.

90. *Id.*, 187 = DIEHL, 153 = ONORATO, 104. *C.I.L.*, IV, 3683.

91. *Id.*, 7942, 7954, 7316 = ONORATO, 142.

92. *Id.*, 888.

93. *Id.*, 3516, 7927.

94. *Id.*, 7245, 7300.

95. *Id.*, 6616, 6628.

96. *Id.*, 525, 1022, 7963.

97. *Id.*, 3683, 7809, = DIEHL, 925 = ONORATO, 122.

98. *Id.*, 698 = ONORATO, 129.

99. *Id.*, 271-272; 973.

100. *Id.*, 1007.

100 bis. *Id.*, 7488.

101. *Id.*, 797.

102. *Id.*, 404, 420, 460, 935 h, 1158, 7724, 7858, 7944.

103. *Id.*, 3498 (Trebius Valens).

104. *Id.*, IV, 6684 (Helvius Sabinus), 315, 566, 702 (C. Cuspius Pansa), 1007 (G. Gavius Rufus et M. Holconius Priscus), 7619 (C. Lollius Fuscus).

105. *Id.*, 3409.

106. *Id.*, 7974 (L. Ceius Secundus).

107. *Id.*, 309 (M. Holconius Priscus).

108. *Id.*, 7684 (C. Cuspius Pansa).

109. *Id.*, 706 (Cn. Helvius Sabinus).

110. *Id.*, 3678 = DIEHL, 161 = ONORATO, 132.

111. *Id.*, 7201, en vers (C. Cuspius Pansa).

112. *C.I.L.*, IV, 943 (M. Holconius Priscus).

113. *Id.*, 720 (L. Popidius Secundus).

114. *Id.*, 3471.

115. *Id.*, 429.

116. *Id.*, 3702 = DIEHL, 132 = ONORATO, 134.

117. *Id.*, 7146, 720, 3409, 1012, 968, 7681.

118. *Id.*, 576.

119. *Id.*, 581 = DIEHL, 169 = ONORATO, 125.

120. *Id.*, 576.

121. *Id.*, 7389.

122. *Id.*, 7841, 7864.

123. DELLA CORTE: *Case*[2], 308-314.

124. *C.I.L.*, IV, 7539.

125. *Id.*, 7735.

126. *Id.*, 7733.

127. *Id.*, 7724.

128. *Id.*, 7524, 7530.

129. *Id.*, 7735.

130. *Id.*, 3478.

131. *Id.*, 3471.

132. *Id.*, 3477, 3482.

133. *Id.*, 120.

134. *Id.*, 117 = ONORATO, 107.

135. *Id.*, 7627, 7658.
136. *Id.*, 7630.
137. *Id.*, 7605.
138. *Id.*, 7619.
139. *Id.*, 7429 = DIEHL, 935 = ONORATO, 139.
140. *Id.*, 7618, 7624.
141. *Id.*, 7614.
142. *Id.*, 7048, 3649, 3666, 7195, 443, 852, 7928, 6625, 7197, 7443, 7642.
143. *Id.*, 7490, 7605, 7685, 7275, 7290, 7851, 7418, 7818, 3775, 171, 193.
144. Souligné par le mot *universi.*
145. *C.I.L.*, IV, 490, 6672.
146. *Id.*, 3423-3483.
147. *Id.*, 149-202, 183.
148. *Id.*, 241.
149. *Id.*, IV, 99.
150. *Id.*, 826.
151. *Id.*, 951, 960.
152. *Id.*, 485.
153. *Id.*, 3478, 7164, 7963.
154. *Id.*, 753.
155. *Id.*, 7473.
156. *Id.*, 312, 3639, 7838.
157. *Id.*, 864,
158. *Id.*, 886, 7273.
159. *Id.*, 677.
160. *Id.*, 710 = ONORATO, 106.
161. *Id.*, 274.
162. *Id.*, 97, 113.
163. *Id.*, 743.
164. *Id.*, 7643.
165. *Id.*, 609.
166. *Id.*, 7684.
167. *Id.*, 1011.
168. *Id.*, 7257, 7900.
169. *Id.*, 7231.
170. *Id.*, 787.
171. *Id.*, 275, 673, 698.
172. *Id.*, 7919.
173. *Id.*, 7851 = DIEHL, 938.
174. *Id.*, 1147 = ONORATO, 127.
175. *Id.*, 7585 = ONORATO, 110.
176. *Id.*, 3338 = ONORATO, 110.
177. *Id.*, 7539.
178. *Id.*, 103 = DIEHL, 129 = ONORATO, 118.
179. DELLA CORTE: *Case*^{2}, p. 305.
180. *C.I.L.*, IV, 8473, 8475.
181. *Id.*, 7489.
182. *Id.*, 7873.
183. *Id.*, 7862, 7866.
184. *Id.*, 7863.
185. A. SCALERA: *La donna nelle elezioni municipali a Pompei,* dans *Rend. Accad. Lincei,* ser. V, XXVIII, 1919, pp. 387-405.
186. *C.I.L.*, IV, 3678 = DIEHL, 161 = ONORATO, 132.
187. *Id.*, 3683.
188. *Id.*, 7167.
189. *Id.*, 7669: DELLA CORTE: *Case*^{2}, 785-786. Cornelia (3479), Iunia (1168), Pollia (368), Vibia (3746).
190. *C.I.L.*, IV, 7464. DELLA CORTE: *Case*^{2}, 772-773.
191. *Id.*, 7469. DELLA CORTE: *Case*^{2} 774.
192. *Id.*, 171.
193. *Id.*, 6610. DELLA CORTE: *Case*^{2}, 159.
194. DELLA CORTE: *Case*^{2}, 672-673.
195. *C.I.L., IV, 7295.*
196. *Id.*, 7288.
197. *Id.*, 7291.
198. DELLA CORTE: *Case*^{2}, 318, 319. (III, 6, 1).
199. *C.I.L.*, IV, 7749.
200. *Id.*, 368.
201. *Id.*, 7632, 7649.
202. *C.I.L.*, IV, 7619, 7624, 7668.
203. *Id.*, 822, 3718, 7464, 7614, 7794.
204. *Id.*, 7517, 7650.
205. *Id.*, 768 = DIEHL, 137 = ONORATO, 143; IV, 1059.

206. DELLA CORTE: *Case*[2], p. 203-204.
207. *C.I.L.*, IV, 1122.
208. *Id.*, 2939.
209. *Id.*, 843.
210. *Id.*, 1083.
211. *Id.*, 6616, 6628.
212. DIEHL, 166 = ONORATO, 124.
213. *C.I.L.*, IV, 7676 = DIEHL, 885 = ONORATO, 126.
214. *Id.*, 480, 470.
215. *Id.*, 783.
216. MACROB.: *Saturn.*, 11, 3, 11.

CHAPITRE III

1. J. DAY: *Agriculture in the life of Pompei*, dans *Yale Classical Studies*, III, 1932, pp. 165-208.
2. STRAB.: V, 4, 8.
3. STRAB.: V, 4, 3.
4. PLIN.: XIV, 10.
5. *Id.*: 21-22.
6. *C.I.L.*, IV, 2557-2558, 2559; *C.I.L.*, VIII, 220, 640, 31.
7. *C.I.L.*, IV, 5622.
8. PLIN.: XIV, 34.
9. *Id.*: 35.
10. *Id.*: 35.
11. *C.I.L.*, X, 830, pour M. Holconius Rufus dont on a retrouvé la statue honorifique. A. DE FRANCISCIS: pp. 37-39.
12. PLIN.: XIV, 70.
13. *C.I.L.*, IV, 9326.
14. *Id.*: 5595-5600, 9353-9366.
15. *C.I.L.*, IV, 2588, 5605-5628, 9375-78. *N.S.A.*, 1927, p. 91. *C.I.L.*, XV, 4736. P. REMARK: *De amphorarum inscriptionibus latinis quaestiones selectae*, Tübingen, 1912, p. 23.
16. *Id.*, 5584. REMARK: p. 24.
17. *Id.*, 5583.
18. *Id.*, 5743. REMARK: p. 24. PLIN.: XV, 92.
19. PLIN.: XIV, 107.
20. ID.: 143.
21. *C.I.L.*, IV, 5589. REMARK: p. 24.
22. *Id.*, 5585-5586, 9324. REMARK: p. 25. PLIN.: XIV, 80. La réduction peut être aussi des 2/3 d'après VARRON.
23. CATO: *R.R.* XXIV. COLUM.: II, 22, 4; XII, 37.
24. *C.I.L.*, IV. 5592. REMARK: p. 24.
25. *C.I.L.*, IV, 5741. PLIN.: XI, 34, 38, 39; XIV, 26-27.
26. *Id.*, 5742, REMARK: p. 30. PLIN.: XIV, 80.
27. *Id.*, 5594, 5595. REMARK: p. 25.
28. MARTIAL.: XIII, 106.
29. *C.I.L.*, IV, 5730. REMARK: p. 13. *R.E.*, s.v. Antonius, 79.
30. PLIN.: XIV, 136. Pour un vignoble urbain, il faut enregistrer les étonnantes découvertes de l'archéologue américaine W. Jashemski, près de l'amphithéâtre. Plantée sur 50 ares, cette vigne produisait annuellement 10 000 litres de vin.
31. *Id.*: XVI, 8.
32. *C.I.L.*, IV, 2610, 8489, 9437.
33. *Id.*, 9439-54.
34. *Id.*, 5430.
35. *Id.*, 2604-08, 5745-60, 9422-28.
36. *Id.*, 2567. REMARK: p. 31.
37. *R.R.*, I. 6.
38. SEN.: *Q.N.*, VII, 27.
39. *C.I.L.*, IV, 5854, 5729.
40. CATO: II, 8.
41. *C.I.L.*, IV, 5740.

42. *Id.*, 5741.

43. L.A. MORITZ: *Grain mills and flour in classical antiquity,* Oxford, 1958.

44. Chez le boulanger Modestus.

45. *C.I.L.*, IV, 1768, 1769.

46. APIC.: IV, 5, 3; V, 8, 2; VI, 9, 2; VII, 12, 2; VIII, 5, 2.

47. P. GRIMAL et TH. MONOD: *Sur la véritable nature du* «garum», dans *R.E.A.*, LIV, 1952, pp. 27-38.

48. XX, 46.

49. COLUM.: X, 135. PLIN.: XXXI, 93-95.

50. MAIURI, dans *Rendic. Napoli,* 1958, pp. 79-81.

51. Par ex. 3 × 2 × 1, 20. Voir une fabrique récemment découverte dans le quartier de la porte de Nocera.

52. *C.I.L.*, IV, 5657.

53. *Id.*, 2589-2594; 5707-5709; 5699-5702; 9412-9419.

54. *Id.*, 5673, 5706, 9388-9394.

55. *C.I.L.*, XV, 4723. Si *muria arguta* le désigne (saumure la plus fine).

56. *Id.*, IV, 5679-5682, 5683, 9396-9406.

57. *Id.*, 5673. *Muriae flos,* 9430-34.

58. *Id.*, IV, 5717-5718, 5719; 9407-9411.

59. *Id.*, 7678.

60. *Id.*, 5686.

61. *Id.*, 2583, 5651, 5716.

62. *N.S.A.*, 1914, p. 112.

63. *Id.*, 1912, p. 185.

64. *C.I.L.*, X, 1024 = *I.L.S.*, 6366 = ONORATO, 6.

65. *Id.*, IV, 5687, 5688, 5690, 5694, 5704, 5710, 5711, 5723, 5724, 9399-9406, 9410.

66. *Id.*, XV, 4686. PLIN.: *N.H.*, XXXI, 94.

67. *Apocha* C.

68. *Fusus* dans *D.A.*, II, pp. 1424-1427 (G. LAFAYE).

69. *C.I.L.*, V, 5363. La livre romaine vaut 324 gr.

70. *Id.*, IV, 6714.

71. *Id.*, 6712.

72. *Id.*, 6715; 864 = ONORATO, 121 = DIEHL, 184.

73. *Id.*, 9109.

74. *Id.*, 3130. DELLA CORTE: pp. 232-233.

75. *Fullonica,* dans *D.A.*, II, p. 1349-1352 (A. JACOB).

76. *Dig.*, XLIII, 10, 1, 4.

77. DE FRANCISCIS: 30-31. *C.I.L.*, X, 865.

78. *C.I.L.*, IV, 3, 1393, 2306, 3951, 4428, 9108.

79. *Id.*, 1393.

80. *Id.*, 753.

81. *Id.*, 1393.

82. *Id.*, 9083.

83. *Id.*, 864 = DIEHL, 184 = ONORATO, 121.

84. *Id.*, 7812.

85. CIC.: *Ad Fam.*, XV, 17, 2.

86. *C.I.L.*, X, 8047, 19 (Vibii). *N.S.A.*, 1929, p. 202 (Iulii).

87. *Id.*, 8042, 47 et 48. (L. Eumachius et L. Eumachius Eros).

88. *Id.*, 8042, 60, 63, 64 (Iulii).

89. *Id.*, 8053, 99, 101.

90. *Id.*, 8056, 179, 180.

91. STRAB.: V, 4, 8.

92. STAT.: *Silv.*, I, 2, 265.

93. M. BARATTA: *Il porto di Pompei,* dans *Ath.*, n.s., t. XI, 1933, pp. 250-260.

94. Plutôt qu'un temple de Neptune. DELLA CORTE, pp. 369-370.

95. *C.I.L.*, X, 8157.

96. FIENGA: *Esplorazioni del pago marittimo pompeiano,* dans *Atti del III Congresso Naz. di Studi romani,* p. 172 *sq.*

97. A. MAIURI: *Navalia Pompeiana,* dans *Rend. Napoli,* XXXIII, 1958, pp. 7-24.

98. SUET.: *De Rhet.*, 4.

99. LE GALL, dans *M.S.A.F.*, 1954, p. 41 *sq.*

100. VI, 1, 25; VII, 1, 40.

101. DELLA CORTE: p. 41.

102. PETRON.: *Sat.*, 76.

103. A. STAZIO: *Rapporti fra Pompei ed Ebusus nelle Baleari alla luce dei rinvenimenti monetali*, dans *A.I.I.N.*, II, 1955, pp. 33-57.

104. *Gallia*, VI, 1948, p. 214; VIII, 1950, p. 129, F. BENOIT: *Fouilles sous-marines. L'épave du Grand Congloué à Marseille*, suppl. *Gallia*, XIV, Paris, 1961, p. 48.

105. J. HEURGON: *Les Lassii pompéiens et l'importation des vins italiens en Gaule*, dans *P.P.*, VII, 1952, pp. 113-118.

106. *C.I.L.*, X, 1074.

107. *Id.*, 793.

108. *Id.*, IV, 2564, 6421-6423, 5918, 5574, 5588.

109. R. ÉTIENNE: *Bordeaux antique*, 1962, pp. 98-100.

110. *C.I.L.*, XII, 5683, 226 et 5686, 700.

111. *Id.*, XIII, 10002, 402 a.

112. *Id.*, 10002, 402 b.

113. *Id.*, X, 8049, 10, 2 ex.

114. *Id.*, 800. M. Porcius y est dit *quattuor vir*; ce ne serait pas le même, voir *Id.*, X, 844.

115. *Id.*, 844 = *I.L.S.*, 5636 = ONORATO, 43.

116. *Id.*, 852 = *I.L.S.*, 5627 = ONORATO, 44.

117. CIC.: *De leg. agr.*, III, 2, 8 et III, 4, 14. *C.I.L.*, X, 5282 et 1140.

118. *C.I.L.*, X, 810 = *I.L.S.*, 3785.

119. *Id.*, VIII, 22637, 36; 22640, 62.

120. *Id.*, 22637, 45; à Pompéi *C.I.L.*, X, 8047, 15. La production d'huile pompéienne ne suffisait pas à satisfaire les besoins locaux, puisqu'on faisait venir de l'huile espagnole de la province de Bétique — A. TCHERNIA, *Amphores et marques d'amphore de Bétique à Pompéi et à Stabies*, dans *M.E.F.R.*, t. LXXVI, 1964, pp. 419-449.

121. *Id.*, VIII, 22637, 30; à Pompéi, *C.I.L.*, X, 8042, 41.

122. GORDON, dans *J.R.S.*, 1927, p. 172.

123. XLVIII et CXIV.

124. *R.E.*, VIII, 2, col. 2404-2405. s.v. *Hordeonius* (MÜNZER).

125. HATZFELD, dans *B.C.H.*, 1912, p. 47, s.v. Lolli.

126. CIC.: *Verr.*, III, 61-63.

127. CVIII, 4.

128. A. MAIURI: *Statuetta eburnea d'arte indiana a Pompei*, dans *Le Arti*, 1938-1939, I, pp. 111-115. J. PH. VOGEL: *Note on an ivory statuette from Pompei*, dans *Annual Bibl. of Indian archeol.*, t. XXII, 1938, pp. 1-5. H. DEYDIER: *Contribution à l'étude de l'art de Gandhara*, Paris, 1950, pp. 112-113.

129. J. HEURGON: *Les Origines campaniennes de la Confédération cirtéenne*, dans *Libyca*, V, 1957, pp. 7-24.

130. P. Sittius Coniunctus (IV, 726, 3468) et C. Calventius Sittius Magnus (IV, 526, 7465).

131. P. Sittius Speratus (XIV). P. Sittius Zozimus (XLIII-XCVIII).

132. *C.I.L.*, IV, 5900-1.

133. *Id.*, 7473 = DIEHL, 932 = ONORATO, 116.

134. *Id.*, 1053, 1062.

135. Q.Lollius Saturninus, CVIII.

135[a]. *C.I.L.*, X, 1064 = *I.L.S.*, 5382 = ONORATO, 58.

136. *N.S.A.*, 1910, p. 402 = ONORATO, 14. Voir aussi *C.I.L.*, IV, 7075.

137. CIC.: *Ad Att.*, 6, 2, 3, etc.

138. Renseignement obligeamment fourni par le regretté G. ONORATO.

138bis. HORAT.: II, 16. *Ep.*, I, 12.

139. *C.I.L.*, IV, 26 = DIEHL, 125 = ONORATO, 105.
140. *C.I.L.*, X, 857 a.
141. *Id.*, 827.
142. N. Sandelius Messius Balbus. L. Sepunius Sandilianus. *C.I.L.*, X, 831 = *I.L.S.*, 5619 = ONORATO, 60.
143. *C.I.L.*, IV, 5577.
144. *Id.*, 2599-2601.
145. *Id.*, 1292.
146. *Id.*, 2833.
147. *Id.*, 5511.
148. *Id.*, 2555, 5514, 5521-22, 5525, 5560-62, 9345, 28, 29.
149. *Id.*, 5518, 5570.
150. *Id.*, 2566, 6896, 9313.
151. *Id.*, 2602-2603.
152. *Id.*, 2618; 5563-68.
153. *Id.*, 5558.
154. *Id.*, 5536-5541, 2565, 9320-9321.
155. *Id.*, 5594.
156. *Id.*, 5535.
157. *Id.*, 5526.
158. D. ATKINSON: *A Hoard of Samian Ware from Pompei*, dans *J.R.S.*, IV, 1914, pp. 27-64.
159. MAU-KELSEY: pp. 110-118. Voir W.O. MOELLER: *The building of Eumachia: a reconsideration*, dans *A.J.A.*, 76, 1972, pp. 323-327; l'édifice abriterait aussi le collège des *fullones*.
160. *C.I.L.*, X, 810 = *I.L.S.*, 3785.
161. *Id.*, 899.
162. *Id.*, 813.
163. *Id.*, 808, 809.
164. Voir C. ZANGEMEISTER, dans *C.I.L.*, IV, *Suppl.*, 3340, 1898, p. 275 *sq.*, et MAU-KELSEY, chap. LVII, pp. 489-495.
165. *Le tavolette cerate di Pompei rinvenute a 3 e 5 luglio 1875*, dans *Atti. Accad. Lincei*, ser. II, 3, p. 130 *sq.* (23 avril 1876).
166. *Die Pompeianische Quittungstafeln des L. Caecilius Iucundus*, dans *Hermes*, XII, 1877, pp. 88-141 (*Ges. Schrift.*, III, p. 221 *sq.*)
167. *C.I.L.*, IV, 5788.
168. *Id.*, 3434.
169. *Id.*, 3428.
170. *Id.*, 3473.
171. *Id.*, X, 860.
172. Sur tout ceci voir A. DE FRANCISCIS, p. 31 *sq.*
173. MAIURI, *Fra case ed abitanti*, pp. 49-50, lui reste fidèle.
174. *C.I.L.*, IV, 3340.
175. *Id.*, X, 891.
176. Pour les nouvelles tablettes d'Herculanum, voir entre autres G. PUGLIESE CARRATELLI: *L'instrumentum Scriptorium nei monumenti pompeiani et ercolanesi*, dans *Pompeiana*, pp. 266-278.
177. TAC.: XIII, 31.
178. 59 sur 153 quittances sont datées; de 55: 12 actes; de 56: 11; de 57: 15, pour les années les mieux représentées, donc de 30 à 40 actes par an, pourrait-on affirmer.
179. DELLA CORTE: pp. 360-363.
180. *C.I.L.*, X, 874, dans maison VIII, 1, 46; dans celle de P. Vedius Siricus (VII, 1, 25).
181. *Id.*, 875, dans VI, 14. On trouve aussi *C.I.L.*, X, 876: *Lucru(m) accipe.*
182. *Id.*, IV, 117 = ONORATO, 107; *Id.*, 120. *Apochae*, XXXVII, LXXI, XCII, XCVII. M. DELLA CORTE, dans *Rend. Accad. Pont.*, III, 1949-1950, pp. 347-353. J. FREY: *Les Juifs à Pompéi*, dans *Rev. Bibl.*, XLII, 1933, pp. 365-384. DELLA CORTE[2], p. 28.
183. *C.I.L.*, IV, 5244, 3765.
184. *Id.*, 1507. *N.S.A.*, 1911, p. 465, n. 1; *N.S.A.*, 1946, p. 123, n. 355.
185. *N.S.A.*, 1946, p. 98, pp. 114-117. *C.I.L.*, IV, 6990.

186. *Id.*, 8010.

187. *Verpa, verpus,* voir JUVEN: *Sat.*, XIV, 99, 104; MART.: *Epigr.*, XI, 94-101, XII, 82.

188. *C.I.L.*, IV, 4976. PLIN.: *N.H.*, XXXI, 95.

189. *Id.*, 4300, 4321.

190. *Id.*, 8216.

191. *Id.*, 2569.

192. J. GUTTMAN: *A Reexamination of the Judgement of Salomon Fresco at Pompei,* dans *Bull. of the Israel Exploration Society,* XVIII, 1954, pp. 176-182.

193. *C.I.L.*, X, 796 b = *I.G.*, XIV, 701 = ONORATO, 69.

194. Pour tout ce qui suit, nous devons beaucoup à l'excellent article d'E. LEPORE: *Orientamenti per la storia sociale di Pompei,* dans *Pompeiana,* pp. 144-166.

195. APP.: *B.C.*, I, 100, 470 et 104, 489.

196. CIC.: *Pro Sulla,* XXI.

197. LIV.: *Perioch.*, LXXXIX, corrigé par CARCOPINO: *Sylla ou la monarchie manquée,* Paris, 1931, p. 61.

198. APP., *B.C.*, I, 104, 489.

199. G. TIBILETTI: *Lo sviluppo del latifondo in Italia dall'epoca graccana al principio dell'impero,* dans *Xe Cong. Int. Sc. Storiche, Roma,* 4-11 *settembre* 1955, *Relazioni II, Storia dell'antichità,* pp. 235-292, p. 285.

200. TAC.: *Ann.*, III, 53.

201. Id.: XIV, 27.

202. COL.: IV, 30.

203. CATO: II et XI. TIBILETTI: p. 286.

204. DELLA CORTE[2]: pp. 344-347.

205. *C.I.L.*, IV, 6867-9.

206. COL., R.R., VIII, 1, 2.

207. *C.I.L.*, IV, 3864.

208. *Id.*, IV, 2551 = 5520.

209. *Id.*, 5528 et 5588.

210. *Id.*, 5528.

211. *Id.*, 5605, 5610.

212. PETR.: *Sat.*, 53.

213. *C.I.L.*, IV, 1136. MAIURI: *Fra case ed abitanti,* p. 70 (passage écrit en octobre 1951), a reconnu chez Julia Felix cette volonté de survivre. Les thermes centraux n'étaient pas terminés, la piscine de la palestre restant à sec, elle a eu l'intelligence d'aménager un établissement de bains dans sa belle propriété et n'a pas hésité à défigurer son jardin luxueux par des pièces de location.

214. CIV-CXIV.

215. *C.I.L.*, X, 1936, 551, 901; IV, 1084, 3884.

216. PLIN.: *N.H.*, XIV, 47-49.

217. PETR.: *Sat.*, LXXVI.

218. M.L. STRACK: *Die Freigelassenen in ihrer Bedeutung für die Gesellschaft der Alten,* dans *Hist. Zeitschrift,* CXII, 1914, pp. 1-28, p. 23.

219. P. VEYNE: *Vie de Trimalcion,* dans *Annales. E.S.C.*, 1961, pp. 213-247.

CHAPITRE IV

1. J. DAY, dans *Yale Classical Studies,* III, 1932, pp. 165-208.

2. *C.I.L.*, IV, 6672.

3. PLIN.: *N.H.*, XIX, 55 et 56.

4. COLUMELL.: X, 135-6; XII, 10. PLIN.: *N.H.*, XIX, 41, 3; XV, 19. PETR.: *Sat.*, 53.

5. *C.I.L.*, IV, 4533, 4889.

6. *Id.*, 4422, 5380.

7. *Id.*, 4533, 4888, 4889.

8. *Id.*, 5430, 6722.

9. *Id.*, 2597, 5738.

10. *Id.*, 99; 3423, 3483.

11. MAIURI: *Fra case ed abitanti*, p. 92.

12. *C.I.L.*, IV, 149, 180, 183, 202, 206.

13. PLIN.: XV, 70-72.

14. *C.I.L.*, IV, 5761.

15. *Id.*, 2562.

16. D. CASELLA: *La Frutta nelle pitture pompeiane*, dans *Pompeiana*, pp. 355-386. Voir aussi A. MAIURI: *Nuove pitture di giardino a Pompei*, dans *Boll. Arte*, 1952, pp. 5-12.

17. *C.I.L.*, IV, 241.

18. *Id.*, 7273 = DIEHL, 919 = ONORATO, 111.

19. *Id.*, 3678 = DIEHL, 161 = ONORATO, 132.

20. *Id.*, 485, 951, 960.

21. *Id.*, 3702, 4256.

22. *Id.*, 8505.

23. *Id.*, 710 = ONORATO, 106.

24. A. MAIURI: *Casa del Menandro e il suo tesoro di argenterie*, pp. 241-403.

25. MAU-KELSEY: pp. 94-101.

26. *C.I.L.*, IV, 1096, 1096a, 1097a, 1115.

27. *Id.*, 4182, 6779, 8863. *I.I.*, XIII, 2 (1963), n. 53.

28. HELBIG: nos 1489-1500.

29. *C.I.L.*, IV, 64.

30. *C.I.L.*, IV, 64, 138, 1136, 2324.

31. *Id.*, 1136, bail de 5 ans.

32. Maison des Vettii (VI, 15, 1).

33. MAIURI: *Peinture romaine*, p. 144.

34. DELLA CORTE: p. 236 *sq.* *C.I.L.*, IV, 7182.

35. *C.I.L.*, IV, 1698.

36. *Id.*, 743.

37. *Id.*, 609, 2184.

37 bis. L'amour vénal permettait aussi l'oubli. Les tarifs sont bas. Le prix courant varie de 1 à 2 as; dans le *Satiricon*, la chambre de prostituée vaut 1 as, 4 sesterces restent un prix exceptionnel.

38. *C.I.L.*, IV, 807, 3779. Voir TONNES KLEBERG: *Hôtels, restaurants et cabarets dans l'Antiquité romaine*, Upsal, 1957.

39. *Id.*, 807, 1822, 4957, 5386.

40. *Id.*, 241, 336, 494, 537, 629, 814, 1048, 1838, 3502, 3948, 4100, 6700. *N.S.A.*, 1908, p. 271.

41. *C.I.L.*, IV, 1896.

42. *Id.*, 2145, 2146, 2147, 2152, 2155, 2156, 2159, 2160.

43. *Id.*, 3948.

44. *Id.*, 1291.

45. *Id.*, 1292.

46. *Id.*, 1679.

47. *Id.*, 1679.

48. DELLA CORTE: p. 23.

49. *C.I.L.*, IV, 97.

50. *Id.*, 2040, 5019.

51. PETR.: *Sat.*, XXIX.

52. DELLA CORTE[2]: p. 119, p. 70, — *C.I.L.*, IV, 9166.

53. VEYNE: pp. 215-216.

54. *C.I.L.*, X, 865.

55. Vestalis, dans *Apocha XX*.

56. *C.I.L.*, X, 824.

57. *Id.*, 826, 895, 899-910.

58. *Id.*, 924.

59. CARRINGTON: p. 121.

60. Quittance CLV.

61. Dans les mêmes associations religieuses, les esclaves sont accueillis à côté des hommes libres.

62. L. BREGLIA: *Circolazione monetale ed aspetti di vita economica a Pompei*, dans *Pompeiana*, pp. 41-59.

63. E. POZZI: *Tesoretto di età flavia da Pompei*, dans *A.I.I.N.*, V-VI, 1958-1959, pp. 211-229.

64. Donc 1 denier égale 4 sesterces; le sesterce valant 4 as.

65. A la liste de L. Breglia, nous ajoutons le trésor de 6300 sesterces publié par E.Pozzi.

66. Nous corrigeons quelques

erreurs d'impression dans la liste de L. Breglia, *C.I.L.*, IV, 5380.

67. Confirmé par *C.I.L.*, IV, 4227.

67. *Id.*, 4428.

69. *Id.*, IV, 4000.

70. *Id.*, 4888. Voir aussi 4227.

71. 10 000 sesterces est ce que le décurion doit verser de *summa honoraria.*

72. A. HÉRON DE VILLEFOSSE: *Le trésor de Boscoreale,* dans *Monuments Piot,* V, 1899, p. 30. *R.N.*, 1895, p. 574.

73. DAY: pp. 179-181.

74. Quittances CXXXVIII-CLIII.

75. PLIN.: *Ep.*, VII, 18, et *C.I.L.*, X, 5853.

76. C'est la valeur que l'on peut attribuer au *Pompeianum* de Cicéron et non pas 375 000, comme le voudrait J. CARCOPINO: *Les Secrets...*, I, p. 91. Rappelons d'ailleurs que PLUTARQUE, VIII, 2, parle d'une petite terre aux environs de Naples, d'une autre, petite également, à Pompéi. Notre recherche donne raison à Plutarque.

CHAPITRE V

1. IV, 44.

2. Livre I, chap. II.

3. ONORATO, 67 = *N.S.A.*, 1921, p. 445.

4. Pendant la période étrusque, un dieu *Fith* représentant Héraklès aurait été honoré à Pompéi. I. SGOBBO: *Gli Etruschi in Pompei alla luce di un nuovo documento,* dans *Rend. Napoli,* XXXI, 1956, pp. 37-76.

5. G.K. BOYCE: *Corpus of the Lararia of Pompei,* dans *M.A.A.R.*, XIV, 1937, n°s 68, 108, 118, 261, 273, 479.

6. *C.I.L.*, IV, 733.

7. DELLA CORTE[2]: pp. 301-303.

8. A. MAIURI: *Bicentenario degli scavi di Pompei,* Naples, 1948, p. 28.

9. Voir sur cette crise A. BRUHL: *Liber pater,* Paris, 1953 (B.E.F.A.R., 175), p. 82 *sq.*

10. Pour tout ce développement, nous suivons P. GRIMAL: *Les jardins romains, à la fin de la République et aux deux premiers siècles de l'Empire,* Paris, 1943 (B.E.F.A.R., 155), p. 338 *sq.*

11. BRUHL: p. 148 *sq.*

12. G.K. BOYCE: n°s 13, 118, 171, 176, 240, 448, 463, 498.

13. R. SCHILLING: *La Religion romaine de Vénus depuis les origines jusqu'au temps d'Auguste,* Paris, 1954 (B.E.F.A.R., 178), Appendice I, pp. 383-389; *C.I.L.*, X, 928; IV, 6865.

14. Voir livre III, chap. IV.

15. *C.I.L.*, IV, 1520.

16. *Id.*, 2457, 538, 26; 4007.

17. SCHILLING: p. 284 *sq.*

18. ONORATO, 74.

19. Prêtresse publique de Cérès. ONORATO, 7, *C.I.L.*, X, 1036. Elle appartient aussi à la *gens* Alleia; *C.I.L.*, X, 812, 1074 a-b; autres prêtresses publiques: *C.I.L.*, X, 810, 811, 812, 813, 816, 950, 998, 999.

20. *C.I.L.*, IV, 9125, 9128, 9129, 9138.

21. MAIURI: *Ultima fase,* pp. 64-68.

22. G.K. BOYCE: n°s 118, 171, 185, 271, 383, 496.

23. ONORATO, 65.

24. Livre II, chap. I.

25. MAU-KELSEY: pp. 63-69.

26. *C.I.L.*, X, 796.

27. Livre II, chap. I.

28. *C.I.L.*, X, 928 = *I.L.S.*, 318 = ONORATO, 66.

29. *C.I.L.*, X, 788, 789, 791, 859, 951.

30. *Id.*, 806, 820, 822.

31. BOYCE: n° 118.

32. *Id.*, n° 249.

33. *N.S.A.*, 1921, p. 445.

34. V. TRAN TAM TINH: *Essai sur le culte d'Isis à Pompéi*, Paris, 1964.

35. *C.I.L.*, X, 1781 = *C.I.L.*, I^{2}, 577.

36. Voir même livre, chap. III.

37. *C.I.L.*, IV, 1581.

38. *Id.*, 4189.

39. *Id.*, X, 848.

40. *Id.*, 846 = ONORATO, 51 = *I.L.S.*, 6367.

41. TRAN TAM TINH, p. 41, n. 8, ne croit pas qu'il le soit.

42. DELLA CORTE[2]: pp. 218-219.

43. *C.I.L.*, IV, 2660.

44. *Id.*, 787.

45. *Id.*, 1011.

46. DELLA CORTE[2]: p. 311. Malgré SPINAZZOLA, nous ne pensons pas qu'il faille débaptiser cette maison et l'attribuer à D. Octavius Quartio.

47. FR. DE CAPUA: *Sacrari pompeiani,* dans *Pompeiana,* pp. 60-85. BOYCE: n° 471.

48. BOYCE: n° 220.

49. DELLA CORTE[2]: p. 62.

50. BOYCE: n° 141.

51. *Id.*, n°s 372, 409, 415.

52. MAU-KELSEY: pp. 162-176.

53. Musée de Naples, inv. n° 8975.

54. *C.I.L.*, X, 849.

55. *Id.*, 814, A Naples, Musée national, *Inv.* 4991. DE FRANCISCIS, p. 27-30.

56. TRAN TAM TINH: p. 92 *sq.*

57. Certaines ont été trouvées dans quelques maisons de Pompéi.

58. APVL.: *Métam.*, XI, 22, 7.

59. Peinture d'Herculanum, auj. au musée de Naples, *Inv.* n° 8919.

60. Les amphores pleines d'eau sacrée du Nil, destinée à guérir les malades, portent l'inscription Σέραπις δῶρα. *C.I.L.*, IV, 9811-12.

61. *C.I.L.*, X, 7966 = *I.G.*, XIV, 701 = ONORATO, 69.

62. Il est parlé du mois de Pharmouthi pour désigner le mois d'août.

63. A. MAIURI: *Di un singolare emblema sacro in una bottega pompeiana,* dans *Hommages Bidez-Cumont,* Bruxelles, 1949, pp. 185-192.

64. Petilius Surus: *C.I.L.*, IV, Surus: *C.I.L.*, IV, 1385a, 4179, 4372, 4486, 4776, 4695, 4485.

65. O. ELIA: *Vasi magici e mani pantee a Pompei,* dans *Rend. Napoli,* t. XXXV, 1960, pp. 5-10.

66. Voir, sur tout ceci, J. CARCOPINO: *Études d'histoire chrétienne,* Paris, 1953: *Le carré magique,* pp. 11-91.

67. MAIURI: *N.S.A.*, 1937, p. 77.

68. *Acta Ap.*, XXVIII, 13-14.

69. TERTUL.: *Apol.*, XL, 8.

70. Voir Livre I, chap. II.

71. Faut-il dire aussi qu'en 1962 nous avons vérifié que tous les stucs ont disparu et qu'aucun contrôle n'est plus possible?

72. *C.I.L.*, IV, 6344, 6346; XV, 4760. CARCOPINO: p. 286.

73. DELLA CORTE[2] n'a pas désarmé, pp. 395-397. Voir désormais la position radicale de P. VEYNE: *Le carré Sator ou beaucoup de bruit pour rien*, dans *Lettres d'Humanité*; XXVII, 1968, p. 427-460.

74. *C.I.L.*, X, 809 = *I.L.S.*, 64 = DEGRASSI, *I.I.*, XIII, 3, n. 86 = ONORATO, 83.

75. *N.S.A.*, 1913, p. 145, fig. 2. RIZZO: t. CXCIV, 1.

76. SOGLIANO: *Pitture murali campane,* n. 617.

77. *C.I.L.,* X, 796.

78. B. SCHWEITZER: *Antiken im ostpreussischen Privatbesitz* pp. 45 et 197, p. XXVI.

79. *C.I.L.,* X, 885-886 = *I.L.S.,* 6389 = ONORATO, 78.

80. *C.I.L.,* X, 888 = *I.L.S.,* 6390 = ONORATO, 79.

81. *C.I.L.,* X, 890 = *I.L.S.,* 6391 = ONORATO, 80.

82. Livre II, chap. III.

83. *C.I.L.,* X, 1026 = *I.L.S.,* 6372 = ONORATO, 81; *C.I.L.,* X, 1030 = *I.L.S.,* 6373 = ONORATO, 19.

84. Voir Livre II, chap. II.

84 bis. G. CH. PICARD: *Les Trophées romains,* Paris, 1957 (B.E.F.A.R., 187), pp. 338-339.

85. Voir livre II, chap. III.

86. Voir livre III, chap. V.

87. Voir livre II, chap. I.

88. *C.I.L.,* X, 800.

89. *Id.,* 802.

90. *Id.,* 1074. Voir livre III, chap. V.

91. L. LESCHI: *Mosaïque à scènes dionysiaques de Djemila-Cuicul (Algérie),* dans *Mon. et Mém. Fondation Piot,* 1935-1936, p. 139 *sq.*

92. K. LEHMANN: *Ignorance and search in the Villa of Mysteries,* dans *J.R.S.,* t. LII, 1962, pp. 62-68.

93. J. TOYNBEE: *La Villa Item and a Bride's Ordeal,* dans *J.R.S.,* t. XIX, 1929, p. 77 *sq.*

94. CH. PICARD, dans *R.A.,* 1954[2], p. 100.

95. Pourtant J. MARCADE: *Roma-Amor,* Genève, 1961, p. 118.

96. CH. PICARD, dans *R.A.,* 1954[2], p. 100.

97. FR. DI CAPUA: Sacrari, p. 61.

LIVRE III

CHAPITRE PREMIER

1. MAU-KELSEY: pp. 239-243.

2. A. MAIURI: *Portali con capitelli cubici a Pompei,* dans *Rend. Napoli,* XXXIII, 1958, pp. 203-218, en compte trente-neuf exemples.

3. SOPRANO: *I triclini all'aperto di Pompei,* dans *Pompeiana,* pp. 288-310.

3 bis. PETRON.: *Sat.,* LXXVII.

4. Voir livre III, chap. V.

5. A. MAIURI: *La Casa del Menandro e il suo tesoro di argenterie,* Rome, 1933.

6. A. MAIURI: *La Villa dei Misteri*[2], Rome, 1945.

7. Voir livre II, chap. V.

8. Livre II, chap. III.

9. F. ZEVI: *La Casa Reg. IX, 5, 18-21 a Pompei e le sue pitture (Studi miscellanei, 5),* Rome, 1964, p. 13.

10. Nous utilisons essentiellement GRIMAL, p. 216 et *sq.*

11. Nous remercions bien vivement Denise JOLY de nous avoir permis de consulter son mémoire de l'École française de Rome, si important, sur *La mosaïque pariétale à Pompéi et à Herculanum.* De la même, *Quelques aspects de la mosaïque pariétale au Ier siècle de notre ère d'après trois documents pompéiens,* dans *La Mosaïque gréco-romaine* (Colloques Internationaux du C.N.R.S.), Paris, 1965, pp. 57-73.

12. Livre II, chap. V.

13. Livre III, chap. III.

CHAPITRE II

1. SELIM AUGUSTI: *La tecnica dell'antica pittura parietale pompeiana,* dans *Pompeiana,* pp. 313-354: nous le suivons pas à pas. Id.: *Restauro e conservazione della pittura pompeiana,* dans *Atti VII cong. Int. Arch. clas., Rome,* 1961, I, p. 159-162.

2. R. MENGS: *Opere,* Bassano, 1783.

3. A. REQUENO: *Saggi sul ristabilimento dell'antica arte dei Greci e dei Romani pittori,* Parme, 1787.

4. VITRUVE., VII, 3, et 6, décrit un type de support à six couches utilisé par les Grecs.

5. Rappelons la découverte, dans une boutique spécialisée, de pots de couleur qui sont exposés au musée de Naples. VITRUVE., VII, 7-14, s'attache à décrire couleurs naturelles et couleurs artificielles.

6. A. MAU: *Geschichte der dekorativen Wandmalerei in Pompei,* Berlin, 1882.

7. A. MAIURI: *La Peinture romaine,* Genève, 1953, pp. 42-49.

8. H.G. BEYEN: *The wall decoration of the cubiculum of the Villa of P. Fannius Synistor near Boscoreale in its relation to ancient stage-painting,* dans *Mnemosyne,* 4e s., t. X, 1957, pp. 147-153.

9. O. ELIA: *Nota per un studio della decorazione parietale a Pompei,* dans *Pompeiana,* pp. 97-110.

10. VITRUVE., VII, 5, 1. G.-CH. PICARD: *L'Art romain,* Paris, 1962, p. 121 *sq.*

11. Interprétation de GRIMAL, p. 98.

12. VITRUVE.: VII, 5, 3-4.

13. PLIN.: XXXV, 29.

14. K. SCHEFOLD: *Vergessenes Pompei,* p. 73 *sq.*

15. A. MAIURI: *Ultima fase,* pp. 105-112.

16. MAU, dans *R.M.,* 1896, p. 3 *sq.* MAU-KELSEY: p. 321 *sq.*

17. SCHEFOLD: *Vergessenes Pompei,* p. 133.

18. Id.: *ibid.,* p. 140: *Nachalmung älterer Dekorationssysteme.*

19. C.L. RAGGHIANTI: *Pittori di Pompei,* Milan, 1963.

20. Id.: pp. 51-52.

21. Id.: p. 66.

22. Id.: pp. 64-66.

23. Id.: p. 66.

24. Id.: pp. 66-67.

25. MAIURI: *Pompei,* p. 49.

26. Toutefois Ragghianti a bien reconnu l'unité des peintures de IX, 5, 18-21, que F. ZEVI, p. 65, également attribue à la même main.

27. RAGGHIANTI: p. 74.

28. P. VEYNE: *Cave canem,* dans *M.E.F.R.,* LXXV, 1963, pp. 59-66.

29. GRIMAL: p. 250 *sq.*

30. CH. PICARD, dans *R.A.,* 1954, p. 99.

31. A. MAIURI: *Peinture,* pp. 133-138. J.M. CROISILLE, *Les natures mortes campaniennes* (Coll. Latomus LXXVI), Bruxelles, 1965.

32. Livre II, chap. IV.

33. CH. PICARD: *Au «Triclinium d'été» de la villa dite de P. Fannius Synistor, près de Boscoreale. La décoration pariétale: religion ou histoire?* dans *J.S.,* 1958, pp. 49-68 et 102-119.

34. PETR.: *Sat.,* XXXIV.

35. Livre III, chap. IV.

36. Voir livre II, chap. V.

37. J. HEURGON, dans *J.S.,* 1952, pp. 185-186.

CHAPITRE III

1. Voir livre III, chap V.
2. MAIURI: *Fra Case*, p. 185 *sq.*
3. Tel était pourtant l'avis de MAIURI: *Fra Case*, p. 187.
4. A. MAIURI: *Pozzi e condotture d'acqua nell'antica città di Pompei. Scoperte di un pozzo presso la Porta Vesuvio*, dans *N.S.A.* 1931, pp. 546-576.
5. A. MAIURI: *Saggi e ricerche intorno alla Basilica*, dans *N.S.A.*, 1951, pp. 225-260.
6. Sur ces châteaux d'eau «relais», et chambre de pression, voir R. ÉTIENNE: *Le Quartier nord-est de Volubilis*, Paris, 1960, pp. 20-23.
7. MAIURI: *Fra Case*, p. 187.
8. Livre II, chap.
9. *C.I.L.*, X, 1064 = *I.L.S.* 5382 = ONORATO, 58.
10. *C.I.L.*, IV, 97, 113.
11. MAIURI: *Fra Case*, p. 190.
12. *C.I.L.*, IV, 112.
13. MAIURI: *Fra Case*, p. 192.
14. Peinture au musée de Naples.
15. Mosaïque au musée de Naples.
16. *C.I.L.*, X, 830 = *I.L.S.*, 6361 b = ONORATO, 2.
17. Livre II, chap. II.
18. MAU-KELSEY: p. 227 *sq.*
19. MAIURI: *Fra Case*, p. 127 *sq.*
20. *C.I.L.*, IV, 5092.
21. *Id.*, 2457, 4007.
22. *Id.*, 6865.
23. *Id.*, 8137.
24. *Id.*, 1824.
25. *Id.*, 8408.
26. *Id.*, 3199.
27. *Id.*, 4091.
28. *Id.*, 5296.
29. J.-P.CÈBE: *A propos d'un terme d'injure pompéien:* Mortu(u)s, dans *M.E.F.R.*, LXXIV, 1962, pp. 529-531.
30. MAIURI: *Fra Case*, p. 133.
31. PETR.: *Sat.*, 71, 7.
32. MAU-KELSEY: pp. 397-420.
33. *C.I.L.*, X, 994-995.
34. Livre III, chap. IV.
35. *C.I.L.*, X, 996.
36. *Id.*, 998.
37. *Id.*, 997.
38. *Id.*, 999, 1004-07.
39. *Id.*, 1019.
40. *Id.*, 1023.
41. *Id.*, 1024.
42. *Id.*, 1026.
43. *Id.*, 1030.
44. *Id.*, 1033.
45. *Id.*, 1041.
46. *Id.*, 1032.
47. *Id.*, 1036.
48. *Id.*, 1037-40.
49. *Id.*, 1042.
50. Inédite. Le regretté A. Maiuri en préparait la publication. Voir MAIURI: *Pompei*, pp. 87-88.
51. Des tombes proches de l'amphithéâtre ont été fouillées en 1886-1887: MAU-KELSEY: pp. 423-428.
52. J.-M. DENTZER: *La Tombe de C. Vestorius dans la tradition de la peinture italique*, dans *M.E.F.R.*, LXXIV, 1962, pp. 533-594.
53. ONORATO, 10.
54. E. POZZI: *Exedra funeraria fuori porta di Nola*, dans *Rend. Napoli*, XXXV, 1960, pp. 175-186.
55. *N.S.A.*, 1890, p. 329.
56. ONORATO, 8.
57. MAIURI: *Fra Case*, p. 133.

CHAPITRE IV

1. Voir livre III, chap. II.
2. Musée de Naples, n° 9084.
3. *C.I.L.*, IV, 9263 à 9312.
4. *Id.*, 3407.
5. *Apochae* XXXII et CXXXVI.
6. DELLA CORTE[2]: p. 152.
7. *C.I.L.*, IV, 668.
8. DELLA CORTE[2]: p. 335.
9. *C.I.L.*, IV, 8562.
10. S. AUG.: *Conf.*, V, 12, 22; *Epist.*, 259, 4. MARROU, dans *M.E.F.R.*, XLXI, 1932, pp. 92-110.
11. Peinture, musée de Naples.
12. *C.I.L.*, IV, 275.
13. *Id.*, 698 = ONORATO, 129.
14. *Id.*, 694.
15. DELLA CORTE[2]: p. 110.
16. *Id.*, p. 152.
17. A. DE FRANCISCIS: *Osservazioni sul disegno d'arco dell'Anfiteatro campano di S. Maria Capua Vetere*, dans *Rend. Lincei*, XIV, 1959, pp. 399-402.
18. DELLA CORTE[2]: p. 110.
19. P. BOYANCÉ, *Lucrèce et l'Épicurisme*, Paris, 1963, p. 21, fait justement toutes réserves sur les outrances de la position de G. Della Valle.
20. Musée de Naples.
21. V. VÄÄNÄNEN: *Le Latin vulgaire des inscriptions pompéiennes*, Helsinki, 1937.
22. *C.I.L.*, IV, 6865.
23. *Id.*, 6892.
24. *Id.*, 538.
25. *Id.*, 1291.
26. Voir, sur les théâtres pompéiens, M. BIEBER: *The history of the Greek and Roman theater*, Princeton, 1961.
27. VITRUVE.: V, 9, 1.
28. *C.I.L.*, X, 833-834 = *I.L.S.*, 5638 = ONORATO, 48.
29. Et non de tuf. *F.A.*, VI, 1953, n° 3808 (A. MAIURI). A. MAIURI: *Il restauro della cavea del teatro di Pompei*, dans *B. Arte*, XXXIX, 1954, pp. 264-267.
30. VITRUVE.: V, 6, 8.
31. *C.I.L.*, X, 844 = *I.L.S.*, 5636 = ONORATO, 43.
32. Livre II, chapitre III.
33. STAT.: *Silv.*, III, 5, 91, emploie pour Naples la même expression.
34. M. MUROLO: *Il cosidetto «Odeo» di Pompei ed il problema della sua copertura*, dans *Rendic. Napoli*, XXXIV, 1959, pp. 89-101.
35. 1262, si l'on veut être précis.
36. VITRUVE.: V, 6, 9. Voir livre III, chap. II.
37. Peinture du musée de Naples, 12733.
38. *C.I.L.*, IV, 7919 = DIEHL, 909 = ONORATO, 108.
39. *Id.*, 1179.
40. *Id.*, 3867, 3877.
41. *Id.*, 1294.
42. DIO CASS.: LXVII, 3.
43. MART.: XI, 13.
44. Voir livre II, chap. V.
45. M. GIGANTE: *La cultura letteraria a Pompei*, dans *Pompeiana*, pp. 111-143, préparé par DELLA CORTE: *Epigraphica II*, 1940, p. 171.
46. MART.: IV, 44, 5.
46 bis. *C.I.L.*, X, 808.
47. *Id.*, I, 163.
48. *Id.*, II, 21; II, 51 (trois fois); III, 1; V, 72; VII, 44; VIII, 70.
49. *Id.*, I, 1 (treize fois); I, 135, 192, 234, 242, 468 et 469; II, 1 (douze fois); 148, 223; IV, 223; V, 389; VII, 1; IX, 269 (deux fois); 404.
50. *Id.*, I, 4, 67; I, 8, 77; II, 19, 57.
51. *Id.*, IV, 17.
52. *Id.*, VI, 113.

53. *Id.*, I, 475.

54. *Id.*, I, 1, 5.

55. *Id.*, III, 11, 35. A.W. VAN BUREN: *A Pompeian Distich*, dans *A.J.Ph.*, LXXX, 1959; pp. 380-382.

56. *Id.*, II, V, 9; III, 16, 13; IV, V, 47.

57. *Ep.*, I, 2, 32. *Od.*, IV, 1.

58. A.W. VAN BUREN, dans *R. Pont. Accad. Arch.*, XIX (1942-1943), pp. 191-195.

59. *C.I.L.*, VI, 50.

60. *Id.*, IV, 9123 = LOMMATZCH, *C.E.*, 2292.

CHAPITRE V

1. J.-M. ANDRÉ: *Recherches sur l'otium romain*, Paris, 1962 (Annales litt. Univ. Besançon, vol. 52).

2. MAU-KELSEY: pp. 159-161.

3. J. DELORME: Gymnasion. *Étude sur les monuments consacrés à l'éducation en Grèce (des origines à l'Empire romain)*, Paris, 1960 (B.E.F.A.R., 196).

4. PAUSAN.: VI, 21, 2; VI, 23, 2.

5. *C.I.L.*, IV, 3890.

6. Livre II, chap. V.

7. B. MAIURI: *Ludi ginnico-atletici a Pompei*, dans *Pompeiana*, pp. 167-205.

8. *C.I.L.*, X, 1074 d = *I.L.S.*, 5053, 5054 = ONORATO, 91.

9. G.-CH. PICARD: *Civitas Mactaritana (Karthago*, VIII, 1957), pp. 77-95.

10. DELLA CORTE[2]: p. 294.

11. G.-CH. PICARD: *Les Trophées romains*, Paris, 1957, pp. 220-223.

12. R. GINOUVES: Balaneutikè. *Recherches sur le bain dans l'Antiquité grecque*, Paris, 1962 (B.E.F.A.R., 200), p. 149.

13. H.-I. MARROU: *Histoire de l'Éducation dans l'Antiquité*, p. 337 *sq.*

14. CONWAY, 43 = ONORATO, 59.

15. *C.I.L.*, X, 829 = *I.L.S.*, 5706 = ONORATO, 46.

16. SENEC.: *Ep.*, 86, 4.

17. A. MAIURI: *Pompei: scoperta di un edificio termale nella* Regio *VIII, Insula 5, n. 3-6*, dans *N.S.A.*, 1950, pp. 116-136.

18. *C.I.L.*, X, 819.

19. Elle est si petite qu'on pourrait aussi bien penser à un jardin.

20. *C.I.L.*, X, 818 et 8071, 48 = ONORATO, 64. DELLA CORTE[2]: p. 40 et n. 4.

21. *C.I.L.*, X, 817 = *I.L.S.*, 5726 = ONORATO, 63.

22. *C.I.L.*, X, 824 et 893.

23. Rappelons que ceux de la maison de Ménandre sont en pleine réfection en 79.

24. A. LEZINE: *Architecture romaine d'Afrique*, Paris, 1963, pp. 30-31.

25. *Id.*: *Ibid.*, p. 11 *sq.*

26. *C.I.L.*, IV, 1150.

27. *Id.*, 840.

28. *Id.*, 6890.

29. MAIURI: *Casa del Menandro*, p. 147 (mosaïque du caldarium).

30. *C.I.L.*, X, 1063.

31. DELLA CORTE[2]: p. 1-2.

32. PLIN.: *N.H.*, XXXI, 2, 5.

33. A. MAIURI: *Note di topografia pompeiana*, dans Rendic. *Napoli, XXXIV, 1959, pp. 73-88.*

34. *C.I.L.*, X, 852 = *I.L.S.*, 5627 = ONORATO, 44.

35. Livre III, chap. IV.

36. PLIN.: *N.H.*, XXXVI, 117.

37. *C.I.L.*, IV, 7585 = ONORATO, 110.

38. *Contra* CARCOPINO: *Vie quotidienne à Rome à l'apogée de l'Empire*, Paris, 1939, p. 338, n. 99.
39. *C.I.L.*, X, 857 d = *I.L.S.*, 5653 a = ONORATO, 45.
40. *C.I.L.*, X, 853-857 c.
41. *Id.*, 858 = *I.L.S.*, 6359 = ONORATO, 4.
42. *C.I.L.*, X, 859 = *I.L.S.*, 6359 a = ONORATO, 5.
43. Voir livre II, chap. II. Mommsen avait déjà reconnu la datation à laquelle nous nous arrêtons, malgré Nissen et Onorato.
44. NEPPI MODONA: p. 255.
45. *C.I.L.*, IV, 1180.
46. Id., 1177, 7989 b.
47. *Id.*, 7990.
48. *Id.*, 7991.
49. *Id.*, 7989 = ONORATO, 94.
50. *Id.*, 3884 = DIEHL, 242 = ONORATO, 95.
51. *Id.*, 1189 = ONORATO, 96.
52. *Id.*, 1183 = ONORATO, 97.
53. *Id.*, 1186 = ONORATO, 98.
54. *Id.*, 7994 = DIEHL, 978 = ONORATO, 100.
55. *C.I.L.*, IV, 7989.
56. *Id.*, 1185, 7995.
57. *Id.*, 7992.
58. *Id.*, 3884.
59. *Id.*, 1186.
60. *Id.* 2508.
61. *Id.*, 2508.
62. *Id.*, IV, 1183.
63. *Id.*, 1189.
64. *Id.*, 7993.
65. *Id.*, 1180.
66. *Id.*, 1989.
67. *Id.*, 1179.
68. *Id.*, 1199.
69. *Id.*, 3881.
70. *Id.*, 3882 = DIEHL, 241 = ONORATO, 101.
71. Voir note 54.
72. *C.I.L.*, X, 1074 = *I.L.S.*, 5053, 4 = ONORATO, 91.
73. *C.I.L.* IV, 1180 = DIEHL, 245 = ONORATO, 92.
74. *Id.*, 7993 = DIEHL, 981 = ONORATO, 93.
75. *Id.*, 4356.
76. *Id.*, 4353.
77. *Id.*, 4356.
78. *Id.*, 8055.
79, *Id.*, 8056.
80. *Id.*, 2508. MAU-KELSEY, p. 217-219.
81. *Id.*, 8055, 8056.
82. Contre l'opinion de NEPPI MODONA, p. 255, n. 2, il y a bien les restes d'une balustrade de protection.

CONCLUSION

1. CARCOPINO (J): *Vie quotidienne...*, p. 35.
2. *C.I.L.*, IV, 1454.
3. *Id.*, 2320.
4. *Id.*, 1435.
5. *Id.*, 1347.
6. R. MARICHAL: *L'Aspect culturel et social de certaines écritures pompéiennes*, dans *R.E.L.*, XXXVI, 1958, pp. 36-37.
7. KAÏBEL, 1122.

COMPLÉMENT BIBLIOGRAPHIQUE (1985)

A. d'AMBROSIO, S. de CARO, *Un impegno per Pompei : fotopiano e documentazione della necropoli di porta Nocera,* Milan, 1983.

J. ANDREAU, « Histoire des séismes et histoire économique : le tremblement de terre de Pompéi (62 ap. J.-C.) », dans *Annales E.S.C.,* XXVIII, 1973, p. 395-399.

J. ANDREAU, *Les affaires de Monsieur Jucundus,* Rome, 1974 (Coll. de l'École Française de Rome, 24).

J. ANDREAU, *Remarques sur la société pompéienne* (à propos des tablettes de L. Caecilius Jucundus) dans *Dialoghi di archeologia,* VII, 1973, p. 213-254.

J. ANDREAU, « Pompéi : mais où sont les vétérans de Sylla ? » dans *REA,* LXXXII, 1980, p. 183-199.

P. CASTREN, *Ordo Populusque Pompeianus. Polity and Society in Roman Pompei,* Rome, 1975 (Acta Instituti Romani Finlandiae, VIII).

J.-M. CROISILLE, *Les natures mortes campaniennes. Répertoire descriptif des peintures de nature morte du Musée national de Naples, de Pompéi, Herculanum et Stabies,* Bruxelles, 1965 (Coll. Latomus LXXVI).

E.J. DWYER, *Pompeian Domestic Sculpture. A study of five Pompeian houses and their contents,* Rome, 1982.

H. ESCHEBACH, *Die städtebauliche Entwicklung des antiken Pompeji,* Heidelberg, 1970 (MDAI, Röm. Abt. XVII, Ergänzungsheft).

H. ESCHEBACH, *Die Stabianer Thermen in Pompeji* (Denkmäler antiker Architektur, 13), Berlin, 1979.

J.-L. FRANKLIN, *Pompeii : The electoral programmata, campaigns and politics, AD. 71-79,* Rome, 1980 (Papers and MAAR, XXVIII).

W.F. JASHEMSKI, *The gardens of Pompeii, Herculanum and the Villas destroyed by Vesuvius.* Photographs, drawings and plans by Stanley A. Jashemski, Washington, 1979.

W.F. JASHEMSKI, *The gardens of Pompeii, Herculanum and the Villas destroyed by Vesuvius;* vol. II : Appendices (including illustrations), complete Bibliography and Indices.

V. KOCKEL, *Die Grabbauten vor dem Herkulaner Tor in Pompeji,* Mayence, 1983.

E. LA ROCCA, M.A. de VOS, *Guida archeologica di Pompei*, coordinamento di F. Coarelli, Rome, 1976.

La regione sotterrata dal Vesuvio. Studi e prospettive (Atti del Convegno Internazionale, 11-15 novembre 1979), Naples, 1982.

L'instrumentum domesticum di Ercolano e Pompei nella prima età imperiale (Quaderni di Cultura materiale, 1), Rome, 1977.

Neue Forschungen in Pompeji und den anderen vom Vesuvausbruch 79 n. Chr. verschütteten Städten, hrsg. von B. ANDREAE und H. KYRIELLIS, Recklinghausen, 1975.

Pompei 79. *Raccolta di Studi per il decimonono centenario dell'eruzione vesuviana a cura di Fausto Zevi*, Naples, 1979.

*Pompéi, Travaux et Envois des architectes français au XIX*e *siècle*, Paris-Naples, 1981.

Pompei 1748-1980. I tempi della documentazione, Rome, 1981.

« Ricerche a Pompei », *L'insula 5 della Regio VI dalle origini al 79 d.C., t. I (Campagne di Scavo 1976-1979)* (Biblioteca Archaeologica, 5) a cura di M. BONGHI JOVINO, Rome, 1984.

P. SABBATINI TUMOLESI, *Gladiatorum paria, Annunci di spettacoli gladiatorii a Pompei*, Rome, 1980.

K. SCHEFOLD, *La peinture pompéienne. Essai sur l'évolution de sa signification* (éd. revue et augmentée, traduction de J.-M. Croisille), Bruxelles, 1972 (Coll. Latomus, CVIII).

PETIT LEXIQUE LATIN-FRANÇAIS

Aedilis: édile
Aerarium: trésor public
Ager pompeianus: territoire de Pompéi
Ager vectigalis: propriété payant à l'État un impôt
Agger: talus d'une fortification
Ala (pl. *Alae*): pièce latérale donnant sur l'*atrium*
Alveus: baignoire
Apocha (pl. *Apochae*): quittance
Apodyterium: vestiaire des bains
Arcosolium: enfeu
Augustales: corps d'affranchis rendant un culte à l'empereur
Aureus: pièce d'or
Bisellium: siège à deux places honorifique dans les lieux de spectacle
Carcer: loge souterraine de l'amphithéâtre où attendent les gladiateurs ou les bêtes fauves
Cardo: rue nord-sud
Castellum aquae: château d'eau
Cavea, Ima, media, summa: gradins du bas, du milieu, du sommet au théâtre et à l'amphithéâtre
Cenaculum: mansarde
Chalcidicum: vestibule
Compitalia: fêtes du carrefour
Compitum: carrefour
Cubiculum: chambre à coucher
Cuneus: section de gradins
Decumanus: rue est-ouest
Dolia: jarres
Duoviri iure dicundo: magistrats d'une colonie à pouvoirs judiciaires
Emblema: sujet central d'une mosaïque
Familia, urbana, rustica: esclaves de la maison de ville, du domaine rural
Frons scenae: architecture de scène de théâtre
Fullonica: foulerie
Fundus: propriété
Furnus: four
Horti pompeiani: jardins maraîchers de Pompéi
Hospitalia: portes latérales de la scène de théâtre

Imagines maiorum: portraits des ancêtres
Insula: îlots de maisons de ville
Iuventus: jeunesse
Labrum: vasque à ablutions
Laconicum: étuve
Lanarius: industriel lainier
Libertus, libertinus: affranchi
Lucrum: gain
Ludi magistri: maîtres d'école
Macellum: marché
Magistri vici et compiti: magistrats inférieurs du quartier et du carrefour
Mater Deum: Cybèle, mère des dieux
Natatio: piscine
Negotiatores: commerçants
Numen: puissance divine
Obsequia: devoirs
Oecus: salon
Opus latericium: mur en brique
Opus listatum: mur fait d'assise de moellons en tuf insérés entre deux arases de briques
Opus reticulatum: mur fait de losanges de tuf
Opus signinum: pavement fait de briques cassées
Orchestra: place semi-circulaire où évoluait le chœur dans le théâtre grec
Ordo: classe sociale
Otium: loisir
Pagus maritimus, suburbanus: faubourg maritime, suburbain
Paraskenia: coulisses
Parodos (pl. *Parodoi*): couloir d'accès à l'*orchestra* pour le chœur grec
Pietas: piété
Podium: soubassement élevé d'un temple; mur-parapet du premier rang des gradins de l'amphithéâtre
Pomerium: limite consacrée d'une ville
Porta libitina: porte de l'amphithéâtre par laquelle on emportait les gladiateurs tués
Praecinctio (pl. *Praecinctiones*): allée de circulation servant de palier dans les théâtres et les amphithéâtres
Praedium: propriété
Prelum: bras du pressoir
Proskenion: avant-scène
Quatuor viri: magistrats d'un municipe
Quinquennalis: magistrat municipal à pouvoir de censeur
Sanctus, Sanctissimus: saint, très saint
Schola iuventutis: club de la jeunesse
Sevir: affranchi faisant partie d'un collège religieux honorant l'empereur
Socii: alliés (guerre des Alliés); compagnie (garum de la compagnie)
Statio salinensium: bureau du sel

Suspensura: pavement « suspendu » sur voûtes ou sur pilettes d'un local chauffé

Tabernae: boutiques

Tablinum: pièce centrale donnant sur l'*atrium*

Tabulae ceratae: tablettes de bois recouvertes d'une pellicule de cire

Tegulae mammatae: tuiles spéciales à protubérances

Thermopolium (pl. *Thermopolia*): taverne où l'on vend des boissons chaudes; « bistrot »

Torcularium: pressoir

Urbs: ville

Vectigalia: redevances

Velum: voile tendu au-dessus d'un théâtre ou d'un amphithéâtre

Venatio, -legitima: chasse, -légale

Ver sacrum: vœu de consacrer tout ce qui doit naître au printemps

Vicini: habitants d'un quartier; voisins

Vicomagister: affranchi chargé du culte des Lares du Carrefour

Vicus: quartier

Vilicus: régisseur

Villa rustica: maison de campagne

Volumen (pl. *Volumina*): rouleau d'un manuscrit

INDEX TOPOGRAPHIQUE

ENVIRONS DE POMPÉI

INDEX DES PLANCHES

TABLE DES MATIÈRES

LIVRE PREMIER
DES CATASTROPHES ET DES RÉSURRECTIONS

LIVRE II

DES ACTIVITÉS ET DES HOMMES

Aubin Imprimeur

LIGUGÉ, POITIERS

Achevé d'imprimer en mars 1989
N° d'édition 89014/12134 / N° d'impression L 30866
Dépôt légal, 2562, mars 1989

23.42.4500.01
ISBN : 2.01.015337.5
ISSN : 0768.0074

Imprimé en France